O Direito do Trabalho na Empresa e na Sociedade Contemporâneas

LUIZ CARLOS AMORIM ROBORTELLA — Advogado. Doutor em Direito do Trabalho pela Universidade de São Paulo. Membro da Academia Nacional de Direito do Trabalho. Professor Titular de Direito do Trabalho da Faculdade de Direito da Fundação Armando Álvares Penteado (SP). Membro do Instituto Brasileiro de Direito Social "Cesarino Jr.", seção brasileira da Societé Internationale de Droit du Travail et de la Sécurité Sociale. Membro do Instituto Latinoamericano de Derecho del Trabajo y de la Seguridad Social. Membro da Associación Iberoamericana de Derecho del Trabajo Laboral y de la Seguridad Social. Membro da Comissão Permanente de Direito Social do Ministério do Trabalho (1998/2003). Membro honorário do Instituto Pernambucano de Direito do Trabalho.

ANTONIO GALVÃO PERES — Advogado. Mestre em Direito do Trabalho pela Universidade de São Paulo. Doutor em Direito do Trabalho pela Universidade de São Paulo. Professor Adjunto de Direito do Trabalho da Faculdade de Direito da Fundação Armando Álvares Penteado. Membro do Instituto dos Advogados de São Paulo. Membro do Instituto Brasileiro de Direito Social "Cesarino Jr.", Seção Brasileira do Societé Internationale de Droit du Trabail et de la Sécurité Sociale.

LUIZ CARLOS AMORIM ROBORTELLA
ANTONIO GALVÃO PERES

O Direito do Trabalho na Empresa e na Sociedade Contemporâneas

Editora LTr
São Paulo

Dados Internacionais de Catalogação na Publicação (CIP)
(Câmara Brasileira do Livro, SP, Brasil)

Robortella, Luiz Carlos Amorim

O direito do trabalho na empresa e na sociedade contemporâneas / Luiz Carlos Amorim Robortella, Antonio Galvão Peres. — São Paulo : LTr, 2010.

Bibliografia.

ISBN 978-85-361-1514-6

1. Direito do trabalho 2. Direito processual do trabalho 3. Direitos humanos 4. Relações de trabalho I. Peres, Antônio Galvão. II. Título.

10-02377   CDU-34:331

Índice para catálogo sistemático:

1. Relações de trabalho : Direito do trabalho   34:331

Produção Gráfica e Editoração Eletrônica: **R. P. TIEZZI**

Design de Capa: **FABIO GIGLIO**

Impressão: **BARTIRA GRÁFICA E EDITORA**

© Todos os direitos reservados

EDITORA LTDA.

Rua Jaguaribe, 571 — CEP 01224-001— Fone (11) 2167-1101
São Paulo, SP — Brasil — www.ltr.com.br

LTr 4145.4   Abril, 2010

SUMÁRIO

Apresentação 9

PARTE I
TEMAS GERAIS

O código civil e as relações de trabalho 13
    Luiz Carlos Amorim Robortella

Novas tendências do mercado de trabalho: crise do trabalho subordinado, crescimento do trabalho autônomo e de pessoas jurídicas 24
    Luiz Carlos Amorim Robortella e Antonio Galvão Peres

Previdência privada complementar. Repercussões salariais 40
    Antonio Galvão Peres

PARTE II
DIREITO INTERNACIONAL E COMPARADO

A mundialização do direito 51
    Antonio Galvão Peres

Direitos humanos. Proteção por organismos internacionais: controle e coercibilidade. Necessidade de um novo paradigma 62
    Antonio Galvão Peres

O dragão chinês: *dumping* social e relações de trabalho na China 73
    Antonio Galvão Peres

O juiz nacional e o direito internacional 87
    Antonio Galvão Peres

PARTE III
DIREITO TUTELAR

Trabalho artístico da criança e do adolescente: valores constitucionais e normas de proteção ... 103
    Luiz Carlos Amorim Robortella e Antonio Galvão Peres

Cotas para pessoas portadoras de deficiência. Dilemas de interpretação. Limites da responsabilidade do empregador 121
Luiz Carlos Amorim Robortella e Antonio Galvão Peres

O trabalho feminino no direito brasileiro 131
Luiz Carlos Amorim Robortella

Direito do trabalho e meio ambiente 150
Luiz Carlos Amorim Robortella

Estabilidade por acidente do trabalho: apontamentos 157
Antonio Galvão Peres

PARTE IV
DIREITO INDIVIDUAL

Direito de empresa no Código Civil de 2002 e seus impactos no direito do trabalho 181
Luiz Carlos Amorim Robortella

Teletrabalho e trabalho em *home office*. Aspectos práticos 197
Luiz Carlos Amorim Robortella e Antonio Galvão Peres

Turnos ininterruptos de revezamento e negociação coletiva. Novos rumos da jurisprudência .. 209
Luiz Carlos Amorim Robortella e Antonio Galvão Peres

Transferência de empregados. Pressupostos de validade e repercussões financeiras à luz da jurisprudência 222
Luiz Carlos Amorim Robortella e Antonio Galvão Peres

Proteção contra a dispensa arbitrária 231
Luiz Carlos Amorim Robortella

Ideias para reforma da legislação do trabalho 245
Luiz Carlos Amorim Robortella

Danos morais e materiais decorrentes da relação de trabalho. Prescrição aplicável 261
Luiz Carlos Amorim Robortella e Antonio Galvão Peres

PARTE V
DIREITO COLETIVO

Categoria profissional diferenciada. Problemas de enquadramento sindical 275
Luiz Carlos Amorim Robortella e Antonio Galvão Peres

A contribuição confederativa: polêmica no STF 283
Luiz Carlos Amorim Robortella

REFORMA SINDICAL E A EMENDA N. 45. IMPACTOS NO DIREITO COLETIVO DO TRABALHO 289
    LUIZ CARLOS AMORIM ROBORTELLA

PARTE VI
DIREITO PROCESSUAL

EXECUÇÃO DE BENS DE SÓCIOS 303
    LUIZ CARLOS AMORIM ROBORTELLA

EXTINÇÃO SEM JULGAMENTO DE MÉRITO. EFEITOS DA SENTENÇA. BREVES APONTAMENTOS SOBRE OS LIMITES ÉTICOS E OBJETIVOS PARA NOVO AJUIZAMENTO 320
    ANTONIO GALVÃO PERES

AÇÃO REVISIONAL E MEIO AMBIENTE DO TRABALHO: A COISA JULGADA EM FACE DAS ALTERAÇÕES DE FATO OU DE DIREITO 327
    LUIZ CARLOS AMORIM ROBORTELLA E ANTONIO GALVÃO PERES

APRESENTAÇÃO

Este livro reúne estudos originais e outros já publicados pelos autores, em conjunto ou separadamente.

Depois de um capítulo introdutório com temas gerais, o livro passa pelo direito internacional, direito individual do trabalho, direito tutelar do trabalho e direito coletivo do trabalho, buscando compreender a diversidade de fenômenos e metamorfoses que impactam os processos produtivos e a vida econômica, com claros reflexos na construção e interpretação do ordenamento jurídico.

Também são estudados aspectos do direito processual do trabalho.

Este conjunto de estudos permite uma visão ampla, ancorada em sólidas doutrina e jurisprudência, nacionais e estrangeiras, da evolução, ampliação, modificação e crescente heterogeneização do mercado de trabalho, que afetam empregados e trabalhadores atípicos, bem como as micro, pequenas e grandes empresas.

Que as reflexões aqui trazidas, fruto da experiência jurídica na advocacia e na carreira acadêmica, possam contribuir para melhor compreensão das funções do moderno direito do trabalho na empresa e na sociedade contemporâneas.

São Paulo, verão de 2010.

Luiz Carlos Amorim Robortella
Antonio Galvão Peres

PARTE I

TEMAS GERAIS

O CÓDIGO CIVIL E AS RELAÇÕES DE TRABALHO[*]

Luiz Carlos Amorim Robortella

I. INTRODUÇÃO

A unificação do direito privado foi defendida por *Teixeira de Freitas* de forma pioneira, quando incumbido de redigir um projeto de Código Civil.

Para ele, não havia sentido na separação legislativa entre direito civil e direito comercial; serviria de exemplo o Código Civil italiano de 1942.

Na dogmática jurídica, entretanto, continuam separados o direito civil e o direito comercial.

No Brasil, o Código Civil de 2002 consagra esta unificação. Seu anteprojeto foi elaborado em 1972 e a tramitação no Congresso se iniciou em 1976, Assim, 26 anos depois, em 10.1.2002, foi sancionado (Lei n. 10.406), com 2.046 artigos.

Mas já haviam ocorrido grandes modificações legislativas, em virtude do que a doutrina chama de Direito Civil Constitucional. Nos modernos sistemas de direito, o centro do ordenamento jurídico é, definitivamente, a Constituição.

Assim como o Código Civil de 1916, o novo diploma é uma obra que dependerá da interpretação construtiva da doutrina e jurisprudência.

Mas não há negar que, na atualidade, a importância do Código Civil está diminuída em face de vários microssistemas jurídicos, como a legislação trabalhista, a locação predial, a proteção ao consumidor etc.

II. FATO JURÍDICO, ATO JURÍDICO E NEGÓCIO JURÍDICO

Fato jurídico é o fato de natureza física ou social que, penetrando na estrutura normativa, corresponde ao modelo da lei.

(*) Publicado originalmente no livro *Aspectos polêmicos e atuais do direito do trabalho:* estudos em homenagem ao prof. Renato Rua de Almeida. São Paulo: LTr, 2007. p. 108-119.

O fato jurídico constitui, extingue ou modifica relações jurídicas. Pode provir da natureza ou da vontade humana.

A doutrina tradicional distingue os fatos jurídicos (*lato sensu*) em fatos, atos e negócios jurídicos.

No Código Civil de 2002, os fatos jurídicos são o gênero, como se vê no Livro III do novo CC, do qual são espécies:

Título I — Negócio jurídico

Título II — Ato jurídico lícito

Título III — Ato ilícito

O ato jurídico lícito gera consequências previstas em lei e não pelas partes interessadas, inocorrendo, como no negócio jurídico, regulamentação da autonomia privada (contratos, adoção, testamento etc.).

No negócio jurídico, há uma declaração expressa de vontade que cria relação entre dois sujeitos, na forma prevista no ordenamento.

Quanto aos atos ilícitos, o novo CC, no art. 186, contempla explicitamente o ressarcimento do dano exclusivamente moral.

Além disto, considera ato ilícito aquele que exceder manifestamente os limites impostos pelo fim econômico ou social, pelos costumes e boa-fé. Em direito do trabalho, serve de exemplo a despedida injusta por motivo de doença contagiosa do empregado, como a AIDS, que pode gerar indenização por dano moral.

O ordenamento trabalhista, de todo modo, já protege a dispensa discriminatória através da Lei n. 9.029/95, inclusive com reintegração no emprego e pagamento de todos os salários do período de afastamento ou indenização equivalente ao dobro dessa mesma remuneração (art. 4º, Lei n. 9.029/95).

III. RESPONSABILIDADE CIVIL

O art. 932, III, dispõe sobre a responsabilidade civil do empregador ou comitente, por seus empregados, serviçais e prepostos, no exercício do trabalho que lhes competir, ou em razão dele.

Um dos mais importantes aspectos da responsabilidade civil nas relações de trabalho está nos acidentes e doenças profissionais.

A teor do art. 7º e inciso XXVIII da CF, é direito do trabalhador o seguro contra acidente do trabalho, a cargo do empregador, sem excluir a indenização a que este está obrigado quando incorre em dolo ou culpa.

A responsabilidade do empregador, portanto, é objetiva, a significar que independe de prova de culpa.

O novo CC amplia essa responsabilidade objetiva quando, no art. 927, parágrafo único, declara a obrigação de indenizar, independentemente de culpa, nos casos especificados em lei ou quando a "a atividade normalmente desenvolvida pelo autor do dano implicar, por sua natureza, risco para os direitos de outrem".

A Constituição Federal de 1988 já havia dissipado dúvidas quanto à indenização acidentária comum, assegurada no inciso XXVIII, do art. 7º, assim como também, no *inciso X do art. 5º*, a indenização pelo dano material ou moral decorrente de sua violação.

A indenização material e moral será fixada de acordo com os arts. 944 a 955 do CC.

É claro que nem todo acidente do trabalho comporta indenização por dano moral; porém, há casos em que, além de outros prejuízos, o evento acarreta ofensa à honra e à intimidade da pessoa.

Imagine-se um trabalhador de 18 anos que tem o braço amputado por imprudência do empregador, que determinou a operação de certa máquina sem a devida orientação técnica.

Esse trabalhador, além do prejuízo material na vida profissional, sofrerá um grande abalo na personalidade e ficará marcado pela dor moral decorrente do infortúnio.

Outro exemplo é o trabalhador jovem que se torna impotente sexualmente em razão de agentes químicos.

A indenização por dano moral, nesses casos, não apagará a dor moral, mas vai, ao menos, diminuí-la, pelo mínimo de alegria que proporcionará.

Conforme a Súmula n. 227 do STF, a pessoa jurídica também é passível de dano moral, a significar que o empregador pode ser vítima dele.

IV. SOLIDARIEDADE

Há solidariedade quando na mesma obrigação concorre mais de um credor, ou mais de um devedor, cada um com direito, ou obrigado, à dívida toda (art. 264).

Quanto aos sujeitos, pode ser ativa ou passiva.

Quanto ao grau, pode ser:

a) principal ou própria;

b) subsidiária ou imprópria.

A solidariedade ativa está no art. 267 (cada um dos credores solidários tem direito a exigir do devedor o cumprimento da prestação por inteiro).

Enquanto alguns dos credores solidários não demandarem o devedor comum, a qualquer daqueles poderá este pagar (art. 268 — antigo art. 899).

As demais regras também não alteraram o sistema.

A solidariedade passiva está no art. 275. É chamada própria porque todos os devedores são igualmente responsáveis.

A solidariedade imprópria ou subsidiária caracteriza-se quando o devedor é obrigado a buscar o devedor principal, havendo a responsabilidade do devedor solidário impróprio somente na insolvência. Em direito do trabalho servem de exemplo as subcontratações ou intermediação de mão de obra em geral (En. n. 331 do TST) e, literalmente, a subempreitada (art. 455 da CLT).

O princípio que afasta a solidariedade presumida se encontra no art. 265 (art. 896 do CC de 1916).

O credor pode renunciar à solidariedade em favor de um, de alguns ou de todos os devedores (art. 282). Não havia regra semelhante no CC anterior.

V. CLÁUSULA PENAL

O valor da cominação imposta na cláusula penal não pode exceder o da obrigação principal (art. 412). Pode ser reduzida equitativamente pelo juiz (art. 413), inclusive nos casos em que o valor da cláusula penal for manifestamente excessivo em relação à natureza e finalidade do negócio jurídico objeto da obrigação inadimplida (esta hipótese não estava contemplada pelo antigo Código).

Também será possível o ajuste entre as partes contratantes para o pagamento de indenização suplementar se o prejuízo do credor for superior ao previsto na cláusula penal. Será necessário, no entanto, expressa previsão contratual neste sentido.

VI. TRANSAÇÃO

O novo CC consagra a transação judicial e a extrajudicial.

O art. 840 diz ser lícito aos interessados prevenir ou terminar o litígio mediante concessões mútuas, restritas a direitos patrimoniais de caráter privado.

No campo trabalhista, a partir da Lei n. 5.107/66, admitiu-se a transação da estabilidade mediante 60% da indenização.

A transação, pelo novo CC, não tem mais o efeito de coisa julgada proclamado pelo art. 1.025 do Código anterior.

A interpretação é restritiva, a teor do art. 843.

VII. ONEROSIDADE EXCESSIVA

O art. 478 prevê a resolução do contrato de execução continuada por onerosidade excessiva, com extrema vantagem para a outra parte, em virtude de acontecimentos extraordinários e imprevisíveis, salvo se o réu, na ação, se dispuser a modificar equitativamente as condições do contrato.

Pode-se imaginar sua invocação na vigência de convenção coletiva de trabalho, ou mesmo de contrato individual. O art. 873 da CLT já previa a revisão de sentenças normativas quando as condições de trabalho fixadas sofreram reais modificações que as tornaram injustas ou inaplicáveis.

VIII. EXTINÇÃO DO CONTRATO

O art. 473, parágrafo único, dispõe que, em caso de considerável investimento de uma das partes para a execução do contrato, a denúncia unilateral não produz efeito imediato, mas sim depois de transcorrido prazo compatível com o vulto e a natureza do investimento.

É uma inovação jurídica que deverá encontrar certa restrição no tocante à aplicabilidade nas relações empregatícias.

Citemos um exemplo: o empregador exige, para contratar, que o empregado possua veículo próprio e este, para ser contratado, vem a adquiri-lo. Neste caso, o trabalhador poderia exigir a manutenção do emprego até que venha a saldar o valor investido.

Outro exemplo é o empregador que investe no empregado, propiciando-lhe cursos de reciclagem ou de formação. Aqui ficaria também o empregado sem possibilidade de romper o contrato, até o decurso de razoável tempo de retorno do investimento.

Contra essa interpretação poder-se-ia alegar que as partes têm o direito de terminar a relação quando o desejem. Ademais, é do empregador o risco da atividade econômica (art. 2º CLT).

Por outro lado, a proibição da dispensa arbitrária dependeria de regulamentação por lei complementar (art. 7º, I, da CF). Haveria assim, impedimento constitucional para a aplicação deste artigo.

IX. DESCONSIDERAÇÃO DA PERSONALIDADE JURÍDICA

É tratada no art. 50, ao cuidar do abuso da personalidade jurídica, caracterizado pelo desvio de finalidade ou pela confusão patrimonial. Permite a execução contra os administradores ou sócios.

Ao tratar da sociedade simples, o art. 1.023 diz que os sócios respondem quando os bens sociais forem insuficientes e, no art. 1.024, está dito que os bens particulares dos sócios não podem ser executados por dívidas da sociedade senão depois de executados os bens sociais.

Na Jornada de Direito Civil promovida pelo Centro de Estudos Judiciários do Conselho da Justiça Federal, foi aprovado o Enunciado n. 7, declarando que "só se aplica a desconsideração da personalidade jurídica quando houver a prática de ato irregular, e, limitadamente, aos administradores ou sócios que nela hajam incorrido".

X. COMPENSAÇÃO

Segundo o art. 368, se duas pessoas forem ao mesmo tempo credor e devedor uma da outra, as duas obrigações extinguem-se, até onde se compensarem.

A compensação se dá entre dívidas líquidas e vencidas, ou coisas fungíveis.

Não se confunde com a reconvenção, que é instituto de direito processual e, ademais, não exige liquidez.

Exemplos de compensação na área trabalhista:

a) adiantamentos salariais;

b) danos causados pelo empregado por dolo ou, nos casos de culpa, se houver expressa previsão contratual neste sentido (art. 462 da CLT);

c) indenização de aviso prévio não concedido pelo empregado.

XI. NORMAS DE INTERPRETAÇÃO

O art. 114 do Código Civil de 2002 pode ser invocado quando se trata de cláusula benéfica ao empregado, ao impor interpretação estrita.

A mesma regra vale para a interpretação da renúncia.

O art. 112 repete a norma de que "nas declarações de vontade se atenderá mais à intenção nelas consubstanciada do que ao sentido literal da linguagem.

A nulidade, a teor do art. 182, restitui as partes ao estado anterior (antigo art. 158),

XII. DOLO E BOA-FÉ

O art. 150 reproduz a norma do art. 97 do CC anterior:

> Se ambas as partes procederem com dolo, nenhuma pode alegá-lo para anular o negócio, ou reclamar indenização.

É a torpeza bilateral. A lei considera haver uma neutralização do delito porque há compensação entre dois ilícitos.

Os arts. 113, 187 e 422 traduzem a boa-fé objetiva, e não apenas a subjetiva. Assim, a gestante que omite seu estado ao empregador não pode, após o período de estabilidade, exigir os salários do período. Não terá agido de boa-fé, objetivamente.

No caso de simulação, o art. 104 do CC anterior vedava a alegação pelo próprio simulante. O novo CC silencia, mas pode-se alegar a torpeza bilateral.

XIII. ESTADO DE PERIGO E LESÃO

Os arts. 156 e 157 possibilitam a anulação do negócio jurídico.

Estado de perigo surgirá quando alguém, premido da necessidade de salvar a si ou a pessoa de sua família de grave dano conhecido pela outra parte, assume obrigação excessivamente onerosa. Tratando-se de pessoa não pertencente à família do declarante, o juiz decidirá de acordo com as circunstâncias. A lesão ocorrerá sempre que uma pessoa, sob premente necessidade ou por inexperiência, se obrigar à prestação manifestamente desproporcional ao valor da prestação oposta.

XIV. CONTRATO BILATERAL

A tradicional regra do art. 1.092 do antigo CC encontra-se no art. 476 do atual CC.

Nos contratos bilaterais, nenhum dos contratantes, antes de cumprida a sua obrigação, pode exigir o implemento da do outro.

XV. PAGAMENTO INDEVIDO

O art. 877 admite a prova do erro, cujo ônus é de quem pagou; corresponde no anterior CC ao art. 964.

XVI. GERENTE

O art. 1.172 considera gerente o preposto permanente no exercício da empresa, na sede desta, ou em sucursal, filial ou agência. O art. 1.173 diz que, quando a lei não exigir poderes especiais, considera-se o gerente autorizado a praticar todos os atos necessários ao exercício dos poderes que lhe foram outorgados.

Esse preceito pode afetar a interpretação do art. 62, II, e seu parágrafo único, da CLT.

XVII. PRESCRIÇÃO

O art. 189 assevera expressamente o princípio da *actio nata*, ou seja, a prescrição começa a correr a partir da data da lesão.

A renúncia à prescrição é mantida no art. 191.

O art. 193 diz que pode ser alegada em qualquer grau de jurisdição, pela parte a quem aproveita. É uma exceção à regra do art. 300 do CPC, que exige toda a matéria de defesa na contestação.

Se o art. 193 é norma especial, deve realmente prevalecer sobre o art. 300 do CPC, que é norma geral.

A prescrição interrompida pelo credor solidário beneficia os demais (art. 204). Poderá ser interrompida apenas uma única vez (art. 202).

Prescreve em três anos a pretensão de reparação civil (art. 206, § 3º, V).

Outra observação é que, conforme o art. 208, se aplica à decadência o disposto no art. 198, inciso I, de forma que os prazos decadenciais não fluem contra os absolutamente incapazes. Assim, a partir da vigência do novo Código, não apenas a prescrição, mas também a decadência não atingirá os direitos dos menores de 16 anos e dos que, por enfermidade ou deficiência mental, não tiverem o necessário discernimento para a prática de atos da vida civil.

Por último, o art. 200 traz inovação ao dispor que "quando a ação se originar de fato que deva ser apurado no juízo criminal, não correrá a prescrição antes da respectiva sentença definitiva".

XVIII. CAPACIDADE

Para ébrio habitual ou dependente químico, a incapacidade relativa está no art. 4º, I, ao passo que a CLT considera justa causa.

No art. 5º, o menor com 16 anos pode adquirir plena capacidade se tiver emprego público efetivo, relação de emprego ou estabelecido civil ou comercialmente, com economia própria.

É razoável afirmar que a incapacidade do menor com 16 anos cessará sempre que celebrar relação de emprego em regime de jornada completa. Isto porque, a teor do art. 7º, IV e VII da CF, nenhum empregado pode receber, a título de remuneração, valor inferior a um salário mínimo, constitucionalmente previsto para atender todas as necessidades vitais do ser humano, com o intuito de garantir a subsistência própria e familiar. Desta forma, estaria preenchido o requisito do menor para a cessação da incapacidade.

Continua, no entanto, sob proteção da legislação tutelar dos menores na área trabalhista.

XIX. PROVA DOCUMENTAL

O art. 225 reconhece validade de reproduções, quando não impugnadas pela parte contrária.

XX. TERCEIRIZAÇÃO

O novo CC amplia as possibilidades de terceirização, a nosso ver.

A terceirização está consagrada definitivamente pelo processo econômico, indicando a existência de um terceiro especializado que, com superior qualidade e em condição de parceria, presta serviços ou produz bens para a empresa tomadora.

É também denominada "subcontratação", aparecendo frequentemente em atividades como limpeza, segurança, vendas, transporte, alimentação, publicidade, contabilidade, representação comercial autônoma, *franchising* e outras.

A subcontratação de serviços dá origem a uma parceria entre tomador e prestador, sem qualquer relação subordinante, com divisão e definição de responsabilidades.

É universalmente aceita a contratação de serviços ou de fornecimento de produtos, inclusive formando uma cadeia produtiva, com sucessivas subcontratações, por compatível com os princípios do direito do trabalho.

O que deve caracterizar estes contratos é a especialização do trabalho e a absoluta autonomia do prestador do serviço.

Algumas normas merecem destaque no novo Código Civil, eis que podem se aplicar a quaisquer formas de relação de trabalho, subordinadas ou não, de natureza empregatícia ou civil.

São reveladoras do reencontro do direito do trabalho com o direito civil, com influências recíprocas, merecendo destaque os seguintes:

Art. 423 — Quando houver no contrato de adesão cláusulas ambíguas ou contraditórias, dever-se-á adotar a *interpretação mais favorável ao aderente.*

Art. 427 — A proposta de contrato cria obrigação para o proponente.

Art. 462 — O contrato preliminar, desde que contenha os requisitos essenciais, tem validade e qualquer das partes pode exigir seu cumprimento.

Art. 472 — Se, conforme a natureza do contrato, uma das partes tiver feito investimentos consideráveis, a rescisão unilateral só produzirá efeito depois de transcorrido prazo compatível com a natureza e o vulto dos investimentos.

Art. 478 — Nos contratos de execução continuada, se a prestação de uma das partes se tornar excessivamente onerosa, com extrema vantagem para a outra, em virtude de acontecimentos extraordinários e imprevisíveis, poderá o devedor pedir a resolução do contrato.

XXI. CONTRATO DE PRESTAÇÃO DE SERVIÇO

O novo contrato de prestação de serviço surge residualmente, ocupando o espaço situado *fora da legislação do trabalho,* a teor do art. 593. Substitui a antiga locação de serviços, expressão inclusive que quase não mais se utilizava.

Pode ser escrito ou verbal. O prazo máximo é de quatro anos, mas, se ajustado prazo superior, nem por isto haverá nulidade.

Aqui se verifica diferença fundamental em comparação com o contrato de trabalho: este pretende a maior duração possível, preferindo até a indeterminação do prazo.

O art. 599 prevê aviso prévio de 8, 4 dias ou de véspera, conforme o tipo de remuneração ou de duração do contrato.

No caso de despedida sem justa causa do prestador do serviço, a outra parte deverá pagar, além da remuneração, a metade da que seria devida até o final do contrato.

O CC/02 utiliza *terminologia inadequada*, pois a despedida sem justa causa constitui uma das expressões clássicas da legislação trabalhista, e assim deveria ter permanecido.

No caso de o prestador do serviço ser aliciado por outrem e vir a romper o contrato, o novo tomador do serviço se obrigará a pagar ao primeiro indenização equivalente à remuneração de dois anos de trabalho do prestador (art. 608).

Esta regra reproduz preceito anteriormente constante da legislação trabalhista brasileira, já revogado, e que se aplicava ao trabalho de artistas.

XXII. CONTRATO DE EMPREITADA

O CC/02 praticamente reproduz a estrutura da empreitada tal como delineada em 1916.

O art. 620 diz que, se ocorrer diminuição no prazo do material ou da mão de obra superior a um décimo do preço global convencionado, poderá este ser revisto, a pedido do dono da obra, para que se lhe assegure a diferença apurada.

O art. 623 autoriza o dono da obra a suspendê-la depois de iniciada, "desde que pague ao empreiteiro as despesas e lucros relativos aos serviços já feitos, mais indenização razoável, calculada em função do que ele teria ganho, se concluída a obra".

Por fim, o art. 625 autoriza o empreiteiro a suspender a obra por culpa do dono, motivo de força maior, dificuldades imprevisíveis por causas geológicas ou hídricas, além de modificações de vulto exigidas pelo dono da obra.

XXIII. CONTRATO DE COMISSÃO

O art. 695 estabelece um ponto de conexão com o direito do trabalho e, por isto, pode gerar conflitos sobre a existência ou não de vínculo de emprego, ao dispor que o comissário é obrigado a agir de conformidade com as *ordens e instruções do comitente,* devendo, na falta destas, se não puder pedi-las em tempo hábil, proceder segundo os usos em casos semelhantes.

XXIV. CONTRATO DE AGÊNCIA E DISTRIBUIÇÃO

O contrato de agência e distribuição confunde-se com a representação comercial, tratada na antiga Lei n. 4.886, de 1965.

É o que se conclui da leitura do art. 710:

> Pelo contrato de agência, uma pessoa assume, em caráter não eventual e sem vínculos de dependência, a obrigação de promover, à conta de outra, mediante retribuição, a realização de certos negócios, em zona determinada, caracterizando-se a distribuição quando o agente tiver à sua disposição a coisa a ser negociada.

Além disto, o proponente pode conferir poderes ao agente para que este o represente na conclusão dos contratos.

As coincidências com a representação comercial autônoma (Lei. n. 4.886, de 1965, com as alterações da Lei n. 8.420, de 1992), são muitas. Basta examinar o conceito legal desta:

> Exerce a representação comercial autônoma a pessoa jurídica ou a pessoa física, *sem relação de emprego,* que desempenha, em caráter não eventual por conta de uma ou mais pessoas, a mediação para realização de negócios mercantis, agenciando propostas ou pedidos, para transmiti-los aos representados, praticando ou não atos relacionados com a execução dos negócios.

Esta forma contratual, portanto, continuará gerando insegurança jurídica, pois se desenvolve no limite entre a autonomia e a subordinação. A distinção entre agente de negócios, representante comercial autônomo e vendedor empregado continuará muito árdua, com decisões conflitantes do Poder Judiciário.

Tudo dependerá do caso concreto e do modo como o trabalho é realizado, nas hipóteses de serviço prestado por pessoa física ou mesmo jurídica.

Os dois contratos, doravante, submetem-se às duas legislações, até porque o art. 721 do novo Código Civil diz que se aplicam ao contrato de agência e distribuição, no que couberem, as regras concernentes ao mandato e à comissão e *as constantes de lei especial.*

XXV. REPRESENTAÇÃO

O art. 115 trata dos poderes de representação. Esta pode ser legal ou voluntária, também chamada convencional.

Tem grande interesse o tema quando se trata de discutir a existência ou não de relação de emprego de *gerentes delegados ou altos executivos* que, assumindo amplos poderes de representação, *atuam em nome do acionista controlador.*

A doutrina tende a vê-los *não como simples mandatários,* eis que fazem atuar a *própria vontade*, que repercute na esfera jurídica do representado.

Há quem negue a possibilidade de relação de emprego quando o representante ou mandatário pratica *atos de administração ou de domínio no interesse de terceiro.* Tal forma de *substituição* não se concilia com o regime contratual subordinado.

NOVAS TENDÊNCIAS DO MERCADO DE TRABALHO: CRISE DO TRABALHO SUBORDINADO, CRESCIMENTO DO TRABALHO AUTÔNOMO E DE PESSOAS JURÍDICAS[*]

Luiz Carlos Amorim Robortella
Antonio Galvão Peres

I. INTRODUÇÃO

As tendências do mercado de trabalho, nos países ricos e emergentes, apontam para novas formas de contratação, distintas da relação de emprego clássica.

Os novos perfis da atividade econômica, as novas tecnologias, a crescente qualificação e requalificação profissional dos trabalhadores instalam um processo criativo de inserção no trabalho que vai paulatinamente se distanciando da subordinação jurídica.

Proliferam contratos civis envolvendo a atividade humana em múltiplas dimensões e exibindo como parte prestadora dos serviços tanto pessoas físicas como jurídicas.

A legalidade de tais contratos, frequentemente posta em dúvida por agentes estatais, inclusive representantes do Ministério Público, constitui o cerne do presente estudo.

II. ELEMENTOS DO CONTRATO DE EMPREGO

O direito do trabalho, histórica e sociologicamente, foi construído sobre o emprego, relação jurídica que vincula o empregado ao empregador.

Não se há de confundi-la com a relação de trabalho, pois esta é o gênero, que envolve várias espécies, dentre elas o próprio contrato de emprego.

Por esta razão, a expressão "trabalhador" tem conteúdo genérico, abrangendo todo aquele que trabalha, com ou sem subordinação jurídica.

---

[*] Publicado originalmente no livro *Prestação de serviços intelectuais por pessoas jurídicas:* aspectos legais, econômicos e tributários. São Paulo: MP, 2008. p. 115-139.

A teor do art. 3º da Consolidação das Leis do Trabalho, "considera-se empregado toda pessoa física que prestar serviços de natureza não eventual ao empregador, sob a dependência deste e mediante salário".

O primeiro traço do conceito legal está na natureza *intuitu personae* do contrato, que afasta a possibilidade de ser empregado uma pessoa jurídica. O vínculo se estabelece entre o empregador, pessoa física ou jurídica, e uma pessoa física, que desenvolverá os serviços sem a faculdade de fazer-se substituir, ao seu talante, por outra. É a característica da pessoalidade, que se tem como inerente e típica do contrato de emprego.

Para *Manoel Alonso Olea*,

a prestação do trabalhador é estritamente personalíssima, e o é em duplo sentido. Primeiramente, porque pelo seu trabalho compromete o trabalhador sua própria pessoa, enquanto destina parte das energias físicas e mentais, que dele emanam e que são constitutivas de sua personalidade, à execução do contrato, isto é, o cumprimento da obrigação que assumiu contratualmente. Em segundo lugar, sendo cada pessoa um indivíduo distinto dos demais, cada trabalhador difere de outro qualquer, diferindo também as prestações de cada um deles, enquanto expressão de cada personalidade em singular[1].

O segundo aspecto é a dependência relativamente ao empregador que, para *Cesarino Junior*, deve ser entendida como dependência jurídica, equivalente à subordinação hierárquica, consistente em estar o empregado sujeito à direção, às ordens do empregador ou de seus prepostos. O saudoso mestre estabelece uma conexão com o art. 2º da mesma CLT, lembrando corresponder à definição de empregador a direção por este da prestação pessoal de serviços[2].

No direito argentino, o art. 24 da Lei de Contrato de Trabalho, de 1974, mistura os conceitos de relação de trabalho e de emprego, dispondo que há relação de trabalho quando uma pessoa preste serviços em favor de outra, sob a dependência desta, em forma voluntária e mediante o pagamento de uma remuneração, qualquer que seja o ato que lhe dê origem.

Na tradição doutrinária argentina, a expressão trabalhador é utilizada como sinônimo de empregado, como se vê em *Guillermo Cabanellas*, ao dizer que "son trabajadores quienes ejecutam habitualmente un trabajo por cuenta y bajo dependencia ajena" e, mais adiante, diz que é "trabajador dentro del Derecho del Trabajo, quien pone sus propias energias a disposición del empresario"[3].

A legislação e a doutrina brasileira, ao contrário, preferem a expressão empregado, que equivale a trabalhador subordinado. O adjetivo "subordinado" indica melhor o tipo a que se está referindo.

A subordinação pode ser hierárquica, para alguns, no sentido de submissão a ordens superiores; ou econômica, por estar o trabalhador sujeito ao cumprimento de

---

(1) *Apud* NASCIMENTO, Amauri Mascaro. *Curso de direito do trabalho*. São Paulo: Saraiva, 1984. p. 312.
(2) *Direito social*. São Paulo: LTr, 1980. p. 140.
(3) *Introducción al derecho laboral*. Buenos Aires: Omeba, 1960. tomo II, p. 77.

ordens do patrão para assegurar sua sobrevivência; ou técnica, eis que ao empregador cabe determinar e orientar o modo de realização; ou social, por ser um estado que decorre normalmente da posição ocupada na sociedade pelo trabalhador.

Portanto, a subordinação jurídica explica a posição do empregado perante o empregador, não estando sua pessoa sujeita ao comando patronal, mas sim *o modo pelo qual o trabalho deve ser prestado, que é o objeto do contrato*[4].

Para *Mauricio Godinho Delgado*,

o que distingue a relação de emprego, o contrato de emprego, o empregado de outras figuras sociojurídicas próximas é o modo de prestação dessa obrigação de fazer. A prestação há de se realizar, pela pessoa física, pessoalmente, sem eventualidade, subordinadamente e sob cláusula onerosa. Excetuado, portanto, o pressuposto da pessoa física, todos os demais pressupostos referem-se ao processo (*modus operandi*) de realização da prestação do trabalho[5].

A subordinação é o *status* em que se encontra o trabalhador, decorrente da limitação contratual da autonomia da sua vontade, que transfere ao empregador o poder de direção sobre o conteúdo da atividade.

Subordinação e poder de direção são o verso e reverso da medalha. A subordinação é a situação em que fica o empregado. O poder de direção é a faculdade mantida pelo empregador. Ambos se completam. O empregado é subordinado porque, ao se colocar nessa condição, assentiu em que, por contrato, o seu trabalho seja dirigido por outrem.

O contrato de trabalho é um contrato de atividade; o prestador põe à disposição do empregador, mediante o salário.

No trabalho autônomo, não há poder diretivo sobre a atividade do prestador. O autônomo não está subordinado a ordens quanto ao modo de realização do trabalho. Uma vez definido seu objeto, o exercerá segundo os critérios que estabelecer, assumindo os riscos decorrentes; a prestação de trabalho se faz com autodeterminação.

A subordinação não é propriamente um *status* social, mas apenas modo de realização do trabalho. É uma situação jurídica que, na relação de emprego, como diz *Vicenzo Cassi*, traduz uma posição particular do sujeito em um momento determinado[6].

Da subordinação derivam para o empregador alguns poderes, dentre eles:

a) comandar o trabalho do empregado;

b) regulamentar internamente a atividade;

b) fiscalizar o cumprimento das tarefas;

c) aplicar penas disciplinares.

Assentados esses pontos, pode-se afirmar que as notas típicas do verdadeiro empregado são a prestação pessoal de serviços, a subordinação jurídica, o trabalho por conta alheia, a natureza não eventual e a onerosidade.

---

(4) NASCIMENTO. *Op. cit.*, p. 317-320.
(5) Sujeitos do contrato de trabalho: o empregado. In: BARROS, Alice Monteiro de (coord.). *Curso de direito do trabalho* — estudos em memória de Célio Goyatá. São Paulo: LTr, 1993. v. 1, p. 256-257.
(6) *Apud* MARANHÃO, Délio; CARVALHO, Luiz Inácio B. *Direito do trabalho*. Rio de Janeiro: Fundação Getúlio Vargas, 1992. p. 52.

III. NOVOS PARADIGMAS DO DIREITO DO TRABALHO

O direito do trabalho foi elaborado a partir do século XIX, com o idealismo e sacrifício de várias gerações, para a proteção da parte economicamente fraca nas relações de produção.

Esse continua o seu princípio fundamental, mas hoje dogmaticamente atualizado em suas técnicas, em face de importantes modificações na realidade do mercado de trabalho, que se mostra cada vez mais heterogêneo, como reconhece *Edoardo Ghera*[7].

Para *Nelson Mannrich*, "de todas as notas, a subordinação é o traço essencial para estabelecer-se, com segurança, a diferença entre o contrato de trabalho e os demais tipos contratuais, especialmente o de prestação de serviços: trata-se de seu traço fisionômico"[8].

Sucede que, no estágio atual do mercado de trabalho, a linha divisória entre trabalho autônomo e subordinado é cada vez menos identificável, por conta das práticas gerenciais e das novas tecnologias, que muitas vezes fazem desaparecer qualquer traço de submissão.

Merece referência, a propósito, esta página de *Alice Monteiro de Barros*[9]:

As transformações no cenário econômico e social dos últimos anos, manifestadas por várias circunstâncias, entre as quais se situam a descentralização produtiva, a inovação tecnológica (informatização e automação) e o aparecimento de novas profissões advindas da transição de uma economia industrial para uma economia pós-industrial ou de serviços, contribuíram, segundo a doutrina, para colocar em crise a tradicional dicotomia: trabalho autônomo e trabalho subordinado. É que os modelos (ideais) típicos submetidos a esta dicotomia apresentam, frequentemente, dificuldades para solucionar as modificações que se operaram no cenário econômico e social.

O problema é reconhecido nos mais diversos modelos jurídicos.

Na França, foi objeto de agudas ponderações no conhecido Relatório Boissonat (1995)[10]:

Com a difusão das novas tecnologias operou-se uma mudança substancial do próprio conteúdo do trabalho e de sua organização, especialmente temporária. As principais referências anteriormente utilizadas para regular a relação de emprego muitas vezes desapareceram e, por isso, perderam sua pertinência. Assim, hoje:

— o vínculo de subordinação, critério distintivo do contrato de trabalho, se enfraquece ou se torna menos visível nos novos sistemas de prescrição das tarefas,

---

(7) GHERA. Edoardo. La cuestión de la subordinación entre modelos tradicionales y nuevas proposiciones. *Debate Laboral*, n. 4, S. José da Costa Rica, 1989. p. 48-54.
(8) MANNRICH, Nelson. *A modernização do contrato de trabalho*. São Paulo: LTr, 1998. p. 119.
(9) BARROS, Alice Monteiro de. *As relações de trabalho no espetáculo*. São Paulo: LTr, 2003. p. 49.
(10) BOISSONAT, Jean. *2015 — horizontes do trabalho e do emprego*. São Paulo: LTr, 1998. p. 76.

nas novas organizações de horários e na evolução das relações hierárquicas, no mesmo instante em que, de outro lado, a autonomia de alguns trabalhadores independentes se reduz progressivamente, porque, de fato, dependem muitas vezes das empresas;

— as fronteiras jurídicas que limitavam o objeto do contrato de trabalho, atribuindo-lhe como conteúdo normal o trabalho de produção direta mensurado em tempo, distinto da pessoa do assalariado e em ligação direta com a atividade da empresa com fins lucrativos, são também embaralhadas por práticas cujo desenvolvimento acaba de ser indicado. Com efeito, a exigência de envolvimento da pessoa no trabalho e todas as novas formas de organização do trabalho implicam a imprecisão dos contornos ampliados do objeto do contrato de trabalho. "Hoje são muitos os assalariados e principalmente os executivos que trabalham em função de resultados, o que, no final das contas, não está muito longe do trabalho autônomo (...)" (...).

Como se vê, com a rarefação ou até desaparecimento da subordinação em várias tarefas, é natural e cada vez mais frequente a escolha de outras modalidades de contratação.

Sendo essa a clara tendência do mercado de trabalho, afigura-se desarrazoado presumir a existência de relação de emprego, principalmente quando se está diante de um contrato civil entre pessoas físicas ou jurídicas.

As novas formas de prestação de serviços, muito vivas e pujantes no processo econômico, parecem chocar-se com as raízes dogmáticas do direito do trabalho, que são fincadas na homogeneidade da classe trabalhadora e na tutela coletivista.

Por isto, na atualidade, a natureza jurídica da relação de trabalho deve ser analisada e entendida à luz da realidade inafastável de um mercado de trabalho absolutamente heterogêneo.

IV. A HETEROGENEIDADE DO MERCADO DE TRABALHO

O emprego não é mais a modalidade contratual monopolizadora da prestação de serviços. Ampliaram-se as formas de contratação do trabalho, com a revalorização dos contratos civis e a retomada do diálogo entre o direito do trabalho e o direito civil.

A locação de serviços, a empreitada e a subcontratação em geral assumem um papel de crescente relevo, criando um mercado diversificado, com relações cada vez mais atípicas e diferenciadas.

Novas tecnologias estimulam a heterogeneidade, dividindo o mercado de trabalho entre os que detêm e os que não detêm o conhecimento.

Vive-se a sociedade da informação. Quanto maior o conhecimento, o preparo intelectual e a informação do trabalhador, maiores os reflexos em suas relações contratuais de trabalho, que acabam escapando às noções tradicionais de poder de direção e subordinação.

O trabalhador intelectual, cultural e aquele com formação mais sofisticada, em qualquer segmento, mostra-se a cada dia menos acomodável aos estreitos limites da relação de emprego.

Até nas ocupações de menor qualificação esse fenômeno vem sendo observado, falando-se até no fim dos empregos e na necessidade de reconhecimento de relações atípicas de trabalho.

Em 1961, dizia *Hannah Arendt* que estávamos nos encaminhando para uma sociedade de trabalhadores sem trabalho, pois este será cada vez menos importante do ponto de vista estritamente econômico, passando a ser um problema cultural e social[11].

Mas, efetivamente, a heterogeneidade do mercado está pondo em cheque a tutela coletivista tradicional da legislação trabalhista, que procura oferecer a mesma base de proteção a quem é empregado, mas exclui os demais, que trabalham sob regimes jurídicos diversos.

A realidade exige o reconhecimento das desigualdades, com diferentes formas contratuais, adequadas aos diversos níveis e situações, a fim de que os desiguais sejam encarados em sua desigualdade.

Na grande empresa, ocorreu uma clara revolução dos serviços ou industrialização dos serviços, expandindo as atividades terceirizadas. As grandes corporações veem-se rodeadas de microempresas ou pequenas empresas, voando como borboletas à sua volta.

Opta-se preferencialmente pelo mercado de bens ou serviços terceirizados, ao invés de contratar empregados.

As exigências de competitividade e qualidade, a globalização, as novas tecnologias e a sociedade da informação desconcentram o processo produtivo, valorizam o trabalhador de alta qualificação, estimulando novas formas de contratação de serviços.

V. REVISÃO DOGMÁTICA

O direito do trabalho, embora voltado a proteger o empregado, como componente axiológico e teleológico inafastável, vê-se forçado a assumir outros valores econômicos e sociais, numa perspectiva mais ampla.

Em sua concepção mais moderna, é um instrumento de síntese dos interesses comuns ao capital e ao trabalho. Sob esta ótica, não se destina apenas a compensar a inferioridade econômica do trabalhador, mas também se abre para a organização da produção.

---

(11) LAMAS, Juan Rivero. El empleo y las relaciones laborales en el umbral del siglo XXI: una perspectiva comparada. *Derecho del Trabajo*, t. 1998-A, n. 4, Buenos Aires: La Ley, abr. 1998. p. 647.

Ao invés de fixar-se em suas atribuições tradicionais de proteção e redistribuição da riqueza, vai gradativamente se tornando um direito voltado à produção de riquezas e regulação do mercado de trabalho.

Sua revisão dogmática, assim, é consequência do papel assumido na gestão e governabilidade da sociedade.

Por isto, aceita novas técnicas de proteção, mais sintonizadas com a realidade social, sem perda de identidade e dos fundamentos filosóficos, políticos, sociais e econômicos.

Reconhece formas civis de prestação de serviços, refreando sua clássica tendência expansionista e a tentação de abarcar a grande variedade de formas contratuais que envolvem o trabalho.

VI. REVALORIZAÇÃO DOS CONTRATOS CIVIS

O direito do trabalho tem raízes na locação de serviços do direito civil. Dela se afastou após longa, persistente e sistemática elaboração doutrinária. Esse afastamento atingiu seu apogeu nos anos cinquenta, quando a doutrina repudiava quaisquer invocações do direito civil.

Na atualidade, são aceitos princípios do direito privado, quando compatíveis. Há a revalorização do trabalho autônomo, com o retorno dos contratos de locação de serviços, de empreitada, de fornecimento de bens e serviços em geral.

A subcontratação está consagrada definitivamente pelo processo econômico, indicando a existência de um terceiro especializado que, com superior qualidade e em condição de parceria, presta serviços ou produz bens para a empresa tomadora.

Proporciona qualidade, agilidade, simplicidade e competitividade, mediante transferência a terceiros de várias atividades, concentrando-se a empresa tomadora na articulação e racionalização do trabalho desenvolvido pelos fornecedores.

As vantagens econômicas, financeiras e administrativas da terceirização são reconhecidas pelos especialistas, propiciando à empresa melhor qualidade e competitividade.

A terceirização provoca um desmonte da estrutura organizacional clássica, que concebia a empresa como uma entidade autossuficiente, autárquica, que se responsabilizava por quase todas as fases do processo produtivo.

Ao invés da expansão vertical da atividade empresarial, há uma horizontalização, fragmentando-se entre fornecedores independentes de bens e serviços, os quais em torno dela gravitam.

A antiga estrutura tendia à concentração vertical da atividade empresarial, quer através da formação de empresas gigantescas, quer através dos conglomerados econômicos, formados por várias pessoas jurídicas sujeitas ao mesmo controle acionário, financeiro e administrativo. Assim, todos os prestadores de serviços eram contratados, treinados, dirigidos e assalariados pelos próprios beneficiários da atividade.

A subcontratação, ao contrário, leva à desconcentração das atividades e à integração horizontal da empresa com o seu contexto, exigindo menor fluxo de capital e, ao mesmo tempo, maior grau de especialização.

A terceirização constitui um dos dados essenciais da moderna organização empresarial, sendo absolutamente essencial às economias desenvolvidas.

O moderno direito do trabalho repudia o viés acanhado dos que em tudo enxergam a relação de emprego e, por isto, caem na tentação de atrair e tutelar uniformemente todas as relações jurídicas de trabalho[12].

O eminente professor argentino *Adrián Goldin*, ao cuidar do futuro do Direito do Trabalho, identificou um processo de deslaboralização dos prestadores de trabalho, especialmente na atividade intelectual[13].

Antonio Monteiro Fernandes confirma, "no direito lusitano, a inadequação das normas trabalhistas e a necessidade de uma trajetória interpretativa ou aplicativa que permita sua retificação funcional. Reconhece que há necessidade de uma regulação mais próxima da diversidade das situações concretas e menos preocupada com a unicidade do paradigma de referência, hoje largamente obsoleto"[14].

O relatório da Comissão das Comunidades Europeias a respeito das transformações do direito do trabalho, coordenado por *Alain Supiot*, confronta o desaparecimento da subordinação fordista e da tipicidade do contrato de emprego.

Estas as perspectivas que, segundo os europeus, impõem novo debate:

Les progrès de lá autonomie au travail sont la face heureuse des évolutions actuelles. Ils s'expliquent par le développment des nouvelles technologies, l'élévation du niveu de formation des travailleurs, les nouvelles méthodes de management participatif, etc. Partout où l'organization en réseau tend à se substituer à l'organization pyramidale, le pouvouir s'exerce de manière différente: par une évaluation des produits du travail, et non plus par une prescription de son contenu. Les salariés se trouvent ainsi davantage soumis à des obligations de résultat qu'à des obligations de moyens. (...) Un nombre croissant de travailleurs salariés opèrent ainsi dans des conditions que ne diffèrent pas sensiblement dans les faits du travail indépendant d'un sous-contractant[15].

O relatório admite a redução do campo de aplicação do Direito do Trabalho, mantendo-se o estrito conceito de subordinação jurídica, associado à maior desenvoltura do trabalho autônomo ou independente. Textualmente, "cette tendance est le

---

(12) ROBORTELLA, Luiz Carlos Amorim. *O moderno direito do trabalho*. São Paulo: LTr, 1994.
(13) *Ensayos sobre el futuro del derecho del trabajo*. Buenos Aires: Zavalía, 1997. p. 76-77.
(14) *Um rumo paras as leis laborais*. Coimbra: Almedina, 2002. p. 38-39.
(15) SUPIOT, Alain. *Au-delà de l'emploi*. Paris: Flammarion, 1999. p. 36-37.

corollaire des pollitiques législatives et jurisprudencialles conduites pour ouvrir un espace plus large au travail indépendant"[16].

O direito francês, a revelar a importância do trabalho independente, não é mais presumida a relação de emprego: dá-se plena validade ao contrato firmado pelas partes, como deflui do Código de Trabalho, após a reforma empreendida pela Lei n. 94-126 de 11 de fevereiro de 1994:

Art. 49. Il est inséré, dans le code du travail, un article L. 120-3 ainsi rédigé:

Art. L. 120-3. — Les personnes physiques immatriculées ao registre du commerce et des sociétés, au répertoire des métiérs, au registre des agents commerciaux ou après des unions pour le recouvrement des cotisations de sécurité sociale et des allocations familiales pour le recouvrement des cotisations d'allocations familiales sont présumées ne pas être liées par un contrat de travail dans l'éxécution de l'áctivité donnant lieu à cette immatriculation. (...).

O mesmo se vê no direito espanhol, segundo *Antonio Baylos*:

(...) la presunción de existencia del contrato de trabajo reduce su virtualidad a los casos en los que las partes no han manifestado expresamente su voluntad de obligarse; cuando por el contrario se há elegido un tipo contractual no laboral (arrendamiento de servicios, contrato de agencia, de transporte, etc) solo se puede obtener la calificación de la relación como laboral mediante la prueba — sin presunción legal que la ahorre — de todos los presupuestos materiales de la misma[17].

Em estudo sobre o trabalho na sociedade da informação, *Vendramin* e *Valenduc* reconhecem que, em vários sistemas jurídicos, o direito se caracteriza por evitar a presunção de regime de emprego ou a requalificação do trabalho autônomo para trabalho assalariado. A vontade do juiz e do legislador está mais dirigida para o alargamento do trabalho independente; a lógica atual é não criar empecilhos para a atividade dos profissionais efetivamente autônomos[18].

Trata-se, em última análise, de uma *delimitação externa* do direito do trabalho. Criam-se mecanismos para isolá-lo de outras formas contratuais que dele se aproximam, como forma de preservar as razões de sua especialidade.

Como se vê, é anacrônica e injusta a proteção trabalhista homogênea, que não enxerga diferenças entre os diversos prestadores de serviços. Tal homogeneidade pode criar uma espécie de "desigualdade mediante a igualdade"[19].

Há na França o *cadre*, que corresponde à definição legal do *executivo*; os *cadres* são afastados das normas gerais coletivas e têm de negociar individualmente suas

---

(16) *Op. cit.*, p. 41.
(17) BAYLOS, Antonio. *Derecho del trabajo:* modelo para armar. Madrid: Trotta, 1991. p. 70.
(18) VENDRAMIN, Patricia; VALENDUC, Gérard. *L'avenir du travail dans la société de l'information*. Paris: L'Harmattan, 2000. p. 173-174.
(19) PEDRAZZOLI, Marcelo. Las nuevas formas de empleo y el concepto de subordinación o dependencia. *Derecho del trabajo*, n. 19, Buenos Aires: La Ley, set. 1989. p. 1.481.

condições de trabalho. A qualificação do *cadre* recai, na prática, conforme *Bernard Teyssié*, no binômio *formação* e *função*. São trabalhadores altamente qualificados, investidos de poder de comando sobre subordinados. Exercem, por delegação, uma parcela da autoridade patronal[20].

Segundo *Baylos*[21], o ordenamento espanhol consagra duas manifestações muito expressivas de determinação das condições de trabalho pela autonomia individual.

A primeira está na regulamentação do rol de relações trabalhistas de caráter especial contido no art. 2º do Estatuto dos Trabalhadores. Diz que o tema "é especialmente claro quanto ao pessoal da alta direção e na relação especial de representação comercial, como figuras clássicas, mas é também predicado do trabalho doméstico e, em menor proporção, dos artistas em espetáculos públicos e esportistas profissionais"[22].

A segunda consiste na exclusão, do âmbito das convenções coletivas, de certas categorias profissionais, o que normalmente corresponde ao trabalho de maior qualificação. Esta prática tradicional espanhola remonta ao período anterior à crise econômica de meados dos anos setenta, mas se valorizou após a mesma.

O resultado é que esses empregados — de certa distinção, mas não tipicamente atrelados à direção — são excluídos da convenção coletiva e suas condições de trabalho devem ser reguladas pela via do acordo individual[23].

Há na Itália, por sua vez, os *dirigenti, quadri, impiegati* e *operari*[24], que também merecem específico tratamento.

A respeito dos *dirigenti*, diz *Luisa Galantino* não haver uma definição legal da categoria. Seus pressupostos, segundo a jurisprudência majoritária da Suprema Corte italiana, devem ser pesquisados nos contratos coletivos e subsidiariamente nos critérios da jurisprudência[25].

Há, abaixo dos *dirigenti*, a categoria dos *quadri*. Segundo o art. 2º da Lei n. 190 de 1985, faz parte da categoria "o prestador de serviços subordinado que, não pertencendo à categoria dos *dirigenti*, possui função de caráter continuado de revelante importância para o desenvolvimento e consecução do objeto da empresa" (art. 2º, 1). "Os requisitos para vinculação à categoria dos *quadri* são estabelecidos pela contratação coletiva nacional ou empresarial em relação a cada ramo de produção e à particular estrutura organizativa da empresa" (art. 2º, 2)[26].

A definição legislativa põe em evidência que a categoria dos *quadri* é intermediária às dos *dirigenti* e *impiegati*[27]. A despeito dos direitos assegurados em normas coletivas,

---

(20) TEYSSIÉ, Bernard. *Droit du travail*. Paris: Litec, 1980. p. 199.
(21) BAYLOS. *Op. cit.*, p. 73.
(22) *Idem, loc. cit.*
(23) *Idem, loc. cit.*
(24) Art. 2.095 c.c, alterado pela Lei n. 190, de 13 de maio de 1985.
(25) GALANTINO, Luisa. *Diritto del lavoro*. Torino: G. Giappichelli, 1996. p. 278.
(26) *Idem, ibidem*, p. 279.
(27) *Idem, loc. cit.*

ensina *Giovani Nicolini* que os *quadri* têm, em princípio, o mesmo tratamento legal dos *impiegati*, o que, entretanto, pode ser objeto de negociação coletiva. A disciplina destinada aos *quadri* é, assim, muito flexível; pelos contratos coletivos pode-se aproximá-la à dos *dirigenti*[28].

Feitas estas considerações, bem se vê que, em resposta aos novos paradigmas que confrontam o emprego típico, justifica-se ora a *redução*, ora a *adequação* do objeto e qualificação do contrato de trabalho.

No direito brasileiro, essas fontes de referência são importantes para demarcar os caminhos da evolução dogmática.

A mais autorizada doutrina admite a diferença nos diversos tipos de inserção do trabalho no mercado.

Profissionais de extrema especialização e conhecimento não podem ser submetidos à homogeneidade da legislação trabalhista, como se empregados fossem, quando, no livre exercício da autonomia da vontade, trabalham em regime de autonomia ou constituem empresas prestadoras de serviços.

Sua atividade não se desenvolve com subordinação jurídica; ao contrário, eles próprios determinam o conteúdo e as linhas centrais de suas tarefas.

Potencial ou efetivamente, aparecem também como empregadores ou tomadores de serviço, contratando e remunerando profissionais para a concretização de sua atividade empresarial.

Estes traços inviabilizam a formação de relação de emprego.

VII. A PRIMAZIA DA REALIDADE

Tratando-se de contrato civil, de suas cláusulas contratuais, desde que respeitada a legislação própria, não se vai extrair a relação de emprego. À sua leitura, nenhuma autoridade, inclusive judiciária, pode legalmente declarar a prática de fraude ou simulação.

Para fazê-lo, deve a autoridade desvendar, além das cláusulas contratuais, a verdadeira natureza da relação, depois de exaustiva produção de prova, com direito a ampla defesa e contraditório.

É o clássico princípio da primazia da realidade que, segundo *Delgado*, "amplia a noção civilista de que o operador jurídico, no exame das declarações volitivas, deve atentar mais à intenção dos agentes do que ao envoltório formal através de que transpareceu a vontade (art. 85, Código Civil)".

No direito do trabalho "deve-se pesquisar, preferencialmente, a prática concreta efetivada ao longo da prestação de serviços, independentemente da vontade eventualmente

---

(28) NICOLINI, Giovani. *Diritto del lavoro*. Milano: Giuffrè, 1992. p. 264.

manifestada pelas partes na respectiva relação jurídica". Conclui dizendo que "o conteúdo do contrato não se circunscreve ao transposto no correspondente instrumento escrito, incorporando amplamente todos os matizes lançados pelo cotidiano da prestação de serviços"[29].

Esse princípio tem corriqueira aplicação na Justiça do Trabalho, para reconhecer ou rechaçar a relação de emprego. Vejam-se os seguintes julgados:

> RELAÇÃO DE EMPREGO — INEXISTÊNCIA — Indefere-se o pleito de reconhecimento de vínculo empregatício quando demonstrado nos autos que a relação estabelecida entre as partes revestia-se de natureza societária, sendo que o reclamante e o reclamado, juntamente com outras duas pessoas, exploravam em comum um pequeno empreendimento, qual seja, uma borracharia. A circunstância de inexistir contrato social formalizado e registrado não altera a conclusão acima exposta, porquanto a realidade fática prevalece sobre a verdade formal e a mera aparência contratual. Inteligência e aplicação do princípio da primazia da realidade. (TRT 3ª R. — RO 0739/03 — 2ª T. — Rela. Juíza Alice Monteiro de Barros — DJMG 19.3.2003 — p. 14).

> CONTRATO DE TRABALHO — RELAÇÃO DE EMPREGO — FALSA COOPERATIVA — De regra, a relação entre cooperado e cooperativa não se confunde com a relação de emprego, mas a verificação da condição jurídica de cooperado tampouco se exaure na mera visualização de uma adesão formal do prestador de serviços, ainda mais quando a realidade notória indica que o louvável instituto do cooperativismo vem sendo utilizado como instrumento de fraude aos direitos trabalhistas. Pelo acatado princípio da primazia da realidade, a verdadeira natureza das condições estipuladas pelos contratantes encontra-se na relação objetivamente refletida nos fatos. Assim, mesmo que adesões formais deem à situação apresentada o *status* de sociedade cooperativa, a comprovação de elementos estranhos ao regime deve automaticamente excluí-lo, substituindo-o pela regra geral do vínculo empregatício. (TRT 2ª R. — RO 20010282321 — (20020688401) — 8ª T. — Rela. Juíza Wilma Nogueira de Araujo Vaz da Silva — DOESP 5.11.2002).

Na interpretação de um contrato é indispensável a averiguação da vontade das partes e do contexto em que se insere, como diz *Karl Larenz*[30]:

> Esta pode, como qualquer regulação, conter lacunas, ou pode ser duvidoso se uma determinada questão está ou não compreendida na regulação estabelecida pelas partes. Para a interpretação contratual integradora, que então há de ter lugar, são decisivos o contexto global do contrato, um escopo do contrato reconhecido por ambas as partes e a situação de interesses, tal como foi configurada por cada uma das partes.

Nada impede, portanto, a celebração de contrato entre pessoas jurídicas, envolvendo profissionais de alta qualificação intelectual ou profissional, que trabalham por conta própria, e não por conta alheia.

Tal peculiaridade remete aos contratos de prestação de serviço ou de empreitada, jamais ao de emprego.

---

(29) DELGADO, Mauricio Godinho. *Princípios de direito individual e coletivo do trabalho*. São Paulo: LTr, 2001. p. 60.
(30) LARENZ, Karl. *Metodologia da ciência do direito*. Lisboa: Calouste Gulbenkian, 1997. p. 423.

Segundo *Mario Frota*,

são três as notas distintivas entre contrato de trabalho e de prestação de serviços: em primeiro lugar, este último tem em vista o resultado da ativi-dade, enquanto que, no contrato de trabalho, a prestação leva em conta a atividade em si. Em segundo lugar, o contrato de trabalho implica obrigatoriamente uma retribuição, enquanto que o de prestação de serviços pode ser gratuito ou oneroso. Em terceiro lugar, no contrato de trabalho está presente a dependência ou a subordinação jurídica (...); esse elemento inexiste no contrato de prestação de serviço[31].

O traço característico desses profissionais, além do nível intelectual e econômico, deve ser a obrigação de resultado (produto) e não a mera atividade (serviços). Criam suas empresas e os tomadores, definitivamente, são seus clientes.

A respeito do assunto, *Almir Pazzianotto Pinto* afirmou que "já não pode haver dúvidas sobre o avanço (...) das empresas individualizadas, criadas, sobretudo, por executivos bem remunerados e integrantes do jornalismo e do mundo artístico"[32].

VIII. COMPETÊNCIA DA JUSTIÇA DO TRABALHO

A existência ou não de relação de emprego é matéria reservada constitucionalmente à Justiça do Trabalho.

Aliás, os tribunais reiteradamente recusam o vínculo de emprego, como se vê na seguinte sentença, envolvendo prestador de serviço de alta qualificação intelectual e profissional, que exercia cargo de diretoria:

Era o autor membro da Diretoria da empresa, e não simples empregado.

Além disso, não é aceitável crer que um profissional de tão elevado gabarito e cultura, conforme comprova seu *Curriculum Vitae* juntado aos autos, não tivesse o discernimento suficiente para saber distinguir entre as formas de contratação como autônomo, prestador de serviços, relação regida pelas normas do Direito Civil, e a condição de empregado, registrado em CTPS, e regido pela CLT.

Não há como invocar hipossuficiência e Princípios Protetivos, em tais circunstâncias.

O reclamante prestou serviços para a reclamada, sem registro em CTPS, aceitando tal condição durante todo o curso de tal relação jurídica, somente vindo a insurgir-se após o término da mesma.

O reclamante usufruiu das vantagens do trabalho autônomo, com elevados vencimentos, e pretende, agora, obter também as vantagens do contrato de trabalho.

É certo que o contrato de trabalho é um contrato realidade e que a Justiça do Trabalho norteia-se por princípios protetivos. Contudo, também há que se respeitar o princípio

---

(31) *Apud* MANNRICH. *Op. cit.*, p. 127.
(32) *Revista TST*, Brasília, v. 66, n. 3, jul./set. 2000. p. 13.

da livre contratação, da preservação da vontade das partes ao contratar (*pacta sunt servanda*).

A declaração de que o reclamante "recebia ordens" há de ser recebida com reservas. É certo que um verdadeiro trabalhador autônomo não pode fazer o que bem entender no exercício de suas funções.

A relação jurídica de trabalho autônomo é de natureza civil, contratual, bilateral, e, como tal, estipula obrigações e responsabilidades, das duas partes. A adoção de determinados procedimentos internos, pela empresa, que as partes pactuam seguir, é normal na contratação de trabalhadores autônomos, e não descaracteriza a natureza do vínculo, não configurando subordinação. (Excertos da sentença proferida pela Juíza Débora Cristina Rios Fittipaldi Federighi no Processo n. 3147/00 que tramita perante a MM. 60ª Vara do Trabalho de São Paulo — DOESP 11.7.2003).

Há um acórdão que merece destaque:

ÔNUS DA PROVA — RELAÇÃO CONTRATUAL ENTRE MÉDICOS — PARCERIA OU VÍNCULO DE EMPREGO — O caráter protecionista do Direito do Trabalho deve ser inversamente proporcional à capacidade intelectual, sociocultural e econômica do prestador de serviços, não cabendo invocá-lo quando nos dois lados da relação jurídica de direito material encontram-se pessoas de intelecto privilegiado, profissionais liberais no pleno exercício daquela atividade, mesmo porque a verdadeira isonomia consiste em dar tratamento desigual aos que juridicamente se desigualam e na mesma proporção dessa desigualdade. Sendo de parceria a modalidade habitual de união jurídica entre médicos, cabe ao profissional que, por natureza, desempenha atividades liberais e autônomas, provar o vínculo de subordinação que caracteriza o contrato de trabalho, sendo inadmissível estabelecer presunções cotidianamente realizadas para definir o vínculo de emprego de trabalhadores que, pela própria natureza, prestam serviços subordinados. A presunção, diante das peculiaridades da atividade desenvolvida pelos litigantes e considerando que todos prestavam serviços, é a de existência de uma sociedade de médicos, verdadeira parceria baseada na conjugação de interesses. (TRT 24ª R. — RO 1249/2000 — (2461/2000) — Rel. Juiz Amaury Rodrigues Pinto Júnior — DJMS 1º.12.2000 — p. 49).

Há inúmeros julgados nesse sentido:

RELAÇÃO DE EMPREGO — CONFIGURAÇÃO — RELAÇÃO DE EMPREGO — CONTRATO ENTRE EMPRESAS — Não se confunde a personalidade da pessoa jurídica com a pessoa física do sócio que presta serviço como representante de sua empresa (CC, art. 20). Esse fato, por si só, não gera vínculo de emprego com a empresa contratante. (TRT 2ª R. — RO 20000565223 — (20010447312) — 9ª T. — Rel. Juiz Luiz Edgar Ferraz de Oliveira — DOESP 14.8.2001).

VÍNCULO DE EMPREGO — VENDEDOR AUTÔNOMO — REPRESENTANTE COMERCIAL — É tênue a linha que separa o trabalho autônomo, a título de representação comercial, do contrato de trabalho, com vendedor pracista. Assim, para não se inviabilizar o exercício de atividade profissional reconhecida e fiscalizada (pelos conselhos regionais), deve o juiz agir com extrema cautela e fazer prevalecer, diante do presumível nível intelectual das partes envolvidas, a vontade formalmente declarada, quando fraca, dúbia ou inexistente prova que a desconstitua. O fato de a empresa delimitar a zona de comercialização, os clientes já captados e o repasse de instruções não configura o poder de controle (fiscalização) por parte da empresa representada e por consequência a subordinação jurídica, visto que previsto nos arts. 27 e 28 da Lei n. 4.886/65, que dispõe sobre os representantes comerciais autônomos. (TRT 17ª R. — RO 4153/1999 — (2554/2001) — Rela. Juíza Maria de Lourdes Vanderlei e Souza — DOES 27.3.2001).

(...) Note-se, como bem fundamentado pela bem lançada decisão de origem, que os médicos são pessoas dotadas de elevado nível de instrução, com formação escolar superior, por tantos e longos anos e, portanto, cientes de que as condições de trabalho, que certamente correspondem às suas expectativas financeiras e profissionais.

Assim, considerando-se as peculiaridades que envolvem o caso apresentado, atentando-se, ainda, para o fato de que o profissional de nível superior não pode ser equiparado ao hipossuficiente, e não se vislumbrando qualquer vício ou coação, tampouco desvantagem para esses trabalhadores, há que se conferir eficácia à manifestação de vontade das partes, que firmaram composição declinando do interesse quanto ao registro em CTPS. (excerto do voto da relatora, TRT 9ª Região, AP 02335/2001, Ac. n. 435/02, Rela. Juíza Wanda Santi Cardoso da Silva, j. 12.12.2001).

O reclamante, profissional gabaritado e de nível intelectual considerável, após treze anos e três meses prestando serviços através de contratos de locação, pretende convencer o Juízo de que a reclamada tentou fraudar a legislação do trabalho, à sua revelia, requerendo o reconhecimento do vínculo empregatício.

O autor não pode ser comparado ao hipossuficiente. Pelo contrário, trata-se de pessoa bem informada, ciente de seus direitos, com alto padrão de renda e conforme procuração de fl. 33, jornalista profissional, levando à conclusão de que seu nível de escolaridade é universitário, características que lhe permitem avaliar se um contrato de locação de serviços é mais vantajoso do que um contrato de trabalho.

O Juízo entende que o reclamante, pelas características demonstradas, é agente capaz, o objeto do contrato de locação é lícito e a fraude alegada pelo autor não foi provada. Fraude não se presume" (MM. 24ª VT/SP, Proc. n. 1.705/99, excerto à fl. 239 dos autos, j. 30.11.2001).

Daí se conclui que os tribunais trabalhistas têm admitido a legalidade desse modelo de contratação.

A Constituição de 1988 outorgou à Justiça do Trabalho competência exclusiva para compor os conflitos decorrentes da relação de emprego, como deflui do art. 114.

Assim decidiu o Supremo Tribunal Federal:

CONFLITO DE COMPETÊNCIA — JUSTIÇA DO TRABALHO E JUSTIÇA COMUM — SERVIDOR PÚBLICO DO ESTADO DA BAHIA REGIDO PELA CLT — PLANO DE CARREIRA — APLICAÇÃO — REENQUADRAMENTO — PRETENSÃO DECORRENTE DO VÍNCULO DE EMPREGO — COMPETÊNCIA DA JUSTIÇA ESPECIALIZADA — 1. Lei Estadual instituidora do Plano de Carreira dos Servidores Civis do Estado. Norma que se destina tanto aos contratados sob o regime celetista quanto aos estatutários. Pedido de revisão de enquadramento fundado na correta incidência da Lei no contrato de emprego existente entre as partes. Pretensão que não afeta o liame jurídico regido pela CLT. 2. A matéria nuclear do exercício da jurisdição trabalhista está centrada na existência de relação empregatícia, no sentido estrito do termo. À Justiça Especializada cabe decidir se a postulação é pertinente ou não, com base no contrato de trabalho. Conflito de competência conhecido e provido, para declarar competente a Justiça do Trabalho. (STF — CC 7118 — BA — TP — Rel. Min. Maurício Corrêa — DJU 4.10.2002 — p. 92).

Nenhum agente estatal, em missão fiscalizadora, está autorizado a desconsiderar contratos e relações jurídicas lícitas.

Vale aqui, a propósito, lembrar a Lei n. 11.196/95 que, no art. 129, dispõe:

Art. 129. Para fins fiscais e previdenciários, a prestação de serviços intelectuais, inclusive os de natureza científica, artística ou cultural, em caráter personalíssimo ou não, com ou sem a designação de quaisquer obrigações a sócios ou empregados da sociedade prestadora de serviços, quando por esta realizada, se sujeita ttão somente à legislação aplicável às pessoas jurídicas, sem prejuízo da observância do disposto no art. 50 da Lei n. 10.406, de 10 de janeiro de 2002 — Código Civil.

Aqui está a consagração do princípio, muito caro ao direito do trabalho, da primazia da realidade, que pode ser invocado tanto para reconhecer como para rechaçar a pretendida relação de emprego, a despeito do teor dos ajustes formais.

Esse preceito dirige-se especificamente aos agentes fiscais. O legislador, atento à heterogeneidade do mercado de trabalho, veda a presunção de existência da relação empregatícia que não é revelada no contrato. Em acertada conclusão, diz o professor *Paulo Sérgio João* que "do ponto de vista fiscal, ainda que identificadas a pessoalidade e a habitualidade não poderá a fiscalização estabelecer a presunção de vínculo de emprego"[33].

Em suma, nota-se que o direito positivo brasileiro está em franca evolução, tendendo a admitir novas formas de prestação de serviços, não submetidas à tutela da legislação trabalhista, inclusive em face da atuação de agentes do Estado.

Ademais, garante a atuação da Justiça do Trabalho, mediante provocação do interessado, no que diz respeito à repressão à fraude e integral proteção dos direitos do trabalhador, mediante o devido processo legal.

---

(33) JOÃO, Paulo Sérgio. Possibilidades e conflitos na contratação de profissionais constituídos em pessoa jurídica. *Suplemento Trabalhista*, n. 5/06, São Paulo: LTr, 2006. p. 15.

PREVIDÊNCIA PRIVADA COMPLEMENTAR. REPERCUSSÕES SALARIAIS[*]

Antonio Galvão Peres

I. INTRODUÇÃO

Estudando-se a evolução da previdência no Brasil, percebe-se que a previdência privada nem sempre teve natureza complementar; na verdade, foi o primeiro modelo previdenciário que — *praeter legem* — se desenvolveu no país.

A inspiração previdenciária aportou no Brasil, segundo *Affonso Almiro*, com o "espírito fraterno e religioso dos portugueses, sempre com o mesmo objetivo de assistir os trabalhadores e funcionários nas suas enfermidades, proporcionando-lhes aposentadoria por velhice ou incapacidade de trabalho"[1].

Até o século XVIII predominaram as entidades de previdência adstritas a setores ou categorias profissionais. No século XX, sob a influência americana e europeia, passaram a surgir entidades circunscritas às organizações empresariais — as chamadas "instituições por empresa" —, que se tornariam os fundos de pensão de hoje.

Apenas na década de 1930 surgiu o seguro social, mediante contribuição tríplice (empregadores, empregados e governo), com a universalização dos benefícios.

Ao lado deste sistema, sempre persistiu, no entanto, sem disciplina específica, a previdência privada, só regulamentada com a Lei n. 6.435/77.

Esta lei não está mais em vigor. Sucumbiu à reforma que se iniciou com a Emenda Constitucional n. 20/98 e culminou nas Leis Complementares ns. 108 e 109 de 2001.

O novo sistema — inspirado nos modelos de capitalização individual que vêm se consolidando em outros países — trouxe inúmeras disposições que renovam a importância da iniciativa privada.

A previdência privada está novamente perdendo muito de sua *supletividade* ou *complementaridade*: tornou-se um dos *carros-chefes* da reforma.

(*) Publicado originalmente na *Revista de Previdência Social*, São Paulo: LTr, n. 286, set. 2004. p. 822-827.
(1) ALMIRO, Affonso. *A previdência supletiva no Brasil*. São Paulo: LTr, 1978. p. 41.

II. A LEI N. 6.435/77

A Lei n. 6.435/77 já tratava de forma distinta as entidades abertas e fechadas de previdência complementar.

Veja-se a classificação em seu art. 4º:

Art. 4º Para os efeitos da presente Lei, as entidades de previdência privada são classificadas:

I — de acordo com a relação entre a entidade e os participantes dos planos de benefícios, em:

a) fechadas, quando acessíveis exclusivamente aos empregados de uma só empresa ou de um grupo de empresas, as quais, para os efeitos desta Lei, serão denominadas patrocinadoras;

b) abertas, as demais (...).

As "entidades abertas" integravam-se ao "Sistema Nacional de Seguros Privados" (arts. 7º e 10), ao passo que as entidades fechadas eram consideradas "complementares do sistema oficial de previdência e assistência social" (art. 34).

As contribuições patronais para planos de previdência complementar em favor de seus empregados — tendo em vista a origem da distinção entre as entidades — eram tradicionalmente feitas a entidades fechadas. Equiparadas às contribuições para o sistema oficial, defendia-se que não assumiam caráter salarial.

Algumas empresas, entretanto, passaram a contratar planos de entidades abertas para beneficiar seus trabalhadores.

O professor *Wladimir Novaes Martinez*[2], em obra de 1996, apontava esta opção como uma tendência do setor. Dizia que "em vez de constituírem entidades próprias, algumas patrocinadoras preferem contratar os serviços de organização aberta, bancos ou seguradoras com experiência no ramo, para agilizar a proteção dos seus empregados. Pensam, com isso, diminuir os encargos da administração, embora, ressalte-se, devam enfrentar o custo elevado do lucro".

A Lei n. 8.212/91, com alteração introduzida pela Lei n. 9.528/97, adaptou-se a esta realidade, dispondo em seu art. 28, § 9º, alínea *p*, que não integra o salário de contribuição "o valor das contribuições efetivamente pago pela pessoa jurídica relativo a programa de previdência complementar, aberto ou fechado, desde que disponível à totalidade de seus empregados e dirigentes, observados, no que couber, os arts. 9º e 468 da CLT".

Dessa forma, as contribuições patronais para entidades abertas também não assumiriam natureza salarial, ainda que não houvesse na Lei n. 6.435/77 qualquer disposição especial a respeito.

---

(2) MARTINEZ, Wladimir Novaes. *Primeiras lições de previdência complementar*. São Paulo: LTr, 1996. p. 88.

III. REFORMA PREVIDENCIÁRIA

A Lei n. 6.435/77 foi superada pelas Leis Complementares ns. 108 (setor público) e 109 (setor privado) de 2001, que vieram ao ordenamento jurídico na esteira da reforma previdenciária iniciada com a Emenda Constitucional n. 20/98.

Trata-se, como já enfatizado, de partes de uma ampla reforma. As profundas alterações criam certa sensação de instabilidade jurídica, o que incita questionamentos em diversas matérias, inclusive quanto à natureza jurídica das contribuições e benefícios. Cumpre ao operador do direito, assim, fixar, antes de tudo, as bases teóricas de sua interpretação.

O modelo anterior não mais se sustentava. A imagem de um *emprego vitalício*, em que o trabalhador persistia vinculado a uma mesma empresa durante longos anos, tornou-se uma utopia. Hoje é rotineira a circulação de trabalhadores no mercado, contrariando as práticas de outrora.

As entidades fechadas de previdência complementar perderam as premissas que estimulavam sua instituição conforme o modelo anterior. Não há interesse em atrelar o trabalhador a um modelo rígido de previdência complementar (entidade fechada) quando o próprio vínculo principal, com seu patrocinador (empregador), é precário.

Com efeito, o projeto que originou a Lei n. 6.435/77 visava regular as relações da previdência supletiva em um mercado de trabalho em que os empregos ainda eram consideravelmente estáveis e no qual as relações de trabalho eram rigidamente centralizadas em unidades de produção.

O novo modelo, evidentemente, diverge, em aspecto e em essência, do antigo.

Os contornos do sistema anterior merecem cuidadosa atenção dos intérpretes. Assim, por exemplo, as ressalvas do art. 28, § 9º, da Lei n. 8.212/91, que não permitem tratamento díspar entre os empregados da patrocinadora, não podem ser estendidas ao novo sistema, que incentiva a criação de planos flexíveis, dando ampla autonomia às partes envolvidas[3].

---

(3) As ressalvas do modelo anterior foram aparentemente influenciadas por parecer de José Bonifácio Borges e Andrada, aprovado pelo Ministro da Previdência e Assistência Social Reinhold Stephanes (despacho de 28.8.97, DOU 3.3.1997, p. 19.378-379). Veja-se o seguinte fragmento:
"Tendo em vista diversas consultas levadas a efeito a órgãos deste Ministério e do Instituto Nacional do Seguro Social a respeito da inteligência que se deve dar aos arts. 28, § 9º, r, e 37, § 9º, r, respectivamente dos Decretos ns. 2.172 e 2.173, de 5 de março de 1997, convém, de modo uniforme, fixar-lhes a interpretação.
2. Os dispositivos em análise são do seguinte teor: (...)
3. Analisando-se a questão a Secretaria da Previdência Social deste Ministério, em nota de 24 de julho de 1997 assim o dispôs:
c. O disposto na alínea r do § 9º do art. 37 do ROCSS tem como base dispensar tratamento isonômico às contribuições das empresas vertidas para entidades de previdência privada abertas ou fechadas. Quando a empresa contempla diferentemente os empregados entre si ou seus dirigentes, torna-se evidente a intenção de tornar o cargo mais atrativo, e nesta situação, a contribuição para entidades de previdência privada configura salário indireto. (...) 4. Neste aspecto a Nota da Secretaria de Previdência Social é suficientemente esclarecedora. (...) 8. (...) beneficiando apenas os dirigentes ou um grupo restrito de empregados, esta parcela não poderá ser entendida como um programa complementar de previdência social, mas uma forma de pagamento disfarçado de salário ou remuneração sobre a qual deverá incidir a contribuição social" (*Apud* GONZALES, Ismal. Contribuição à previdência complementar e salário de contribuição. In: MARTINEZ, Wladimir Novaes. *Temas atuais de previdência social*. São Paulo: LTr, 1998. p. 152-154).

A intenção de maior flexibilidade do novo modelo já emanava, aliás, da exposição de motivos do projeto que antecedeu a promulgação da Lei Complementar n. 109/01 (Projeto de LC n. 10/99).

Veja-se o seguinte excerto da exposição elaborada pelos ministros *Waldeck Ornélas* e *Pedro Pullen Parente* para o então Presidente da República:

> Para a concretização da referida expansão, é necessário prover o Estado dos meios suficientes para assegurar a eficácia do regime. Nesse contexto, 'eficácia' é tratada como um conceito amplo que serve de teto a seis pilares: (i) flexibilidade de criação e organização de planos e de entidades de previdência complementar, visando à expansão do regime de previdência complementar, (ii) credibilidade do regime de previdência complementar, (iii) incremento da profissionalização dos gestores das entidades de previdência complementar, (iv) transparência junto aos participantes, (v) prudência na gestão de ativos, e (vi) fortalecimento da capacidade de regulação e fiscalização do Estado.

O texto também realça o fato de o projeto manter a distinção que a Lei n. 6.435/77 fez entre as entidades abertas e fechadas. O art. 26 da LC n. 109/01 expressamente admite, entretanto, a contratação de planos de entidades abertas (*coletivos*) para beneficiar empregados da pessoa jurídica contratante[4].

Chegou-se à conclusão, ademais, de que diante da existência de inúmeras entidades que se organizavam sob a forma de *multiplanos* ou *multipatrocinadas*, a nova lei teria como uma de suas prioridades convalidar essa situação, permitindo que uma mesma entidade ofereça mais de um produto ao mercado, com diversidade de benefícios.

A nova lei acabou também com a figura do pecúlio, assegurando ao associado, ao se desligar de uma entidade, a prerrogativa de levar os ingressos que fez para uma nova a que venha se filiar.

Também como consequência do fim do pecúlio, instituiu-se uma figura nova, a do "benefício proporcional diferido" (*vesting*), permitindo ao participante optar pelo

---

(4) "Art. 26. Os planos de benefícios instituídos por entidades abertas poderão ser:
I — individuais, quando acessíveis a quaisquer pessoas físicas; ou
II — coletivos, quando tenham por objetivo garantir benefícios previdenciários a pessoas físicas vinculadas, direta ou indiretamente, a uma pessoa jurídica contratante.
§ 1º O plano coletivo poderá ser contratado por uma ou várias pessoas jurídicas.
§ 2º O vínculo indireto de que trata o inciso II deste artigo refere-se aos casos em que uma entidade representativa de pessoas jurídicas contrate plano previdenciário coletivo para grupos de pessoas físicas vinculadas a suas filiadas.
§ 3º Os grupos de pessoas de que trata o parágrafo anterior poderão ser constituídos por uma ou mais categorias específicas de empregados de um mesmo empregador, podendo abranger empresas coligadas, controladas ou subsidiárias, e por membros de associações legalmente constituídas, de caráter profissional ou classista, e seus cônjuges ou companheiros e dependentes econômicos.
§ 4º Para efeito do disposto no parágrafo anterior, são equiparáveis aos empregados e associados os diretores, conselheiros ocupantes de cargos eletivos e outros dirigentes ou gerentes da pessoa jurídica contratante.
§ 5º A implantação de um plano coletivo será celebrada mediante contrato, na forma, nos critérios, nas condições e nos requisitos mínimos a serem estabelecidos pelo órgão regulador.
§ 6º É vedada à entidade aberta a contratação de plano coletivo com pessoa jurídica cujo objetivo principal seja estipular, em nome de terceiros, planos de benefícios coletivos."

recebimento futuro de um benefício *proporcional* às contribuições já efetuadas, antes que se operem as condições que lhe possibilitariam o recebimento de benefícios integrais.

Dentro desse contexto de maior flexibilidade, o art. 27, *caput*, da LC n. 109/01 também assegura expressamente aos participantes das entidades abertas, "observados os conceitos, a forma, as condições e os critérios fixados pelo órgão regulador", "o direito à portabilidade, inclusive para plano de benefício de entidade fechada, e ao resgate de recursos das reservas técnicas, provisões e fundos, total ou parcialmente".

Hoje até mesmo a possibilidade de resgates antecipados, como se vê, tem inequívoco amparo legal, ou seja, sem deturpar a natureza previdenciária do modelo.

IV. NATUREZA JURÍDICA DOS APORTES PATRONAIS

Os aportes patronais a planos de previdência privada em favor de seus empregados não têm natureza jurídica de salário por duas principais razões: (a) a expressa exclusão legal e a (b) ausência do caráter retributivo.

Uma determinada vantagem, mesmo com todos os caracteres necessários para compor a remuneração em face da teoria geral do salário, pode ter sua natureza jurídica modificada por obra da lei ou da negociação coletiva.

Em estudo sobre o tema, a exclusão legal é apontada por *João de Lima Teixeira Filho*[5] como clara tendência em nosso ordenamento, como se vê do seguinte excerto:

Exclusão legal. É tendência recente, cuja prática se intensifica, substituir o modo pelo qual as prestações são definidas: de perquirição da natureza jurídica da parcela pelos métodos clássicos para uma especificação casuística por expresso comando legal. Em regra, quando a lei conceitua a verba o faz para desvesti-la do manto salarial que a recobre. Razões de redução do custo de trabalho são apresentadas para fundamentar a pré-catalogação legal, mesmo que à custa de inevitáveis turvações conceituais entre parcelas afins.

Dentre as parcelas cuja natureza salarial é expressamente excluída por normas jurídicas estão a participação nos lucros, o salário-família e, em especial, o custeio pelo empregador, total ou parcial, de previdência privada aos empregados.

Com efeito, o art. 458, § 2º, da CLT, com a redação da Lei n. 10.243/01, expressamente subtrai do conceito de salário os aportes do empregador aos planos de previdência complementar. Dessa forma, mesmo que do ponto de vista teleológico se pudesse suspeitar da natureza salarial dos aportes (o que, por si só, já seria equivocado), esta interpretação não seria possível, tendo em conta a expressa vedação legal.

O art. 458 mostra-se em plena harmonia com o art. 202, § 2º, da Carta de 1988 que, ao cuidar da previdência complementar, declara não integrarem o contrato de

---

(5) TEIXEIRA FILHO, João de Lima. Salário — morfologia e princípios. In: DUARTE, Bento Herculano. *Manual de direito do trabalho — estudos em homenagem ao prof. Cássio Mesquita Barros*. São Paulo: LTr, 1998. p. 414.

trabalho as contribuições do empregador, os benefícios e as condições contratuais previstas nos estatutos, regulamentos e planos de benefícios das entidades de previdência privada.

Há de ser invocada, nessa esteira, a advertência de *Efrén Cordova*[6] em consagrada obra coletiva sobre o salário:

> Desde el punto de vista del derecho del trabajo sería, por tanto, un error pretender que el término formas indirectas de la remuneración cubra a toda una serie de prestaciones que tienen finalidades educacionales, asistenciales, recreativas, de seguridad social o de simple bienestar y que no son por tanto retributivas y, sin embargo, figuran de modo prominente en la cuenta de gastos de las empresas amén de significar un beneficio indiscutible para el trabajador.

Amauri Mascaro Nascimento[7] se refere às *complementações previdenciárias* oferecidas pelo empregador, excluindo-as da remuneração. Ensina que "não se confundem salário e complementações previdenciárias", estas "são o pagamento que o empregador efetua ao empregado para cobrir a diferença entre o que ele receberá da previdência social e o que ganharia caso estivesse em serviço".

Wladimir Novaes Martinez[8] analisa, na seguinte passagem, duas manifestações (uma de caráter administrativo e outra judicial) a respeito da natureza jurídica das prestações previdenciárias custeadas pelo empregador:

> Nas duas conjunturas reproduzidas, a empresa sub-rogou-se no dever do Estado de ministrar a seguridade social. E, por via de consequência, não se justifica tal oferecimento vir a se constituir em hipótese de incidência da exação previdenciária. Faz parte integrante da natureza da contribuição a sua finalística. Atendido diretamente o objetivo da Previdência Social, em condições ideais, dada a proximidade gerada pelo contrato de trabalho, entre quem enseja a proteção e o protegido, não tem cabimento subtrair-se do próprio montante parcela a ser utilizada na sua consecução. Não respeita a lógica sedimentadora da construção do ordenamento jurídico da seguridade social; portanto, tal raciocínio deve ser estendido (e estimulado) a todas as prestações laborais com cunho previdenciário, principalmente, quando, caso da consulta, o acréscimo operado fica fazendo parte indissociável da pessoa humana, e poder ela todo o tempo contar com ele.

Portanto, o modelo jurídico brasileiro tem gradativamente afastado do conceito de salário prestações previdenciárias concedidas pelos empregadores, exatamente para estimular sua prática.

Adverte *Amauri Mascaro Nascimento*[9], em consagrada obra, que a "interpretação monística" de que tudo é salário pode ser desfavorável ao trabalhador, uma vez que,

---

(6) CÓRDOVA, Éfren. Las formas indirectas de remuneración y los beneficios extrasalariales. In: *El salario* — estudios en homenaje al professor Américo Plá Rodriguez. Montevideo: Amalio M. Fernandez, 1987. t. II, p. 254.
(7) NASCIMENTO, Amauri Mascaro. *Iniciação ao direito do trabalho*. São Paulo: LTr, 2000. p. 314.
(8) MARTINEZ, Wladimir Novaes. *Pareceres selecionados de previdência complementar*. São Paulo: LTr, 2001. p. 143-144.
(9) NASCIMENTO, Amauri Mascaro. *Teoria jurídica do salário*. São Paulo: LTr, 1994. p. 69.

"para a empresa, nem sempre é possível o desenvolvimento de uma política ampliativa de vantagens indiretas, não salariais, que poderiam beneficiar o trabalhador, se corre o risco de vê-las atraídas, no direito do trabalho, para a órbita salarial".

Em síntese, segundo o direito em vigor, não constitui salário a contribuição patronal para os planos de previdência privada.

V. DESVIO DA NATUREZA PREVIDENCIÁRIA

A flexibilidade inerente ao novo modelo de previdência complementar e a ausência de natureza salarial podem abrir frestas a fraudes, comprometendo a inspiração do novo modelo.

Os empregadores podem sentir-se tentados a substituir o pagamento de prêmios e gratificações (*v. g.*) por aportes a um plano de previdência, valendo-se, assim, das significativas vantagens trabalhistas e fiscais. Aplica-se, aqui, a regra geral dos arts. 9º e 468 da CLT.

Manobra mais discreta seria a contratação de plano de entidade aberta com maior liberdade de resgates e no qual esta circunstância revele-se a real intenção das partes. A lei não veda esta possibilidade e, portanto, a burla ao escopo previdenciário é de difícil aferição.

Com efeito, o plano poderia se assemelhar a uma aplicação financeira padrão, com nítidas vantagens tributárias ao empregado. Constituiria, ainda, mecanismo de redução dos encargos trabalhistas do empregador, tendo em conta a não integração ao salário.

Este procedimento foi censurado pelo seguinte acórdão do Primeiro Conselho de Contribuintes do Ministério da Fazenda:

> IRPJ e CSLL — BENEFÍCIOS PREVIDENCIÁRIOS — EMPREGADOS E DIRIGENTES — INDEDUTIBILIDADE: São indedutíveis as contribuições não compulsórias destinadas a custear planos de benefícios complementares não assemelhados aos da previdência social, instituídos em favor dos empregados e dirigentes da pessoa jurídica. A previsão contratual de resgate independentemente da ocorrência de um estado de necessidade como o que ocorre na previdência social, descaracteriza a semelhança, tornando indedutíveis os pagamentos (Lei n. 9.249/95, art. 13, inciso V c/c Lei n. 8.213/91 arts. 1º e 18). (Proc. 16327.002712/2001-18, Rec. n. 135.495, Sétima Câmara, Primeiro Conselho de Contribuintes, MF, Ac. 107-07.355, j. 15.10.2003).

O mau uso dos planos de previdência privada no âmbito das relações de trabalho pode evocar antigos preconceitos, comprometendo uma evolução há muito custo operada. Por outro lado, seria um inequívoco retrocesso presumir a natureza salarial dos aportes apenas porque assegurada uma maior liberdade de resgate. Há que verificar, caso a caso, a intenção das partes quando da contratação e o destino que efetivamente dão aos aportes.

Exige-se um novo paradigma de interpretação. A legislação brasileira superou a concepção dualista do passado, em que os benefícios só poderiam ser *retributivos* (concedidos pelo trabalho) ou *instrumentais* (concedidos para o trabalho), ignorando-se um amplo rol de parcelas assistenciais, educativas e de integração do capital e trabalho. O intérprete deve, assim, privilegiar o novo modelo, estimulando a propagação destas últimas vantagens com o repúdio à presunção de que tudo é salário.

Os planos *participativos* podem ser uma opção para minimizar o risco dessa espécie de presunção, ao menos quanto aos reflexos trabalhistas. Nestes planos os aportes patronais são vinculados a contribuições dos empregados, ainda que de menor valor.

Veja-se esta página de *Mauricio Godinho Delgado*[10]:

À luz desse entendimento, o pacto de oferta do bem teria de ser do tipo gracioso (nos termos da conhecida tipologia civilista), isto é, suportado por apenas uma das partes contratuais. É que se a concessão da utilidade proceder-se mediante uma contraprestação econômica do trabalhador (ainda que subsidiada), ela deixará de ter caráter estritamente contraprestativo no tocante a esse trabalhador — a concessão estará sendo efetivada em face de outra causa e objetivo.

Na jurisprudência, esse é o entendimento predominante:

Não caracteriza salário *in natura* o fornecimento de alimentação e transporte me-diante desconto, ainda que este seja de pequeno valor, pois a lei fixa os percentuais máximos dos descontos, mas não os mínimos. (TRT 2ª R. — Ac. 02980236866 — 9ª T. — Rel. Juiz Ildeu Lara de Albuquerque — DOESP 26.5.1998).

Para a configuração do salário *in natura* é indispensável a habitualidade da prestação, a onerosidade unilateral do fornecimento e seu caráter contraprestativo (dado como retribuição pelo contrato). Quando a concessão da alimentação não é suportada apenas pelo empregador, pois a utilidade recebida pelo empregado implicou desconto de seu salário, afastada a hipótese de fraude, da qual o Regional não cuidou, não se caracteriza o salário *in natura*. (TST — RR 315955/1996 — 3ª T. — Rel. Min. Carlos Alberto Reis de Paula — DJU 20.8.1999. p. 210).

Vale lembrar, entretanto, o fato de alguns julgados sustentarem a necessidade de participação substancial — e não ínfima ou simbólica — do trabalhador no custeio da utilidade para que se despoje do caráter salarial.

De qualquer forma, a participação do empregado no custeio reduz o risco de presunção de natureza retributiva nos aportes do empregador e é recomendável em qualquer programa do gênero.

É também possível cogitar, por fim, mais uma cautela para reduzir os riscos trabalhistas de integração ao salário. A contratação do plano de entidade aberta pode decorrer de negociação coletiva, disciplinando as partes, no acordo ou convenção, a natureza jurídica das contribuições.

---

(10) DELGADO, Mauricio Godinho. *Salário* — teoria e prática. Belo Horizonte: Del Rey, 1997. p. 128-129.

PARTE II

DIREITO INTERNACIONAL E COMPARADO

A MUNDIALIZAÇÃO DO DIREITO[*]

Antonio Galvão Peres

I. INTRODUÇÃO

> *Lembro mal*
> *Tempo em que a*
> *Aldeia era local.*
> Millôr Fernandes[1]

O *hai-kai* em epígrafe denota a superação da ideia de *localidade* no mundo contemporâneo, o que também repercute no direito. As fronteiras estatais desvanecem, os diversos ordenamentos tornam-se interdependentes e desponta uma nova ordem jurídica que é autônoma — ou quase — em relação aos Estados.

Este estudo[2] apresentará os fatos que ensejaram a consolidação desta nova realidade e tratará, por fim, do surgimento de um verdadeiro *direito mundial*, a par dos Estados.

II. A GLOBALIZAÇÃO E A NOVA ORDEM MUNDIAL

A globalização é, em sua origem, um fenômeno econômico — daí falar-se em *globalização da economia* — mas repercute em inúmeras outras searas. Possui reflexos culturais expressivos e reclama, cada vez mais, adaptação da ordem jurídica a seus contornos.

Há inclusive quem diga que as fronteiras nacionais já não separam culturas ou modos de vida diferentes, como tradicionalmente fizeram, sendo hoje mais evidentes

---

(*) Publicado originalmente na *Revista Ibero-Americana de Direito Público*. v. XX. Rio de Janeiro: América Jurídica, 4º trimestre de 2006, p. 4-16.
(1) FERNANDES, Millôr. *Hai-Kais*. Porto Alegre: L&PM Pocket, 1997. p. 30.
(2) Muitas das ideias e passagens deste trabalho foram colhidas de estudos anteriores do autor, especialmente de sua dissertação de mestrado (PERES, Antonio Galvão. *Contratos internacionais de trabalho:* novas perspectivas. São Paulo: LTr, 2004).

as fronteiras econômicas. Supõem haver mais diferenças na forma de vida de um rico e um pobre, mesmo vivendo em um mesmo país, que entre a forma de vida de dois ricos ou dois pobres que habitam Estados distintos[3].

Não se trata, entretanto, de um fenômeno tão recente quanto aparenta; é uma evolução da internacionalização do comércio que remonta a marcos tão antigos como o Tratado de Methuen (*Panos e Vinhos,* 1703), celebrado entre Portugal e Inglaterra nos primórdios da Primeira Revolução Industrial.

Foi no século passado, contudo, que passaram a se estratificar as bases para uma economia verdadeiramente global, malgrado alguns acontecimentos históricos tenham constituído entraves à globalização.

Ensina *Paul Singer*[4] que a economia capitalista industrial tende a superar os limites do Estado-nação quase desde o seu início. O primeiro auge da livre movimentação de mercadorias e capitais ocorreu após a adoção do padrão ouro por volta da metade do século XIX, processo que foi sucessivamente interrompido pela Primeira Guerra Mundial (1914-1918), pela crise dos anos 1930 e pela Segunda Guerra Mundial (1938-1945). Nesse período de estagnação as economias nacionais trataram de proteger sua indústria e coordenar a acumulação de capital, fechando-se aos interesses estrangeiros, o que fez com que as relações econômicas internacionais passassem a patamares irrisórios.

Somente após a Segunda Grande Guerra recuperaram-se, sob os auspícios dos *Aliados* comandados pelos Estados Unidos, os esforços pela globalização da economia. Criaram-se novas instituições — como as da Conferência de Bretton Woods (1944) — e o comércio internacional voltou a ser uma prioridade.

Agregam-se a esses episódios o fim da *guerra fria* e o da ameaça comunista ao capitalismo, o que permitiu pensar-se em um *mercado* verdadeiramente global.

O processo de globalização tem, assim, evoluído de forma ininterrupta e acelerada nos últimos cinquenta anos. A hegemonia americana é clara nesse processo e decorre de sua supremacia política e econômica no pós-guerra. O economista inglês *John Galbraith* chegou, a propósito, a conceituar globalização como um termo inventado pelos norte-americanos ao abrirem a porta para a intervenção na economia de outros países[5].

A despeito da ironia de *Galbraith*, a globalização não é intrinsecamente boa ou ruim. Não abriga qualquer ponto de vista moral ou ético. É de tal maneira abrangente que seus reais efeitos, sejam bons ou ruins, são impossíveis de avaliar e julgar em sua totalidade[6].

---

(3) HARGAIN, Daniel. Desafios jurídicos de la contratación internacional. In: DEL'OLMO, Florisbal de Souza (coord.). *Curso de direito internacional contemporâneo*: estudos em homenagem ao prof. dr. Luís Ivani de Amorim Araújo pelo seu 80º aniversário. Rio de Janeiro: Forense, 2003. p. 168.
(4) SINGER, Paul. *Globalização e desemprego*: diagnóstico e alternativas. São Paulo: Contexto, 2001. p. 19.
(5) *Apud* RUSSOMANO, Mozart Victor. Direito do trabalho e globalização econômica. In: *Direito do trabalho & direito processual do trabalho:* novos rumos. Curitiba: Juruá, 2002. p. 27.
(6) Afirma Paulo Borba Casella que "a configuração jurídica do que seja 'globalização' não somente não existe como seria questionável a viabilidade de tal empreitada, se quisesse ensaiar perquirição de sua 'natureza jurídica', e isso por várias ordens de motivos: o

O fenômeno hoje sequer pode ser atribuído a uma *política* econômica neoliberal. O liberalismo que dele deflui tem a *praxis* como substrato, e não uma *doutrina* econômica. Nessa esteira, a intervenção estatal na economia não diminuiu apenas por vontade política (liberal), mas também em decorrência da dificuldade de regular as práticas de mercado no mundo globalizado.

O Fundo Monetário Internacional — FMI, em seu *World Economic Outlook* de 1995, descreveu a globalização como a crescente interdependência econômica de países por todo o mundo devido ao crescente volume e variedade de transações transnacionais de bens e serviços, aos fluxos de capitais internacionais e também à difusão mais rápida e generalizada da tecnologia[7].

É necessária, entretanto, a distinção entre economia global e internacional. A globalização pressupõe a redução das fronteiras nacionais, mitigando o papel dos Estados como entes reguladores da economia. As empresas organizam-se em um mercado global em que perquirem as melhores oportunidades de negócios onde estas estejam, superando barreiras. Fatores como matéria-prima, infraestrutura, mão de obra e público consumidor deixam de ser atrativos locais e passam a despertar interesse globalmente, queiram ou não seus Estados nacionais.

III. O DIREITO COMO OBJETO DE BARGANHA

A globalização econômica permite às empresas escolher com relativa facilidade os países em que pretendem produzir. A insatisfação com o custo da mão de obra para uma empresa pouco automatizada, o preço da energia elétrica para um produtor de alumínio ou a escassez de determinada matéria-prima podem ser fatores determinantes para que uma empresa migre de um Estado para outro.

Afirma *Wolfgang Däubler*[8] que a redução das barreiras do comércio cria uma situação cada vez mais propícia para a transferência a um outro país das seções tecnologicamente menos desenvolvidas de um processo de produção, alternativa que pode ser determinante para que uma empresa assegure sua permanência no mercado mundial. Assevera que essa espécie de "bancos de trabalho" pode migrar facilmente de uma nação a outra e pondera que o fenômeno também atinge atividades de ponta, como, por exemplo, o desenvolvimento na Índia de *softwares* da Lufthansa, tradicional empresa alemã.

A migração de empresas — ou de unidades suas — de países desenvolvidos para os subdesenvolvidos (ou *em desenvolvimento*) pode não aproveitar a qualquer

---

fenômeno, em sua essência, é antes econômico e decisional que jurídico, e o direito sequer está aparelhado para concebê-lo, muito menos regulá-lo" (CASELLA, Paulo Borba. Globalização, direito e Estado: introdução. In: CASELLA, Paulo Borba (coord.). *Mercosul: integração regional e globalização*. Rio de Janeiro: Renovar, 2000. p. 2).

(7) *Apud* CATTAUI, Maria Livanos. Oportunidades na economia global. In: HESSELBEIN, Frances *et al* (coord.). *A comunidade do futuro*. São Paulo: Futura, 2001. p. 169.

(8) DÄUBLER, Wolfgang. Globalização econômica e direito do trabalho. In: Seminário Internacional Relações de Trabalho, *Anais...* Brasília: MTb, 1998. p. 42-43.

das nações, senão aos interesses meramente econômicos da empresa responsável[9]. Os interesses das empresas, portanto, colocam-se acima dos do Estado, o que pode acarretar consequências nefastas.

Os países em desenvolvimento são aparentemente favorecidos pela migração do capital, mas a realidade demonstra o contrário. No anseio de atrair investidores e empresas para seus mercados, aceitam oferecer incentivos fiscais e até mesmo reduzir direitos duramente conquistados por seus trabalhadores nacionais, perpetrando, assim, o chamado *dumping social*[10].

Maurice Obstfeld[11] afirma que há uma verdadeira "competição fiscal internacional". Em suas palavras, "quando o capital pode mover-se livremente através de fronteiras nacionais, passará de países em que é tributado pesadamente para locais de produção onde os impostos são menores. (...) Os países, cada vez mais, usam incentivos para ajustar suas políticas fiscais de forma a atrair negócios estrangeiros". Há uma potencial "corrida ao mínimo" (no original, *race to the bottom*), pois os países competitivamente oferecem incentivos fiscais em uma corrida suicida (*collectively self-defeating scramble*) pela vantagem nacional.

Mozart Victor Russomano[12] cuida do *dumping social* na seguinte página:

(...) a competitividade dos produtos nacionais no mercado internacional globalizado exige a baixa de preços, que só se obtém com cortes de custos. O corte de custos sociais é mais facilmente realizável que outros cortes que ferem e reduzem interesses econômicos relevantes na condução da política do Estado, que movem o mecanismo da produção de bens e serviços. A redução dos direitos sociais é um talho que sangra a carne viva e a alma do trabalhador. Mas, na concepção neoliberal, isso faz parte do jogo impiedoso do mercado econômico.

---

(9) As empresas americanas revelam alguns exemplos dessa estratégia. Dois deles são dados por Robert C. Feenstra ao analisar os casos duas grandes e conhecidas corporações, uma fabricante de brinquedos (Mattel) e a outra de artigos esportivos (Nike). A primeira produz bonecas com matéria-prima (plástico e cabelo) obtida em Taiwan e no Japão. A fabricação é atualmente feita em locais de baixo custo na Indonésia, Malásia e China. O brinquedo deixa Hong Kong para o mercado americano custando dois dólares. Desse valor cerca de trinta e cinco centavos pagam a mão de obra, sessenta e cinco pagam a matéria-prima e o restante diz respeito a outros custos, como transporte e lucros obtidos em Hong Kong. Nos Estados Unidos a boneca é vendida por cerca de dez dólares, dos quais pelo menos um significa lucro direto do fabricante, o restante representa custos do mercado americano, como transporte, marketing, venda no atacado e varejo. A maior "adição de valor" provém, assim, do mercado americano e decorre basicamente de atividades ligadas ao setor de serviços.
O caso da indústria de artigos esportivos também ilustra esse sistema. Cerca de setenta e cinco mil trabalhadores asiáticos dedicam-se à produção de calçados e vestuário para a empresa, dos quais umas poucas centenas são efetivamente seus empregados. Nos Estados Unidos a empresa possui apenas cerca de dois mil e quinhentos empregados. Suas vendas mundiais representaram lucros de trezentos e sessenta milhões de dólares em 1993 (FEENSTRA, Robert C. Integration of trade and desintegration of production in the global economy. *The Journal of Economic Perspectives*, Menasha, v. 12, n. 4, p. 35-36, 1998).
(10) Para Luiz Carlos Amorim Robortella, "o *dumping* social constitui uma ameaça ao estado nacional, e se manifesta de várias formas:
a) traslado de empresas de um estado para outro, à procura de menores custos do trabalho ou de vantagens tributárias;
b) estratégia deliberada de salários baixos, para atrair empresas de outros estados;
c) traslado de trabalhadores para o estado que oferece maior proteção e melhores salários;
d) desvalorização cambial" (ROBORTELLA, Luiz Carlos Amorim. Relações de trabalho na integração regional. In: SANTOS, Waldemar Alves dos *et al*. *Direito do trabalho na integração regional*. São Paulo: Observador Legal, 2002. p. 131).
(11) OBSTFELD, Maurice. The global capital market: benefactor or menace? *The Journal of Economic Perspectives*, Menasha, v. 12, n. 4, p. 19, 1998.
(12) RUSSOMANO, Mozart Victor. *Op. cit.*, p. 32.

Oscar Vilhena Vieira compartilha do entendimento e enfatiza que reformas como essa

> poderão lançar países, como o Brasil, numa perversa competição internacional, onde o aparente sucesso será alcançado ao custo de uma supressão de conquistas sociais. Deve-se destacar que o resultado desse processo pode ter impacto ainda mais devastador sobre países marcados pela desigualdade, como o Brasil, que embora se encontre entre as dez maiores economias do mundo, fica em 62º lugar em termos do Índice de Desenvolvimento Humano das Nações Unidas (IDH/98), ampliando, assim, nossos altos índices de exclusão social[13].

Essa verdadeira barganha pelo direito ultrapassa, entretanto, os interesses econômicos diretos (redução imediata de custos). Assiste-se também à consolidação de um *direito empresarial convencional* (*vide* item V, *infra*) e, inclusive, à escolha da lei nacional supostamente mais adequada para reger determinadas relações comerciais.

Diante desse panorama, assinala *Daniela Ikawa*[14], a partir da lição de *Gunther Teubner*, que o "direito empresarial globalizado teve (...) que se adaptar a uma flexibilização da estrutura normativa, que deixou seu desenho piramidal, isto é, hierárquico, para adotar outro, circular. O direito empresarial seguiu, portanto, o aumento de discricionariedade das empresas globalizadas, no tocante à escolha entre normas convencionais e governamentais, e entre normas de diferentes ordenamentos jurídicos nacionais".

IV. O APARECIMENTO DAS EMPRESAS GLOBAIS

A antiga multinacional cedeu à globalização. Seu modelo de concentração das decisões e pesquisa na empresa matriz e de segmentação em unidades de produção praticamente autônomas não mais responde às exigências do mercado.

Esta evolução foi objeto das seguintes considerações de *Walküre Lopes Ribeiro da Silva*[15]:

> As novas condições de concorrência ditadas por esses fatores geraram uma divisão internacional do trabalho com desdobramentos inesperados e originais: em um primeiro momento, as empresas transnacionais passaram a fabricar os componentes dos produtos em diferentes países, em busca de mão de obra e insumos baratos, de modo que se pode dizer que os produtos são multinacionais (o "carro mundial" é um exemplo); em um segundo momento, as próprias empresas não são mais organizadas em unidades nacionais.

Como relata *Peter F. Drucker*, as empresas passaram a ser administradas como um sistema mundial no qual cada uma das tarefas distintas — pesquisa, projeto,

---

(13) VIEIRA, Oscar Vilhena. Globalização e Constituição republicana. In: PIOVESAN, Flávia (coord.). *Direitos humanos, globalização econômica e integração regional*: desafios do direito constitucional internacional. São Paulo: Max Limonad, 2002. p. 468.
(14) IKAWA, Daniela. Implicações jurídicas da globalização econômica. In: PIOVESAN, Flávia (coord.). *Direitos humanos, globalização econômica e integração regional:* desafios do direito constitucional internacional. São Paulo: Max Limonad, 2002. p. 500.
(15) SILVA, Walküre Lopes Ribeiro da. *Crise de representatividade e participação dos sindicatos em políticas ativas de emprego*. Tese (Titular de Direito do Trabalho). São Paulo: Faculdade de Direito da Universidade de São Paulo, 2001. p. 37-38.

engenharia, desenvolvimento, testes e, cada vez mais, manufatura e *marketing* — é organizada de forma transnacional.

Em resumo, hoje ocorrem tanto a globalização do mercado como a globalização da própria produção, o que constitui algo completamente novo em relação ao passado e tem consequências dramáticas na esfera estatal.

Em sentido análogo, ensina *Rui Manuel Moura Ramos*[16] que a internacionalização das atividades empresariais é uma característica de nossos dias. Hoje as empresas, em decorrência da globalização, desenvolvem suas atividades em mais de um país, a despeito das fronteiras nacionais. Dessa forma, "não só o empregador se desloca para fora do seu país, procurando novos mercados extrafronteiras, como ele próprio acaba muitas vezes por perder uma referência nacional específica (...), como que liberto de qualquer vínculo nacional". É o que ocorre com as empresas transnacionais, que não vislumbram apenas a internacionalização de suas atividades, mas uma verdadeira *deslocalização*.

John M. Ivancevich[17] faz uma interessante distinção entre as multinacionais típicas e o que chama de *empresas globais*[18]. As primeiras (*Multinational Corporation* — MNC) são típicas dos primeiros estágios da estratégia de internacionalização e têm operações em diversas nações, mas cada empresa é vista como uma unidade relativamente autônoma. Em cada país, as operações da MNC se assemelham em muito a uma versão miniaturizada da empresa matriz em termos de estrutura, linhas de produtos e procedimentos. Cada uma das empresas será responsável por adaptar os produtos da MNC à cultura local, mas o controle mais significativo permanece ou com os escritórios da sede ou com um expatriado de seu país de origem.

Em contraste com a MNC, a *empresa global* (*global corporation* — GC) é estruturada de forma a desaparecerem as fronteiras nacionais; isto leva a práticas de gerenciamento de recursos humanos em que a organização contrata as melhores pessoas sem se importar com sua origem nacional. A GC vê o mundo como sua fonte de captação de recursos humanos assim como o vê como mercado. Dessa forma, a empresa global irá operar em qualquer lugar que possa atingir suas metas da forma financeiramente mais interessante. Isto leva a uma estratégia muito diferente de gerenciamento de operações internacionais, porque cada subsidiária não estará restrita a servir apenas à cultura local.

---

(16) RAMOS, Rui Manuel Moura. O contrato individual de trabalho em direito internacional privado. In: *Estudos de direito internacional privado e de direito processual civil internacional*. Coimbra: Coimbra, 2002. p. 128-129.
(17) INVANCEVICH, John M. *Human resource management*. Chicago: Irwin, 1995. p. 110.
(18) Não há ainda um consenso terminológico a respeito das novas formas de organização empresarial no mundo globalizado, motivo pelo qual o presente estudo utilizará, em regra, a palavra *multinacional* para referir-se às empresas ditas multinacionais, transnacionais, globais ou internacionais, indistintamente. Para demonstrar a controvérsia, vale invocar a distinção feita por Georgenor de Souza Franco Filho com apoio na lição de Samuel Huntington. Para ambos, "transnacional é a empresa com administração centralizada na sede localizada em uma nação, mas que realiza operações no território de duas ou mais nações. Já a empresa internacional, diverso da transnacional, mesmo que desempenhe atividades em mais de uma nação, tem a administração dividida entre representantes das diversas unidades espalhadas em diversas nações" (*apud* DOMINGUES, Marcos Abílio. As relações de trabalho no mundo globalizado. In: BUENO, Roberto (org.). *Dilemas da globalização*: teoria liberal e ordem jurídica no mundo contemporâneo. São Paulo: Cultural Paulista, 2000. p. 126). A OIT, vale também lembrar, cautelosamente absteve-se de firmar uma definição de empresa multinacional em sua Declaração Tripartite de Princípios sobre as Empresas Multinacionais e Política Social de 1977, como deflui de seu art. 6º.

As novas tecnologias também impõem, por si só, a necessidade de descentralização empresarial, ainda que nos ambientes domésticos. O modelo da *Era Industrial* é substituído pelo da *Era da Informação* (*Terceira Revolução Industrial*)[19], em que a descentralização do gerenciamento e produção de uma empresa — em seu país de origem ou a redor do globo — é viável e economicamente interessante[20].

V. O SURGIMENTO DE UM DIREITO MUNDIAL

A nova realidade econômica, ao contrário do que possa parecer em uma primeira análise, não rejeita a existência de certa ordem jurídica. É inclusive responsável pela criação de um *direito próprio*, independente (ou quase) dos Estados. Daí pensar-se na *mundialização do direito*, em oposição à *internacionalização*.

O direito positivo tradicional foi concebido para atuar dentro das fronteiras do Estado, com base nos instrumentos de violência por ele monopolizados. Entretanto, como adverte *José Eduardo Faria*, "seu alcance ou seu universo tende a diminuir na mesma proporção em que as barreiras geográficas vão sendo superadas pela expansão da microeletrônica, da informática, das telecomunicações e dos transportes. E quanto maior é a velocidade desse processo, mais os tribunais passam a ser atravessados pelas justiças emergentes, quer nos espaços infraestatais (os locais, por exemplo) quer nos espaços supraestatais"[21].

No plano *infraestatal* constata *Faria*[22] o fenômeno dos mecanismos não oficiais de solução de conflitos, como a mediação e a arbitragem privadas. Na perspectiva *supraestatal* destaca a importância dos organismos multilaterais (OMC, FMI, BID etc.), dos conglomerados empresariais, das instituições financeiras, entidades não governamentais e movimentos representativos de uma sociedade civil supranacional.

Em sentido análogo, *André-Jean Arnaud* vislumbra campos em que o direito estatal é *substituído* por outras ordens. Diz que "a produção do direito estatal encontra

---

(19) Veja-se esta alegoria de Richard Oliver: "A Era Industrial foi um período de crescente centralização das nações, cidades e empresas. Ela criou a necessidade e a capacidade de construir organizações hierárquicas e gerenciamento centralizado concentrado em imensos arranha-céus. A Era da Informação criou a necessidade e os meios de fazer o oposto, achatar organizações e espalhá-las geograficamente, interconectando-as por *e-mail*. De fato, assim como o elevador criou o poder de construir hierarquias de administração centralizadas até o céu, o *e-mail* criou os meios necessários para espalhar a administração pelo mundo. (...) As tecnologias da Era Industrial determinaram que as organizações fossem centralizadas e hierarquizadas (para cima e para o meio); as tecnologias da Era da Informação descentralizaram-nas (para fora, na direção das margens). Independentemente do formato da organização ou de suas manifestações físicas, o poder corporativo se descentralizou. Muitas organizações adotaram a 'estratégia da tangerina', dividindo-se em partes componentes. Outras, em geral grandes, tentaram combater as rápidas mudanças de escala e a abrangência do mercado global e tecnológico tornando-se ainda maiores. E outras tentaram fazer as duas coisas ao mesmo tempo, organizando-se em unidades menores e mais fortes, dentro de uma 'confederação', para oferecer os benefícios de abrangência e escala. O resultado foi que mesmo os menores participantes do mercado livre tiveram seu poder ampliado" (OLIVER, Richard. *Como serão as coisas no futuro*. São Paulo: Negócio, 1999. p. 9).

(20) A *Ford Motor Company* há muito vivencia essa conjuntura; possui na Alemanha (Colônia), por exemplo, um centro mundial de pesquisa e desenvolvimento de produtos, fato que é verdadeiramente significativo, uma vez que a matriz dessa montadora de automóveis é americana, e não alemã. As unidades europeias da *Ford* são, ademais, interligadas por um voo internacional diário destinado à transferência de técnicos e executivos.

(21) FARIA, José Eduardo. Direitos humanos e globalização econômica: notas para uma discussão. *Estudos Avançados*, n. 30. São Paulo: IEA-USP, maio/ago. 1997. p. 44.

(22) *Op. cit.*, p. 44.

substitutos tanto a montante quanto a jusante do local de sua intervenção tradicional"[23]. A montante sobressai o fenômeno do *regionalismo*, visível na UE, no NAFTA, no MERCOSUL, na ASEAN, no CARICOM e em outros acordos importantes; a regulamentação que lhes é própria coloca-se *acima* dos Estados. A jusante assinala o autor "o deslocamento da produção jurídica em direção aos poderes privados econômicos, a importância do papel desempenhado pelas corporações, os códigos de conduta privados, o desenvolvimento de um direito negociado, a jurisdicização crescente da normalização técnica"[24].

Este autor, entretanto, também identifica áreas em que o direito estatal é *suprido* e outras em que é *suplantado*. Em matérias relativas ao clima e ao ambiente, o direito estatal é *suprido* pelo surgimento de uma regulamentação *transnacional* (ou *global*). O mesmo ocorre com as estruturas que visam a organizar um mercado mundial interdependente, como o GATT e a OMC, que *suprem* as decisões estatais na matéria. No que diz respeito ao direito estatal *suplantado*, surgem ordens espontâneas que escapam à regulamentação estatal, como, por exemplo, os meios alternativos de solução de conflitos, que mitigam o monopólio de o Estado dizer o direito[25].

Com efeito, o direito tradicional, encampado pelos Estados, não está apto a regular a nova ordem mundial, que acaba por emergir com um *direito próprio*[26] e que se regula por si só, como se percebe nas práticas padronizadas de contratação e nos mecanismos privados para a solução de eventuais conflitos.

A seguinte página de *Quintin Alfonsin*[27] apresenta os remotos alicerces da realidade atual:

> Las relaciones juridicas extranacionales suponen la existencia de un commercium internacional, y éste a su vez supone una sociedad humana donde se desarolla. Ahora bien; si el derecho privado siempre es obra de la sociedad cuyas necesidades contempla, debe existir un derecho privado de la sociedad internacional aplicable a las relaciones extranacionales: *ubi societas ibi jus*.

Friedrich K. Juenger[28], a partir desta página de *Alfonsin* e também citando *René David*, revela a superação do direito estatal — especialmente o internacional — pelas novas práticas comerciais. Veja-se esta passagem:

---

(23) ARNAUD, André-Jean. Da regulação pelo direito na era da globalização. In: MELLO, Celso Albuquerque de (coord.). *Anuário direito e globalização:* a soberania. Rio de Janeiro: Renovar, 1999. p. 26.
(24) *Op. cit*, p. 27.
(25) *Op. cit.*, p. 29-37.
(26) Veja-se o seguinte excerto do já citado estudo de José Eduardo Faria: "Tal expansão do comércio intrafirmas abre caminho para a ruptura da centralidade e da exclusividade do direito positivo nacional. Editado sob a forma de uma ordem jurídica postulada como lógica, coerente e livre de ambiguidades ou antinomias, esse direito é desafiado por regras e procedimentos normativos espontaneamente forjados no sistema econômico. São direitos autônomos, com normas, lógicas e processos próprios, entreabrindo a coexistência (por vezes sincrônica, por vezes conflitante), de diferentes normatividades; mais precisamente, de um pluralismo jurídico de natureza infraestatal ou supraestatal (...). É esse o caso, por exemplo, da *lex mercatoria*, o corpo autônomo de práticas, regras e princípios constituído pela comunidade empresarial transnacional para autodisciplinar suas relações. É esse, também, o caso do direito da produção, o conjunto de normas técnicas formuladas, entre outros objetivos, para atender às exigências de padrões mínimos de qualidade e segurança dos bens e serviços em circulação no mercado transnacionalizado, de especificação de seus componentes, da origem de suas matérias-primas etc." (*Op. cit.*, p. 45).
(27) *Apud* JUENGER, Friedrich K. *The Unidroit principles of commercial contracts and inter-american contract choice of law*. Disponível em: <http://www.cisg.law.pace.edu/cisg/biblio/juenger.html> Acesso em: 4 jun. 2002.
(28) *Idem, loc. cit.*

Doubtless, the notion of a supranational commercial law is anathema to those who — as probably most lawyers still do — believe in the Austinian idea that only the sovereign can make law. But legal positivism is unable to explain away the simple fact that an overwhelming percentage of international commercial transactions escapes the reach of national judges and legislatures. Using their autonomy to designate a non-national forum, most enterprises resort to arbitration to resolve their disputes. In that forum, they are free to designate any law they wish to apply. As René David, the great French comparativist, scathingly remarked:

"Let us have no illusions: the lawyer's idea which aspires to submit international trade, in every case, to one or more national systems of law is nothing but bluff. The practical men have very largely freed themselves from it, by means of standard contracts and arbitration, and states will be abandoning neither sovereignty nor prerogatives if they open their eyes to reality and lend themselves to the reconstruction of international law."

É possível acrescentar ao argumento do mestre americano que não apenas as relações entre particulares escapam ao controle dos Estados; eles próprios acabam por se submeter a mecanismos privados de solução de conflitos, como, por exemplo, quando admitem a arbitragem para resolver litígios com investidores estrangeiros. Essa ideia, evidentemente, parece inconcebível à luz das estruturas tradicionais e também confronta a noção usual de soberania.

Tamanhas inovações permitem inferir uma verdadeira *mundialização* do direito, de forma independente da ordem estatal. O desafio da ordem jurídica, portanto, é adequar-se a esta nova realidade e criar mecanismos para controlar as novas fontes produtoras do direito, resguardando a intervenção estatal quando se afigurar necessária.

Há quem defenda como resposta a este fenômeno, todavia, o avanço da *mundialização* do direito sob outras perspectivas, a par dos clamores do mercado. Nesse sentido, sustenta *Amartya Sen*[29], prêmio Nobel de economia, a necessidade de também pensar-se em uma proteção *mundial* aos direitos humanos, em oposição ao sistema tradicional *internacional*:

Un enfoque internacional es inevitablemente parasítico respecto a las relaciones entre naciones, ya que funciona entre distintos países y naciones. En cambio, un enfoque realmente global no tiene por qué considerar a los seres humanos sólo, o principalmente, como ciudadanos de determinados países, ni aceptar que la interacción entre ciudadanos de distintos países tenga que pasar inevitablemente por las relaciones entre las distintas naciones. Muchas instituciones globales, incluso las que son esenciales para nuestra vida laboral, deben ir mucho más allá de los límites de las relaciones internacionales.

---

(29) Alocución del Sr. Amartya Sen, Premio Nobel de Economía — 15 de junho de 1999, na Conferência Internacional do Trabalho, 87ª reunião, 1º-17 de junho de 1999. Disponível em: <http://www.ilo.org/public/spanish/loilc87/a-sen.htm> Acesso em: 30 ago. 1999.

(...)

La economía mundial, cada vez más globalizada, exige a su vez un enfoque cada vez más mundializado de las éticas básicas y de los procedimientos sociales e políticos. La economia de mercado en sí no constituye únicamente un sistema internacional, sino que sus conexiones mundiales transcienden las relaciones entre naciones, y a menudo entre las personas de diferentes países y entre las diversas partes de una transación comercial.

La ética capitalista, con sus puntos fuertes y sus debilidades, es una cultura esencialmente mundial del siglo XX y no solamente una construcción internacional. Abordar las condiciones de la vida de trabajo, así como los intereses y los derechos de los trabajadores en general, exige igualmente transcender las limitaciones propias de las relaciones internacionales, más allá de las fronteras nacionales y de las relaciones mundiales.

A partir desta constatação de *Amartya Sen* já sustentamos, em outro estudo, a necessidade de reavaliação dos mecanismos de controle das organizações internacionais, especialmente os da OIT. Com efeito, as *reclamações* e *queixas* no âmbito da OIT dirigem-se apenas aos Estados-membros, assim como as possíveis sanções. Muitos Estados pouco podem fazer contra o capital de que necessitam, convivendo, forçosamente, com os desmandos das *empresas globais* em seu território. Defendemos, naquele estudo, a criação de mecanismos de controle que também se voltem às empresas ou, ao menos, aos Estados de que são originárias[30].

O Instituto de Direito Internacional[31] também está atento aos problemas ocasionados pelas empresas globais e propôs certos princípios para regular sua responsabilidade no plano internacional, especialmente pelo fato de escaparem ao controle tradicional dos Estados. Entre as propostas está a desconsideração da personalidade jurídica das subsidiárias (em certas circunstâncias) e a competência extraterritorial para permitir que os tribunais alcancem as empresas matrizes.

VI. CONCLUSÕES

Hoje nos encontramos perante verdadeiro *turning point* na evolução do direito. Acima do direito estatal e da ordem internacional desponta um direito *mundial*, independente dos Estados.

É difícil prever, neste momento, as soluções mais adequadas para os impasses impostos pelo fenômeno. A plena reestatização do direito afigura-se impossível, mas, em alguma medida, pode ser uma resposta adequada para certas questões (*v. g.* na fixação da responsabilidade das *empresas globais*).

---

(30) PERES, Antonio Galvão. Direitos humanos, proteção por organismos internacionais: controle e coercibilidade. Necessidade de um novo paradigma. *Revista Brasileira de Direito Constitucional*, n. 4, Tema central: A contemporaneidade dos direitos fundamentais, São Paulo: ESDC, jul./dez. 2004. p. 102-112.
(31) Declaração sobre as *Obligations of Multinational Enterprises and their Member Companies*, adotada em Lisboa em 1995.

Outro caminho pode estar, ao revés, na *mundialização* ainda mais ampla, além dos interesses econômicos, especialmente para a proteção dos *direitos humanos*. Isto pode ocorrer, por exemplo, com a adoção de *cláusulas sociais* no comércio internacional ou com a já corrente ideia de uma *cidadania global*[32], utilizada como barreira espontânea à aquisição de mercadorias fruto da exploração de mão de obra estrangeira.

---

(32) Richard Oliver vislumbra a crescente consciência de uma "cidadania global", segundo a qual a censura a práticas de exploração de mão de obra estrangeira romperia fronteiras. Sustenta que a sociedade em geral, ao saber da degradante exploração de mão de obra, tem se recusado a adquirir os produtos respectivos. Essa atitude, segundo o autor, tem feito com que algumas empresas reavaliem suas operações no estrangeiro, assegurando a melhoria da proteção aos trabalhadores (OLIVER, Richard. *Op. cit.*, p. 51-52).

DIREITOS HUMANOS. PROTEÇÃO POR ORGANISMOS INTERNACIONAIS: CONTROLE E COERCIBILIDADE. NECESSIDADE DE UM NOVO PARADIGMA(*)

Antonio Galvão Peres

I. INTRODUÇÃO

As opiniões acerca da cogência das normas de Direito Internacional Público contrapõem a incredulidade de muitos às visões românticas de outros.

Enxergá-las como um mecanismo de controle dos desmandos contra os direitos humanos pressupõe a confiança em sua coercibilidade, a qual, sob pena de ineficácia, não pode depender exclusivamente dos ordenamentos internos dos Estados.

Neste sentido, lição de *Fábio Konder Comparato*[1]:

A proteção dos direitos humanos não pode, porém, cingir-se ao território onde cada Estado atua. A época contemporânea assistiu ao surgimento de aparelhos estatais, dotados de poderes incomensuravelmente maiores do que os detidos por qualquer organização política em épocas anteriores. Esse reforço descomunal de poderes, acoplado à teoria da soberania absoluta do Estado, criou situações de esmagamento completo da pessoa humana, como nas trágicas experiências nazista e stalinista deste século. Impõe-se, portanto, um controle internacional sobre a ação de cada Estado, no que tange ao respeito aos direitos humanos.

As organizações internacionais, alçadas à condição de sujeitos de direito internacional, preenchem — ou almejam preencher — a lacuna orgânica imposta pela concepção tradicional de soberania: *Quem controla e fiscaliza a atuação do Estado soberano?*

A noção de tais organizações como sujeitos de direito é, a bem da verdade, fenômeno recente, como se infere de lição de *Francisco Rezek*[2]:

Este século presencia dois fenômenos novos: a entrada em cena das organizações internacionais, no primeiro pós-guerra — fazendo com que o rol das pessoas

---
(*) Publicado originalmente na *Revista Brasileira de Direito Constitucional*, n. 4, São Paulo: ESDC, jul./dez. 2004. p. 102-112.
(1) Direitos humanos e Estado. In: FESTER, Antônio Carlos Ribeiro (org.). *Direitos humanos e ....* São Paulo: Brasiliense, 1989. p. 104-105.
(2) *Direito internacional público* — curso elementar. São Paulo: Saraiva, 1996. p. 12.

jurídicas de direito das gentes, habilitadas a pactuar no plano exterior, já não mais se exaurisse nos Estados soberanos —; e a codificação do direito dos tratados, tanto significando a transformação de suas regras costumeiras em regras convencionais, escritas, expressas, elas mesmas, no texto de um tratado.

Os principais órgãos de vigília criados por algumas das organizações mais representativas foram, por sua vez, instituídos há cerca de meio século e sua atuação, embora crescente, longe está de um patamar adequado.

Neste estudo apresentaremos alguns dos mecanismos de controle destas organizações, sem qualquer pretensão em esmiuçá-los, e enfrentaremos um questionamento a nosso ver necessário: *É o Estado o principal ente a ser fiscalizado?*

II. O SOBRE-ESTADO

Há algum tempo, nos chamou atenção uma monografia iluminista de 1795, que estranhamente parece passar ao largo dos estudos de direito internacional público.

Escreve *Immanuel Kant*, nesse ano, *A Paz Perpétua* — Um Projeto Filosófico[3], com ideias que persistem de vanguarda.

O célebre filósofo apresenta, justificando-os um a um, artigos de um pretenso diploma internacional para *a paz perpétua* entre os Estados.

Faz a ressalva, já ao iniciar o trabalho, que se trata de ideias teóricas que podem entrar em conflito com a prática e, dessa forma, suscitar "interpretações maliciosas", das quais quer se ver salvo.

Na segunda seção do trabalho há a seguinte proposição (art. 2º):

O direito das gentes deve fundar-se numa federação de Estados livres.

Assim é a mesma justificada:

Os povos podem, enquanto Estados, considerar-se como homens singulares que no seu estado de natureza (isto é, na independência de leis externas) se prejudicam uns aos outros já pela sua simples coexistência e cada um, em vista de sua segurança, pode e deve exigir do outro que entre com ele numa constituição semelhante à constituição civil, na qual se possa garantir a cada um seu direito. Isto seria uma federação de povos que, no entanto, não deveria ser um Estado de povos. Haveria aí uma contradição, porque todo o Estado implica a relação de um superior (legislador) com um inferior (o que obedece, a saber, o povo) e muitos povos num Estado viriam a constituir um só povo, o que contradiz o pressuposto.[4]

Afastada a noção de que o povo está subordinado ao Estado (e não o contrário), superada pela concepção moderna de Estado de Direito, vê-se quão oportuna, ainda nos dias de hoje, a proposta do autor.

---

(3) Consultamos a seguinte tradução de Artur Morão: KANT, Immanuel. *A paz perpétua e outros opúsculos*. Lisboa: Edições 70, 1995.
(4) *Op. cit.*, p. 132.

Igual atualidade, ademais, tem seu receio em ser "mal interpretado", ante a voraz necessidade de os Estados ainda hoje afirmarem sua soberania, valendo, como exemplo, alguns pronunciamentos de nosso Supremo Tribunal Federal opondo óbices à efetividade de tratados internacionais ratificados pelo país[5].

Mais adiante, tratando ainda da proposição acima transcrita, conclui o filósofo:

Os Estados com relações recíprocas entre si não têm, segundo a razão, outro médio para sair da situação sem leis, que encerra simplesmente a guerra, senão o de consentir leis públicas coactivas, do mesmo modo que os homens singulares entregam a sua liberdade selvagem (sem leis), e formar um *Estado de povos* (*civitas gentium*), que (sempre, é claro, em aumento) englobaria por fim todos os povos da Terra.[6]

A concepção de paz perpétua kantiana ganhou vida no início do século XX. A bem da verdade, houve muito mais que isto: passou-se a pensar não apenas em um *Sobre-Estado* garantidor da paz *interestatal*, mas também de direitos individuais.

Após a primeira guerra mundial criou-se a Liga das Nações, com o intuito declarado de "promover a cooperação internacional e alcançar a paz e a segurança internacionais" (preâmbulo da Convenção da Liga das Nações).

Surgiu, na mesma época, como parte integrante do Tratado de Versalhes (parte XIII), a Organização Internacional do Trabalho (OIT), podendo-se destacar, dentre seus fins, os seguintes, consoante o preâmbulo de sua Constituição[7]:

a) preocupação humanitária — pretendia-se um fim às condições degradantes a que os trabalhadores estavam sujeitos;

b) motivações de caráter político — se não se melhorasse a situação dos trabalhadores (operários), cujo número crescia consideravelmente por culpa do processo de industrialização, novos conflitos sociais teriam origem, podendo culminar numa revolução. O preâmbulo enfatiza que o descontentamento causado pela injustiça "põe em perigo a paz e harmonia universais";

c) motivação de caráter econômico — qualquer indústria ou país que adotasse medidas de reforma social se encontraria em situação de desvantagem ante seus competidores, devido às inevitáveis consequências dessas medidas nos custos de produção. O preâmbulo dispõe que "a não adoção por qualquer nação dum regime de trabalho realmente humano cria obstáculos aos esforços das outras nações desejosas de melhorar a sorte dos trabalhadores nos seus próprios territórios".

---

(5) Vale, como exemplo, a discussão sobre a amplitude do art. 5º, § 2º, da Constituição Federal nos casos em que se discute a aplicabilidade do art. 7º, n. 7, do Pacto de São José da Costa Rica (*vide*, a respeito, os seguintes arestos: STF — HC 74.381 — PR — 1ª T. — Rel. Min. Moreira Alves — DJU 26.9.1997, STF — HC 73.044 — SP — 2ª T. — Rel. Min. Maurício Corrêa — DJU 20.9.1996 e STF — HC 75.925 — 2ª T. — Rel. Min. Maurício Corrêa — DJU 12.12.1997).
(6) *Op. cit.*, p. 135-136.
(7) Adaptado de OIT. *Historia de la OIT*. Disponível em: <http://:www.oit.org/public/spanish/about/history.htm> Acesso em: 30 ago. 1999.

d) **retribuição ao papel desempenhado pelos trabalhadores na guerra** — os operários contribuíram de forma decisiva nos campos de batalha e na indústria bélica durante a 1ª Guerra e, portanto, mereciam uma maior proteção e participação na economia.

Tamanhas inovações nos remetem à segura assertiva de *Flávia Piovesan*[8]:

Vale dizer, o advento da Organização Internacional do Trabalho, da Liga das Nações e do Direito Humanitário registra o fim de uma época em que o Direito Internacional era, salvo raras exceções, confinado a regular relações entre Estados, no âmbito estritamente governamental. Através desses institutos, não mais se visava proteger arranjos e concessões recíprocas entre os Estados. Visava-se sim ao alcance de obrigações internacionais a serem garantidas ou implementadas coletivamente que, por sua natureza, transcendiam os interesses exclusivos dos Estados contratantes. (...) Estes institutos rompem, assim, com o conceito tradicional que concebia o Direito Internacional apenas como a lei da comunidade internacional dos Estados e que sustentava ser o Estado o único sujeito de Direito Internacional. Rompem ainda com a noção tradicional de soberania nacional absoluta, na medida em que admitem intervenções no plano nacional, em prol da proteção dos direitos humanos.

A consolidação da proteção internacional aos direitos humanos, entretanto, só veio ocorrer após mais um severo golpe à *paz perpétua*: a Segunda Guerra Mundial.

Os vitoriosos Aliados, preocupados com os descalabros da guerra, uniram esforços para criar a Organização nas Nações Unidas, em 1945.

Passou-se a enfatizar, consoante se infere de vários artigos da Carta das Nações Unidas de 1945 (*v. g.* art. 1º (3)), a necessidade de *promoção* dos direitos humanos em nível internacional, assumindo os Estados também o compromisso de fazê-lo em seu âmbito interno[9].

Após a criação da ONU, foi elaborada, em seu âmbito, a Declaração dos Direitos do Homem de 1948 e, em sequência, os pactos internacionais de 1966.

III. MECANISMOS DE CONTROLE

A Organização Internacional do Trabalho é a pioneira dos mecanismos internacionais de monitoramento e controle dos direitos humanos.

Sua Constituição estabeleceu dois procedimentos de controle da aplicação de suas normas: a) controle permanente e (b) controle contencioso.

O controle permanente é realizado pela análise de documentos pela Comissão de Peritos da OIT, composta de juristas de várias partes do mundo, eleitos a título

---

(8) *Direitos humanos e o direito constitucional internacional.* São Paulo: Max Limonad, 1997. p. 133-134.
(9) *Vide*, a respeito, PIOVESAN. *Op. cit.*, p. 152/153.

pessoal. São, nas palavras de *Wagner Giglio*, "elementos de reconhecida capacidade técnica (...) e que não representam governos, mas gozam, ao contrário, de total independência"[10].

Os principais documentos examinados são os relatórios periódicos que os Estados se comprometem a enviar à Repartição sobre a aplicação, em seu território, das convenções que tenha ratificado (*vide*, a respeito, os arts. 19, 22, 23, 32 e 35 da Constituição).

Como ensina *Cássio Mesquita Barros*[11], "em virtude da atuação da Comissão de Peritos verificou-se que, no período compreendido entre 1964 e 1995, os governos de países de todos os continentes adotaram 2.070 modificações em suas leis ou práticas nacionais, para que estas se harmonizassem com as convenções ratificadas".

O controle contencioso é exercido diante das reclamações (arts. 24 e 25 da Constituição da OIT) e das queixas (arts. 26/34).

As reclamações são endereçadas à Repartição Internacional do Trabalho, que as recebe e envia ao Conselho de Administração, a fim de que instaure um Comitê Tripartite de exame.

A legitimidade ativa para o *ajuizamento* é das organizações de empregadores e trabalhadores, que podem se insurgir contra o descumprimento por parte de um Estado-membro das Convenções que tenha ratificado.

A única possível sanção decorrente da omissão do Estado-membro em responder à reclamação — ou caso sua resposta e providências não sejam satisfatórias — é a publicidade da mesma.

Caso entenda conveniente, o Conselho de Administração da OIT poderá, todavia, iniciar outro procedimento: a queixa.

A queixa pode ser apresentada por outro Estado-membro que tenha ratificado a mesma convenção, por representação de qualquer delegação à Conferência Internacional, e também *ex officio* pelo Conselho de Administração[12].

Compete ao Conselho de Administração processar as queixas recebidas, podendo designar uma comissão de investigação, escolhendo seus membros a título pessoal.

As sanções a serem adotadas, verificada a violação por parte do Estado e sua recusa em saná-las, vão de uma simples advertência até a representação contra o país perante a ONU, o que pode acarretar, conforme entender o Conselho de Segurança, a suspensão dos direitos e privilégios de membro da Assembleia Geral da ONU ou sua expulsão (arts. 5º e 6º da Carta das Nações Unidas)[13].

O Pacto Internacional dos Direitos Civis e Políticos (1966) seguiu o modelo do controle permanente da OIT. Os Estados-partes se comprometem, ao ratificar o pacto,

---

(10) *OIT e convenções internacionais de trabalho ratificadas pelo Brasil*. São Paulo: Sugestões Literárias, 1973. p. 53.
(11) Sistema de supervisão e controle da aplicação das convenções e recomendações: órgãos, composição, princípios fundamentais e sua organização. In: *Revista Ciência Jurídica do Trabalho*, n. 3, Belo Horizonte: Ciência Jurídica, mar. 1998. p. 168.
(12) BARROS. *Op. cit.*, p. 169.
(13) *Ibidem*, p. 172.

a encaminhar relatórios sobre as medidas legislativas, administrativas e judiciárias adotadas para implementar os direitos por ele enunciados, consoante seu art. 40.

O exame dos relatórios compete ao Comitê de Direitos Humanos, integrado por técnicos nascidos nos Estados-membros e por eles eleitos a título pessoal (art. 28).

De forma similar ao sistema de queixas da OIT, podem os Estados-partes indicar a infração de outros membros aos direitos assegurados no pacto, conforme o art. 41. Esta medida, como na OIT, depende de uma aceitação específica do Estado ao mecanismo e a denúncia é condicionada à submissão de ambos os Estados — denunciante e denunciado — ao procedimento.

A grande inovação do Pacto, entretanto, está em seu Protocolo Facultativo, na previsão de um mecanismo de controle internacional que pode ser acionado por indivíduos, e não apenas Estados ou organizações sindicais.

Dessa forma, podem os Estados-partes consentir em se submeter ao controle do Comitê de Direitos Humanos em decorrência de denúncias encaminhadas por indivíduos que estejam sob sua jurisdição e sejam vítimas de violação aos direitos assegurados no pacto.

Comentando a coercibilidade das decisões do Comitê, enfatiza *Carlos Weis*[14] os seguintes aspectos:

> Pelo Protocolo Facultativo do Pacto Internacional dos Direitos Civis e Políticos (...), o Comitê pode receber denúncias individuais ou de terceiras pessoas, ou de organizações não governamentais, sobre a violação dos direitos estabelecidos no Pacto. Após requisitar informações ao país e avaliá-las. O Comitê decide pela eventual necessidade de adoção de providências pelo Estado, enviando-lhe um comunicado nesse sentido. O resultado das gestões é colocado no relatório encaminhado à CDH e publicado, única forma de coação de que dispõe a Comissão de Direitos Humanos para fazer cumprir suas determinações.

Nos âmbitos regionais foram instituídos órgãos semelhantes ao Comitê de Direitos Humanos da ONU, como a Comissão Interamericana de Direitos Humanos (investigativa e conciliatória) e a Corte Interamericana de Direitos Humanos (contenciosa e impositiva).

Quanto aos mecanismos coativos da Corte Interamericana, valemo-nos novamente da lição de *Carlos Weis*:

> Em casos de extrema gravidade e urgência, a Corte pode emitir medidas provisórias (art. 63) determinando a imediata tomada de uma providência por um Estado, como a de dar proteção efetiva a uma pessoa. (...)
>
> Da maior importância também o art. 68 da Convenção Americana, dispondo sobre os efeitos da decisão terminativa da Corte, especialmente quando esta determinar

---

(14) *Os direitos humanos contemporâneos*, dissertação para conclusão do curso de mestrado apresentada à Faculdade de Direito da Universidade de São Paulo, fev. 1998. p. 64.

indenização compensatória, a qual "poderá ser executada no país respectivo pelo processo interno vigente para a execução de sentenças contra o Estado[15].

Não obstante as peculiaridades dos mecanismos de controle das organizações mencionadas, vê-se, em todas, um traço comum de extrema relevância: as punições contra o desrespeito às normas internacionais recaem sempre nos Estados, ou seja, apenas eles são passíveis de punição.

Isto ocorre aparentemente porque se pressupõe que o Estado punirá conforme seu ordenamento o verdadeiro infrator de forma individualizada, quando passível de identificação.

É o caso, por exemplo, da exploração de trabalho infantil que pode se verificar em determinado Estado integrante da OIT. Havendo uma queixa e verificando-se a omissão do Estado em coibir a prática, haverá sanções contra o Estado não por culpa da infração em si, mas por sua omissão diante da mesma[16]. Nada impede, entretanto, (ao contrário, almeja-se) que o Estado venha a punir, conforme seu próprio ordenamento, o infrator.

A crença de que esta espécie de mecanismo é eficaz para coibir as violações, uma vez que o infrator estará sempre sujeito ao ordenamento interno de seu Estado de origem, é uma falsa premissa.

O primeiro reconhecimento desta falácia está na criação da Corte Internacional Criminal através do Tratado de Roma de 15 de junho de 1998.

Este tribunal difere das demais cortes internacionais penais já instituídas. É permanente e, dessa forma, desvinculado dos interesses circunstanciais dos Estados quando da instituição de tribunais penais internacionais após determinados períodos de guerra.

Sua importância é assim revelada por *Philippe Weckel*[17]:

> Le préambule este révélateur des garanties et des assurances qui ont été données à la majorité des Etats. Selon les rédacteurs du traité, l'institution d'une Cour pénale international répond à la nécessité de préserver la mosaïque des peuples dans sa diversité et de lutter contre les atrocités qui on fait des centaines de millions de victimes au cours du 20 siècle. Cette barbarie, reconnaît-on dans le préambule, porte atteinte à la paix, à la sécurité et au bien-être du monde (...). La création de la Cour devrait contribuer à metter fin à l'impunité dont bénéficient encore les auteurs des crimes les plus graves intéressant la communauté internationale dans son ensemble.

A competência da Corte, todavia, é limitada a algumas poucas infrações, "parce que no sont visées que les violations massives des droits de l'Homme ou, serait-on

---

(15) *Op. cit.*, p. 103.
(16) Cumpre frisar, a propósito, que não há necessidade de comprovar, perante a OIT, o esgotamento dos remédios internos, o que se tornou um requisito de praxe nos demais órgãos de controle dos organismos internacionais.
(17) La cour penale internationale. In: *Revue Générale de Droit International Public*, v. 102, n. 4, Paris, 1998. p. 985.

tenté de dire, les crimes de masse, donc essentiellement le génocide et le crime contre l 'humanité"[18].

Sua competência estreita não é suficiente, entretanto, para diminuir sua importância. Trata-se de verdadeiro divisor de águas no direito internacional público. Nas palavras de *Weckel*, "la création de cette Cour universelle qui ne juge pas les Estats, mais des individus, consacre pleinement la notion d'ordre public véritablement international, ni seulement transnational, ni interétatique"[19].

A punição de indivíduos por condutas criminosas não se nos afigura suficiente. Ousamos, neste momento, responder à indagação constante da introdução deste trabalho: *É o Estado o principal ente a ser fiscalizado?*

Entendemos pela negativa. O Estado está cedendo a instituições (se é que podem assim ser chamadas...) mais fortes que ele próprio e que hoje são responsáveis pelas mais cruéis formas de degradação do indivíduo, decorrentes, em sua maioria, da desigualdade social que fomentam.

Os mecanismos de controle devem, dessa forma, adequar-se a uma nova realidade: nem sempre os Estados, nessa nova ordem, estão aptos a coibir os desmandos dos atores do trânsito internacional de capitais. Pensar-se em punir o Estado por sua aparente omissão, nessa esteira, é ignorar sua impotência ante os verdadeiros agressores.

Esta nova realidade é mais evidente no âmbito das relações de trabalho, como demonstraremos no tópico seguinte.

IV. O TRÂNSITO INTERNACIONAL DE CAPITAIS E OS DIREITOS HUMANOS DO TRABALHO

Vemos hoje, no Direito do Trabalho, a necessidade de discussão de antigas certezas norteadoras de um sistema jurídico, o que ocorre em face de câmbios que poderíamos chamar de *infraestruturais*, na terminologia proposta por *Marx*.

Estamos diante de um verdadeiro diálogo de diretrizes basilares do Direito Trabalhista com novas práticas empresariais, numa realidade que quer se impor.

É o que acontece com o questionamento de seu protecionismo — sustentáculo de sua especialização e idealização dos princípios que lhe são tão peculiares — em face do atual clamor pela flexibilização de suas normas, em adaptação à nova revolução dos meios e modos de produção, sensível em fenômenos como a terceirização, a globalização e o *teletrabalho*.

Nesse embate, tem a ordem econômica uma significativa vantagem: não pode mais ser entendida como algo estritamente nacional, contornado pelas fronteiras físicas e legais de um Estado.

---

(18) *Op. cit.*, p. 985.
(19) *Op. cit.*, p. 993.

Os países estão cada vez mais interdependentes economicamente e há surpreendente facilidade de trânsito internacional de capitais, o que permite fixar os investimentos onde houver maior lucratividade.

O custo da mão de obra é fator decisivo na análise do retorno financeiro de um investimento, incitando os Estados e a sociedade civil a repensar o protecionismo laboral em nome de um desenvolvimento sustentável. Desponta, assim, o risco de *dumping social*.

Amartya Sen[20] sustenta ser necessário pensar-se em uma proteção *mundial* aos direitos humanos do trabalho, em oposição ao sistema tradicional *internacional*:

> Un enfoque internacional es inevitablemente parasítico respecto a las relaciones entre naciones, ya que funciona entre distintos países y naciones. En cambio, un enfoque realmente global no tiene por qué considerar a los seres humanos sólo, o principalmente, como ciudadanos de determinados países, ni aceptar que la interacción entre ciudadanos de distintos países tenga que pasar inevitablemente por las relaciones entre las distintas naciones. Muchas instituciones globales, incluso las que son esenciales para nuestra vida laboral, deben ir mucho más allá de los límites de las relaciones internacionales.
>
> (...)
>
> La economía mundial, cada vez más globalizada, exige a su vez un enfoque cada vez más mundializado de las éticas básicas y de los procedimientos sociales e políticos. La economia de mercado en sí no constituye únicamente un sistema internacional, sino que sus conexiones mundiales transcienden las relaciones entre naciones, y a menudo entre las personas de diferentes países y entre las diversas partes de una transacción comercial.
>
> La ética capitalista, con sus puntos fuertes y sus debilidades, es una cultura esencialmente mundial del siglo XX y no solamente una construcción internacional. Abordar las condiciones de la vida de trabajo, así como los intereses y los derechos de los trabajadores en general, exige igualmente transcender las limitaciones propias de las relaciones internacionales, más allá de las fronteras nacionales y de las relaciones mundiales.

A importância desta perspectiva se revela em estudo de *José Eduardo Faria*[21], no qual aponta a fragilidade dos Estados ante as empresas transnacionais:

> Não é o Estado que impõe sua ordem jurídica sobre esses conglomerados; são eles que, podendo concentrar suas linhas de produção nos países que oferecerem as melhores contrapartidas para seus investimentos, acabam selecionando as legislações nacionais às quais irão se submeter.

---

(20) Alocución del Sr. Amartya Sen, Premio Nobel de Economía — 15 de junio de 1999, na Conferência Internacional do Trabalho, 87ª Reunião, 1º-17 de junho de 1999. Disponível em: <http:// www.ilo.org/public/spanish/loilc87/a-sen.htm> Acesso em: 30 ago. 1999.
(21) Direitos humanos e globalização econômica. In: *Estudos Avançados*, v. 11, n. 30, São Paulo, maio/ago. 1997. p. 45.

Essa fragmentação geoespacial das atividades produtivas vem tornando possível uma ampliação sem precedentes do comércio intrafirmas (*Petrella*, 1996), com importantes consequências para as engrenagens jurídicas do Estado-nação. Hoje, pelo menos 1/3 das atividades e negócios das 37 mil empresas transnacionais que atuam na economia globalizada — por meio de 200 mil filiais e subsidiárias — é realizado entre elas próprias.

Do resumo da monografia do consagrado mestre merece referência o seguinte excerto, por sua precisa síntese do problema:

> Historicamente, como é sabido, eles [direitos humanos] foram criados contra o Estado, ou seja, como forma de coibir a interferência arbitrária do poder público na esfera individual. Mas como a globalização relativizou a soberania do Estado e reduziu drasticamente sua força coercitiva, qual é o futuro dos direitos humanos nesse contexto socioeconômico?[22]

René Ricardo Mirolo[23] esclarece que a oposição das teses ultraliberais à proteção aos direitos humanos do trabalhador já chegou ao âmago da OIT, sendo objeto de debate aberto em suas Conferências:

> El Director de Normas Internacionales en la publicación a que se hacía referencia en linhas anteriores ha dicho que resulta difícil responder con ideaes a quines sólo hablan números. La generalización de la corriente ultraliberal nos llevaría de vuelta — agrego a los comienzos de la revolución industrial, a las condiciones de vida y de trabajo que prevalecían a principios del siglo XIX. Si tal fuera el caso no dudamos que trendríamos un nuevo manifiesto comunista que se llamaría quizás "manifiesto de los desempleados".

Concordamos com *Amartya Sen* quando aponta a superação da visão "internacionalizadora" da proteção. Limitar a proteção dos direitos humanos — sobretudo os do trabalho — ao âmbito internacional é confiar em uma estrutura cujo já despiciendo poder de cogência segue em constante declive.

Entendemos, todavia, que a inclusão de outros entes dentre os sujeitos de Direito Internacional Público pode ser um bom começo para solucionar o problema que se agrava.

Hoje, se uma indústria de calçados esportivos explora o trabalho infantil ou o análogo à condição de escravo em países economicamente marginais, como vez ou outra noticia a imprensa, o sujeito passível de fiscalização e punição pela OIT, segundo o mecanismo atual, *é o país marginal*, e não a potência da qual o capital é originário.

O ideal, a nosso ver, é possibilitar o estabelecimento de sanções econômicas não apenas aos Estados, mas também aos grupos econômicos responsáveis pelas infrações, pois, em última análise, as nações menos favorecidas pouco podem fazer contra o capital de que necessitam.

---

(22) *Op. cit.*, p. 53.
(23) La flexibilización laboral y las normas de la Organización Internacional del Trabajo. In: *Derecho del Trabajo*, v. 1995-A, Buenos Aires: La Ley, 1995. p. 192.

Vale lembrar, por oportuno, o preâmbulo da Constituição da OIT, ao dispor que "a não adoção por qualquer nação de um regime de trabalho realmente humano cria obstáculos aos esforços das outras nações desejosas de melhorar a sorte dos trabalhadores nos seus próprios territórios".

Esta disposição justifica, nos dias de hoje, a necessidade de um controle mais amplo, de âmbito *mundial*, e não apenas *internacional*.

V. CONCLUSÕES

a) A proteção dos direitos humanos por organismos internacionais tem evoluído sensivelmente desde a criação da Organização Internacional do Trabalho.

b) Os mecanismos internacionais de monitoramento e controle enfrentam, entretanto, a barreira da soberania de seus Estados-membros, o que faz com que suas sanções sejam desprovidas de cogência efetiva, fragilizando a própria eficiência do organismo.

c) O Tribunal Penal Internacional faz surgir uma nova perspectiva de proteção no âmbito internacional, tornando passíveis de punição não apenas os Estados, mas também os indivíduos que violem direitos humanos.

d) A ampliação da proteção inerente ao Tribunal Penal Internacional deve servir de exemplo para outras formas de controle, sobretudo para conter os desmandos do capital ante as nações menos favorecidas.

e) Nessa esteira, acreditamos ser conveniente a previsão de mecanismos com poder de impor sanções econômicas contra empresas e conglomerados que sistematicamente violam os direitos humanos, especialmente os do trabalho.

O DRAGÃO CHINÊS: *DUMPING* SOCIAL E RELAÇÕES DE TRABALHO NA CHINA[*]

Antonio Galvão Peres

I. INTRODUÇÃO

O explorador pensou:
Sempre é preciso refletir um pouco antes de intervir
decisivamente nos assuntos dos outros.
Ele não era nem membro da colônia penal,
nem cidadão do país ao qual esta pertencia. (...)
Mas aqui topava com coisas que realmente o tentavam a quebrar sua
resolução de não se imiscuir.

KAFKA, Franz. *A colônia penal*[1]

A conhecida obra de *Kafka* da qual foi colhida a passagem em epígrafe confronta as práticas da *colônia penal* com as coisas do estrangeiro. Em certa medida, isto ocorre em larga escala com as críticas ao modelo político-econômico chinês. Nessa paráfrase atual, a China põe-se no lugar da *colônia* e, os estrangeiros, no lugar *do explorador* da obra original.

São incontáveis os pontos de perplexidade. Há um espantoso vazio democrático no país; visível, por exemplo, nos fatos de que as eleições diretas só acontecem nas pequenas localidades[2], os sindicatos são controlados pelo Estado[3], as manifestações contra o governo ou empresas são violentamente coibidas[4] e os tribunais condenam muitos à pena de morte[5].

(*) Publicado originalmente na *Revista LTr*, São Paulo: LTr, v. 70, n. 4, abr. 2006. p. 467-474.
(1) KAFKA, Franz. *A colônia penal*. Belo Horizonte: Itatiaia, 2000. p. 119.
(2) LIU, Melinda. Line of defense: Beijing is worried about "alarming" levels of social unrest, but a policy of local crackdowns is backfiring. *Newsweek*, 24 oct. 2005. p. 36.
(3) *Vide* o tópico V abaixo.
(4) Em dezembro de 2005, por exemplo, a polícia matou 20 manifestantes e outros cinquenta permanecem desaparecidos após o protesto de pescadores em uma vila próxima a Hong Kong (*Folha de S. Paulo*, Polícia mata 20 manifestantes na China, 10.12.2005. p. A-14).
(5) A Anistia Internacional estima que, em 2004, 3.400 pessoas foram executadas pelo judiciário chinês. Recente reportagem da Newsweek revela flagrantes erros de julgamento e a atual proposta de mudanças que passou a ser chamada de *Mate menos. Mate com cautela* (SCHAFER, Sarah; FEWER, Kill; CAREFULLY, Kill. Ordinary chinese are now saying their legal system is medieval, unjust — and too eager to execute suspects. *Newsweek*, 10 oct. 2005. p. 35).

Também se adotou um modelo em que há certa liberdade de mercados, mas insignificante liberdade individual. As relações de trabalho flertam com o liberalismo típico do início da Revolução Industrial, mas, paradoxalmente, isto ocorre sob o manto do Estado, que intervém a favor da produção, segundo a lógica do *dumping social*.

Este estudo pretende investigar o modelo chinês sob a ótica da teoria geral do direito do trabalho.

II. A CHINA NA ECONOMIA GLOBAL: DE COADJUVANTE A PROTAGONISTA

> *As the sun makes it new*
> *Day by day make it new*
> *Yet again make it new*
> Confucius[6]

O poema em epígrafe, de autoria do mais influente pensador chinês, pode ser utilizado para definir a perplexidade do mundo em relação ao avanço da China, superando o papel marginal que as grandes potências lhe reservavam.

A China, ao longo de sua história, foi literalmente pilhada por inúmeros povos. São exemplo a submissão econômica imposta pelos ingleses e as invasões do exército de Gengis Khan, dos japoneses na Manchúria e dos russos para a construção da Transiberiana.

Em certo sentido, hoje é a China que está a pilhar o mundo. Sua política econômica agressiva, pautada na produção em massa e de baixo custo, arrasa os modelos das outras nações, que com ela não conseguem competir no mercado global.

Recente artigo de *Celso Ming*[7] revela, por exemplo, a preocupação de alguns setores da indústria brasileira com a ameaça chinesa. Diz que "há cerca de mil brasileiros na China ensinando os chineses a fazerem calçados que depois são exportados por uma fração do preço do calçado brasileiro", os chineses também "importam celulose, a transformam em papel e exportam cadernos para tradicionais mercados do Brasil por cerca da metade do preço obtido há três anos pelos brasileiros". Defende-se, diante desse panorama, além das barreiras internas aos chineses, a redução do *custo Brasil* para assegurar a competitividade dos produtos brasileiros no exterior[8].

Em suma, vive-se em um mundo sem fronteiras, no qual as empresas podem escolher os países nos quais pretendem produzir, transferindo unidades inteiras com relativa facilidade. O avanço da tecnologia e a queda das barreiras comerciais fazem do mundo um mercado único, em que os principais atores não são os Estados, mas as chamadas *empresas globais*.

---

(6) Tradução de Ezra Pound in: POUND, Ezra. *Poesia*. São Paulo: Hucitec; Brasília: Edunb, 1993. p. 262.
(7) MING, Celso. A ameaça asiática. *O Estado de S. Paulo* — Edição Digital, 9.10.2005.
(8) A dificuldade, evidentemente, está em conciliar esta tarefa com o repúdio ao *dumping social*.

Como constata *Wolfgang Däubler*[9], essa redução das barreiras do comércio cria uma situação cada vez mais propícia para a transferência a um outro país das seções tecnologicamente menos desenvolvidas de um processo de produção, alternativa que pode ser determinante para que uma empresa assegure sua permanência no mercado mundial. Assevera que essa espécie de "bancos de trabalho" pode migrar facilmente de uma nação a outra e pondera que o fenômeno também atinge atividades de ponta, como, por exemplo, o desenvolvimento na Índia de *softwares* da Lufthansa, tradicional empresa alemã.

A migração de empresas — ou de unidades suas — de países desenvolvidos para os subdesenvolvidos (ou *em desenvolvimento*) pode não aproveitar a qualquer das nações, senão aos interesses meramente econômicos da empresa responsável[10]. Os interesses das empresas, portanto, colocam-se acima dos do Estado, o que pode acarretar consequências nefastas.

Os países em desenvolvimento são aparentemente favorecidos pela migração do capital, mas a realidade demonstra o contrário. No anseio de atrair investidores e empresas para seus mercados, aceitam oferecer incentivos fiscais e até mesmo reduzir direitos duramente conquistados por seus trabalhadores nacionais, perpetrando, assim, o chamado *dumping social*[11].

É interessante notar que foram as grandes corporações dos países desenvolvidos que patrocinaram essa competição internacional, barganhando com os Estados incentivos fiscais e a redução da proteção social, para assegurar os baixos custos de produção.

Veja-se este cruel retrato por *Lena Ayoub*[12]:

---

(9) *Apud* PERES, Antonio Galvão. *Contrato internacional de trabalho:* novas perspectivas. São Paulo: LTr, 2004. p. 20.

(10) As empresas americanas revelam alguns exemplos dessa estratégia. Dois deles são dados por Robert C. Feenstra ao analisar os casos duas grandes e conhecidas corporações, uma fabricante de brinquedos (Mattel) e a outra de artigos esportivos (Nike).
A primeira produz bonecas com matéria-prima (plástico e cabelo) obtida em Taiwan e no Japão. A fabricação é atualmente feita em locais de baixo custo na Indonésia, Malásia e China. O brinquedo deixa Hong Kong para o mercado americano custando dois dólares. Desse valor cerca de trinta e cinco centavos pagam a mão de obra, sessenta e cinco pagam a matéria-prima e o restante diz respeito a outros custos, como transporte e lucros obtidos em Hong Kong. Nos Estados Unidos a boneca é vendida por cerca de dez dólares, dos quais pelo menos um significa lucro direto do fabricante, o restante representa custos do mercado americano, como transporte, marketing, venda no atacado e varejo. A maior "adição de valor" provém, assim, do mercado americano e decorre basicamente de atividades ligadas ao setor de serviços.
O caso da indústria de artigos esportivos também ilustra esse sistema. Cerca de setenta e cinco mil trabalhadores asiáticos dedicam-se à produção de calçados e vestuário para a empresa, dos quais umas poucas centenas são efetivamente seus empregados. Nos Estados Unidos a empresa possui apenas cerca de dois mil e quinhentos empregados. Suas vendas mundiais representaram lucros de trezentos e sessenta milhões de dólares em 1993 (FEENSTRA, Robert C. Integration of trade and desintegration of production in the global economy. *The Journal of Economic Perspectives*, Menasha, v. 12, n. 4, p. 35-36, 1998).

(11) Para Luiz Carlos Amorim Robortella, "o *dumping* social constitui uma ameaça ao estado nacional e se manifesta de várias formas:
a) traslado de empresas de um estado para outro, à procura de menores custos do trabalho ou de vantagens tributárias;
b) estratégia deliberada de salários baixos, para atrair empresas de outros estados;
c) traslado de trabalhadores para o estado que oferece maior proteção e melhores salários;
d) desvalorização cambial" (ROBORTELLA, Luiz Carlos Amorim. Relações de trabalho na integração regional. In: SANTOS, Waldemar Alves dos *et al*. *Direito do trabalho na integração regional*. São Paulo: Observador Legal, 2002. p. 131).

(12) AYOUB, Lena. Nike just does it — and why the United States shouldn't: the United States' International obligation to hold MNCs accountable for their labor rights violations abroad. LexisNexis Academic. Disponível em: <http://web.lexis-nexis.com/universe/printdoc>. Originalmente em: *DePaul Business Law Journal*, 11 DePaul Bus. L.J. 395, spring/summer 1999.

Muitas das conhecidas empresas multinacionais estão ou estiveram envolvidas na prática de *sweatshop*[13]. As características de *sweatshop* são assim definidas: jornada de trabalho de dez a doze horas, com horas extraordinárias forçadas; trabalho desenvolvido em condições inseguras e desumanas (inclusive exposição a produtos químicos); punição pelas falhas mais insignificantes; alojamentos trancados; média salarial inferior ao necessário para a sobrevivência; exigência excessiva de horas extraordinárias sem remuneração; sistemático assédio moral e/ou sexual dos trabalhadores pelos empregadores; e/ou a impossibilidade de os empregados se organizarem. Frequentemente o trabalho é realizado em locais trancados, em que guardas armados encontram-se nos portões, evitando a entrada ou saída durante as horas de trabalho. Muito embora muitas crianças trabalhem de seis dias a uma semana em fábricas, normalmente trabalham em unidades subcontratadas ou "a domicílio"; os adultos, por sua vez, tendem a trabalhar nas fábricas de produção em larga escala. (...).

(...) Essa estratégia fez aumentar o interesse econômico das multinacionais, permitindo o crescimento dos lucros pela prática de pagar valores irrisórios aos empregados enquanto são mantidos preços exorbitantes no mercado mundial. As empresas multinacionais logo perceberam a influência que detinham nos países de acolhida e passaram a tirar vantagem dessa situação organizando o trabalho e influenciando as políticas conforme seus interesses, de forma a assegurar sua prosperidade no país de acolhida, livre dos sindicatos ou da intervenção estatal.

Alguns dos países que eram então explorados pelas empresas globais adeptas dessa política hoje são vistos como vilões, e não mais como vítimas. Esse, evidentemente, é o caso da China, que pratica flagrante *dumping social* para atrair investimentos.

O ocidente titubeia na crítica ao modelo chinês, como se percebe no discurso americano.

A administração de Bill Clinton cogitou atrelar sua política de comércio internacional à agenda dos direitos humanos. Grandes corporações americanas fizeram gestões para coibir tal vinculação, como, por exemplo, a AT&T, gigante das telecomunicações com investimento maciço na China[14].

---

(13) *Sweatshop*, que literalmente significa *loja do suor*, é um termo sem equivalente em português. É utilizado para designar lojas e fábricas em que os empregados são forçados a trabalhar longas horas por baixos salários e em más condições de trabalho (*Webster's new twentieth century dictionary unabridge*. New York: Simon and Schuster, 1979. p. 1.842).

(14) Veja-se esta página de Jonathan Story:"A mania de fusões dos anos 1990 também não foi uma benção definitiva para as corporações ocidentais. Vejamos a experiência da AT&T, a antiga empresa monopolista de telecomunicações para o mercado doméstico norte-americano. Sua equipe chinesa altamente experiente havia conseguido se recuperar da decisão de se retirar da China em 1989, após o caso da Praça Tiananmen. Como punição, o Conselho de Estado emitiu uma diretiva, a de n. 56, excluindo a AT&T de participação em joint ventures para produzir comutadores. Nesse meio tempo, seus pares da Alcatel, Siemens e Ericsson assentaram-se mais ou menos confortavelmente no mercado local. Para recuperar o atraso, em fevereiro de 1993 a AT&T assinou um memorando de entendimentos com a Comissão de Planejamento do Estado detalhando uma "parceria de longo prazo" em dez áreas potenciais de negócios.

Com as relações com o governo outra vez nos trilhos, o passo seguinte era assegurar uma estratégia coerente para a China, criando uma unidade regional para coordenar as atividades das 21 diferentes unidades de negócio da corporação. O encerramento bem-sucedido da árdua tarefa foi complementado por vigorosa pressão em Pequim e em Washington, para reverter a política do primeiro governo Clinton de ligar a agenda dos direitos humanos às relações comerciais entre os EUA e a China" (STORY, Jonathan. China: a corrida para o mercado. São Paulo: Futura, 2004. p. 361-362).

Enquanto as indústrias americanas têm cada vez mais migrado para a China para reduzir custos de produção (violando, inclusive, as ainda incipientes normas trabalhistas), os defensores dos direitos humanos nos EUA sustentam a necessidade de vincular a aceitação chinesa na economia mundial à melhoria de seus índices na matéria. Isto foi objeto de preocupação quando dos debates que antecederam a adoção do *Permanent Normal Trade Relations Act* pelo congresso americano. O PNTR tornou-se lei em 10.10.2001, no governo de Clinton. O documento permitiu a aceitação da China na OMC, organismo que não dispõe de qualquer proteção aos direitos do trabalho[15].

Discute-se abertamente em que medida os países em desenvolvimento podem adotar práticas agressivas para atrair investimentos estrangeiros, ainda que isto implique a precarização dos direitos sociais. Segundo *Adrián Goldin*[16], o debate no âmbito da OIT quando da adoção da Declaração dos Direitos Fundamentais do Trabalho (1998) foi feito nos seguintes termos: "não pode acontecer que a liberdade dos mercados, consequência do processo de globalização, não seja aproveitada também pelos setores mais vulneráveis. Portanto, a OIT tem concluído que a globalização e a liberdade dos mercados também incidiram em favor dos setores mais postergados".

A solução da Declaração de 1998, segundo esse mesmo autor, não por acaso está na defesa das *liberdades no trabalho* perante a *liberdade dos mercados*. Os quatro direitos fundamentais previstos no diploma dizem respeito à liberdade do trabalhador (proibição de trabalho forçado, do trabalho infantil, da discriminação e garantia de liberdade sindical). Diz *Goldin* que "a liberdade nos mercados deve existir não só para os agentes econômicos como também para as pessoas que trabalham"[17].

III. A SUSTENTAÇÃO DO *DUMPING* SOCIAL

Em um ambiente de *liberdade* no trabalho, a adoção de políticas agressivas visando ao *dumping social* gera um problema para as instituições políticas no plano interno: saber o exato limite em que é possível conter a insatisfação dos trabalhadores. A existência de liberdade asseguraria, em tese, a resistência contra a política estatal.

A China, como se verá adiante, longe está do implemento da Declaração de 1998 da OIT, especialmente no que diz respeito à liberdade sindical. Afloram por todo o país, a despeito da desorganização da massa operária, inúmeras manifestações cujo pano de fundo é a desigualdade econômica, o desemprego e as más condições de trabalho.

O Estado enfrenta os conflitos com a força policial e a contratação de milícias civis. Atualmente, entretanto, a insurgência é tamanha que justifica a revisão das políticas. Em outubro de 2005, o Partido Comunista da China, sob a direção de Hu

---

(15) GOOLSBY, John H. Is the garment industry trying to pull the wool over your eyes? The need for open communication to promote labor rights in China. LexisNexis Academic. Disponível em: <http://web.lexis-nexis.com/universe/printdoc>. Originalmente em: *Law and inequality*. 19 Law & Ineq. J. 193, summer 2001.
(16) GOLDIN, Adrián. Discriminação. In: *Fórum Internacional sobre Direitos Humanos e Direitos Sociais*. São Paulo: LTr, 2004. p. 327.
(17) *Op. cit.*, p. 327.

Jintao, aprovou um novo plano econômico cujo objetivo principal é construir uma "sociedade harmônica"[18]. Os índices de desigualdade na China são de fato alarmantes, reclamando a revisão geral do modelo.

As práticas responsáveis pelo *dumping social* decorrem sobretudo da política desenvolvida na administração anterior, de Deng Xiaoping. Segundo *José Pastore*[19], "a China colocou a reforma econômica na frente da reforma política — o inverso do que fez a Rússia". A estratégia básica de Xiaoping era "promover um substancial crescimento da classe média para, depois, liberalizar o sistema político e caminhar para a democracia".

O plano recentemente adotado pelo governo de Hu Jintao aparentemente sinaliza o início da *repartição do bolo* e o fortalecimento da democracia.

O *bolo* chinês, entretanto, não pára de crescer. Já se vislumbra o risco de colapso da economia, que, em setembro de 2005, completou nove trimestres consecutivos de crescimento superior a 9%, ao registrar 9,4% entre julho e setembro. Recente reportagem da *Folha de S. Paulo*[20] pondera que "o temor é que esse movimento leve ao aumento exagerado da produção, que não seja absorvido pelos consumidores ou por exportações. Se isso ocorrer, a consequência deve ser a redução brusca da atividade econômica, para adequar a oferta à demanda". A China, contudo, caminha para um superávit comercial de US$ 100 bilhões, "um dos mais altos da história e o triplo do registrado" em 2004.

Reportagem ainda mais recente[21] revela que o Produto Interno Bruto chinês de 2004 estava muito além do que indicavam as estatísticas anteriores. Alcançou US$ 1,97 trilhão, superando a Itália. Estima-se que o PIB de 2005 permita à China superar a França, em 2006 o Reino Unido e, nos próximos anos, a Alemanha, ficando atrás apenas dos EUA e do Japão.

A política chinesa aparentemente também busca outras formas de consolidar o lastro de segurança da economia. A China participa de um *jogo duplo* de investimentos. Ao mesmo tempo em que atrai capital estrangeiro, faz pesados investimentos no exterior, diversificando seus riscos e possibilidades de ganho.

Ensina *Jonathan Story* que, "desde 1989, a China começou a acumular um considerável *portfolio* internacional, com um capital total de US$ 25 bilhões, o dobro do Brasil (...). A Índia tem apenas US$ 1 bilhão em ativos no exterior. Naquele ano, havia 9.000 subsidiárias chinesas no exterior, com presença em mais de 180 países"[22]. Os Investimentos Estrangeiros Diretos (IED) da China acrescidos dos de Hong Kong alcançam US$ 200 bilhões, o que já é suficiente para ultrapassar a Itália. Esse número acrescido do de Taiwan deixa a China prestes a sobrepujar a França. Isso, segundo

---

(18) LIU, Melinda. *Op. cit.*, p. 34-35.
(19) PASTORE, José. *Flexibilização dos mercados de trabalho e contratação coletiva.* São Paulo: LTr. 1995. p. 86-87.
(20) *Folha de S. Paulo*, 21.10.2005, p. B-9.
(21) *Folha de S. Paulo*, China revê o PIB e deve virar a 4ª economia, 21.12.2005. p. B-12.
(22) STORY. *Op. cit.*, p. 349.

Story, faz da China "um caso único entre os mercados emergentes"; "é ao mesmo tempo um pilar da economia global e o principal alvo dos investimentos das corporações globais"[23].

Essa realidade pode tanto permitir a perpetuação do modelo atual, com elevadas taxas de crescimento, ou sua revisão para assegurar a redução das desigualdades sociais. Ainda não há sinais que permitam inferir a verdadeira intenção do governo chinês.

IV. AS RELAÇÕES DE TRABALHO NA CHINA

As mudanças políticas e econômicas até aqui apresentadas repercutiram no *mercado* de trabalho, o qual, em verdade, sequer existia antes da abertura econômica.

Até então não se podia falar em *mercado* e, de igual maneira, não era possível pensar no direito do trabalho como disciplina autônoma. Todas as questões trabalhistas inseriam-se na pauta da economia planificada e, em consequência, sofriam regulamentações específicas segundo a conveniência da administração. Tratava-se, assim, de mais um elemento incidental aos *planos* do poder central.

Por esta razão, ensina *Ying Zhu* que a primeira verdadeira lei trabalhista somente foi aprovada pela Comissão Permanente do Congresso Nacional do Povo em 5.7.1994[24]. Em 2004, a propósito, o governo chinês comemorou oficialmente os 10 anos de direito do trabalho.

Esta lei, segundo *Zhu*, desperta inúmeras preocupações, que decorrem das seguintes circunstâncias[25]:

a) Ainda prevalece o sistema de relações trabalhistas tradicional e anacrônico;

b) Surgiram vários tipos de empresas, diversificando-se os métodos de gestão e aumentando a complexidade nas relações de trabalho;

c) As administrações central e local persistem intervindo nas empresas para manter o controle macroeconômico, dificultando a tutela dos interesses dos trabalhadores; e

d) Há grandes diferenças regionais, especialmente entre as zonas costeiras (pioneiras na abertura aos mercados) e o interior do país.

Para melhor compreender o sistema atual de relações trabalhistas na China convém primeiro examinar, ainda que superficialmente, o superado modelo tradicional.

O principal traço do sistema tradicional está na planificação da economia. O Estado dirigia todo o sistema econômico como se fosse uma grande empresa. Planificava

---

(23) STORY. *Op. cit.*, p. 350.
(24) ZHU, Ying. Profunda transformación de las relaciones de trabajo en China. *Revista Internacional del Trabajo*, v. 114, n. 1. OIT: Ginebra, 1995/1. p. 43.
(25) ZHU. *Op. cit.*, p. 43-44.

o emprego, as finanças, a propriedade, a produção, o abastecimento de materiais e os mercados. Houve grandes falhas de planejamento, com constante desequilíbrio entre oferta e demanda, além de perda de renda[26].

Pondera *Peter Drucker*, acerca da administração tradicional chinesa, que a elite do governo comunista considera "abaixo de sua dignidade preocupações com assuntos mundanos como a direção de uma empresa"[27]. Confia apenas na teoria pura, com desprezo à experiência prática. Diz *Drucker* que "não é por acidente que praticamente não há nenhuma indústria estatal na China que seja bem dirigida, bem gerenciada e possa produzir um produto decente que as pessoas queiram comprar"[28]. Isso explica o fato de o berço do desenvolvimento chinês estar no setor privado, que procura driblar a burocracia estatal.

Antes da reforma havia na China três tipos de empresas: (a) as estatais (grande maioria), (b) as coletivas e (c) as privadas. A estrutura não comportava investimentos estrangeiros. A diferença entre as três classes se justificava em razão da propriedade: "as empresas estatais pertenciam a toda a população, as empresas coletivas pertenciam à comunidade responsável (residentes de uma determinada localidade, ou os próprios trabalhadores da empresa) e as empresas privadas pertenciam a pessoas físicas"[29].

Os trabalhadores vinculavam-se às organizações de duas diferentes formas[30]. A grande maioria detinha emprego *vitalício*, também chamado de "tigela de arroz". Esse tipo de vínculo e a ingerência estatal levavam as empresas a operar com estruturas inchadas para evitar o desemprego, o que, após a abertura, explica em parte as grandes quebras e demissões.

Havia também o contrato denominado *temporário*, que permitia ajustes na planificação. Conforme os planos da autoridade central, determinados trabalhadores (sobretudo do campo) poderiam ser destacados, mediante contratos temporários, a algum outro setor da economia. Ao trabalhador temporário eram então asseguradas as mesmas garantias de um emprego fixo[31].

A mão do Estado adentrava todos os aspectos das relações trabalhistas. A contratação, a promoção, as autorizações de trabalho, as transferências e os despedimentos requeriam prévia aprovação dos *Departamentos de Pessoal*. O mesmo ocorria em relação aos salários, que variavam em uma escala de oito pontos[32], considerando a diversidade de zonas e de indústrias, a desigualdade de preços e os adicionais para compensar a *dureza* de certas tarefas[33].

---

(26) ZHU. *Op. cit.*, p. 44.
(27) DRUCKER, Peter F.; NAKAUCHI, Isao. *Drucker na Ásia*. São Paulo: Pioneira, 1997. p. 25.
(28) *Op. cit.*, p. 25.
(29) ZHU. *Op. cit.*, p. 44.
(30) Também havia, a bem da verdade, outros contratos especiais, como os de aprendizes e executivos (*cadres*). É interessante notar que mesmo os executivos deveriam realizar trabalhos manuais em determinados períodos do ano.
(31) TCHE-HAO, Tsien. China. In: BLANPAIN, Roger (ed.). *International encyclopaedia for labour law and industrial relations*. Netherlands: Kluwer Law, jul. 1979. v. 4, p. 30.
(32) ZHU, *Op. cit.*, p. 45.
(33) O sistema de fixação dos salários é explicado com mais detalhes na obra de Tsien Tche-Hao. Depreende-se do estudo a ingerência minuciosa do Estado nas rotinas trabalhistas, escalonando os salários e fixando rígidos critérios de promoção (*Op. cit.*, p. 39-40).

No plano sindical a ingerência do poder central também era evidente. Desde a Liberação de 1949 o sistema sindical esteve dominado pelo Partido Comunista da China (PCC) e pelos os órgãos e instituições do Partido do Estado[34]. A lógica do modelo está na essência do regime comunista, em que o governo também é ele próprio um *representante do proletariado*.

Como esclarece *Tsien Tche-Hao*[35], "na medida em que todo o poder político pertence ao povo, que o exerce por intermédio dos congressistas eleitos, o Partido Comunista Chinês é 'o centro da liderança de todo o povo chinês' e é por intermédio do Partido que a classe trabalhadora exerce sua liderança sobre o Estado. O Partido Comunista Chinês é, portanto, onipresente, inclusive na administração das empresas e nos sindicatos".

Com as inovações políticas a China passou a admitir a autonomia empresarial baseada nas práticas de mercado, o que, entretanto, não afastou completamente a ingerência do Estado. Ao poder central ainda incumbe o ajuste macroeconômico e a planificação do desenvolvimento.

Esse novo quadro teve reflexos nas normas sobre relações de trabalho, ensejando a criação dos chamados "regulamentos temporários". *Zhu*[36] destaca quatro regulamentos que denotam a alteração (a) do regime de emprego fixo para o *contratual* e (b) das indicações administrativas para a contratação por recrutamento[37]. Passaram também a admitir o (c) despedimento como faculdade das empresas e (d) a disciplinar a seguridade social para os desempregados e idosos, o que sintomaticamente tornou-se um novo campo de preocupações.

A diminuição da ingerência estatal teve dois significativos efeitos imediatos. Um deles, já mencionado, foi a demissão em massa nas indústrias[38]. O outro o êxodo rural.

As barreiras que mantinham as indústrias inchadas e os trabalhadores no campo ruíram junto com a ingerência estatal. *Dai Yuanchen* assinala que o problema mais importante de toda a região é o movimento migratório que impulsiona os camponeses e habitantes das zonas rurais às cidades. Isto se deve sobretudo às desigualdades entre as zonas litorâneas e o interior chinês. Pondera este professor que "as diferenças de salários e de qualidade de vida fazem com que os deslocamentos demográficos sejam inevitáveis"[39].

O sistema de emprego *contratual*, em oposição ao vitalício, teve início experimental em 1983 e implantação jurídica em 1986. Os contratos preveem duração

---

(34) ZHU. *Op. cit.*, p. 45.
(35) TCHE-HAO. *Op. cit.*, p. 11-12.
(36) ZHU. *Op. cit.*, p. 46.
(37) A reforma do sistema de emprego deu liberdade à empresa individual para contratar quem preferir, tanto técnicos quanto trabalhadores não qualificados. Aparece assim um mercado de trabalho independente e flexível no qual não é mais o Estado que designa os postos de trabalho (ZHU. *Op. cit.*, p. 50).
(38) ZHU esclarece que "após a reforma do sistema de emprego são poucos os trabalhadores que ainda têm um posto assegurado para toda a vida. Os fenômenos recentes de quebras de empresas, reforma da produção, redução de pessoal e despedidas podem traduzir-se em situações de desemprego maciço" (*Op. cit.*, p. 49).
(39) OIT. Desarrollo y éxodo rural. Trabajo. *Revista de la OIT,* n. 8, Ginebra: OIT, jun. 1994. p. 56.

mínima de um ano e suas cláusulas estipulam as tarefas, período de experiência, condições de trabalho, remuneração, disciplina e sanções. Os demais tipos contratuais também continuam a existir[40].

Hoje coexistem nas empresas estatais e coletivas trabalhadores fixos, contratados e temporários. Nas empresas de capital estrangeiro — cada vez em maior número após a abertura — há apenas empregados contratados e temporários. As empresas privadas utilizam sobretudo trabalhadores temporários.

A nova onda de contratação dos temporários — hoje verdadeiros *freelancers* — é, entretanto, o fenômeno que revela a real antítese com o regime de emprego vitalício. Veja-se esta reportagem do *Xinhua General News Service*[41] de 3.1.2005:

BEIJING, 3 de janeiro (Xinhua). O governo Chinês informa que quase 40% dos trabalhadores urbanos são contratados como *freelancers* em um país em que as pessoas costumavam ter um único emprego por toda a vida.

A China tem mais de 100 milhões de freelancers que vendem seus serviços a empregadores, sem possuir vínculo de longoprazo com nenhuma outra empresa, diz *Wang Dongjin*, vice-ministro do Trabalho e Seguridade Social, em um recente simpósio que celebrou o 10º aniversário do Direito do Trabalho.

Os *freelancers* aparecem em inúmeras profissões — tanto as técnicas como as pouco qualificadas — inclusive entre advogados, escritores, jornalistas, tradutores, empregados domésticos, trabalhadores da construção e outros que vendem seu serviço de forma temporária.

(...) Por décadas os chineses consideravam o local de trabalho sua segunda casa. Assim que escolhiam um emprego, nele permaneciam por toda vida. As pessoas sem um emprego estável eram normalmente discriminadas.

A tendência do surgimento de *freelancers*, embora diversifique o mercado de trabalho, implica frequente rotatividade nos empregos e alto número de pessoas trabalhando sem contratos formais com seus empregadores.

O sistema de salários também sofreu alterações. Passou a considerar a produtividade da empresa e o rendimento individual. *Ying Zhu*[42] ensina que no novo modelo são combinados o chamado *salário básico* (tradicional), *salário funcional* (por categoria ou atividade) e *salário variável* (como os prêmios pelo desempenho pessoal ou da empresa).

Houve, como se vê, uma verdadeira revolução no modelo de relações trabalhistas na China. Interessa a esta investigação, neste momento, destacar os pontos de contato deste tópico com os anteriores.

---

(40) ZHU. *Op. cit.*, p. 47.
(41) Xinhua General News Service. Forty percent of Chinese employees work as freelancers. LexisNexis Academic. Disponível em: <http://web.lexis-nexis.com/universe/printdoc> Acesso em: 3 jan. 2005 às 8:00 pm.
(42) *Op. cit.*, p. 49.

O direito do trabalho chinês, em última análise, incorporou muitas das mazelas típicas do início do liberalismo, permitindo a *contratualização* das relações de trabalho em um ambiente em que há pouca liberdade individual e nenhuma liberdade sindical (*vide* tópico V, *infra*). Como já enfatizado, o produto dessa receita é a precarização do trabalho (vejam-se outros exemplos em rodapé)[43], utilizada pelo poder central como objeto de barganha na economia globalizada.

A insipiência do direito do trabalho, entretanto, também se volta contra o poder central, na medida em que atinge as empresas estatais, especialmente as mineradoras de carvão, têxteis e metalúrgicas.

Ying Zhu[44] dá o marcante exemplo da mineração do carvão:

Na mineração do carvão (...) surgiram por todo o país pequenas empresas privadas e de propriedade coletiva que competem com as grandes empresas estatais, disputando os recursos e os mercados, até o ponto de tornar difícil sua sobrevivência. Estas pequenas empresas mineradoras não pagam salários e não conferem benefícios sociais a seus trabalhadores: todos os dias pagam a cada mineiro o carvão que tenha extraído. Os mineiros trabalham por seu próprio risco, sem nenhuma proteção sindical, em condições muito duras e com medidas de segurança antiquadas. Deste modo, os custos de produção são muito inferiores aos das grandes empresas estatais e estes pequenas minas podem vender seus produtos a preços muito baixos. Em 1993 a China produziu 1.140 milhões de toneladas de carvão e quase a metade, 480 milhões de toneladas, proveio da mineração privada. As empresas estatais acumularam os estoques não comercializados, que alcançaram 200 milhões de toneladas. Como resultado, diminuíram os fundos para pagar salários, renovar equipamento e melhor as instalações de segurança. Também houve deterioração das condições de trabalho e aumento dos acidentes: em 1993 morreram 5.036 pessoas por acidente de trabalho na mineração do carvão.

É inevitável, diante dessa passagem, a remissão à obra *Germinal*, de *Émile Zola*. Os mineradores chineses aparentemente encontram-se na mesma situação dos europeus nos primórdios da Revolução Industrial.

---

(43) Para que se tenha ideia da precarização, vale destacar mais uma vez a política de investimentos da Nike: "Na Wellco Factory em Gungguan, China, os empregados que não permaneciam para trabalhar até tarde eram demitidos. Os salários eram tão baixos como 16 centavos por hora, 6,92 dólares por semana, e 358,84 dólares por ano, com empregados trabalhando em média onze horas ao dia. Os trabalhadores recebiam apenas dois ou quatro dias de descanso ao mês. A maioria dos trabalhadores nessa fábrica jamais ouviu nada sobre o código de conduta da Nike" (AYOUB, Lena. *Op. cit.*).

O mesmo acontece com outra tradicional indústria de calçados, a Timberland. O Comitê Nacional do Trabalho americano "recentemente revelou (...) que os calçados da Timberland são feitos na China por 'garotas de 16 e 17 anos [forçadas] a trabalhar ... até 14 horas por dia, sete dias por semana, o que leva a uma semana de trabalho de 98 horas... ganhando 22 centavos de dólar por hora... [frequentemente] em fábricas cuja temperatura alcança mais de 100 graus Fahrenheit'" (GOOLSBY, John H. *Op. cit.*).

Isto também ocorre com empresas que não são de origem americana, mas cuja produção é destinada a grandes corporações como a Wal-Mart. Reportagem do *Washington Post* revela o esquema montado pela Wal-Mart para comprar *mais por menos* e o fato de a vantagem chinesa, para esse gigante do varejo, estar no baixo custo da mão de obra, na "paz política" (decorrente do poder do Estado na contenção dos trabalhadores) e na moeda estável. (*The Washington Post*. Chinese workers pay for Wal-Mart's low prices; retailer squeezes its Asian suppliers to cut costs. LexisNexis. Disponível em: <http://web.lexis-nexis.com/universe/printdoc> Acesso em: 8 feb. 2004, sunday final edition).

(44) *Op. cit.*, p. 54.

Mas não é só. A desorganização operária e a conivência do poder central também compactuam para a violação das normas trabalhistas já existentes. As indústrias estrangeiras, sob a lógica da maximização dos lucros, conseguem fraudar os registros oficiais. *Mark Barenberg*, perito da OIT em missão na China, revela que as empresas americanas "mantêm livros duplos ou triplos" para esconder o fato de que não pagam os salários mínimos, horas extras e o desrespeito à duração máxima de trabalho. Esses fatos são omitidos em suas declarações oficiais[45].

No plano das indústrias têxteis foram recentemente adotadas algumas medidas para coibir fraudes como a ora noticiada. O *China National Textil and Apparel Council* adotou em 31.5.2005 o chamado *China Social Compliance 9000 for Textile and Apparel Industry*, programa de auditoria criado especificamente para fiscalizar o respeito aos padrões mínimos de condições de trabalho, conforme o direito chinês. As regras do programa, entretanto, também não asseguram a liberdade sindical, sendo essa sua maior lacuna[46].

V. LIBERDADE SINDICAL

O modelo sindical chinês longe está da liberdade propugnada pelas normas da Organização Internacional do Trabalho. Manteve-se a estrutura anterior à reforma, com ampla vinculação ao Estado.

Como já ressaltado, há certa lógica no modelo. O próprio país é governado pelo proletariado (ao menos em teoria) e, em consequência, é natural que os sindicatos sejam ao mesmo tempo *extensão* e *alicerce* do poder central.

Os sindicatos exercem duplo papel: defendem os interesses dos trabalhadores e o desenvolvimento da empresa. Trata-se, evidentemente, de postura contraditória e que, na prática, tem incitado o surgimento de organizações clandestinas que competem com o sindicato oficial. Para que se tenha ideia do paradoxo, vale atentar ao discurso de *Ni Zhifu*, presidente da Federação Nacional dos Sindicatos, no sentido de que "o foco da ação sindical deve ser na construção da economia nacional e não na defesa dos interesses particulares dos trabalhadores"[47].

Esse modelo cria grandes dificuldades para que os trabalhadores consigam se organizar de forma adequada para defender seus interesses. Como já mencionado anteriormente, cresce o número de revoltas populares, mas as manifestações são isoladas e desarticuladas, o que permite sejam facilmente contidas[48].

As revoltas sociais são um *problema de polícia*, o que remete ao início da consolidação do direito do trabalho nos países do ocidente. Em já citada reportagem da

---

(45) Afx European Focus. Former ILO expert says US firms condoning workers' rights abuses in China. LexisNexis Academic. Disponível em: <http://web.lexis-nexis.com/universe/printdoc> Acesso em: 30 mar. 2004. Tuesday.
(46) South China Morning Post. Audit puts work standards to test; China has put in place its own set of rules to ensure that working conditions meet global requirements. LexisNexis Academic. Disponível em: <http://web.lexis-nexis.com/universe/printdoc> Acesso em: 1º aug. 2005.
(47) *Apud* PASTORE. *Op. cit.*, p. 89.
(48) LIU. *Op. cit.*, p. 34-35.

revista *Newsweek*[49], há o exemplo de um piquete dos trabalhadores da *Chongqing Special Steelworks* em 8.10.2005. O ato foi violentamente reprimido pela polícia e por civis não identificados, ocasionando a morte de três manifestantes e ferimentos em mais de trinta.

A OIT está atenta às agressões contra a liberdade sindical. Em 2001[50] celebrou um acordo com o governo chinês para estabelecer um programa de reforma na área de emprego, diálogo social e proteção social, conforme os princípios e direitos trabalhistas reconhecidos internacionalmente. Na cerimônia de celebração do acordo, *Juan Somavía*, diretor-geral da OIT, entregou aos representantes do governo uma relação de trabalhadores detidos cuja libertação foi solicitada pelo Comitê de Liberdade Sindical.

Em 2003[51], o Comitê de Liberdade Sindical solicitou ao governo chinês que iniciasse uma investigação imparcial e independente acerca da detenção e instauração de processos contra representantes de trabalhadores, sobre seu estado de saúde e sobre o tratamento que lhes era dispensado. Em relação a um conflito em uma fábrica de Liaoyang em 2002, o Comitê solicitou a liberdade dos representantes dos trabalhadores detidos e, especialmente, a retirada das acusações de terrorismo, sabotagem e subversão. Também solicitou esclarecimentos sobre as acusações relativas à detenção dos representantes de uma organização de trabalhadores demitidos na cidade de Daqing.

A cooperação entre a China e a OIT se intensificou em 2004, com a promoção de um *Fórum do Emprego*. O evento resultou em um *entendimento comum*, no qual se destaca que "o respeito aos princípios e direitos fundamentais no trabalho constitui um fundamento do desenvolvimento econômico e do progresso social"[52].

Também no que diz respeito à liberdade sindical, é oportuna a referência à previsão de cogestão dos empregados nas empresas chinesas, por intermédio dos "congressos de trabalhadores" (semelhantes a comitês de empresas). O texto de *Zhu*[53] menciona a participação desses congressos em diversos campos de decisão. É provável, entretanto, que estas organizações não visem a defender os interesses dos trabalhadores, mas sim os do Estado, como ocorre em todo o sistema de organização sindical chinês. A suposta cogestão, nessa esteira, pode também se afigurar apenas mais uma forma de intervenção estatal.

VI. CONCLUSÃO

O modelo político-econômico chinês deixa o mundo em constante perplexidade. Diversos fatores concorrem para o crescimento desmedido da economia chinesa, que estende suas *asas de dragão* sobre os demais países.

---

(49) LIU. *Op. cit.*, p. 34.
(50) OIT. La OIT y China llegan a un acuerdo sobre empleo, diálogo y derechos en el trabajo. Trabajo. *Revista de la OIT*, n. 40, Ginebra: OIT, ago. 2001. p. 29.
(51) OIT. Libertad sindical: el Comité de Libertad Sindical de la OIT cita Belarús, China, Colombia, Venezuela y otros. Trabajo. *Revista de la OIT*, n. 47, Ginebra: OIT, jun. 2003. p. 31.
(52) OIT. Foro del Empleo en China: trabajo decente para todos, en el punto de mira. Trabajo. *Revista de la OIT*. n. 51, Ginebra: OIT, jun. 2004. p. 17.
(53) *Op. cit.*, p. 51.

A partir de técnicas agressivas — especialmente o *dumping social* — a China consegue sobrepujar a economia dos demais Estados, mesmo em suas áreas de especialidade. É o caso, por exemplo, da ameaça à indústria brasileira de calçados.

Há, entretanto, um preço a pagar. O modelo chinês reúne incontáveis paradoxos e não se sabe em que momento não mais poderão coexistir. Das diversas questões tratadas neste estudo podem ser destacadas, nesse sentido, as seguintes ambiguidades:

a) O país já não se insere unicamente no perfil dos receptores de unidades de corporações estrangeiras. Tenta atuar em todos os nichos, atraindo investimento estrangeiro, desenvolvendo sua própria tecnologia e inclusive investindo em outros Estados.

b) A incessante prosperidade é cada vez menos compartilhada com a massa da população, a despeito do regime socialista. A abertura representou, para a grande camada popular, a perda de direitos típicos do regime de outrora, como o emprego vitalício.

c) A China já consolidou um rico parque industrial, mas ainda assiste ao início do desenvolvimento do direito do trabalho.

d) O país está, em tese, submetido à *ditadura do proletariado*. O Estado intervém abertamente na organização sindical e o papel dos sindicatos não é apenas a defesa dos trabalhadores, mas, sobretudo, o de assegurar o desenvolvimento das empresas.

e) O direito do trabalho já comemorou uma década de existência em território chinês (2004), mas as normas trabalhistas existentes são sistematicamente violadas pelas multinacionais, com aparente conivência do poder central.

O governo chinês demonstra saber administrar estes conflitos, mas é certo que tendem a se acirrar. Alguns ajustes, como demonstrado, podem vir a ocorrer em curto prazo, especialmente a correção do vazio democrático e o desenvolvimento do direito do trabalho. É difícil prever, entretanto, os verdadeiros rumos do dragão.

O JUIZ NACIONAL E O DIREITO INTERNACIONAL[*]

Antonio Galvão Peres

I. INTRODUÇÃO

> (...) o homem caminha segundo sua fantasia e a lei claudica; o homem reclama e a lei é surda. É a jurisprudência que forçosamente segue o homem e o escuta sempre. O homem não lhe impõe seus arestos, mas, por sua livre vontade, força-a a pronunciar-se.
> Rossi[1]

O direito internacional hoje permeia as relações mais cotidianas. Há muito deixou de regular somente as relações *interestados* para avançar nas questões *intraestados*. Insere-se, assim, nas relações de particulares com o Estado e, inclusive, entre os próprios particulares.

Diante desse panorama, a atividade dos juízes nacionais ganha relevância na aplicação das normas internacionais. A bem da verdade, como se demonstrará neste estudo, os juízes nacionais — além de *aplicá-lo* — efetivamente participam da *criação* do direito internacional.

II. A JURISPRUDÊNCIA NACIONAL COMO FONTE DO DIREITO INTERNACIONAL

A doutrina especializada, ao apresentar as fontes do direito internacional, usualmente reporta-se ao art. 38 do Estatuto da Corte Internacional de Justiça. As disposições dessa norma, em consequência, extrapolam seus limites originários, assumindo importância universal.

Nesse sentido a lição de *Nguyen Quoc Dinh, Patrick Daillier e Alain Pellet*[2]:

---

[*] Publicado originalmente na *Revista da Faculdade de Direito de São Bernardo do Campo*, ano 10, n. 12, São Bernardo do Campo: A Faculdade, 2006. p. 45-61.
[1] *Apud* MONTEIRO, Washington de Barros. *Curso de direito civil.* São Paulo: Saraiva, 1994. v. 1, p. 21.
[2] DINH, Nguyen Quoc; DAILLIER, Patrick; PELLET, Alain. *Direito internacional público.* Lisboa: Calouste Gulbenkian, 2003. p. 115.

Sobre uma questão de tal importância, convém que haja um consenso universal. Donde o interesse de um texto tomando claramente posição e comprometendo a quase totalidade dos Estados. (...).

(...) o art. 38 do Estatuto apresenta uma grande importância. Com efeito, todos os Estados membros das Nações Unidas, praticamente todos os países do mundo, são *ipso facto*, partes do Estatuto do Tribunal e ligados a ele. O seu campo de aplicação é mesmo, de facto, mais amplo que o Estatuto, na medida em que os termos do art. 38 são retomados noutros tratados sobre a resolução pacífica de conflitos ou lhes servem de referência (caso de numerosos tratados de arbitragem no período entre as duas guerras). Vemos aqui uma enumeração universalmente aceita das fontes formais de direito internacional.

A proposição deste título acima parece não ser aceita pela doutrina brasileira quando da análise do art. 38 do ECIJ. Muitos dos manuais e cursos de direito internacional público, ao tratar das fontes deste ramo do direito, fazem referência apenas às decisões de Cortes Internacionais. Há inclusive quem expressamente rejeite a ideia de que as decisões nacionais possam ser consideradas fontes de direito internacional.

Francisco Rezek ensina, a respeito, que "as decisões judiciárias a que se refere o art. 38 do Estatuto da Corte da Haia não são as proferidas no foro cível de Marselha ou nas instâncias trabalhistas de São Paulo, mas as componentes da jurisprudência internacional"[3]. Dá como exemplo as decisões (arbitrais e judiciárias) na solução de controvérsias entre Estados. Afirma, categoricamente, que "as decisões judiciárias nacionais (...) não se aproveitam no plano internacional a título de *jurisprudência*"[4]. Admite sua utilidade apenas para demonstrar a existência de direito internacional costumeiro.

Na doutrina estrangeira encontram-se lições em sentido oposto.

Peter Malanczuk afirma que as

decisões de cortes nacionais também estão cober-tas pelo art. 38(1)(d); muitas das regras de direito internacional em temas como imuni-dade diplomática foram desenvolvidas pelos julgamentos das cortes nacionais. Mas os julgamentos dos tribunais nacionais devem ser usados com cautela; os juízes podem parecer aplicar o direito internacional (e podem realmente acreditar que o fazem), quando, na verdade, estão apenas aplicando uma regra peculiar de seu próprio direito nacional[5].

Os raros estudos específicos parecem compartilhar da opinião deste último autor.

Na década de vinte foi publicado o volume inaugural do *Annual Digest of Public International Law Cases* (1925-1926). Trata-se da primeira publicação a reunir decisões nacionais acerca do direito internacional. *Hersch Lauterpacht* observou, a propósito,

---
(3) REZEK, José Francisco. *Direito internacional público:* curso elementar. São Paulo: Saraiva, 2000. p. 138.
(4) *Op. cit.*, p. 139.
(5) MALANCZUK, Peter. *Akehurst's modern introduction to international law.* London and New York: Routledge, 1999. p. 51.

que a quantidade e a qualidade das decisões superaram as expectativas mais otimistas[6]. Em 1929 esse mesmo autor publicou estudo intitulado *Decisions of Municipal Courts as Source of International Law* (1929), em que constatou que "dificilmente há algum ramo do direito internacional que não tenha sido tratado pelas cortes nacionais"[7].

As decisões nacionais servem de fonte do direito internacional nas mais diversas matérias. Vêm à mente, em um primeiro momento, a imunidade de jurisdição, os privilégios diplomáticos e a pirataria, mas há inúmeros outros exemplos. *Robert Jennings*, para ilustrar esse fato, chama atenção ao caso *Lotus* da Corte Internacional de Justiça, em que inúmeras referências foram feitas a decisões nacionais acerca da colisão de navios[8].

Este autor pondera que há clara tendência de aumento da importância das decisões nacionais, o que decorre da própria evolução do direito internacional. A partir do momento em que este deixa de ater-se apenas às relações entre Estados, cresce o papel dos juízes nacionais, pois têm de interpretar tratados multilaterais que protegem indivíduos, tratados de direito ambiental, de direito aéreo, espacial, do mar, de pesca, de investimentos estrangeiros etc.[9]. Conclui que houve uma evolução silenciosa e pouco notada na relação entre o direito nacional e o internacional. Diz que as antigas fronteiras bem definidas do Direito Internacional Público, Direito Internacional Privado e Direito Nacional tornaram-se "zonas cinzentas"[10].

Exemplo marcante da atuação dos juízes nacionais com significativas repercussões nas relações internacionais de nosso país está nas lacunas do sistema de solução de controvérsias no Mercosul. Ensina *Maria do Carmo Puccini Caminha* que, "diante da ausência de um tribunal judicial em nível comunitário para resolver as pendências entre particulares, e entre esses e o seu próprio Estado, cabe ao Juiz nacional, de forma solitária, sem a perspectiva de poder valer-se de *reenvios* ou simples *consultas* a um órgão especializado, a árdua tarefa de bem aplicar o Direito do Mercosul, como direito interno"[11].

Feitas estas considerações, cumpre investigar o manejo da jurisprudência nacional como fonte de direito internacional.

Lauterpacht e *Jennings*[12] referem-se, inicialmente, ao usual trabalho de identificar, a partir dos julgados domésticos, o direito costumeiro internacional[13].

---

(6) *Apud* JENNINGS, Robert Y. *The judiciary, international and national, and the development of international law*. International and comparative law quarterly. v. 45, part. 1. London: British Institute of International and Comparative Law, jan. 1996. p. 1.
(7) *Op. cit.*, p. 1.
(8) *Op. cit.*, p. 2.
(9) *Op. cit.*, p. 2.
(10) *Op. cit.*, p. 4.
(11) CAMINHA, Maria do Carmo Puccini. Os juízes do Mercosul e a extraterritorialidade dos atos jurisdicionais. *Revista de Direito Constitucional e Internacional*, n. 44, São Paulo: RT, jul./set. 2003. p. 46-47.
(12) *Op. cit.*, p. 2.
(13) A bem da verdade, o entendimento de que as decisões nacionais servem para demonstrar o direito costumeiro internacional também não é aceito por todos os autores. Como esclarece Ielbo Marcus Lobo de Souza, "aqueles que mantêm uma opinião voluntarista rígida do processo costumeiro, e da natureza do costume, fazem uma qualificação adicional. Na sua opinião, os órgãos do Estado que participam do processo costumeiro deveriam ser somente aqueles que, de acordo com o direito interno daquele Estado, poderiam

As ideias de *Lauterpacht*, no entanto, estão muito além desta concepção. Cogita verdadeira aproximação dos tribunais nacionais à Corte Internacional de Justiça, mediante, por exemplo, a possibilidade de consultas "em questões imprevistas ou complexas de direito internacional que não envolvam interesse nacional"[14]. Propõe o uso de decisões nacionais como *fontes diretas* do direito internacional, e não por outros fundamentos (*v. g.*, costumes). Suas propostas reforçam a ideia de que o direito internacional é o único ramo do direito que contém regras idênticas aplicadas enquanto tais pelos juízes de todas as nações.

O argumento de *Lauterpacht* esbarra, aparentemente, na ressalva que o Estatuto da Corte Internacional de Justiça faz acerca da utilidade da jurisprudência em geral. Diz o art. 38(1)(d) que a jurisprudência é aplicável como *meio subsidiário*, o que, em princípio, sugere tratar-se de fonte de menor importância[15]. Contudo, essa ressalva quer apenas revelar a suposta proibição de os juízes criarem *direito novo*.

Essa cautela perde razão ante a derrocada do formalismo jurídico. Hoje todos reconhecem — em maior ou menor grau — o papel criador do judiciário. Merece referência, nesse sentido, a seguinte passagem de *Mauro Capelletti*[16]:

> Quando se afirma (...) que não existe clara oposição entre interpretação e criação do direito, torna-se contudo necessário fazer uma distinção (...) para evitar sérios equívocos. De fato, o reconhecimento de que é intrínseco em todo ato de interpretação certo grau de criatividade — ou, o que vem a dar no mesmo, de um elemento de discricionariedade e assim de escolha —, não deve ser confundido com a afirmação de total liberdade do intérprete. Discricionariedade não quer dizer necessariamente arbitrariedade, e o juiz, embora inevitavelmente criador do direito, não é necessariamente um criador completamente livre de vínculos. Na verdade, todo sistema jurídico civilizado procurou estabelecer e aplicar certos *limites à liberdade judicial*, tanto *processuais* quanto *substanciais*.

Esse é o espírito da expressão *meios subsidiários* constante do art. 38 do Estatuto da CIJ: evitar a criação *arbitrária* do direito, o que não constitui qualquer novidade. Afinal, a imposição de tal limite também está consagrada no âmbito interno dos Estados.

Outro ponto que merece atenção está na referência do art. 38 ao art. 59 do Estatuto, o qual, evidentemente, dirige-se apenas às decisões da CIJ, e não aos juízes nacionais. Esta norma diz que "a decisão da corte só será obrigatória para as partes

---

obrigar o Estado através de um tratado, em outras palavras, os órgãos que são responsáveis pela condução das relações internacionais. O maior problema dessa posição é que ela não considera o fato de que o processo costumeiro é essencialmente diferente do processo convencional (tratado), e o costume não representa um tratado tácito" (SOUZA, Ielbo Marcus Lobo de. *Direito internacional costumeiro*. Porto Alegre: Sergio Antonio Fabris, 2001. p. 53).

(14) *Op. cit.*, p. 2-3.

(15) Veja-se a norma em referência: "Art. 38. A Corte, cuja função é decidir de acordo com o direito internacional as controvérsias que lhe forem submetidas, aplicará: (...)

d) sob ressalva da disposição do art. 59, as decisões judiciárias e a doutrina dos juristas mais qualificados das diferentes nações, como meios subsidiários para a determinação das regras de direito. (...)."

(16) CAPPELLETTI, Mauro. *Juízes legisladores?* Porto Alegre: Sergio Antonio Fabris, 1999. p. 23-24.

litigantes e a respeito do caso em questão". O escopo desta ressalva é afastar na CIJ o *stare decisis* típico dos sistemas de *commom law*, ou seja, proibir a criação de precedentes vinculantes das decisões futuras[17].

Também acerca do problema da identificação dos diferentes usos da jurisprudência nacional no plano internacional, vale destacar interessante estudo de *André Nollkaemper*[18] sobre a atuação do Tribunal Penal Internacional para a ex-Iugoslávia.

O emprego da jurisprudência nacional como fonte de direito internacional é demonstrado de forma minuciosa a partir de quatro diferentes perspectivas:

a) Para apontar a correta interpretação de tratados.

b) Para identificar direito costumeiro internacional.

c) Como suporte para a demonstração de princípios gerais do direito internacional.

d) Pela admissão dos tribunais nacionais como *autoridades independentes* do direito internacional, sem necessidade de remissão ao direito costumeiro ou à apreensão de princípios.

O uso da jurisprudência para fixar a *interpretação de tratados* teve como preocupação básica resguardar o princípio *nullum crimen sine lege*.

Para a interpretação da Convenção sobre Genocídio no caso *Jelisic* a Corte afirmou, por exemplo, que "(...) a prática dos Estados, notadamente por seus tribunais nacionais, e o trabalho de autoridades internacionais sobre a matéria também foi levada em consideração (...)"[19].

Isso também ocorreu na interpretação da mesma convenção no caso *Krstic*, em que a Corte "(...).também procurou diretrizes na legislação e na prática dos Estados, especialmente em suas interpretações judiciais e decisões (...)". Neste último caso foram citadas seis decisões nacionais (3 alemãs, 2 polonesas e 1 do Tribunal Militar americano em Nuremberg). O Tribunal implicitamente reconheceu que é um número pequeno, mas aliou a jurisprudência a outros critérios para definir a interpretação do tratado.

No caso *Edermovic* discutiu-se se havia *direito costumeiro* acerca da validade — ou invalidade — do emprego da tese do *dever de obediência* (*duress*) como defesa ante a acusação de extermínio de vidas inocentes. A Corte declarou não haver prova

---

(17) Vale ressalvar, por cautela, que o próprio *stare decisis* admite mudanças. Vejam-se estas passagens de Roland Séroussi acerca do modelo americano:
"(...) visto que o objetivo da estrutura federal de 'ajustar-se' às necessidades econômicas e sociais de uma sociedade em mutação permanente continua sendo buscado, induz-se a noção da ideia — amplamente seguida — de que o precedente (*precedent*) deve ser analisado com sutileza, de forma não dogmática.
A aceleração histórico-social dos Estados Unidos — uma moeda evoluiu, um hábito de consumo muda, um comportamento se abranda... — deve ser levada em conta pelos juízes que fazem a justiça em nome de uma sociedade dada, e não da do século XIX.
Disso decorre que a regra do *stare decisis* (isto é, do respeito aos precedentes), proveniente da *common law*, é suscetível de mudança. Por isso, fazer uma mudança jurisprudencial não é coisa rara no direito norte-americano (...)" (SÉROUSSI, Roland. *Introdução ao direito inglês e norte-americano*. São Paulo: Landy, 2001. p. 109-110).
(18) NOLLKAEMPER, André. *Decisions of national courts as sources of international law*: an analysis of the practice of ICTY. Disponível em: <http://saraswati.ic.uva.nl:8020/upload/uvapub/127055/decisions_of_national_courts.pdf>.
(19) Este exemplo e os dos parágrafos seguintes são apenas alguns dos inúmeros destacados por Nollkaemper.

suficiente da vigência de um costume internacional sobre a matéria, mas deixou claro que, em princípio, poderia ser feita pela apresentação de decisões nacionais.

A Corte, no caso *Tadic*, não reconheceu a jurisprudência nacional como apta a revelar *princípios gerais* de direito internacional. Admitiria apenas se a maioria dos Estados, senão a totalidade, adotasse o mesmo entendimento suscitado. No caso *Kuprestic*, entretanto, fez referência a princípios gerais inferidos do direito e da jurisprudência nacionais quando da análise do problema da cumulação de ofensas.

Por fim, em alguns momentos a Corte proclamou os tribunais nacionais "autoridades independentes" do direito internacional. O voto do Juiz Li no caso *Edermovic* valeu-se de decisões de Tribunais Militares Nacionais para demonstrar os critérios que determinam a medida do dever de obediência em defesa do réu. A definição de "razões militares", no *Krstic case*, foi apanhada de decisões do Tribunal Militar Americano em Nuremberg (alcance da vedação à destruição de propriedades, salvo se houver "razões militares", nos termos da Convenção de Genebra de 1949).

A menção a estes julgados demonstra o crescente papel dos juízes nacionais na criação do direito internacional. Esse aspecto criativo será também analisado no tópico seguinte, sob a perspectiva do *one voice principle*.

III. O *ONE VOICE PRINCIPLE*

O chamado *one voice principle* traduz a ideia — já ultrapassada — de que os diversos órgãos do Estado devem pronunciar o direito internacional *em uníssono*. Em outras palavras, supõe necessária a coincidência do entendimento dos diversos *Poderes* acerca do sentido e vigência do direito internacional.

O princípio, ao contrário do que possa parecer em uma primeira análise, tem repercussões relevantes em inúmeras matérias. O confronto de maior destaque diz respeito ao reconhecimento do Estado estrangeiro e dos limites de sua soberania.

Há interessante estudo de *Lawrence Collins* sobre o tema, em que investiga a persistência — ou não — do princípio e os limites de sua aplicação. A origem do termo, segundo o autor, foi consagrada no seguinte pronunciamento do Lord *Atkin*: "Our state can not speak with two voices on such a matter, the judiciary saying one thing, the executive another"[20].

O estudo de *Collins* faz referência a alguns julgados, dos quais, a título de exemplo, vale destacar três, provenientes dos Estados Unidos, Inglaterra e China.

A Suprema Corte Americana, no ano de 1839, entendeu que não poderia reapreciar a questão sobre a soberania da Argentina nas Ilhas Falkland. Argumentou que a matéria já havia sido decidida pelo Presidente, conforme suas atribuições constitucionais[21].

---

(20) COLLINS, Lawrence. Foreign relations and the judiciary. *International Comparative Law Quarterly*. London: British Institute of International and Comparative Law, v. 51, p. 3, jul. 2002. p. 487.

(21) Da decisão podem ser colhidos os seguintes excertos: "It is enough to know, that in the exercise of his constitutional functions, he has decided the question... If this were not the rule, cases might often arise in which, on the most important questions of foreign jurisdiction, there would be an irreconcilable difference between the executive and judicial departments" (*Op. cit.*, p. 487).

Hoje a posição do *Department of State*, órgão do executivo, ainda tem considerável importância para as cortes americanas. Seu parecer é frequentemente solicitado quando está em jogo a aplicação do direito internacional e se lhe atribui um peso razoável, até porque o braço do executivo é quem responderá aos Estados estrangeiros pelas violações ao direito internacional que decorram das decisões judiciais[22]. Não há, entretanto, o mesmo rigor do pronunciamento unitário como no passado.

A influência do executivo britânico nas decisões judiciais envolvendo direito internacional nem sempre ocorreu às claras. *Collins* menciona um estudo de *Clive Parry* a partir de arquivos do *Foreign Office* britânico que, pelo decurso do tempo, deixaram de ser confidenciais.

Três importantes casos foram selecionados para estudar a velada influência do executivo. São o caso *Schtraks*, de 1962, envolvendo o *status* de Jerusalém, o julgado *Zeiss*, também dos anos 1960, acerca do *status* da Alemanha Oriental, e os primeiros estágios do processo que resultou na decisão de 1981 da *House of Lords* no caso *Butter Gas & Oil Co. v. Hammer*[23].

O caso *Zeiss* é emblemático. Esse era o nome de uma empresa constituída conforme as leis da Alemanha Oriental, país não reconhecido à época pelo Reino Unido. Discutia-se, assim, se essa empresa poderia — ou não — demandar perante os tribunais ingleses. Após inúmeras correspondências entre o executivo e o judiciário, foi proferida decisão que conciliava os diversos interesses em jogo: a corte entendeu que não poderia reconhecer a Alemanha Oriental como Estado autônomo, mas admitiu a regularidade da constituição da empresa, pois ocorreu em território controlado pela antiga União Soviética, Estado então reconhecido. Preservaram-se, portanto, a posição do executivo britânico e os interesses comerciais subjacentes[24].

Outro exemplo amealhado por *Collins* é a decisão da *Hong Kong Court of Final Appeal* no caso *Chen Li Hung v. Ting Lei Miao*, de 2000. Em Taiwan um administrador foi declarado falido. Tentou-se reaver, em cumprimento a essa decisão, créditos que possuía em Hong Kong para honrar as dívidas em Taiwan. A corte de Hong Kong, a despeito da posição da República Popular da China no sentido de que o governo de Taiwan usurpou essa província, decidiu dar efeito à decisão. Mais uma vez, portanto, buscou-se a conciliação de interesses comerciais com a posição política. A corte, para reconhecer a eficácia da decisão estrangeira, argumentou, em síntese, que: i) o caso envolve interesses privados, ii) a permissão atende a interesses de justiça, senso comum e não ofende os interesses de soberania ou ordem pública e iii) o fato pode colaborar para a reunificação da terra-mãe[25].

Destas duas últimas decisões percebe-se que a dissidência das vozes do executivo e do judiciário pode, em alguns casos, resultar em solução intermediária. Nos últimos

---

(22) *Op. cit.*, p. 487.
(23) *Op. cit.*, p. 490.
(24) *Op. cit.*, p. 491-492.
(25) *Op. cit.*, p. 492-493.

julgados mencionados evidentemente interessava ao país como um todo a segurança nas relações comerciais.

O Instituto de Direito Internacional está atento aos problemas inerentes ao *one voice principle* e propõe sua superação. Na Sessão de Milão de 1993 foi adotada Resolução acerca das "Atribuições dos juízes nacionais e as relações internacionais de seus Estados"[26], cujo relator foi o professor *Benedetto Conforti*.

O art. 1.1 prevê que as "cortes nacionais devem ter jurisdição, segundo o ordenamento jurídico interno, para interpretar e aplicar o direito internacional *com total independência*". Desse mesmo artigo (1.3) destaca-se a faculdade de os juízes requisitarem "o parecer do executivo, ressalvando-se que essa consulta não tem efeito vinculante".

O diploma também trata dos efeitos dessa independência atribuída ao judiciário em questões específicas. Entre outros pontos, afirma a liberdade do judiciário para determinar se um tratado está em vigor, foi modificado ou perdeu efeito (art. 5.1); e diz que os tribunais não podem recusar a apreciação de questões relacionadas ao exercício do poder executivo, sob a alegação de tratar-se de questão política, quando sujeitas a uma regra de direito internacional (art. 2º).

Essa independência das diferentes *vozes* do Estado é consentânea com o papel ativo que os diversos poderes podem assumir na própria criação do direito internacional.

Como se sabe, são os Estados os responsáveis pelo surgimento das normas internacionais. Ensina *José Carlos de Magalhães*, a respeito, que "o direito internacional é fruto da participação do Estado, como agente criador e destinatário da norma. É a ele que cabe, no âmbito interno, ainda que em matéria de repercussão internacional, qualificar e definir o conteúdo dos princípios internacionais"[27].

Vale notar, ademais, que o *Estado é uno*, a despeito da organização segmentada em diversos *Poderes*. A atribuição de criar o direito internacional, portanto, é compartilhada pelas diversas esferas. Esta, aliás, é a peculiaridade que justifica o debate sobre a validade — ou não — do *one voice principle*.

Essa atribuição *compartilhada* pelo judiciário é, contudo, frequentemente recusada por seus próprios membros em nosso país. Um exemplo está nos pronunciamentos do Supremo Tribunal Federal acerca da imunidade de jurisdição dos Estados estrangeiros. O STF custou a aceitar a diferença entre a atuação dos Estados em atos de gestão privada e atos de gestão pública. Segundo esta distinção, o Estado "é imune à jurisdição de outro somente quando atua em sua qualidade específica e própria de Estado e no exercício de sua competência política"[28].

A orientação do STF somente foi alterada com a percepção da evolução da matéria em outros países. Na Apelação Cível n. 9.696-3 (DJ 12.10.1990), o voto vencedor do

---

(26) O texto integral está disponível em: <http://www.idi-iil.org/idiE/resolutionsE/1993_mil_01_en.PDF>.
(27) MAGALHÃES, José Carlos de. *O supremo tribunal federal e o direito internacional:* uma análise crítica. Porto Alegre: Livraria do Advogado, 2000. p. 140.
(28) MAGALHÃES. *Op. cit.*, p. 130.

Min. Francisco Rezek fez referência à legislação e à doutrina estrangeira para demonstrar o surgimento e efeitos da distinção. Diante desse panorama ponderou que "o quadro interno não mudou. O que mudou foi o quadro internacional. O que ruiu foi o nosso único suporte para afirmação da imunidade numa causa trabalhista contra Estado estrangeiro, em razão da insubsistência da regra costumeira que se dizia sólida — quando ela o era — e que assegurava a imunidade em termos absolutos"[29].

A decisão é severamente criticada por *José Carlos de Magalhães*, pois o STF implicitamente recusou sua atribuição de *criador do direito internacional*, como uma das *vozes* do Estado brasileiro.

Nas palavras deste professor, "vê-se, desse raciocínio, que prevaleceu no plenário da Casa, que a jurisprudência brasileira mudava não porque o Brasil, como autoridade de direito internacional que é, resolvera deixar de conceder a imunidade absoluta, por razões relevantes, assim consideradas pelo país — como é o caso das reclamações trabalhistas, em que o reclamante sofria denegação de justiça, até mesmo pela impossibilidade de apresentar sua pretensão perante o país estrangeiro — mas porque outros países o fizeram antes!"[30]

É oportuno ressalvar, por outro lado, que nas instâncias inferiores — sobretudo nos tribunais do trabalho — inúmeros julgados já sustentavam a distinção, *inovando* o direito internacional[31].

IV. O JUIZ NACIONAL E O DIREITO INTERNACIONAL PRIVADO

O moderno direito internacional privado também conferiu aos juízes nacionais novas atribuições, que, em última análise, decorrem naturalmente da evolução das normas para solucionar conflito de leis.

A essência do direito internacional privado é indicar a lei aplicável a determinada relação jurídica internacional. Trata-se de normas de *sobredireito*, na medida em que se prestam a apontar o *direito substancial* aplicável, e não regular diretamente as relações[32].

Há, assim, uma clara distinção entre direito substancial e sobredireito. O direito substancial regula *relações sociais* e as transforma em *relações jurídicas*, criando direitos e obrigações para as partes envolvidas. O sobredireito, por sua vez, não tem como objeto quaisquer relações, e sim as normas que as regem quando em conflito

---

(29) *Apud* MAGALHÃES. *Op. cit.*, p. 142-143.
(30) *Op. cit.*, p. 143.
(31) Veja-se, a propósito, este antigo acórdão do E. TRT da 4ª Região (RS): "Imunidade de jurisdição. Em se tratando de relação jurídica de direito privado, em que o Consulado exerce ato negocial despido da condição de representante de nação estrangeira, não se tratando de ato de império, não se beneficia da imunidade de jurisdição. É competente a Justiça do Trabalho para as ações em que cidadão brasileiro pretende o reconhecimento de direitos advindos da relação de emprego" (TRT 4ª Reg., 1ª T., Proc. TRT-5.303/82, julgado em 21.3.1983; Rel. Juiz Plácido Lopes da Fonte. In: TEIXEIRA FILHO, João de Lima. *Repertório de jurisprudência trabalhista*. Rio de Janeiro: Freitas Bastos, 1983. p. 217, Ementa n. 1.077).
(32) PERES, Antonio Galvão. *Contrato internacional de trabalho:* novas perspectivas. São Paulo: LTr, 2004. p. 41.

no tempo ou no espaço. Em suma, o conteúdo do sobredireito é o próprio direito substancial[33].

Feitas estas considerações, cumpre desvelar os fatores que dão a uma relação jurídica o caráter internacional. Esses pressupostos são os chamados *elementos de estraneidade* e seu reconhecimento dependerá da legislação, doutrina e jurisprudência de cada país. Nesse sentido, perquirir o caráter internacional de uma relação jurídica equivale a identificar os laços concretos que a vinculam a mais de um Estado.

Constatados esses laços, usualmente recorre-se, para definir a lei de regência, aos *elementos de conexão*. Assiste-se, contudo, à superação dos elementos de conexão tradicionais, pautados na escolha *a priori* de um *elemento* que por si só deveria indicar a lei de regência.

Esse modelo tradicional foi adotado, por exemplo, nos arts. 9º, *caput*, da LICC e 198 do *Código de Bustamante*:

> Art. 9º Para qualificar e reger as obrigações, aplicar-se-á a lei do país em que se constituírem.
>
> Art. 198. Também é territorial a legislação sobre acidente do trabalho e proteção social do trabalhador.

Essas normas revelam um mecanismo de solução de conflitos de leis no espaço dito *bilateral típico*, ou método clássico europeu. Apontam, de maneira objetiva, o direito aplicável — nacional ou estrangeiro — a determinada relação jurídica, sem se preocupar com o resultado concreto da operação.

O conflito é, assim, segmentado em duas etapas: uma consistente na escolha do direito substancial aplicável e outra relacionada à sua aplicação ao caso concreto. A única interação entre os dois lados ocorre quando da escolha do elemento de conexão.

A um *objeto de conexão* corresponde um *elemento de conexão* (*punto de collegamento, point* ou *régle de ratachement, circunstancia de conexión, localizer* etc.) rígido, que indica a lei aplicável[34]. Nas hipóteses acima apresentadas os *objetos* de conexão são os contratos (art. 9º, *caput*, da LICC), os acidentes de trabalho e a proteção social do trabalhador (art. 198 do *Código de Bustamante*). Os *elementos* de conexão, respectivamente, são a lei do local da contratação e a lei do local do acidente ou da prestação de serviços.

Opõe-se ao sistema tradicional europeu o método americano, dito *unilateral*. As regras de Direito Internacional Privado nos Estados Unidos não pretendem indicar de

---

(33) RUSSOMANO, Gilda Corrêa Meyer. *Direito internacional privado do trabalho*. Rio de Janeiro: Forense, 1979. p. 8-9.

(34) "Elemento de conexão (*punto de conexión*). No Direito Internacional Privado existe uma técnica tradicional para solucionar os conflitos de leis, consistente em selecionar algum dos elementos do contrato (...).
A partir deste elemento, chamado 'punto de conexión', porque conecta o contrato com um determinado país, se estabelece qual é a lei nacional que se aplicará ao contrato.
Para a categoria 'contratos', as opções mais comuns na hora de escolher um elemento de conexão são o lugar de celebração, do acordo de vontades ou o lugar do cumprimento das obrigações emergentes do contrato." (HARGAIN, Daniel. Desafios jurídicos de la contratación internacional. In: DEL'OLMO, Florisbal de Souza (coord.). *Curso de direito internacional contemporâneo*: estudos em homenagem ao prof. dr. Luís Ivani de Amorim Araújo pelo seu 80º aniversário. Rio de Janeiro: Forense, 2003. p. 174).

maneira objetiva a lei aplicável, mas os mecanismos para encontrar a melhor norma material para solucionar o litígio. Nesse sistema, como esclarece *Nadia de Araújo*, "a solução deve ser vista a partir de seu resultado, sendo a seleção feita de acordo com o conteúdo do problema em questão"[35]. Há, dessa forma, uma inversão de valores: abandona-se o método em que o formalismo prevalece em fórmulas quase que matemáticas e privilegia-se o resultado da escolha da lei.

O *Restatement Second on the Conflicts of Law* (1971), obra doutrinária do Instituto de Direito Americano que reúne os pontos de convergência da doutrina e jurisprudência sobre Direito Internacional Privado, consagrou o *princípio da proximidade* — também chamado *dos vínculos mais estreitos* ou *da relação mais significativa*.

Segundo esse sistema, compete ao juiz[36], em caso de conflito, não mais buscar um elemento de conexão escolhido previamente pelo ordenamento, mas *identificar a lei mais adequada* para reger o caso concreto. A norma de conflito de leis encontra-se, portanto, imbricada com o direito substancial.

Os critérios que acabaram consagrados no *Restatement 2nd* foram utilizados pela primeira vez no caso *Babcock*, em que o Tribunal de New York deixou de aplicar a regra clássica da *lex loci delictii* para aplicar a lei nova-iorquina a um acidente de trânsito ocorrido em Ontário, Canadá. Para o tribunal seria injusto e anômalo aplicar a lei de Ontário somente porque o acidente lá ocorreu, pois todos os outros pontos de contato levavam a New York. O território era canadense, mas o registro do carro, o seguro, a residência do motorista e da passageira eram nova-iorquinos. Mas não é só. Fosse aplicada a lei de Ontário, local do acidente, a passageira carona não teria direito à indenização postulada, enquanto a lei nova-iorquina a previa[37].

Esse *funcionalismo* americano, como atesta *Hee Moon Jo*, influenciou as legislações de vários países e também a Convenção Europeia sobre a Lei Aplicável às Obrigações Contratuais (1980)[38].

Discorre este autor sobre uma decisão do Tribunal Constitucional Alemão em que o método tradicional do Direito Internacional Privado foi severamente questionado; trata-se do caso *Spanier* (1971)[39]. O acórdão

> entendeu que a lei substancial estrangeira indicada pelo DIPr do *forum* não pode conflitar com a Constituição, sendo que os direitos fundamentais garantidos por esta aplicam-se tanto aos litígios nacionais quanto aos internacionais. Assim, além das normas de ordem pública, limitadoras da aplicação do direito estrangeiro no DIPr tradicional, a jurisprudência entendeu também pela possibilidade da limitação da aplicação da lei estrangeira com base na justiça substancial, ou seja, a justiça individual do caso concreto *sub judice*[40].

---

(35) ARAÚJO, Nadia de. *Direito internacional privado:* teoria e prática brasileira. Rio de Janeiro: Renovar, 2003. p. 44-45.
(36) Destacamos a figura do juiz, tema central deste trabalho, mas a interpretação, evidentemente, não é tarefa exclusiva dos magistrados.
(37) ARAÚJO, Nadia de. *Op. cit.*, p. 43.
(38) JO, Hee Moon. *Moderno direito internacional privado.* São Paulo: LTr, 2001. p. 100.
(39) JO, Hee Moon. *Op. cit.*, p. 101.
(40) *Idem, ibidem*, p. 101-102.

Essa decisão abriu as portas para a reforma da Lei de Introdução ao Código Civil da Alemanha em 1985.

Nadia de Araújo relata que a Convenção de Roma sobre a Lei aplicável às Obrigações Contratuais (19.6.1980) "é um exemplo da influência da metodologia americana no DIPr Europeu, pois determina como regra de conexão para os contratos internacionais o princípio da proximidade ou 'dos vínculos mais estreitos'"[41].

Bernard Audit[42] tratou da evolução do método bilateral europeu em estudo sobre o Direito Internacional Privado ao fim do século XX. Diz que o método, em sua origem, preocupava-se com a *justiça dos conflitos*, e não com a *justiça material*. Esclarece que esta concepção — muito embora jamais tenha existido de forma pura — evoluiu consideravelmente ao longo do século XX. Hoje a regra de conflito é considerada, segundo a doutrina, um instrumento de regência das relações privadas internacionais. A regra de conflito, conforme a concepção europeia, passou a apresentar um *caráter funcional* que vai além da simples designação tradicional (*répartition*) para permear as relações substanciais, papel de crescente importância e cada vez mais reconhecido.

Essa evolução é sensível em dois dos mais importantes tratados internacionais quanto ao tema. A Convenção de Roma de 1980 e a Convenção do México de 1994 adotaram, para a escolha da lei de regência dos contratos em geral[43], o critério da autonomia da vontade e, sucessivamente, na ausência de escolha, a aplicação da *lei com vínculos mais estreitos*[44].

---

(41) ARAÚJO, Nadia de. *Op. cit.*, p. 45.
(42) AUDIT, Bernard. Le droit international privé a fin du XXe siècle: progrès ou recul. *Revue Internationale de Droit Comparé*, Paris, n. 2. p. 423-424, avr./juin. 1998.
(43) Na Convenção de Roma de 1980 há normas específicas para os contratos de trabalho e de consumo, mas que não descartam, completamente, o critério da *lei dos vínculos mais estreitos*, utilizado como "válvula de escape" para assegurar a justiça no caso concreto. Veja-se, a propósito, a ressalva final no art. 6º, que cuida dos contratos de trabalho.
(44) Vejam-se os seguintes preceitos:
Convenção de Roma de 1980. Art. 4º Lei aplicável na falta de escolha.
Quando a lei aplicável ao contrato não tiver sido escolhida nos termos do art. 3º, o contrato é regulado pela lei do país com o qual apresente uma conexão mais estreita. Todavia, se uma parte do contrato for separável do resto do contrato e apresentar uma conexão mais estreita com um outro país, a essa parte poderá aplicar-se, a título excepcional, a lei desse outro país.
Sem prejuízo do disposto no n. 5, presume-se que o contrato apresenta uma conexão mais estreita com o país onde a parte que está obrigada a fornecer a prestação característica do contrato tem, no momento da celebração do contrato, a sua residência habitual ou, se se tratar de uma sociedade, associação ou pessoa colectiva, a sua administração central. Todavia, se o contrato for celebrado no exercício da actividade económica ou profissional dessa parte, o país a considerar será aquele em que se situa o seu estabelecimento principal ou, se, nos termos do contrato, a prestação deverá ser fornecida por estabelecimento diverso do estabelecimento principal, o da situação desse estabelecimento.
Quando o contrato tiver por objeto um direito real sobre um bem imóvel, ou um direito de uso de um bem imóvel, presume-se, em derrogação do disposto no n. 2, que o contrato apresenta uma conexão mais estreita com o país onde o imóvel se situa.
A presunção do n. 2 não é admitida quanto ao contrato de transporte de mercadorias. Presume-se que este contrato apresente uma conexão mais estreita com o país em que, no momento da celebração do contrato, o transportador tem o seu estabelecimento principal, se o referido país coincidir com aquele em que se situa o lugar da carga ou da descarga ou do estabelecimento principal do expedidor. Para efeitos de aplicação do presente número, são considerados como contratos de transporte de mercadorias os contratos de fretamento relativos a uma única viagem ou outros contratos que tenham por objeto principal o transporte de mercadorias.
O disposto no n. 2 não se aplica se a prestação característica não puder ser determinada. As presunções dos ns. 2, 3 e 4 não serão admitidas sempre que resulte do conjunto das circunstâncias, que o contrato apresenta uma conexão mais estreita com outro país.
Convenção do México de 1994. Art. 9º.
Não tendo as partes escolhido o direito aplicável, ou se a escolha do mesmo resultar ineficaz, o contrato reger-se-á pelo direito do Estado com o qual mantenha os vínculos mais estreitos.

Percebe-se, portanto, o surgimento de novos protagonistas na solução dos conflitos de lei em matéria contratual: as próprias partes e o judiciário. O juiz nacional, em caso de conflito, assume papel ativo na escolha da lei de regência. Caberá a ele decidir qual a lei substancial mais adequada, e não mais invocar algum critério rígido previamente fixado.

Lamentavelmente os juízes e o legislador brasileiro ainda não perceberam as vantagens deste sistema. Aqui ainda se discute, inclusive, se é admissível — ou não — a autonomia da vontade para escolha da lei de regência dos contratos internacionais[45]. Os juízes tendem a se valer dos elementos de conexão clássicos, sem qualquer flexibilidade perante o caso concreto, o que, muitas vezes, enseja patente injustiça. É interessante destacar que em muitos países a reforma do modelo de direito internacional privado iniciou com a jurisprudência, para então repercutir no direito positivado (normas internas e internacionais).

V. DENEGAÇÃO DE JUSTIÇA

O juiz nacional, como *voz* do Estado na criação e aplicação do direito internacional, pode, evidentemente, incorrer em ilícitos internacionais. Este tópico destaca o ilícito por *denegação de justiça*, tendo em conta a atualidade da matéria.

Diversas normas internacionais, especialmente as que versam direitos humanos, obrigam os Estados a prover recursos internos eficazes para assegurar a defesa dos direitos nelas assegurados (*v. g.* Pacto de Direitos Civis e Políticos, art. 2º (3)(a); Convenção das Nações Unidas contra a Tortura, art. 14; Convenção sobre a Eliminação de Todas as Formas de Discriminação Racial, art. VI; Convenção Americana sobre Direitos Humanos, art. 13). Os tribunais naturalmente assumem o papel central, coordenando os recursos internos.

Os mesmos diplomas frequentemente preveem um contraponto à garantia de recursos internos eficazes à tutela de direitos: a necessidade do *esgotamento dos remédios internos* antes que se possa recorrer aos tribunais internacionais (*v. g.* Protocolo Facultativo relativo ao Pacto de Direitos Civis e Políticos, art. 5(2)(b); Convenção das Nações Unidas contra a Tortura, art. 22(5)(b); Convenção Americana sobre Direitos Humanos, art. 46(1)(a)).

O tribunal levará em consideração todos os elementos objetivos e subjetivos que se depreendam do contrato, para determinar o direito do Estado com o qual mantém os vínculos mais estreitos. Levar-se-ão também em conta os princípios gerais do direito comercial internacional aceitos por organismos internacionais.

Não obstante, se uma parte do contrato for separável do restante do contrato e mantiver conexão mais estreita com outro Estado, poder-se-á aplicar a esta parte do contrato, a título excepcional, a lei desse outro Estado.

(45) Em nossa obra já citada apresentamos algumas vozes dissidentes na doutrina (PERES. *Op. cit.*, p. 96-98). O professor José Carlos de Magalhães, em obra mais recente, também apresenta o confronto doutrinário, mas sustenta que "a polêmica (...) parece não mais ter razão de ser diante da norma precisa do art. 2º da Lei n. 9.307/96, que regula a arbitragem no Brasil, cujo § 1º faculta às partes 'escolher, livremente, as regras de direito que serão aplicadas na arbitragem, desde que não haja violação aos bons costumes e à ordem pública'. Não obstante essa disposição refira-se à arbitragem e, assim, ao processo — e não à lei material sobre a qual versa o litígio — corrobora a interpretação de que as partes gozam de autonomia para selecionar a lei aplicável às relações entre elas acordadas" (MAGALHÃES, José Carlos de. *Direito econômico internacional*: tendências e perspectivas. Curitiba: Juruá, 2005. p. 280).

A ideia de que o recurso às cortes internacionais depende do esgotamento dos recursos internos, na medida em que são presumivelmente eficazes por conta da observância de outras normas internacionais, encontra, entretanto, algumas ressalvas. O art. 46(2) da Convenção Americana de Direitos Humanos prevê, por exemplo, as seguintes exceções: a) não existir o devido processo legal para a proteção do direito ou direitos que se alegue tenham sido violados; b) não se houver permitido ao suposto prejudicado em seus direitos o acesso aos recursos da jurisdição interna, ou houver sido ele impedido de esgotá-los; e c) houver demora injustificada na decisão sobre os mencionados recursos.

Em última análise, a existência de recursos internos eficazes é também uma das obrigações dos Estados, conforme previsto nas normas acima destacadas. Nessa esteira, a ineficácia desses recursos poderá também ser objeto das ações ajuizadas perante as Cortes Internacionais. Em consequência, afigura-se contraditório exigir o esgotamento dos recursos internos quando sua ausência ou ineficácia possam integrar as questões de fundo da ação[46].

VI. CONCLUSÕES

Os tópicos deste estudo revelam quatro perspectivas de contato do juiz nacional com o direito internacional: como criador do direito, como voz independente dentro do próprio Estado, como protagonista na indicação da lei de regência segundo os novos modelos de DIP e como possível violador do dever de prover justiça.

Em muitas dessas áreas percebe-se sensível evolução do direito internacional, mas que não tem sido acompanhada por nossa jurisprudência.

Os juízes brasileiros por vezes recusam papel ativo perante o direito internacional. Este ramo do direito parece lhes ser entregue pronto e acabado, insuscetível de questionamentos e adequação ao caso concreto. Trata-se de postura equivocada. Como visto, o direito internacional pode ser criado e desenvolvido pelos juízes, como uma das vozes do Estado.

---

(46) Veja-se, a propósito, a Sentença de 26.6.1987 da Corte Interamericana ao apreciar as Preliminares suscitadas em três casos contra Honduras. TRINDADE, Antônio Augusto Cançado. La jurisprudencia de la Corte Interamericana de Derechos Humanos en materia del agotamiento de los recursos de derecho interno (1981-1991). In: *XIX Curso de Derecho Internacional*, Washington: OEA, 1996. p. 47.

PARTE III

DIREITO TUTELAR

TRABALHO ARTÍSTICO DA CRIANÇA E DO ADOLESCENTE — VALORES CONSTITUCIONAIS E NORMAS DE PROTEÇÃO[*]

Luiz Carlos Amorim Robortella
Antonio Galvão Peres

I. INTRODUÇÃO

Como é público e notório, crianças e adolescentes, com idade inferior a dezesseis anos, participam habitualmente de obras artísticas. São exemplo os pequeninos das orquestras juvenis, do teatro, do circo e da televisão.

Dezesseis anos é, em princípio, o limite mínimo para qualquer trabalho, exceto aprendizagem. Assim dispõe o art. 7º, XXXIII, da Carta Magna, mas a discussão, como se verá adiante, não se esgota neste preceito.

II. O TRABALHO COMO DEVER ECONÔMICO

A atividade artística talvez seja a que mais se distancia da etimologia da palavra "trabalho". Suspeita-se que o termo evoluiu de *tripalium*, antigo instrumento de tortura[1].

O trabalho, do ponto de vista econômico, ainda guarda muito de sua acepção original, como revela *Barata Silva*[2]:

> Em face de seu conceito econômico — tomando-se o termo econômico no sentido amplo e aproveitando-lhe apenas a essência — constatamos, no trabalho, duas notas características: a fadiga e a pena. Não há, desde os primórdios da humanidade, trabalho humano desprovido dessas duas características, mesmo porque o trabalho foi imposto ao homem como castigo. O conceito de pena, não há como negar, evoluiu, transmudou-se, por assim dizer, e a penosidade que alguns autores

---

[*] Publicado originalmente na *Revista LTr*, v. 70, n. 4, São Paulo: LTr, abr. 2006. p. 467-474.
[1] Veja-se o seguinte verbete: "1. *Travail* (travaj) n.m. (lat. *tripalium*, instrument de torture) (....)" (LAROUSSE. *Dictionnaire du Français au Collège*. Paris: Larousse, 2003. p. 1.333).
[2] SILVA, C. A. Barata. Denominação, definição e divisão do direito do trabalho. In: MAGANO, Octavio Bueno (coord.). *Curso de direito do trabalho em homenagem a Mozart Victor Russomano*. São Paulo: Saraiva, 1985. p. 54.

veem claramente no trabalho passou a refletir, para grande parte da humanidade, um dever. Para alguns, um dever decorrente da própria necessidade de proverem a sua subsistência; para outros, um dever decorrente de um contrato, ainda que não imposto por uma necessidade vital. Para todos, no entanto, é o trabalho um dever, e, por exigência da vida comunitária, um dever social (...).

Esclarece este autor, contudo, que

se nos afastarmos (...) do mundo puramente econômico, veremos que o trabalho humano busca, também, valores de outra natureza. É possível que a atividade humana tenha em vista não um valor econômico, mas outro valor ou valores, expressáveis, por oposição aos primeiros, como não econômicos. Exemplo de trabalho não destinado a fim econômico vamos encontrar no desenvolvido pelo homem que medita, que pesquisa, que estuda, bem como no trabalho do homem que pensa sobre si mesmo, refletindo sobre os valores espirituais e interiores[3].

Nesse contexto não econômico insere-se a atividade artística, o que não impede, obviamente, a existência de artistas profissionais, que nas artes encontrem seu sustento. O que se quer enfatizar é o fato de a arte não estar orientada para a economia produtivista; mais que outras, a atividade do artista está frequentemente desatrelada da concepção do trabalho como pena ou dever. Na criação artística, o homem obedece a um impulso natural, espontâneo, a um dom que lhe é concedido pela natureza, diferenciando-o, na maioria das vezes, do trabalho apenas para sua subsistência.

Na verdade, a obra de arte, por seu humanismo essencial, permite ao homem reconhecer-se a si mesmo.

É certo que há na natureza outros seres que trabalham. No entanto, apenas a espécie humana é capaz de produzir a obra artística, mediante a combinação de atributos como vontade, razão, intuição, técnica, talento e sensibilidade.

No campo do direito, ao lado da ideia do trabalho como um direito-dever persiste ainda seu caráter de pena. Vale, como exemplo, o usual conceito de férias: a doutrina refere-se ao instituto como retrato do direito ao descanso, ou seja, um intervalo necessário depois de certos períodos de trabalho. Poucos autores ousam reconhecer nas férias uma faceta do direito ao lazer, independente do trabalho (direito-dever)[4].

---

(3) *Op. cit.*, p. 56.
(4) Veja-se esta página de Miguel Reale a respeito do tema:
"Tão forte se tornou a projeção do trabalho como categoria histórico-econômica — tanto sob o prisma capitalista, como sob o enfoque socialista — que ele passou a ocupar o centro do cenário cultural, passando a ser apreciado, em função dele, o tempo que significativamente se denomina 'repouso' ou 'descanso', diário, semanal ou anual, ou o que sobrevêm com a 'aposentadoria'.
De modo geral, os tratadistas do Direito do Trabalho ainda não se emancipam desse prisma hermenêutico, quando analisam, por exemplo, o problema das férias, entendidas sempre como uma pausa entre um período e outro de trabalho. A mesma mentalidade preside a elaboração de textos legislativos, sob o domínio avassalador de uma visão 'produtivista'da vida social, pondo em vista que, paradoxalmente, capitalistas e socialistas se encontram, desde quando Karl Marx, rompendo com o chamado socialismo utópico, pretendeu firmar a emancipação do proletariado sobre as coordenadas da produção, a qual, a seu ver, deve deixar de ser individual para converter-se em produção socializada, ou, por melhor dizer, confiada ao Estado como expressão da nova 'classe dominante', o proletariado" (REALE, Miguel. O direito de não trabalhar. In: BARROS JÚNIOR, Cássio Mesquita (coord.). *Tendências do direito do trabalho contemporâneo*. São Paulo: LTr, 1980. p. 115-116).

A proibição do trabalho do menor está assentada na ideologia do trabalho como dever perante a sociedade, para que possam as crianças e adolescentes usufruir de seu inalienável direito ao convívio familiar, ao lazer e à educação.

Justifica-se, entretanto, a mesma ressalva quanto às artes? Há, a nosso ver, uma distância insuperável entre o artista mirim e aquele menor que presta serviços manuais, normalmente não qualificados, nas fábricas, nos campos, no comércio, nos serviços, ou até nas ruas.

A atividade artística não compõe, em sua essência, o conceito de trabalho proibido pelo art. 7º, XXXIII, da Constituição, cujo escopo é proteger a formação e o desenvolvimento dos jovens.

Assinala *Amauri Mascaro Nascimento*, a propósito, que "há situações eventuais em que a permissão para o trabalho do menor em nada o prejudica, como em alguns tipos de trabalho artístico, contanto que acompanhado de devidos cuidados"[(5)].

O trabalho artístico da criança sempre foi aceito pelas sociedades, podendo-se até afirmar que de nada valeria proibi-lo, eis que consagrado pelos costumes e práticas vigentes. Como ensinado pela mais clássica doutrina, o direito costumeiro é uma fonte paralela e subsidiária, apta a criar regras jurídicas, como se positivas fossem.

III. A OBRA ARTÍSTICA

Na concepção clássica, toda obra de arte dramática traz em si a *mimesis*[(6)], no sentido de imitação (compromissada) de objetos como o homem em ação[(7)]. A respeito do tema, esta página de *Jean-Pierre Vernant* e *Pierre Vidal-Naquet*[(8)]:

(...) o poeta trágico desaparece totalmente atrás das personagens, que agem e falam do palco, cada uma por sua conta, como se estivessem vivas. É esse aspecto direto do discurso e da ação que constitui, na análise de Platão, o inerente à *mimesis*: em vez de se expressar em seu nome, relatando os acontecimentos em estilo indireto, o autor dissimula-se nos protagonistas, endossa sua aparência, seus modos de ser, seus sentimentos e suas palavras, para imitá-los. No sentido preciso de *mimeîsthai*, imitar é simular a presença efetiva de um ausente. Diante de tal representação há duas atitudes possíveis. A primeira lembra a dos espectadores nas salas de cinema, logo no início da sétima arte. Por falta de hábito, de terem fabricado o que poderíamos chamar de uma consciência do fictício ou de uma conduta do imaginário, investiam contra os maus, encorajavam e felicitavam

---

(5) NASCIMENTO, Amauri Mascaro. *Curso de direito do trabalho*. São Paulo: Saraiva, 2003. p. 846.

(6) O conceito se estende a outras formas de criação artística. Merecem referência estas passagens da *Poética* de Aristóteles:
"Epic poetry and Tragedy, Comedy also and Dithyrambic poetry, and the music of the flute and of the lyre in most of their forms, are all in their general conception modes of imitation. They differ, however, from one another in three respects, — the medium, the objects, the manner or mode of imitation, being in each case distinct" (ARISTOTLE. *Poetics*. New York: Dover, 1997. p. 1).
"Since the objects of imitation are men in action, and these men must be either of a higher or a lower type (...), it follows that we must represent men either as better than in real life, or as worse, or as they are. It is the same in painting. Polygnotus depicted men as nobler than they are, Pauson as less noble, Dionysius drew them true to life." (*Op. cit.*, p. 3)

(7) A arte, a bem da verdade, frequentemente supera a *mimesis* dos clássicos, como nos casos em que a obra opera em metalinguagem.

(8) VERNANT, Jean-Pierre; VIDAL-NAQUET, Pierre. *Mito e tragédia na grécia antiga I e II*. São Paulo: Perspectiva, 1999. p. 216.

os bons na tela, como se as sombras que lá passavam fossem seres de carne e osso; consideravam o espetáculo como se fossem a própria realidade. A segunda atitude consiste em entrar no jogo, em compreender que o que nos é dado ver no palco se situa num plano diferente do real, e que se deve definir como o da ilusão teatral. A consciência da ficção é constitutiva do espetáculo dramático: ela aparece ao mesmo tempo como sua condição e como seu produto.

A imitação inerente à arte impõe a intervenção de um artista mirim em diversas formas de expressão, sobretudo na dramaturgia[9]. Raramente um adulto poderá representar uma personagem infantil; quando o faz, visa atender, em regra, a uma peculiaridade da obra[10].

A própria UNICEF está atenta à importância das obras artísticas. Organizou seminário para estimular a difusão de mensagens contra o trabalho infantil em telenovelas, as quais, necessariamente, muitas vezes contam com a participação de menores[11].

A presença de atores mirins é, por exemplo, fundamental no filme *Germinal*, baseado na obra homônima de *Émile Zola* sobre os primórdios do direito do trabalho. O coral infantil que acompanha *Milton Nascimento* em gravação da canção O *Cio da Terra* também dá um sentido especial ao tema.

O filme *O Pianista*, de *Roman Polanski*, atinge seus momentos de maior dramaticidade justamente quando atores mirins interpretam o assassinato de crianças judias pelos soldados nazistas, ou pelas mãos dos próprios pais, para evitar-lhes maior sofrimento ou calar-lhes o choro incontido.

Como seria possível exibir obras infantis de *Monteiro Lobato*, como o *Sítio do Picapau Amarelo*, sem a atuação de atores mirins, das mais diversas faixas etárias?

IV. INTERPRETAÇÃO CONSTITUCIONAL

O tema envolve interpretação do art. 7º, inciso XXXIII, da Constituição Federal, que se deve fazer em consonância com outros preceitos.

O referido inciso proíbe "qualquer trabalho a menores de dezesseis anos, salvo na condição de aprendiz, a partir de quatorze anos".

---

(9) A própria criança, como defende a psicóloga Renata Barreto Lacombe, "tem direito à expressão". Sua presença na televisão, por exemplo, "se justifica por ela estar num processo de aprendizagem e se expressando artisticamente". Invoca a autora entrevista concedida pelo magistrado Siro Darlan, para quem "no momento em que ela (criança) está numa atividade cultural, atividade artística, isto tem que ser estimulado e não impedido, sob pena de causar problemas psicológicos muito graves a essa criança. Não deve ser visto como trabalho, mas como uma manifestação artística" (LACOMBE, Renata Barreto. *A infância dos bastidores e os bastidores da infância:* uma experiência com crianças que trabalham em televisão. Dissertação de Mestrado para o programa de Pós-graduação em Psicologia Clínica do Departamento de Psicologia da PUC-Rio, sem data. p. 107).
(10) Podem ser citadas, como exemplo, a personagem da atriz Iara Janra em peça inspirada na obra *O caderno rosa de Lori Lamby*, de Hilda Hilst, ou, mais recentemente, a criança de Teresin interpretada por Maria Luisa Mendonça em *Os sete afluentes do rio Ota*, do canadense Robert Lepage.
(11) Cf. CHAVES, Antônio. *Comentários ao estatuto da criança e do adolescente.* São Paulo: LTr, 1994. p. 284.

Apegados à literalidade do texto, há autores que consideram ilícito o trabalho fora desses limites, como a eminente juíza *Erotilde Ribeiro dos Santos Minharro*[12], sustentando a necessidade de nova emenda à Constituição para "acrescentar que não se sujeitam à limitação de idade as atividades artísticas, esportivas e afins".

A previsão expressa, no corpo da Constituição, não se faz necessária porque este diploma, como norma-fonte, tem dimensão politico-jurídica transcendental. Sua interpretação rege-se por normas especiais de hermenêutica, que iluminam e inspiram o ordenamento jurídico.

Em face de um caso concreto, tem-se a tentação de buscar a norma explícita, mas, ao assim agir, o intérprete corre o risco de empobrecer o texto constitucional e, ainda, subsumir a norma ao fato, ao invés de subsumir o fato à norma.

O texto constitucional, mesmo analítico, como o brasileiro de 1988, não precisa descer aos casuísmos. Nas palavras de *Ney Prado*, o texto deve ser "um corpo forte, esbelto, sintético, essencial, compendiado, estrutural, nunca penosamente adiposo e extensivo"[13].

No caso, a matéria transcende ao capítulo dos direitos sociais dos trabalhadores. Há que promover cuidadosa articulação com outros princípios e normas constitucionais, principalmente aqueles voltados aos direitos e deveres individuais e coletivos que, como se sabe, são cláusulas pétreas da Constituição (art. 60, § 4º, IV).

Veja-se, por exemplo, o art. 5º, IX:

Art. 5º Todos são iguais perante a lei, sem distinção de qualquer natureza, garantindo-se aos brasileiros e aos estrangeiros residentes no País a inviolabilidade do direito à vida, à liberdade, à igualdade, à segurança e à propriedade, nos termos seguintes:

(...) IX — é livre a expressão da atividade intelectual, artística, científica e de comunicação, independentemente de censura ou licença; (...).

A Carta Constitucional, por outro lado, declara que o "dever do Estado com a educação será efetivado mediante a garantia de (...) acesso aos níveis mais elevados do ensino, da pesquisa e da criação artística, segundo a capacidade de cada um" (art. 208, V, CF).

Estas normas são muito relevantes, rejeitando uma interpretação demasiadamente restritiva do art. 7º, XXXIII. Isto implicaria, por certo, a violação de outros preceitos constitucionais, de igual ou superior relevância.

A proibição de qualquer trabalho ao menor de dezesseis anos, se tomada literalmente, inviabiliza a manifestação e expressão artísticas, que não se realizam sem a participação de crianças e adolescentes.

Diz o professor *Miguel Reale* que "todo modelo social, e o jurídico em particular, é uma estrutura dinâmica e não estática: é-lhe inerente o movimento, a direção no

---

(12) MINHARRO, Erotilde dos Santos. *A criança e o adolescente no direito do trabalho*. São Paulo: LTr, 2003. p. 64.
(13) PRADO, Ney. *Razões das virtudes e vícios da Constituição de 1988:* subsídios à revisão constitucional. São Paulo: Inconfidentes, 1994. p. 36.

sentido de um ou mais fins a serem solidariamente alcançados, o que demonstra ser incompreensível a experiência jurídica sem se levar em conta a sua natureza dialética"[14].

A natureza dialética de qualquer estrutura normativa pressupõe a compreensão da totalidade do sistema, mediante o diálogo entre os vários princípios e sua articulação axiológica, teleológica e fenomenológica.

Para o professor *Reale*, a norma objeto da interpretação não pode ser separada dos fatos e valores que a constituem, pois surge como integração desses elementos, daí advindo a estrutura tridimensional do direito. O ato de interpretação deve ocorrer numa estrutura que é sincrônica ou homóloga à do ato normativo; "entre um e outro não pode haver solução de continuidade; quando este se dá a vida jurídica entra em crise pela verificação da insuficiência dos modelos normativos". Por isto, dentre as regras de interpretação inclui o mestre as seguintes:

c) Toda interpretação jurídica dá-se necessariamente num contexto, isto é, em função da estrutura global do ordenamento (Natureza integrada do ato normativo);

d) Nenhuma interpretação jurídica pode extrapolar a estrutura objetiva resultante da significação unitária e congruente dos modelos jurídicos positivos (Limites objetivos do processo hermenêutico).

Portanto, a hermenêutica jurídica, "além de esclarecer o conteúdo das regras positivas, assegura-lhes contínua atualização e operabilidade"[15].

A metodologia ora proposta leva a uma dialética de complementaridade, que permite a combinação e harmonização de preceitos apenas aparentemente contraditórios, inclusive dentro do mesmo texto normativo, para descobrir-lhes a verdadeira dimensão e sentido.

V. O PRINCÍPIO DA CONCORDÂNCIA PRÁTICA

A conciliação de preceitos constitucionais se pode completar com a aplicação do princípio da concordância prática.

Quando determinadas normas em cotejo não são *in abstracto* antinômicas, mas apenas em face de um caso concreto, a atenção do intérprete, se orientada apenas a uma delas, pode implicar violação das demais.

Nas palavras de *Friedrich Müller*[16], o princípio "não formula apenas no caso da existência de contradições normativas, mas também nos casos de concorrências e colisões e. g. de várias normas de direitos fundamentais no sentido de uma sobreposição parcial dos seus âmbitos de vigência, a tarefa de traçar aos dois ou a todos os

---

(14) REALE, Miguel. *Direito natural/direito positivo*. São Paulo: Saraiva, 1984. p. 45.
(15) REALE. *Op. cit.*, p. 48-49.
(16) MÜLLER, Friedrich. *Métodos de trabalho do direito constitucional*. São Paulo: Max Limonad, 2000. p. 86.

'bens jurídicos' (de direitos fundamentais) envolvidos as linhas de fronteira de modo tão 'proporcional' que eles cofundamentem também no resultado a decisão sobre o caso".

Nesse sentido, um dos autores assim se expressou:

Há casos (...) em que a contradição não está no conjunto normativo da Constituição, mas se revela apenas perante um caso concreto, no qual mais de um bem constitucionalmente protegido deve ser ponderado, reclamando a aplicação do "princípio da concordância prática".

O intérprete, em tal hipótese, deve coordenar e combinar os bens jurídicos "em conflito de forma a evitar o sacrifício (total) de uns em relação aos outros". Tratando-se de antagonismo que envolva preceito que assegure direito fundamental, deverá este, se necessário ao deslinde do embate, prevalecer sobre os demais bens jurídicos envolvidos (princípio da máxima efetividade).[17]

Nesse outro trabalho foi invocada a lição de *Canotilho*[18]:

Este princípio não deve divorciar-se de outros princípios de interpretação já referidos (princípio da unidade, princípio do efeito integrador. Reduzido ao seu núcleo essencial, o princípio da concordância prática impõe a coordenação e combinação dos bens jurídicos em conflito de forma a evitar o sacrifício (total) de uns em relação aos outros.

O campo de eleição do princípio da concordância prática tem sido até agora o dos direitos fundamentais (colisão entre direitos fundamentais ou entre direitos fundamentais e bens jurídicos constitucionalmente protegidos). Subjacente a este princípio está a ideia do igual valor dos bens constitucionais (e não uma diferença de hierarquia) que impede, como solução, o sacrifício de uns em relação aos outros, e impõe o estabelecimento de limites e condicionamentos recíprocos de forma a conseguir uma harmonização ou concordância prática entre estes bens.

Nas relações de trabalho o princípio da concordância prática tem corriqueira aplicação. O aparente confronto de princípios pode surgir quando se admite a revista íntima como forma de resguardar o patrimônio do empregador, ou a fiscalização dos equipamentos de informática, especialmente *e-mail* e *internet* fornecidos como ferramenta de trabalho. Nesses casos, há que conciliar direito de propriedade e direito à intimidade e privacidade (art. 5º, X e XII, da CF)[19].

Na hipótese em estudo, a mesma técnica deve ser aplicada, conciliando os preceitos constitucionais (art. 5º, IX, e art. 7º, XXXIII), sem que um prevaleça sobre o outro.

---

(17) PERES, Antonio Galvão. Interpretação das normas constitucionais: aspectos trabalhistas. *Juris Síntese Millennium* (CD-ROM), n. 37, Porto Alegre: Síntese, set./out. 2002.
(18) CANOTILHO, José Joaquim Gomes. *Direito constitucional e teoria da Constituição*. Coimbra: Almedina, 2000. p. 1.188.
(19) PERES, Antonio Galvão. *Op. cit.*

Por consequência, o trabalho abaixo dos dezesseis anos em atividades artísticas, com o devido suprimento judicial, deve ser admitido quando essencial — e. g. representação de personagem infantil —, mas com restrições para que não haja ofensa à integridade da criança ou do adolescente.

VI. INTEGRAÇÃO DO DIREITO

O tema pode ser também enfrentado à luz da integração do direito, pela solução das lacunas ocultas da norma. Assim, o preceito taxativo do art. 7º, XXXIII, da Constituição, deixou de prever uma exceção necessária à harmonia do sistema.

Este argumento, é claro, sucede logicamente os anteriores. Só se justifica quando impossível a solução pela interpretação das normas existentes, reclamando uma inovação pelo operador do direito. Dessa forma, afastado o princípio de concordância prática das normas constitucionais, impõe-se o preenchimento da lacuna do art. 7º, XXXIII, no tratamento do caso específico.

Veja-se o que diz *Karl Larenz*[20]:

(...) existem casos para os quais a lei contém, por certo, uma regra aplicável segundo cada possível sentido literal e aos quais, contudo, esta regra não se ajusta segundo o seu sentido e escopo. A regra legal carece aqui de uma restrição não contida na lei e não compatível com o sentido literal possível, cuja ausência pode igualmente considerar-se uma "lacuna". "Lacuna" e 'silêncio da lei' não são, portanto, pura e simplesmente o mesmo.

Mais adiante, esclarece o conceito de lacuna oculta:

Falamos de uma lacuna "oculta" quando a lei contém precisamente uma regra aplicável a casos desta espécie, mas que, segundo o seu sentido e fim, não se ajusta a este determinado grupo de casos, porque não atende à sua especificidade, relevante para a valoração. A lacuna consiste aqui na ausência de uma restrição. Por isso, a lacuna está "oculta", porque, ao menos à primeira vista, não falta aqui uma regra aplicável.

(...) É necessário (...) insistir em que existem lacunas de regulação tanto "patentes" como "ocultas", conforme ou não possam em absoluto inferir-se regra alguma da regulação legal para um grupo de casos que carecem de uma regulação segundo a intenção reguladora que lhe serve de base ou tenha sido realmente dada uma regra, mas não está declarada na lei uma restrição, exigida pelo seu sentido e pelo seu fim, para este grupo de casos[21].

Há quem atribua a esta espécie o título de lacuna inautêntica. *Tércio Sampaio Ferraz Júnior*, ensina, com amparo na lição de *Zitelmann*, que "uma lacuna não

---
(20) LARENZ, Karl. *Metodologia e ciência do direito*. Lisboa: Calouste Gulbenkian, 1997. p. 525.
(21) *Op. cit.*, p. 535-537.

autêntica (...) se dá quando um fato-tipo (*Tatbstand*) é previsto pela lei, mas a solução é considerada como indesejável"[22].

Karl Engish também vislumbra a possibilidade de lacunas ocultas na norma. Ensina que o intérprete não pode presumir pura e simplesmente uma necessária regulamentação, tem, antes, que sentir a sua falta, para apontar sua não existência como lacuna. O legislador, ao conceber a lei, traçaria um plano. Nesse plano deve o operador do direito inferir se a ausência de norma específica foi deliberada ou constitui uma deficiência[23]. Alerta que "o momento da incongruência com um plano ganha particular relevância como elemento do conceito de lacuna quando se trata da ausência de disposições excepcionais", pois, nesse caso, em uma consideração meramente formal, não haveria lacuna[24].

O art. 218 do Código Penal alemão, que tipifica o aborto, permite a *Engish* dois exemplos da necessidade de congruência com um plano. Diz, inicialmente, que "se (...) a interrupção da gravidez por indicação social, ou seja, por necessidades econômicas, não é expressamente reconhecida pelo Direito, há de intervir então automaticamente a disposição-regra segundo a qual a interrupção da gravidez é punível como aborto"[25]. Há, de outro lado, a hipótese do aborto por indicação médica, merecedora de uma disposição excepcional que não existe no direito alemão. Em um caso concreto, assinalou o Tribunal do Reich a importância do

> princípio supralegal da ponderação e confronto dos bens e deveres jurídicos, estabelecendo a regra de que "a interrupção medicamente aconselhável da gravidez (...) na hipótese de consentimento real ou presumido da grávida, (...) não constitui ato ilícito se é empreendida por uma terceira pessoa competente para apreciar a situação (da grávida) e quando seja esse o único meio de libertar (...) a dita grávida de perigo atual de morte ou de um grave prejuízo para a sua saúde"[26].

Exemplo de lacuna oculta na legislação trabalhista é dado por *Júlio César Bebber* em estudo acadêmico sobre as férias[27]. Demonstra que uma interpretação literal do

---

(22) FERRAZ JÚNIOR, Tercio Sampaio. *Introdução ao estudo do direito*: técnica, decisão, dominação. São Paulo: Atlas, 1995. p. 219.
(23) ENGISH, Karl. *Introdução ao pensamento jurídico*. Lisboa: Calouste Gulbenkian, 1988. p. 281.
(24) *Op. cit.*, p. 283.
(25) *Op. cit.*, p. 283.
(26) *Op. cit.*, p. 284.
(27) Veja-se a seguinte página do autor:
"Destaca-se, nessa seara, que:
a. o art. 3º.3 da Convenção n. 132 da OIT, que estabelece que a duração das férias não deverá *em caso algum* ser inferior a 3 semanas de trabalho, deve ser tomado com reservas, sob pena de conduzir a resultados absolutamente incompatíveis com os fins almejados, afrontando, assim, o princípio constitucional da isonomia sob a vertente substancial.
b. exige-se do intérprete, no caso, a utilização do princípio da *integração de lacunas ocultas, em especial por redução teleológica*, enunciado por Karl Larenz, com o escopo de, contra o sentido literal, mas em conformidade com a teleologia imanente à lei, impor restrições não contidas no texto legal.
Tais restrições, como sói acontecer, radicam 'no imperativo de justiça de tratar desigualmente o que é desigual, quer dizer, de proceder às diferenciações requeridas pela valoração'.
Sendo assim, impõe-se observar que não houve ab-rogação ou derrogação dos incisos III e IV do art. 130 da CLT (que preveem períodos de duração das férias de 18 e 12 dias), nem tampouco da hipótese que impede a aquisição do direito a férias nos casos de *ausência injustificada* do empregado ao trabalho por mais de 32 dias no período aquisitivo (CLT, art. 130, inc. IV), e muito menos da disciplina especial relativa a duração das férias para os contratos de trabalho submetidos ao regime de tempo parcial (CLT, arts. 130--A1 e 143, § 3º), face a imperiosa necessidade de dar tratamento jurídico diferenciado às situações que se apresentam desiguais.

art. 3º da Convenção n. 132 da OIT[28] implicaria a derrogação dos arts. 130 e 130-A da CLT. A Convenção diz que a duração das férias não deverá em caso algum ser inferior a três semanas de trabalho, e os mencionados dispositivos da CLT preveem hipóteses de duração inferior. *Bebber* vislumbra na Convenção n. 132 da OIT, entretanto, uma lacuna oculta, na medida em que as faltas injustificadas (arts. 130 e 130-A, parágrafo único) e o trabalho a tempo parcial (art. 130-A) merecem um tratamento específico para que se assegure a vigência do princípio constitucional de isonomia.

A mesma análise de congruência com um plano aplica-se ao caso em exame. A lacuna oculta no art. 7º, XXXIII, deve ser preenchida por um princípio: a liberdade de expressão artística (art. 5º, IX, CF). Este processo de integração é, aliás, expressamente previsto no art. 8º da CLT[29], norma que, segundo autorizada doutrina, poderia inclusive ser considerada materialmente constitucional, "por la sencilla razón que el Estado está interesado en el proceso de produción, modificación, interpretación y aplicación de su próprio ordenamiento jurídico"[30].

VII. LEGISLAÇÃO ORDINÁRIA

A legislação ordinária reconhece o caráter especial do trabalho do artista mirim e, nessa esteira, consagra peculiares regras de exceção.

A Organização Internacional do Trabalho cuida do assunto no art. 8º da Convenção n. 138:

Art. 8º

1. La autoridad competente podrá conceder, previa consulta con las organizaciones de empleadores y de trabajadores interesadas, cuando tales organizaciones existan, por medio de permisos individuales, excepciones a la prohibición de ser admitido al empleo o de trabajar que prevé el artículo 2 del presente Convenio, con finalidades tales como participar en representaciones artísticas.

Enquanto o trabalhador assíduo necessariamente sofre maior desgaste, sendo merecedor do repouso anual de duração máxima, aquele que pouco apego tem ao serviço se desgasta menos e, em consequência, deve ter a duração das férias diminuídas. Há nisso uma lógica invencível" (BEBBER, Júlio César. *Férias*. Estudo elaborado para o curso de mestrado em direito do trabalho da FADUSP. São Paulo, 2002.

(28) "Art. 3º Toda pessoa a quem se aplique a presente Convenção terá direito a férias anuais remuneradas de duração mínima determinada.

Todo Membro que ratifique a Convenção deverá especificar a duração das férias em uma declaração apensa à sua ratificação.

A duração das férias não deverá em caso algum ser inferior a 3 (três) semanas de trabalho, por 1 (um) ano de serviço.

Todo Membro que tiver ratificado a Convenção poderá informar ao Diretor-Geral da Repartição Internacional do Trabalho, por uma declaração ulterior, que ele aumenta a duração do período de férias especificado no momento de sua ratificação."

(29) "Art. 8º As autoridades administrativas e a Justiça do Trabalho, na falta de disposições legais ou contratuais, decidirão, conforme o caso, pela jurisprudência, por analogia, por equidade e outros princípios e normas gerais de direito, principalmente do direito do trabalho e, ainda, de acordo com os usos e costumes, o direito comparado, mas sempre de maneira que nenhum interesse de classe ou particular prevaleça sobre o interesse público.

Parágrafo único. O direito comum será fonte subsidiária do direito do trabalho, naquilo em que não for incompatível com os princípios fundamentais deste."

(30) VERDÚ, Pablo Lucas. *El sentimiento constitucional*. Madrid: Reus, 1985. p. 116.

2. Los permisos así concedidos limitarán el número de horas del empleo o trabajo objeto de esos permisos y prescribirán las condiciones en que puede llevarse a cabo.

Esta Convenção foi ratificada pelo Brasil. Segundo o Procurador do Trabalho *Ricardo Tadeu Marques da Fonseca*, o texto "incorpora a última posição da Organização Internacional do Trabalho" sobre o tema[31].

Como se sabe, a Convenção ratificada integra o ordenamento brasileiro com hierar-quia de lei ordinária. O novíssimo § 3º do art. 5º da Constituição Federal vai ainda além; prevê hipóteses em que o ato equivaleria a uma Emenda Constitucional.

Ressalvas como a do art. 8º da Convenção n. 138 da OIT são comuns nos diversos ordenamentos[32]. A Diretiva n. 94/33 da União Europeia, que visa à harmonização da legislação dos diversos países-membros quanto ao trabalho infantil, autoriza a exceção do limite de idade para a ocupação em atividades artísticas[33].

No Brasil, assim dispõe o art. 149 do Estatuto da Criança e do Adolescente:

Art. 149. Compete à autoridade judiciária disciplinar, através de portaria, ou autorizar, mediante alvará:

(...) II — a participação de criança e adolescente em:

a) espetáculos públicos e seus ensaios;

b) certames de beleza.

§ 1º Para os fins do disposto neste artigo, a autoridade judiciária levará em conta, dentre outros fatores:

a) os princípios desta Lei;

b) as peculiaridades locais;

c) a existência de instalações adequadas;

d) o tipo de frequência habitual ao local;

---

(31) *Apud* MARTINS, Adalberto. *A proteção constitucional ao trabalho de crianças e adolescentes.* São Paulo: LTr, 2002. p. 46.
(32) A *Declaração Sociolaboral do Mercosul* é uma exceção à regra; traz apenas orientações genéricas em seu art. 6º.
(33) "Art. 5º Actividades culturais ou similares.
A contratação de crianças para participarem em actividades de natureza cultural, artística, desportiva ou publicitária está sujeita à obtenção de uma autorização prévia emitida pela autoridade competente para cada caso individual.
Os Estados-membros determinarão, por via legislativa ou regulamentar, as condições do trabalho infantil nos casos referidos no n. 1 e as regras do processo de autorização prévia, desde que essas actividades:
a. Não sejam susceptíveis de causar prejuízo à segurança, à saúde ou ao desenvolvimento das crianças e b) Não prejudiquem a sua assiduidade escolar, a sua participação em programas de orientação ou de formação profissional aprovados pela autoridade competente ou a sua capacidade para beneficiar da instrução ministrada.
Em derrogação ao processo previsto no n. 1 e no que se refere às crianças que tenham atingido a idade de 13 anos, os Estados--membros podem autorizar, por via legislativa ou regulamentar e nas condições por eles determinadas, a ocupação de crianças para participarem em actividades de natureza cultural, artística, desportiva ou publicitária.
Os Estados-membros que disponham de um sistema de aprovação específico para as agências de manequins no respeitante às actividades das crianças podem manter esse sistema."

e) a adequação do ambiente a eventual participação ou frequência de crianças e adolescentes;

f) a natureza do espetáculo.

§ 2º As medidas adotadas na conformidade deste artigo deverão ser fundamentadas, caso a caso, vedadas as determinações de caráter geral.

O Judiciário tem reconhecido a licitude do trabalho artístico dos menores. Diz *Alice Monteiro de Barros*[34] que "no Estado do Rio de Janeiro há a Portaria n. 3, de 1999, que disciplina a entrada e a permanência de crianças em locais de diversão e sua participação em espetáculos públicos, certames de beleza, eventos artístico-culturais, ensaios e gravações e dá outras providências".

O trabalho artístico da criança, como se vê, tem como pressuposto essencial portaria ou alvará específico; neles o juiz imporá as condições para a autorização.

Na jurisprudência, afirma-se com frequência um verdadeiro direito à obtenção do alvará, quando preenchidos os requisitos legais:

APELAÇÃO CÍVEL — Indeferimento de pedido de expedição de alvará para trabalho de menor como artista mirim. Interposição de medida cautelar, em segundo grau, com concessão de liminar de expedição de alvará. Art. 149, inciso II, do Estatuto da Criança e do Adolescente que prevê, expressamente, autorização em participação ativa em eventos artísticos. Havendo previsão legal e inexistindo invasão moral ou psicológica no desenvolvimento do jovem, inviável a proibição de participação em atividade artística, tal como Clube da Criança. Recurso provido e julgada procedente a medida cautelar (TJSP — AC 60.358-0 — C.Esp. — Rel. Des. Hermes Pinotti — J. 17.8.2000).

ESTATUTO DA CRIANÇA E DO ADOLESCENTE — PARTICIPAÇÃO DE MENOR — PROGRAMA DE TELEVISÃO — ALVARÁ JUDICIAL — PROCEDÊNCIA DO PEDIDO — SENTENÇA CONFIRMADA — Estatuto da Criança e do Adolescente. Alvará para participação de menor em novela de televisão. Gravações no Brasil e na Argentina. Sentença de acolhimento da pretensão mantida. Havendo consentimento dos genitores da menor, a fim de que participe em novela e ainda anuindo o pai em que ela viaje em companhia da mãe para gravações em outro país, não há como negar a autorização mediante alvará para esse fim, com base na suposição de que será deixada sozinha no exterior (MCG) (TJRJ — Proc CM 683/1999 — (03121999) — CM — Rel. Des. José Affonso Rondeau — J. 11.11.1999).

Merecem também referência, a respeito da concessão de alvará, os seguintes acórdãos:

ESTATUTO DA CRIANÇA E DO ADOLESCENTE — ECA — ART. 149, II — PAR-TICIPAÇÃO DE CRIANÇA EM GRAVAÇÃO DE PROGRAMA DE TELEVISÃO SEM A DEVI-DA AUTORIZAÇÃO JUDICIAL — 1. A participação de menor em novela, com acesso ao estúdio de gravação, está subordinada ao art. 149, II, do ECA, não incidindo, no caso, o inciso I do mesmo artigo. 2. Recurso Especial não conhecido (STJ — RESP 278059 — RJ — 3ª T. — Rel. Min. Carlos Alberto Menezes Direito — DJU 9.12.2002).

---

(34) BARROS, Alice Monteiro de. *As relações de trabalho no espetáculo.* São Paulo: LTr, 2003. p. 32.

MENOR — PARTICIPAÇÃO EM PROGRAMA DE TELEVISÃO — FALTA DE AUTORIZAÇÃO JUDICIAL — INFRAÇÃO ADMINISTRATIVA — PENA DE MULTA — INTERESSE DE MENOR — ART. 149 — INC. II — AL. A — ART. 258 — ESTATUTO DA CRIANÇA E DO ADOLESCENTE — APELAÇÃO — DIREITO DO MENOR — PARTICIPAÇÃO DE MENORES EM PROGRAMA TELEVISIVO — Necessidade de alvará judicial precedente a ensaio, gravação e veiculação do programa, independentemente da concordância e mesmo da presença dos pais ou responsáveis nos estúdios ou locações. Matéria regida pelo art. 149, II, *a* do ECA. Reconhecimento de infração administrativa a determinar a aplicação da pena de multa prevista no art. 258 do ECA em seu grau máximo ante a reincidência. Recurso pugnando pela aplicação da pena de suspensão de programação prevista no § 2º do art. 247 da Lei n. 8.069/90. Posicionamento do STF no julgamento de mérito da ADIN n. 869-2 em 9.8.99, declarando inconstitucionalidade da referida penalidade por ofender o art. 220 da Constituição Federal. Desprovimento do recurso (TJRJ — CM 1232/99 — (29052000) — Rela. Desa. Leila Mariano — J. 6.4.2000).

MENOR — PARTICIPAÇÃO DE MENOR — PROGRAMA DE TELEVISÃO — ALVARÁ DE AUTORIZAÇÃO — DEFERIMENTO — RECURSO DO MP — PEDIDO PREJUDICADO — Participação de menor em gravação de novela da Rede Globo. O alvará de autorização só pode ser expedido quando preenchidas as condições estabelecidas em lei, notadamente a outorga dos pais ou responsável pelo menor para participar, desacompanhado, de gravação de novela. Deferido o pedido, sem a juntada do consentimento expresso dos pais ou responsável, a autorização judicial merecia ser cassada. No entanto, já veiculada a novela pela emissora, julga-se prejudicada a apelação (SCK) (TJRJ — Proc. CM 1180/99 — (10032000) — CM — Rel. Des. Sérvio Túlio Vieira — J. 3.2.2000).

AUTORIZAÇÃO PARA MENOR PARTICIPAR DA GRAVAÇÃO DE PROGRAMA DE TELEVISÃO — PRÉVIA SUBMISSÃO DO TEXTO AO MINISTÉRIO PÚBLICO — DESNECESSIDADE — Uma vez que a nossa Carta Magna aboliu toda e qualquer censura prévia e declarou ser livre a expressão da atividade intelectual, artística, científica e de comunicação, independentemente de censura ou licença, não se justifica a pretensão ministerial de examinar previamente o texto do programa a ser gravado com a participação de menores. Ademais, o alvará foi expedido, a gravação realizada e o programa exibido, não se justificando o provimento do recurso, até pela perda de objeto. Apelação ministerial a que se nega provimento (TJRJ — Ap 475/98 Classe D — Conselho da Magistratura — Rel. Des. Afrânio Sayão Antunes — J. 17.12.1998).

A legislação infraconstitucional e as decisões da Justiça Comum a seu respeito confirmam, como se vê, a possibilidade do envolvimento profissional de menores em atividades artísticas.

VIII. O PODER FAMILIAR

A teor do art. 1.630 do Código Civil de 2002, "os filhos estão sujeitos ao poder familiar, enquanto menores". Havendo desacordo quanto ao exercício desse poder, é assegurado a qualquer dos pais recorrer ao juiz (parágrafo único do art. 1.631).

O art. 1.634, por sua vez, dispõe competir aos pais dirigir a criação e educação dos filhos menores, representando-os até os 16 anos nos atos da vida civil e assistindo-os, após essa idade. Podem também exigir que lhes prestem obediência, respeito e os serviços próprios de sua idade e condição.

Os pais perdem o poder familiar, conforme o art. 1.638, por ato judicial, quando castiguem imoderadamente o filho, o deixem em abandono ou pratiquem atos contrários à moral e aos bons costumes.

Há, portanto, um sistema de controle judicial contra abusos advindos da conduta dos pais, que depende da iniciativa de um parente ou do Ministério Público (art. 1.637).

A atividade dos atores mirins, por sua vez, submete-se a procedimento específico, rigoroso, só podendo desenvolver-se com a autorização dos pais ou responsáveis e, ademais, o referendo do Juiz da Infância e Juventude.

Trata-se de uma relação jurídica que envolve, em primeiro lugar, o interesse da criança e da instituição familiar que, através dos pais ou responsáveis, legalmente o representa. Essa representação goza da presunção do respeito à vontade, aos interesses e desejos do representado, fundada que é no poder conferido pelas regras do direito de família.

Sobre os deveres recíprocos dos filhos para com os pais, diz *Cláudio de Cicco*:

São os direitos dos pais com relação ao que lhes é lícito esperar da parte dos filhos. Eles os educam, os alimentam, os representam, responsabilizam-se por seus atos, durante a menoridade. Em troca devem receber manifestações de respeito e obediência[35].

Além disto, há a participação do Estado que, através do Juiz, estabelece as condições e limites da atividade a ser desenvolvida pela criança.

Por último, há evidente interesse público e social na manifestação artística, em todas as suas formas, pois através dela se transmitem ideias e se veiculam mensagens de conteúdo cultural.

Esse feixe de interesses justifica e legitima a atuação do artista mirim. Prejuízo à sua integridade física e moral inexiste e nem se pode presumir, na medida em que respeitado o procedimento próprio.

Aliás, se prejuízo houvesse, a solução seria encontrada nos domínios do direito de família, com os mecanismos legais oferecidos para a suspensão ou mesmo extinção do poder familiar.

As tentativas de cerceio dessa atividade por agentes fiscais do trabalho, das quais vez ou outra se tem notícia, são, consequentemente, ilegais e abusivas.

Ilegal porque não se trata de trabalho em regime de subordinação. Não há qualquer possibilidade jurídica de submeter o menor de 16 anos, quando não aprendiz, ao poder diretivo patronal; submete-se ele exclusivamente ao poder familiar.

---

(35) CICCO, Cláudio. *Direito, tradição e modernidade*. São Paulo: Ícone, 1993. p. 157.

Abusiva porque, não sendo relação jurídica de emprego, insere-se em esfera própria, distinta daquela reservada aos fiscais do Ministério do Trabalho e Emprego.

Last but not least, é também inconveniente e inoportuna.

Afinal, deveriam eles se ocupar das muitas modalidades de exploração do trabalho infantil, que ocorrem no gigantesco mercado informal brasileiro. Crianças exploradas pelos próprios pais e, até, levadas à prática de pequenos e grandes delitos, atraídas que são para a órbita de influência de criminosos.

No caso dos pequenos artistas, havendo qualquer daquelas situações de abuso previstas no Código Civil, o sistema de controle e repressão está apto a resolvê-la, sem cerceio à liberdade de expressão e manifestação artística.

IX. NATUREZA JURÍDICA DA RELAÇÃO

Tudo está a demonstrar que os artistas mirins, com idade inferior a 16 anos, não estão sujeitos à tutela da CLT, por várias razões.

A primeira é, singelamente, de natureza administrativa. Conforme *Segadas Viana*, "pode o menor contratar o trabalho, desde que portador da Carteira de Trabalho e Previdência Social, porque se presume que, tendo sido autorizado a pleitear e receber a carteira, esteja autorizado a trabalhar por seus responsáveis legais. Para o trabalho nas atividades artísticas (art. 405, § 3º, letras *a* e *b*) deverá, entretanto, obter autorização do Juiz de Menores"[36].

Em nota a este comentário esclarece *João de Lima Teixeira Filho* que a Portaria SPES/MTb n. 1, de 28.1.1997, dispõe em seu art. 2º que "a Carteira de Trabalho e Previ-dência Social — CTPS não será emitida para o menor de quatorze anos, faixa etária permitida apenas para o aprendiz"[37].

Esses artistas mirins, como se vê, não têm acesso à CTPS pelas vias usuais, dificuldade que se espraia também por outras formalidades, como a titularidade de conta vinculada do FGTS e inscrição no INSS. Há, assim, inúmeros entraves formais para a celebração de um contrato de emprego típico.

Mas há uma razão estrutural. É impossível aplicar o poder diretivo patronal, inclusive o poder de comando e, consequentemente, o poder disciplinar, sobre uma criança que, na verdade, não tem responsabilidade por seus atos.

O trabalho infantil só pode se realizar mediante a participação intensa de pais e responsáveis, que se encarregam de conduzir e ajustar o comportamento da criança às necessidades da produção artística. Sem a direta atuação de pais ou responsáveis, torna-se inviável o empreendimento de criação artística, pois a criança não tem estrutura psicológica e emocional para sujeitar-se às diferentes exigências de uma representação dramática, musical, circense ou de qualquer outro gênero.

---

(36) SÜSSEKIND, Arnaldo Lopes *et al. Instituições de direito do trabalho*. São Paulo: LTr, 2003. p. 1.008.
(37) *Op. cit.*, p. 1.008, n. 10.

Tanto isto é verdade que o produtor cultural está impedido de aplicar qualquer espécie de punição ao ator mirim. Essa tarefa cabe exclusivamente aos pais ou responsáveis legais.

Trata-se, pois, de uma situação peculiaríssima, que não comporta o contrato de emprego, devendo ser tratada como relação atípica de trabalho, fora do regime jurídico da legislação trabalhista.

Atípica, inclusive, porque se trata de um trabalhador que, além de imune ao poder diretivo do empregador, merece proteção especial, superior à prevista nas normas de trabalho, quanto à incolumidade física e psíquica, de modo a que se possa desenvolver sem prejuízos à sua formação.

A CLT não dispõe de meios eficientes e suficientes para a proteção do artista mirim, razão pela qual, a nosso ver, a relação com ele estabelecida se esgota nos limites do direito civil.

Portanto, há várias razões para justificar e legitimar essa atividade, como se passa a resumir.

a) A empresa não pode exercer sobre o ator mirim o poder diretivo e o poder disciplinar, que constituem a própria razão de ser do regime de emprego.

b) O ator mirim não tem acesso à documentação pertinente ao contrato de emprego nem às suas decorrências, como FGTS, INSS etc.

c) A criança e o adolescente submetem-se exclusivamente ao poder familiar, através dos pais ou responsáveis legais.

d) A atividade do artista mirim depende de autorização dos pais ou responsáveis, no exercício do poder familiar.

e) O Juiz da Infância e Juventude exerce fiscalização e controle sobre a atividade, estabelecendo limites e condições.

f) Em caso de abusos, a legislação civil oferece mecanismos para imediata paralisação da atividade, inclusive suspensão ou extinção do poder familiar.

g) No plano econômico, está-se diante de direitos de imagem e de reprodução de obra cedidos pela família do artista mirim, ou seja, pertinentes à propriedade intelectual.

h) A retribuição pela cessão dos direitos de imagem, por seu apreciável conteúdo econômico, é apta a contribuir para a formação, desenvolvimento e realização pessoal e, no futuro, profissional, do artista mirim.

X. O ESTATUTO MAIS FAVORÁVEL

A aplicação da legislação civil, ao contrário do que se pode imaginar, é potencialmente mais favorável ao menor que a da lei trabalhista.

A proteção oferecida pelo direito civil, com o rigor da responsabilidade civil, que enseja a reparação judicial de quaisquer danos materiais e morais, é superior ao sistema de indenizações previamente tarifadas na CLT.

A legislação trabalhista, quando se ocupa do menor, tem em vista o aprendiz ou aquele que, a partir dos 16 anos, já pode contrair obrigações, tendo plena compreensão dos direitos e deveres decorrentes da relação de emprego.

O direito do trabalho corresponde, no mais das vezes, a uma tarifação dos direitos, contrariamente ao que preveem, por exemplo, os arts. 186, 927 e 944[38] do Código Civil, que são normas mais abertas.

Exemplo emblemático está nos adicionais de insalubridade e periculosidade. O empregado é protegido pela previsão do direito, mas o empregador também o é, pois sabe, de antemão, o reflexo pecuniário de sua conduta. Aplicável fosse a regra do direito civil, a indenização deveria ser proporcional ao dano, o que, nessa hipótese, poderia superar em muito o valor dos adicionais previstos nos arts. 192 e 193 da CLT.

Esta peculiaridade do direito do trabalho emana de suas mais remotas origens. O filósofo *François Ewald* evoca, ao apontá-la, a inspiração da lei que marcou o início do direito do trabalho na França:

> La ley del 9 de abril de 1898 organiza en primer término un sistema de compensación de accidentes industriales sobre la base algo similar a una responsabilidad a priori del empleador. El titular del establecimiento industrial es declarado responsable de los accidentes que sus trabajadores sufran dentro en la relación de trabajo. Esto no era posible mientras la relación salarial fuera concebida sobre la base del contrato cásico de locación — que sólo envuelve el intercambio de trabajo por salario — y mientras los accidentes fueran analizados en los términos del art. 1.382 del Código Civil francés, cuya articulación del concepto de culpa implicaba un principio de seleccioón en la compensación del daño. ¿Cómo podría entonces el titular del establecimiento ser hecho responsable *a priori* por los accidentes de trabajo? La idea fundamental del legislador de 1898 no era el establecimiento de una compensación basada en el riesgo — en contraposición, por ejemplo, con la compensación basada en la culpa —, como sostiene com demasiada frecuencia la tradición doctrinaria, sino la concepción de la solución como un problema de transacción entre derechos en conflicto: el trabajador tendrá siempre derecho a la compensación, pero esta dejará de ser plena, y se graduará de acuerdo a una escala. La ley del 9 de abril de 1989 sobre accidentes de trabajo no es tanto una ley que establece quién es responsable por los accidentes (...), sino más bien una ley que establece una transacción legal.

Enfim, aplicando-se a lei civil, eventual violação ao patrimônio jurídico do menor pode ser reparada de forma eficaz e integral, sem os limites do sistema tarifário trabalhista.

---

(38) "Art. 944. A indenização mede-se pela extensão do dano.
Parágrafo único. Se houver excessiva desproporção entre a gravidade da culpa e o dano, poderá o juiz reduzir, equitativamente, a indenização."

Os riscos para o produtor da obra cultural ou artística, portanto, são maiores que no contrato formal de emprego. Muitos são os cuidados de que se deve cercar, superiores aos previstos na CLT, para afastar os perigos à integridade física e moral da criança.

Nesse sentido se pronuncia a juíza *Rosemary de Oliveira Pires*, ao tratar do trabalho do menor em consagrada obra coletiva. Sustenta que "as empresas deverão observar, tanto para menores assistidos como para estagiários por elas contratados, as normas pertinentes à higiene e segurança no ambiente do trabalho, bem assim a proteção à sua moralidade, pena de responderem civilmente pelos prejuízos decorrentes de sua ação ou omissão, dolosa ou culposa"[39].

Mas não é só. As peculiaridades do trabalho do artista mirim permitem aos juízes estipular (art. 149 do ECA) regras especiais para o caso concreto, superando a generalidade das normas de direito do trabalho. Podem ser citadas, como exemplo, a indicação de jornada máxima, a proibição de infringência aos horários escolares, a criação de intervalos para descanso e alimentação e a obrigatoriedade de acompanhamento pelos pais ou responsáveis.

Estas são as nossas considerações sobre esse tema fascinante, na esperança de provocar a reflexão dos estudiosos.

---

(39) PIRES, Rosemary de Oliveira. O trabalho do menor. In: BARROS, Alice Monteiro de. *Curso de direito do trabalho* — estudos em memória de Célio Goyatá. São Paulo: LTr, 1997. v. 1, p. 630.

COTAS PARA PESSOAS PORTADORAS DE DEFICIÊNCIA. DILEMAS DE INTERPRETAÇÃO. LIMITES DA RESPONSABILIDADE DO EMPREGADOR

Luiz Carlos Amorim Robortella
Antonio Galvão Peres

I. INTRODUÇÃO

O direito erigiu diversas frentes de batalha com o objetivo de assegurar às pessoas portadoras de deficiência a igualdade material e não apenas formal.

Foram instituídos mecanismos para neutralizar ou reduzir os reflexos práticos da desigualdade, assegurando aos portadores de deficiência o acesso ao trabalho, ao lazer, à cultura, à educação, aos transportes, à maternidade, à habitação etc.

A dificuldade inicial, evidentemente, é identificar o tipo de portador de deficiência a que se dirige a proteção.

No campo das relações de trabalho, o art. 11 da Convenção n. 159 da OIT, ratificada pelo Brasil, declara ser pessoa deficiente "todo indivíduo cujas possibilidades de obter e conservar um emprego adequado e de progredir no mesmo fiquem substancialmente reduzidas devido a uma deficiência de caráter físico ou mental devidamente reconhecida".

É uma definição muito ampla, como costumam ser as normas dos tratados internacionais e que, por isto mesmo, depende dos contornos dados pelo direito nacional.

Antonio Rulli Neto, em face da Constituição Brasileira de 1988, diz que "definir, pormenorizar, por um lado ajudam, mas por outro podem não ajudar", pois "as formas de deficiência podem estar além daquilo que se pode definir; mas como previsão constitucional, independentemente de detalhes, os portadores de todas as formas de deficiência estão protegidos"[1].

No ordenamento brasileiro, há diplomas esparsos e por vezes conflitantes.

O rol de deficiências jamais poderá ser exaustivo ou completo por sua própria natureza. Contudo, como há diversas normas sobre a matéria, a interpretação, em

---
(1) RULLI NETO, Antonio. *Direitos do portador de necessidades especiais*. São Paulo: Fiúza, 2002. p. 27.

caso de conflito, deve partir da lei específica (Lei n. 7.853/89) e seu regulamento (Dec. n. 3.298/99), e não do Regulamento Geral da Previdência Social.

Veja-se o art. 4º do Decreto n. 3.298/99:

Art. 4º É considerada pessoa portadora de deficiência a que se enquadra nas seguintes categorias:

I — deficiência física — alteração completa ou parcial de um ou mais segmentos do corpo humano, acarretando o comprometimento da função física, apresentando-se sob a forma de paraplegia, paraparesia, monoplegia, monoparesia, tetraplegia, tetraparesia, triplegia, triparesia, hemiplegia, hemiparesia, ostomia, amputação ou ausência de membro, paralisia cerebral, nanismo, membros com deformidade congênita ou adquirida, exceto as deformidades estéticas e as que não produzam dificuldades para o desempenho de funções;

II — deficiência auditiva — perda bilateral, parcial ou total, de quarenta e um decibéis (dB) ou mais, aferida por audiograma nas frequências de 500Hz, 1.000Hz, 2.000Hz e 3.000Hz;

III — deficiência visual — cegueira, na qual a acuidade visual é igual ou menor que 0,05 no melhor olho, com a melhor correção óptica; a baixa visão, que significa acuidade visual entre 0,3 e 0,05 no melhor olho, com a melhor correção óptica; os casos nos quais a somatória da medida do campo visual em ambos os olhos for igual ou menor que 60º; ou a ocorrência simultânea de quaisquer das condições anteriores;

IV — deficiência mental — funcionamento intelectual significativamente inferior à média, com manifestação antes dos dezoito anos e limitações associadas a duas ou mais áreas de habilidades adaptativas, tais como:

    a) comunicação;

    b) cuidado pessoal;

    c) habilidades sociais;

    d) utilização dos recursos da comunidade;

    e) saúde e segurança;

    f) habilidades acadêmicas;

    g) lazer; e

    h) trabalho;

V — deficiência múltipla — associação de duas ou mais deficiências.

Estas são as pessoas concebidas como deficientes pelo regulamento da lei especial.

Além disto, o art. 93 da Lei n. 8.213/91 faz expressa referência aos trabalhadores reabilitados (*v. g.* após acidente de trabalho) e às pessoas portadoras de deficiência habilitadas para o trabalho.

Veja-se o art. 36, §§ 2º e 3º, do Decreto n. 3.298/99:

§ 2º Considera-se pessoa portadora de deficiência habilitada aquela que concluiu curso de educação profissional de nível básico, técnico ou tecnológico, ou curso superior, com certificação ou diplomação expedida por instituição pública ou privada, legalmente credenciada pelo Ministério da Educação ou órgão equivalente, ou aquela com certificado de conclusão de processo de habilitação ou reabilitação profissional fornecido pelo Instituto Nacional do Seguro Social — INSS.

§ 3º Considera-se, também, pessoa portadora de deficiência habilitada aquela que, não tendo se submetido a processo de habilitação ou reabilitação, esteja capacitada para o exercício da função.

A observância das cotas, portanto, tem dois pressupostos:

a) oferta de trabalho a pessoas portadoras de deficiência;

b) identificação das habilitadas — ou reabilitadas — para o trabalho.

Esses fatores, como será visto adiante, são a origem as principais dificuldades de interpretação[2].

II. COTAS PARA PORTADORES DE DEFICIÊNCIA

As cotas estão previstas em diversas normas, destacando-se o art. 93 da Lei n. 8.213/91:

Art. 93. A empresa com 100 (cem) ou mais empregados está obrigada a preencher de 2% (dois por cento) a 5% (cinco por cento) dos seus cargos com beneficiários reabilitados ou pessoas portadoras de deficiência, habilitadas, na seguinte proporção:

I — até 200 empregados 2%

II — de 201 a 500 .... 3%

III — de 501 a 1.000 .... 4%

IV — de 1.001 em diante 5%

§ 1º A dispensa de trabalhador reabilitado ou de deficiente habilitado ao final de contrato por prazo determinado de mais de 90 (noventa) dias, e a imotivada, no contrato por prazo indeterminado, só poderá ocorrer após a contratação de substituto de condição semelhante.

---

(2) Veja-se, a propósito, a seguinte página de José Pastore:
"O sistema de cotas exige, de saída, uma boa definição de portador de deficiência para saber quem entra e quem não entra na categoria dos empregáveis. Além disso, o sistema requer a demonstração da qualificação e capacidade produtiva do portador de deficiência. O primeiro requisito cria fortes discriminações. Ao reservar uma vaga para um portador de deficiência está-se excluindo um não portador. O segundo requisito dá margem a manipulações. A empresa que não quer contratar portadores de deficiência eleva as exigências de qualificação de modo a reduzir a um mínimo o número de candidatos potenciais" (PASTORE, José. *Oportunidades de trabalho para portadores de deficiência*. São Paulo: LTr, 2001. p. 158-159).

§ 2º O Ministério do Trabalho e da Previdência Social deverá gerar estatísticas sobre o total de empregados e as vagas preenchidas por reabilitados e deficientes habilitados, fornecendo-as, quando solicitadas, aos sindicatos ou entidades representativas dos empregados.

O percentual de portadores de deficiência a contratar varia conforme o quadro de pessoal, levando em conta a empresa e não cada estabelecimento.

Isso traz vantagens e desvantagens. Implica maior cota porque o parâmetro é o total de empregados, mas, de outro lado, permite livre distribuição dos portadores de deficiência entre os estabelecimentos.

Nesse sentido a autorizada opinião do Ministro *Arnaldo Lopes Süssekind*[3]:

A reserva de cargos fixada no dispositivo legal em foco concerne à empresa e não a cada um dos seus estabelecimentos ou setores de serviços.

Assim também *José Pastore*[4]:

A lei não fala em estabelecimento, fala em empresa de modo que quando uma empresa possui vários estabelecimentos é o total de empregados desses estabelecimentos que serve de base e sobre a qual é calculado esse percentual. Esse é o mandamento legal.

A própria Secretaria de Inspeção do Trabalho admite que "os trabalhadores (...) poderão estar distribuídos nos diversos estabelecimentos da empresa ou centralizados em um deles" (Instrução Normativa SIT n. 20/01, art. 10, § 2º).

III. A COLOCAÇÃO SELETIVA

As leis preveem rígida atenção às cotas estipuladas, sem ressalvas ou exceções.

Por isto, não servem como justificativa empresarial as dificuldades de acesso, os obstáculos físicos ou a inadequação de equipamentos no local de trabalho.

Pretendeu o legislador, em verdade, criar um novo paradigma ergonômico no ambiente de trabalho, a fim de que os processos produtivos, métodos, sistemas, instalações e equipamentos não constituam empecilho ao trabalho do deficiente.

Prevê o Decreto n. 3.298/99 a denominada "colocação seletiva", "processo de contratação regular (...) que depende da adoção de procedimentos e apoios especiais para sua concretização" (art. 35, II).

Os estudiosos *Marcelo Neri, Alexandre Carvalho* e *Hessia Costilla*[5], da Fundação Getúlio Vargas, tecem os seguintes comentários acerca do procedimento:

---

(3) SÜSSEKIND, Arnaldo Lopes. Deficientes físicos. In: *Pareceres:* direito do trabalho e previdência social. São Paulo: LTr, 2002. v. X, p. 331.
(4) PASTORE, José. Conferência constante dos anais do *III Congresso Nacional de Direito do Trabalho e Processual do Trabalho do Tribunal Regional do Trabalho da 15ª Região — Campinas — SP*, 21 e 22 de junho de 2001. p. 72.
(5) *Política de cotas e inclusão trabalhista das pessoas com deficiência.* Disponível em: <http://federativo.bndes.gov.br/bf_bancos/estudos/e0002351.pdf>.

Na colocação seletiva, a contratação de portadores de deficiência dependerá, para se viabilizar, da utilização de procedimentos e apoios especiais, não obstante também devam ser observadas as exigências da legislação trabalhista e previdenciária.

Segundo o § 2º do referido artigo, consideram-se procedimentos especiais os meios e as condições não ordinárias, dos quais dependem a pessoa portadora de deficiência, em razão do grau de sua incapacidade (motora, sensorial ou mental), para executar uma atividade laboral. Algumas deficiências não permitem que seu portador realize uma ocupação sem o estabelecimento de condições facilitadoras, tais como jornada variável, horários flexíveis de trabalho e adequação do ambiente de trabalho às suas especificidades. Pode-se entender, ainda, como incluídas neste grupo, o trabalho em tempo parcial.

A "proporcionalidade de salário" como condição de contratação na verdade, é apenas uma decorrência do trabalho em tempo parcial e da jornada flexível, estas, sim, consideradas como condições especiais.

Cabe à empresa adequar as instalações aos portadores de deficiência, com instalação de rampa de acesso, banheiro especial, corrimão etc.

Há que criar tarefas específicas para os deficientes, adaptando as máquinas e instalações respectivas.

Podem ser ajustados contratos em regime de tempo parcial, com salário proporcional às horas trabalhadas, na forma do art. 58-A da CLT.

O tempo parcial, além de viabilizar o trabalho de certos portadores de deficiência, sujeitos a estresse mais elevado, também pode significar contratação em maior número.

Outra medida para facilitar a atenção às cotas é o teletrabalho. Podem eventualmente ser preenchidas com portador de deficiência que preste serviços em sua residência ou local com acesso ao sistema de informática da empresa.

IV. RIGIDEZ DO MODELO BRASILEIRO

Algumas atividades empresariais oferecem dificuldade para a aplicação da lei de cotas, por conta de seus critérios fechados.

Os críticos da lei propõem soluções flexíveis como o sistema de *cota terceirizada* (soma de trabalhadores terceirizados) e o pagamento de contribuições como compensação pelo não atingimento dos limites mínimos.

Há países em que certas atividades são expressamente excluídas da obrigatoriedade de reserva de vagas, como lembra *José Pastore*[6]:

Nos últimos 30 anos, o sistema de cotas evoluiu bastante na direção da flexibilidade. Em muitos países, a contratação de portadores de deficiência mais severa

---
(6) PASTORE, José. *Oportunidades...*, cit., p. 160.

dá às empresas a possibilidade de contá-los em dobro ou em triplo. Em outros, certas atividades são excluídas da obrigatoriedade da cota (construção civil, mineração, trabalho a bordo e outras). Nesses casos, o número de posições existentes nessas atividades é descontado do total da forma de trabalho da empresa.

Em nosso modelo tal solução não encontra amparo legal. Destaca-se, a propósito, a seguinte página de *Glaucia Gomes Vergara Lopes*[7]:

> Algumas empresas desenvolvem atividades cujo exercício por pessoas portadoras de deficiência é difícil, se não, impossível. Pode-se citar o caso de empresas de vigilância, de trabalho em minas e em subsolo e atividades de alto grau de insalubridade, em que é fundamental que o empregado esteja em perfeitas condições físicas, e até psíquicas, para o exercício da função.
>
> Não há, na legislação brasileira, previsão para a não incidência das cotas ou modificação do percentual, considerando-se o tipo de atividade exercida.
>
> (...) Há estudiosos que sustentam que as cotas só podem ser calculadas sobre as vagas que serão preenchidas com pessoas portadoras de deficiência e não sobre o contingente total de empregados.
>
> Entendemos que a posição é coerente e seria compatível com o caráter excepcional da norma se houvesse previsão de exceção, contudo não vislumbramos lacunas na lei para que se possa dar esta interpretação aos dispositivos existentes.
>
> Com efeito, a lei expressamente fixa uma base de cálculo (número total de empregados), sem margem a flexibilidades.

V. PECULIARIDADES DE CERTOS SETORES DA ECONOMIA

Toda norma legal deve ser interpretada mediante vários critérios, dentre eles a teleologia, o sentido lógico e a razoabilidade.

Há, por isto, soluções admitidas em doutrina e jurisprudência para a hipótese de a empresa, após significativo esforço, não lograr atenção às cotas.

O Ministro *Arnaldo Lopes Süssekind*[8] oferece uma delas:

> A contratação de trabalhadores reabilitados ou deficientes habilitados está restrita aos cargos para eles reservados. Por conseguinte, devem eles ser submetidos a processos seletivos peculiares; e, por uma questão de lógica e bom senso, somente os selecionados devem ser admitidos. Afigura-se-nos, por isto, que a empresa observará o disposto no art. 93 da Lei n. 8.213, de 1991, se reservar 5% dos seus cargos para trabalhadores reabilitados ou deficientes habilitados e promover,

---

(7) LOPES, Gláucia Gomes Vergara. *A inserção do portador de deficiência no mercado de trabalho:* a efetividade das leis brasileiras. São Paulo: LTr, 2005. p. 100-101.
(8) *Op. cit.*, p. 331.

periodicamente, a adequada seleção dos candidatos, ainda que não consiga preencher todos os cargos para eles reservados.

Assim, pode a empresa instituir programa de seleção destinado a deficientes, reservando o número de vagas correspondente à cota legal, devendo ser renovado periodicamente até que se completem as respectivas vagas.

O programa deve estar pautado no pressuposto de qualificação razoável, compatível com os cargos a serem preenchidos. Uma exigência superior à necessária pode sugerir má-fé ou intenção de passar ao largo da lei.

A instituição do programa e a parceria com entidades respeitáveis e idôneas, especializadas na contratação dessa espécie de profissionais, podem demonstrar, em eventuais autuações, a boa-fé do empregador.

Diversos fatos concorrem para a dificuldade de contratação em certos setores da economia, como, por exemplo, a periculosidade inerente ao setor petroleiro e a alta qualificação exigida em empresas do ramo da tecnologia de informação.

Há casos em que o estabelecimento em local remoto, pouco populoso, também dificulta a contratação, seja por conta da ausência de deficientes nas comunidades vizinhas, seja dificuldade de deslocamento.

A jurisprudência recente tem reconhecido tal realidade, como revela este acórdão, proferido em execução de termo de ajustamento de conduta:

> AGRAVO DE PETIÇÃO — TERMO DE AJUSTE DE CONDUTA (TAC) — DESCUMPRIMENTO JUSTIFICADO — EXTINÇÃO DA EXECUÇÃO — A executada, tendo formalizado termo de ajuste de conduta perante o Ministério Público do Trabalho, assumiu a obrigação, já prevista em lei, de contratar empregados portadores de necessidades especiais, de acordo com o percentual previsto na Lei n. 8.213/91, art. 93. A inspeção do trabalho, anos depois do ajuste, constatou que, em um universo de noventa e nove vagas para trabalhadores com aquela peculiaridade, a empresa preenchera apenas noventa e quatro, o que ensejou a cobrança judicial de multa pela Procuradoria Regional do Trabalho. Considerando, contudo, que a executada apresentou as justificativas para a sua falta, especialmente mediante prova de convocação da mão de obra específica dirigida à Federação dos Trabalhadores Rurais, ao INSS, ao Sistema Nacional de Emprego, entre outras entidades, evidencia-se a sua boa-fé, não se vislumbrando intento de malferir a lei ou o termo de ajuste. Assim, não é cabível a multa que lhe foi aplicada, porque, ademais, comprovou a disponibilização das vagas para deficientes. Agravo de petição a que se dá provimento, para extinguir-se a execução (TRT 13ª R. — AP 00347.2007.022.13.00-3 — Rel. Juiz Edvaldo de Andrade — J. 29.1.2008).

Outro acórdão acolheu a tese em ação anulatória de débito fiscal:

> (...) A louvável iniciativa do legislador de instituir um sistema de cotas para as pessoas portadoras de deficiência, obrigando as empresas a preencher determinado percentual de seus quadros de empregados com os denominados PPDs, não veio precedida nem seguida de nenhuma providência da Seguridade Social, ou de outro órgão governamental,

no sentido de cuidar da educação ou da formação destas pessoas, que ademais, sempre estiveram aos cuidados de entidades e associações particulares.

Estava a determinação legal destinada, como tantas outras, a se tornar letra morta, quando os Auditores Fiscais do Trabalho passaram a autuar as empresas descumpridoras da norma, que se viram então obrigadas a sair a procura de PPDs, não, para inserir tais pessoas no convívio social, para cumprir uma função social, mas, sim, para fugir à penalidade, o que, por certo, não foi a pretensão do legislador ao instituir o sistema de cotas aqui analisado.

As dificuldades de locomoção dos portadores de deficiência, questão relevante para o seu desenvolvimento pleno na sociedade, só recentemente vem sendo alvo de atenção e, sem condições de locomoção, tais pessoas não tem acesso à educação formal, e, sem educação que ultrapasse o 1º Grau de escolaridade, não apenas os PPDs estão alijados do mercado de trabalho, mas também as pessoas comuns são impedidas de concorrer às vagas oferecidas.

Não se pode olvidar que conforme a atividade preponderante da empresa, específicas deficiências inviabilizam a adequação da pessoa à função.

Nesse quadro de descaso de séculos, de uma hora para outra, o que se percebe é que são as empresas chamadas não apenas a dar sua contribuição para a inserção do portador de deficiência na sociedade, mas lhes é atribuída a missão de buscá-los, onde quer que estejam, habilitá-los, adequar seu mobiliário e equipamentos para recebê-los, sem qualquer participação do Estado e sem qualquer contrapartida, tal como isenção fiscal.

Não há como não se acolher a assertiva da recorrente quando afirma que foi jogado nos ombros dos empresários a responsabilidade integral para que a legislação fosse cumprida, não interessando como o fará.

(...) A maioria dos empregados da autora desenvolvem funções de teleatendimento, e, pelas razões expostas na causa de pedir, a contratação de portadores de deficiência fica limitada, posto que não pode se valer de portadores de deficiência mental que tenham comprometimento cognitivo, nem de portadores de deficiência de fala ou de audição e a leitura das telas de computador, função essencial, não pode ser feita tampouco por portadores de deficiência sensorial visual, mesmo que dominem a leitura em Braile.

É importante ressaltar que, para preencher a cota legal, a autora necessita mais 211 PPDs, para se juntar aos 42 com os quais já conta em seus quadros, o que mostra a dimensão da tarefa que lhe está sendo exigida, sem qualquer respaldo do Ministério do Trabalho, não havendo notícia nos autos de que a Delegacia Regional de São Paulo possua cadastro de pessoas portadoras de deficiências habilitadas à disposição das empresas.

(...) Por todas as razões expostas, julgo procedente o pedido de anulação do débito fiscal, devendo ser devolvido à autora o valor recolhido a título de multa (TRT 2ª R., 11ª Turma, Rela. Desa. Rita Maria Silvestre, DOESP 8.4.2008).

Merece também referência este aresto proferido em ação anulatória:

CONTRATAÇÃO DE PORTADORES DE NECESSIDADES ESPECIAIS: RESERVA DE VAGAS: CONDIÇÕES DE EFICÁCIA DA NORMA LEGAL: EXIGÊNCIA DE HABILITAÇÃO ESPECIAL DO TRABALHADOR PORTADOR DE DEFICIÊNCIA FÍSICA OU MENTAL: REGULAMENTAÇÃO ADMINISTRATIVA: TREINAMENTO E CONTRATAÇÃO DE PESSOAL ESPECIAL: CARÁTER SOCIAL: CONSTANTE MAJORAÇÃO DO NÚMERO DE VAGAS OCUPADAS EM DESTINAÇÃO ESPECIAL: SUPRIMENTO DE INÉRCIA OU DEFICIÊNCIA ESTATAL: FALTA DE INDICATIVO PELA FISCALIZAÇÃO DO TRABALHO DE EXISTÊNCIA DE QUADRO DE TRABALHADORES CAPAZES DE OCUPAR VAGAS RESERVADAS: INOPORTUNIDADE DE MULTA ADMINISTRATIVA APLICADA PELA DELEGACIA REGIONAL DO TRABALHO. A interpretação mais lógica e social do art. 93 da Lei n. 8.213/91 e das respectivas normas regulamentares enseja que não buscou o legislador ampliar o mercado de desempregados para que tais vagas fossem resolvidas, mas apenas estabelecer espaço próprio, em cada empresa, destinado ao provimento por portadores de necessidades especiais, pela anterior verificação de que tal função admite exercício por trabalhador reabilitado ou deficiente habilitado e, assim, é ponderável que se prossiga o provimento por trabalhador em tais condições; não há que se falar em estabelecer-se a vaga para o provimento por trabalhador em condições especiais, mas de prover-se a vaga eventualmente existente, se houver trabalhador reabilitado ou deficiente habilitado, a partir dos dados que sejam fornecidos pelo INSS, porque, doutro modo, em sendo exigida a contratação indistinta, também estará ferida a norma legal, que pretende dignificar a situação do deficiente, e não precarizá-la, ainda mais, com a colocação em subempregos apenas para o atendimento formal à Lei n. 8.213/91, sem permitir a devida readequação funcional necessária à socialização do indivíduo em tal especial situação — precedentes regionais (RO-00868-2000-015-10-00-2 e RO-00746-2000-007-10-85-4, 3ª Turma, Redator Juiz Alexandre Nery de Oliveira). A aplicação de multa pela DRT denota ser inoportuna quando não indicado, antes, haver pessoas habilitadas nas listas de recapacitação do INSS, tanto mais quando a empresa, doutro lado, tenta suplantar as dificuldades do Poder Público, assim treinando e/ou realocando no mercado de trabalho pessoas portadoras de necessidades especiais, em antecipação dos benefícios legais em prol do grupo social específico, sem descaracterizar a finalidade da norma no sentido de dignificar tais trabalhadores e não apenas ensejar a ocupação de vagas em observância mascarada ou preconceituosa da exigência legal — precedente regional (RO-00343-2006-015-10-00-2, 2ª Turma, Relator Juiz Alexandre Nery de Oliveira). Recurso ordinário e remessa oficial parcialmente providas: multa trabalhista anulada: inexigibilidade fiscal declarada (TRT 10ª R., 2ª Turma, Proc. 00542-2007-009-10-00-0 RO, Rel. Desembargador Gilberto Augusto Leitão Martins, DJ 24.7.2008).

Em ação civil pública foi proferido o seguinte acórdão pelo Tribunal Superior do Trabalho:

RECURSO DE REVISTA. AÇÃO CIVIL PÚBLICA. CONTRATAÇÃO DE PORTADORES DE DEFICIÊNCIA FÍSICA OU MENTAL. (...) A par dos contornos nitidamente fático-probatórios que envolvem a questão relativa à contratação de pessoas reabilitadas ou portadoras de deficiência e que inviabilizam o seguimento do recurso de revista, nos termos da Súmula/TST n. 126, o Tribunal verificou que não há, contudo, com a petição inicial, a demonstração necessária de que haja portadores de deficiência física ou mental habilitados a alguma função na empresa Ré. Não veio, igualmente, qualquer prova de que a empresa houvesse recusado manter em seus quadros algum empregado que tenha adquirido deficiência e seja beneficiário de reabilitação. Sequer, igualmente, demonstrou as funções que poderiam ser preenchidas por portadores de deficiência, indicando rol daqueles capacitados a ingressar na empresa e que houvesse, por parte desta, recusa aos indicados segundo rol de beneficiários de reabilitação ou de habilitação, embora detentores de necessidades especiais. (...) Ante o exposto, não conheço do recurso de revista (TST, 2ª Turma, RR 746/2000-007-10-85, Rel. Min. Renato de Lacerda Paiva, DJ 5.9.2008).

Esses acórdãos demonstram que a boa-fé e o esforço efetivo devidamente comprovado, ainda que infrutífero, para absorção das vagas para deficientes, são admitidos pela jurisprudência e isentam as empresas de penalidades.

VI. NEGOCIAÇÃO COLETIVA

A questão das cotas para deficientes é passível de regulação por negociação coletiva.

As empresas podem firmar com os sindicatos profissionais acordos nos quais, reconhecida a dificuldade de atenção às cotas na categoria, se instituam mecanismos para viabilizar as contratações.

Há precedentes, como revela *Glaucia Gomes Vergara Lopes*[9]:

Polêmica também é a questão de obrigatoriedade de cumprimento da cota quando a empresa não consegue candidatos com a necessária especialização para o preenchimento da vaga. Algumas Convenções Coletivas dispõem sobre esta questão no sentido de a empresa estar obrigada a colocar a vaga disponível nos centros de colocação profissional especializados e, se receberem resposta de ausência de candidatos ou inaptidão dos mesmos para o desempenho das funções, podem abrir a vaga a candidatos não portadores de deficiência. Esta saída é comum na legislação de alguns países europeus (...).

Cita a referida autora convenção coletiva de 2002/2003 firmada pelo Sindicato dos Trabalhadores das Empresas de Fabricação, Beneficiamento e Transformação de Vidro do MRJ e o Sindicato das Indústrias de Vidros Cristais e Espelhos do ERJ (cláusula 31).

São esses nossos breves apontamentos sobre o tema.

---

(9) *Op. cit.*, p. 102.

O TRABALHO FEMININO NO DIREITO BRASILEIRO(*)

Luiz Carlos Amorim Robortella

I. INTRODUÇÃO

Nos últimos 20 anos ocorreu profunda transformação nos valores culturais que inspiram as normas protetoras da mulher no trabalho.

Ao longo da história, as normas tutelares acabaram se transformando em discriminação, ou seja, ao restringir o trabalho feminino, o legislador protegeu o emprego masculino.

São aqui examinadas também as normas gerais de proteção ao trabalho feminino, em seus vários ângulos.

II. NOÇÕES HISTÓRICAS

O trabalho feminino existe desde a mais remota antiguidade, primeiro nos afazeres domésticos e, posteriormente, em atividades econômicas, ao lado do marido e filhos, no campo e na cidade.

Com diferentes graus de importância, conforme a sociedade em que vivia, a mulher ofereceu sua contribuição, a qual, via de regra, foi desvalorizada. Esse estado de coisas resultou do espírito marcadamente patriarcal que caracterizou a história da humanidade, expresso nesta passagem de *Xenofonte*:

> Os Deuses criaram a mulher para as funções domésticas, o homem para todas as outras. Os Deuses a puseram nos serviços caseiros, porque ela suporta menos bem o frio, o calor e a guerra. As mulheres que ficam em casa são honestas e as que vagueiam pelas ruas são desonestas[1].

Até hoje se encontram defensores de tais ideias, apesar de seus mais de dois mil anos e da experiência histórica e da realidade viva do trabalho feminino,

---

(*) Publicado originalmente no livro *Noções atuais de direito do trabalho* — estudos em homenagem a Elson Gottschalk. São Paulo: LTr, 1995.
(1) *Apud* SABINO JR., Vicente. *A emancipação sociojurídica da mulher*. São Paulo: Juriscrédi, s.d., p. 248.

frequentemente sujeito às mesmas vicissitudes enfrentadas pelos homens, ou a dificuldades ainda maiores, como diz *Flores de Araújo Mello:*

> ... já se disse que o progresso social e as transformações periódicas ocorrem em virtude do progresso da mulher em direção à liberdade, isto é, a expansão dos direitos daquela constitui a base geral de todo o progresso social (...).

De fato, a história registra e a evolução dos povos comprova que a lei sempre colocou os dois sexos em condições de desigualdade jurídica, desfavoravelmente à mulher, situando-a numa mera posição de dependência e subordinação, obrigando-a, por isso, a uma luta indormida pela afirmação social[2].

Alice Monteiro de Barros ressalta que

> esses posicionamentos refletem uma estrutura cultural arraigada em estereótipos sexistas, que atribuem à mulher apenas o "papel" secular de mãe e dona de casa, fortalecendo o mito da fragilidade feminina e o preconceito do homem, no tocante à atividades familiares e domésticas. Frise-se, o sexo não poderá constituir critério para atribuições de encargos à mulher e ao homem na família, no trabalho e na sociedade; do contrário, a igualdade almejada jamais será atingida[3].

A estrutura patriarcal, em empresas de cunho artesanal, prevaleceu durante toda a Idade Média, até a abolição das corporações de ofício e a eclosão da Revolução Industrial. No modelo feudal corporativo, a predominância dos homens era indiscutível, mesmo nas corporações femininas, não havendo preocupação com a proteção das mulheres, eis que primordialmente dirigida aos aprendizes[4].

A máquina trouxe profunda alteração nos métodos de produção, repercutindo intensamente nas relações de trabalho.

Houve incremento do trabalho feminino, como consequência natural de vários fatores combinados. O primeiro foi a redução do esforço muscular ou, como dizem *Orlando Gomes* e *Elson Gottschalk*, maior racionalização e divisão do trabalho, com fragmentação do ofício, assim explicada:

> Filósofos, sociólogos e historiadores, desde *Marx*, salientaram o fenômeno mediante o qual a empresa complexa de nossos dias, pela divisão do trabalho, simplificou as operações do operário moderno, levando-o ao automatismo de movimentos e gestos a que a técnica reduziu a sua complexa tarefa de outrora. O campo estava aberto para a introdução de mulheres e menores no trabalho industrial, independentemente de prévia aprendizagem como se procedia antes, pois a singeleza da tarefa a cumprir não exigia, muitas vezes, mais do que a repetição dos mesmos movimentos[5].

---

(2) Trabalho da mulher na história. *Revista LTr*, São Paulo, 44/19.
(3) BARROS, Alice Monteiro de. Proteção do trabalho da mulher e do menor. In: VOGEL NETO, Gustavo Adolpho (coord.). *Curso de direito do trabalho em homenagem ao professor Arion Sayão Romita*. Rio de Janeiro: Forense, 2000. p. 311.
(4) Apud OVIEDO, Carlos Garcia. *Tratado elemental de derecho social*. Madrid: EISA, 1950. p. 445.
(5) *Curso de direito do trabalho*. 6. ed. Rio de Janeiro: Forense, 1975. v. II, p. 600.

O segundo fator foi o aumento da procura de mão de obra, gerado pela produção crescente e pelo fato de que muitos homens, ante os baixos salários, preferiam buscar outras ocupações, eis que ainda não estavam suficientemente organizados para sustentar lutas reivindicatórias e, assim, abria-se espaço para as mulheres[6].

O terceiro fator foi a desvalorização do trabalho em geral, com grande diminuição dos salários, o que exigiu a participação da mulher no sustento das famílias.

O quarto e último fator consistiu na baixíssima remuneração paga às mulheres, tidas que eram por "meiasforças", juntamente com as crianças, os mutilados etc., sempre dispostas a aceitar qualquer remuneração e todo tipo de trabalho[7].

A essas causas se podem agregar as exigências militares das guerras constantes, especialmente nos países europeus, que levavam os adultos válidos para as frentes de batalha, incentivando ainda mais o trabalho feminino na indústria e no comércio[8].

A primeira lei de proteção à mulher trabalhadora surgiu na Inglaterra, como "Coal Mining Act", de 1842, que proibiu o trabalho em subterrâneos; seguiu-se-lhe o "Factory and Workshop Act", de 1878, que vedou o trabalho insalubre e perigoso[9].

Amauri Mascaro Nascimento menciona uma lei francesa de 1848 e o Código Industrial alemão de 1891, que trouxeram normas de proteção à mulher[10].

De qualquer maneira, a partir da segunda metade do século XIX aflorou a preocupação com o problema, o que levou à edição de diversos diplomas legais em países europeus.

Segadas Vianna afirma que "a causa real dessa proteção foi mais a necessidade de impedir que, explorando sem limites o braço da mulher e da criança, as fábricas fossem suprimindo, tanto quanto possível, o trabalho masculino, provocando a existência de milhares de desempregados que se tornavam um perigo social"[11].

Aliás, não é inteiramente verdadeiro que as primeiras leis trabalhistas visassem à proteção das mulheres; a lei francesa de 1848, por exemplo, que, na parte relativa à duração do trabalho nas indústrias, não se aplicava às mulheres[12].

Por fim, em 1905, houve em Berna uma primeira convenção internacional proibindo o trabalho das mulheres à noite[13].

III. DIREITO INTERNACIONAL

Com a criação da OIT, houve grande expansão das medidas de proteção à mulher no trabalho, a partir do próprio Tratado de Versalhes, em seu art. 427. Assim, tivemos

---

(6) *Apud* VIANNA, Segadas. *Instituições de direito do trabalho*. 6. ed. Rio de Janeiro: Freitas Bastos, 1974. v. II, p. 664.
(7) *Apud* RUSSOMANO, Mozart Victor. *Curso de direito do trabalho*. Rio de Janeiro: Konfino, 1972. p. 436.
(8) RUSSOMANO. *Op. cit.*
(9) *Apud* MAGANO, Octavio Bueno. *Manual de direito do trabalho*. São Paulo: LTr, 1987. v. IV, p. 80.
(10) *Compêndio de direito do trabalho*. São Paulo: LTr, 1976. p. 574.
(11) *Op. cit.*, p. 664.
(12) *Op. cit.*
(13) *Apud* GOMES, Orlando; GOTTSCHALK, Elson. *Op. cit.*, p. 601.

as Convenções ns. 3/19 (proteção à maternidade), 4/19 (trabalho noturno proibido na indústria), 41/34 (também sobre trabalho noturno), 45/35 (proibição de mulheres nos trabalhos subterrâneos de minas de qualquer espécie), 89/48 (trabalho noturno para mulheres), 100/51 (igualdade de remuneração entre homem e mulher para trabalho igual), 103/52 (proteção da maternidade), 111/58 (contra a discriminação em matéria de emprego e profissão) e 156/81 (sobre igualdade de oportunidades e de tratamento para trabalhadores, dos dois sexos, com relação às responsabilidades familiares), 171/90 e 183/00 (revisão da CV n. 3/19).

Também merecem destaque as Recomendações ns. 4/19 (proteção das mulheres e dos menores contra o saturnismo), 12/21 (proteção antes e depois do parto); das mulheres empregadas na agricultura), 13/21 (trabalho noturno das mulheres na agricultura), 26/27 (proteção das mulheres emigrantes a bordo de embarcações), 67/44 (auxílio-maternidade), 90/51 (igualdade de remuneração entre homem e mulher), 92/52 (proteção da maternidade), 123/65 (emprego de mulheres com responsabilidades familiares) e 165/81 (igualdade de oportunidade e de tratamento para os trabalhadores).

Como se pode perceber, a OIT se volta fundamentalmente para problemas ligados ao trabalho noturno, insalubre ou perigoso, à jornada de trabalho e à proteção da maternidade. Encontram-se, contudo, alguns documentos voltados à não discriminação em matéria de salário, emprego e profissão, como se vê das Convenções ns. 111 e 156/81 e da Recomendação n. 165/81.

A Convenção n. 111/58, sobre discriminação em matéria de emprego e ocupação, dispõe o seguinte:

Art. 1º — 1. Para os fins da presente convenção o termo "discriminação" compreende:

a) Toda distinção, exclusão ou preferência fundada na raça, cor, sexo, religião, opinião pública, ascendência nacional ou origem social, que tenha por efeito destruir ou alterar a igualdade de oportunidade ou de tratamento em matéria de emprego ou profissão;

b) Qualquer outra distinção, exclusão ou preferência que tenha por efeito destruir ou alterar a igualdade de oportunidades ou tratamento em matéria de emprego ou profissão que poderá ser especificada pelo Membro interessado depois de consultadas as organizações representativas de empregadores e trabalhadores, quando estas existam, e outros organismos adequados.

Outros documentos antidiscriminatórios merecem referência, tais como a Constituição da OIT (1919), a Declaração Universal dos Direitos do Homem (1948), o Pacto Internacional de Direitos Econômicos, Sociais e Culturais (1966), a Convenção da ONU sobre a eliminação de todas as formas de discriminação contra a mulher (1975, ratificada pelo Brasil em 1984), e a Convenção da ONU sobre igualdade salarial entre homem e mulher (1979).

A não discriminação também foi objeto da Carta das Nações Unidas do Tratado de Roma (1957), embora de forma genérica.

IV. FUNDAMENTOS DA PROTEÇÃO ESPECIAL NA DOUTRINA CLÁSSICA

O exame da doutrina revela a imagem da mulher como um ser frágil, inferior fisicamente — em alguns casos até intelectualmente — ao homem, dependente, portanto, de uma tutela especial do Estado, ao lado dos menores, dos deficientes físicos etc.

Veja-se, por exemplo, o que dizia *Rousseau* no século XVIII:

Por vários motivos derivados da natureza das coisas, na família, deve comandar o pai. Em primeiro lugar, entre o pai e a mãe, a autoridade não deve ser igual, mas é preciso que o governo seja único e quando os pareceres forem discordes, será preciso que haja uma voz preponderante que decida.

Por mais leves que se queiram supor as indisposições próprias da mulher, sempre constituem uma interrupção de atividade para esta, e isto é uma razão suficiente para excluí-la das proeminências; de fato, quando o equilíbrio é perfeito, basta uma palha para fazer a balança pender para um dos lados.

Por outro lado, o marido deve ter o direito de controlar a conduta da mulher; interessa lhe realmente assegurar-se de que os filhos, que deve reconhecer e nutrir, pertençam somente a ele, a mulher, que não tem nada de similar a temer, não tem o mesmo direito sobre o marido[14].

Alguns importantes nomes da doutrina nacional e estrangeira do direito do trabalho bem retratam o pensamento predominante, carregado de preconceitos contra a mulher. Aqui vão alguns excertos, colhidos aqui e ali, para ilustrar o que se está afirmando:

Há uma profunda diversidade entre a capacidade produtiva do homem e da mulher. Essa diversidade resulta da própria natureza humana... Os poderes que se reconheciam ao marido, na qualidade de chefe da sociedade conjugal, ficaram perigosamente reduzidos... Cabe ao marido avaliar da conveniência da manutenção do contrato de trabalho da esposa...[15]

A diferenciação física que separa o homem da mulher tem suas repercussões na esfera do trabalho. Menos resistente, em geral, ao esforço físico, mais vulnerável em todo caso, com respeito aos órgãos que a diferenciam do seu companheiro de trabalho, a mulher que se dedica a um serviço manual tropeça nele em perigos particulares e perigos capazes não somente de redundar em prejuízos, senão também no daqueles seres a quem transmite a vida. Sua situação social é, ademais, muito diferente.

Costumes tradicionais a erigiram em dirigente da vida familiar; a sua tarefa profissional vem somar-se às múltiplas tarefas domésticas que lhe incumbem: cuidados caseiros, cuidado dos filhos, conservação da roupa branca e de vestir

---
(14) ROUSSEAU, Jean-Jacques. *Do contrato social.* São Paulo: Hemus, 1981. p. 150-51.
(15) PRADO, Roberto Barreto. *Tratado de direito do trabalho.* São Paulo: Revistas dos Tribunais, 1971. p. 407, 409 e 410.

dos membros da família etc. Essas circunstâncias dão como resultado que a operária contraia um fadiga nervosa, ruinosa para sua saúde, se não se adotarem a esse respeito medidas de proteção social[16].

... perduram, no fundo, todas aquelas razões históricas que opuseram uma regulamentação especial ao trabalho feminino ou juvenil e que repousam, hoje como ontem, na sua maior fragilidade física, na defesa de sua moralidade, na proteção à maternidade e na formação profissional do menor...[17]

Os biólogos e fisiologistas demonstram que a mulher, em confronto com o homem, possui menor resistência a trabalhos extenuantes, por isso recomendam especiais cautelas do ponto de vista físico e espiritual. Recomendam evitar trabalhos complicados, e aconselham decompô-los em atos mais simples, que não requeiram um esforço excessivo; multiplicar os intervalos de repouso; tornarem sempre mais automáticos os movimentos realizados profissionalmente. Do ponto de vista espiritual, aconselham evitar o esforço prolongado intensivo do pensamento, executar trabalhos de breve duração. E a conclusão é que a mulher não pode, de modo geral, substituir o homem em trabalhos fatigantes ou que requem excessiva concentração do pensamento"[18].

Fisiologicamente, es la mujer inferior al hombre. Su organismo físico no tolera los trabajos rudos... La mayor delicadeza y susceptibilidade de los sentimientos femeninos excluye todo aquello que pueda afectarles y contraiarles... La mujer es el alma de la família, y es su direccion efectiva. Ha nacido, principalmente, para la vida inferior, para dirigirla, para atender a los hijos, para cuidar de la casa[19].

... a fim de que a mulher possa conservar sua constituição física e desempenhar seu papel natural na família, permanecendo a maior parte do tempo em seu lar...[20].

... e o mal irá crescendo sempre, enquanto não se tomarem medidas tendentes, à limitação da duração do trabalho da mulher, proibindo-lhe o trabalho noturno (que deveria ser aliás interdito por razões de moralidade sobre as quais seria inútil insistir), e enfim medidas tendentes a lhe assegurar lazer para cuidar de assuntos domésticos e da educação dos filhos, devendo contar, para esse efeito, com um dia completo de repouso[21].

Em resumo, a doutrina tradicional costumava apontar fundamentos fisiológicos, morais e familiares, com especial relevo a proteção da maternidade, como justificativa para restrições ao trabalho da mulher.

---

(16) Publicação da Repartição internacional do trabalho, citado por RUSSOMANO, Mozart Victor. *Comentários à CLT.* 9. ed. Rio de Janeiro: Forense, 1982. p. 350.
(17) RUSSOMANO. *Curso...*, cit., p. 437.
(18) GOMES; GOTTSCHALK. *Op. cit.*, p. 604.
(19) OVIEDO. *Op. cit.*, p. 448
(20) ANTOKOLETZ, Daniel citado por CESARINO JR., Antonio Ferreira. *Direito social brasileiro.* São Paulo: Saraiva, 1970. v. II, p. 353.
(21) PIC, Paul citado por MAGANO. *Manual...*, cit., p. 81.

V. A NÃO DISCRIMINAÇÃO

Surgiu uma nova concepção sobre o papel da mulher e do homem na sociedade, em todos os campos de atividade, marcada pela ideia da igualdade de direitos e da não discriminação.

No plano internacional, o mais importante documento é, sem dúvida, a Convenção da ONU sobre a Eliminação de Todas as Formas de Discriminação contra a Mulher, de 1975, ratificada pelo Brasil e promulgada através do Decreto n. 89.460, de 20.3.1984.

O art. 11 dessa Convenção diz com a não discriminação da mulher nas questões de emprego e profissão, e por isso merece transcrição:

1. Os Estados-Partes adotarão todas as medidas apropriadas para eliminar a discriminação contra a mulher na esfera do emprego a fim de assegurar, em condições de igualdade, entre homens e mulheres, os mesmos direitos, em particular:

a) O direito ao trabalho como direito de todo ser humano;

b) O direito às mesmas oportunidades de emprego, inclusive a aplicação dos mesmos critérios de seleção em questão de emprego;

c) O direito de escolher livremente profissão e emprego, o direito à promoção e à estabilidade no emprego e a todos os benefícios e outras condições de serviço, e o direito ao acesso à formação e à atualização profissionais, incluindo aprendizagem, formação profissional superior e treinamento periódico;

d) O direito a igual remuneração, inclusive, a igualdade de tratamento relativa a um trabalho de igual valor, assim como igualdade de tratamento com respeito à avaliação da qualidade de trabalho;

e) O direito à seguridade social, em particular casos de aposentadoria, desemprego, doença, invalidez, velhice e outra incapacidade para trabalhar, bem como o direito de férias pagas;

f) O direito à proteção da saúde e à segurança nas condições de trabalho, inclusive a salvaguarda da função de reprodução.

2. A fim de impedir a discriminação contra a mulher por razões de casamento ou maternidade e assegurar a efetividade de seu direito a trabalhar, os Estados-Partes tomarão as medidas adequadas para:

a) Proibir, sob sanções, a demissão por motivo de gravidez ou licença de maternidade e a discriminação das demissões motivadas pelo estado civil;

b) Implantar a licença de maternidade, com salário pago ou benefícios sociais, comparáveis, sem perda do emprego anterior, antiguidade ou benefícios sociais;

c) Estimular o fornecimento de serviços sociais de apoio necessários para permitir que os pais combinem as obrigações para com a família com as responsabilidades do trabalho e a participação na vida pública, especialmente mediante o fomento da criação e desenvolvimento de uma rede de serviços destinados ao cuidado das crianças;

d) Dar proteção especial às mulheres durante a gravidez nos tipos de trabalho, comprovadamente prejudiciais para elas.

3. A legislação protetora relacionada com as questões compreendidas neste artigo será examinada periodicamente à luz dos conhecimentos científicos e tecnológicos e será revista, derrogada ou ampliada conforme as necessidades.

Como se pode inferir do texto, a proteção à saúde da mulher deve se relacionar exclusivamente com a função de reprodução, eis que a gravidez realmente exige cuidados especiais.

Quanto ao mais, como tipo de atividade, turno de trabalho etc., a Convenção é clara ao assegurar à mulher "o direito de escolher livremente profissão e emprego, o direito à promoção e à estabilidade no emprego e a todos os benefícios e outras condições de serviço...".

A OIT começou a se preocupar com a discriminação sofrida pela mulher no trabalho, merecendo realce as Convenções ns. 11/58 e 156/81, especialmente esta última, que procuram equiparar homem e mulher no que concerne às responsabilidades com a família. É de se prever, pois, no âmbito da OIT, a modificação da ótica com que sempre se visualizou o trabalho feminino, isto porque "a educação dos filhos exige a responsabilidade compartilhada entre homens e mulheres e a sociedade como um conjunto", e, "para alcançar a plena igualdade entre homem e mulher, é necessário modificar o papel tradicional de cada qual na sociedade e na família"[22].

Em publicação da própria OIT, ao tratar da jornada noturna, verifica-se que aquela organização está detectando os novos tempos, quando afirma:

> ... parece abrirse camino la tendencia a suprimir la prohibición, y algunos países han derogado sus leyes sobre el trabajo nocturno e la mujer, denunciando convenios internacionales del trabajo que habián ratificado. Para esos países, la consideración más importante era la de eliminar la discriminación entre la mujer en el empleo y la ocupación.
>
> En el plan internacional no existe consenso acerca de si se deben modificar las normas de la OIT y, em caso afirmativo, de que modo. Se há sugerido frecuentemente que el trabajo nocturno en la industria no debe seguir estando prohibido para las mujeres y que, en cambio, se debe regular más estrictamente el trabajo nocturno en todos los sectores y para uno y otro sexo. Al parecer, se está lejos dellegar a un acuerdo, pero la cuestión se plante a cada día con carácter más apremiante[23].

Ainda no âmbito da OIT, o Conselho da Administração criou um "Comitê sobre Discriminação", que elabora relatórios periódicos sobre o tema[24].

De grande importância também é a "Declaração sobre a Igualdade de Oportunidade e Tratamento para Trabalhadores", adotada na 60ª Conferência Internacional

---

(22) *Apud* MAGANO. *Op. cit.*, p. 85.
(23) OIT. *Introducción a las condiciones y el medio ambiente de trabajo*. Genebra, 1987. p. 151.
(24) SÜSSEKIND, Arnaldo. *Direito internacional do trabalho*. São Paulo: LTr, 1987. p. 298.

do Trabalho, de 1975, propondo a revisão das leis que limitam a integração das mulheres na força de trabalho, impedindo a igualdade com o homem. Dispõe que as mulheres serão protegidas dos riscos inerentes ao seu emprego e ocupação nas mesmas bases e com os mesmos padrões de proteção que os homens, à luz dos progressos científicos e tecnológicos conhecidos, especialmente com relação às funções de reprodução.

Declara ser necessário prover todos os trabalhadores de informações, assistência e serviços comunitários para facilitar a harmoniosa combinação de responsabilidade no lar e no trabalho, tendo em vista tornar totalmente efetivo, na prática, o direito de a mulher trabalhar fora do lar, sem discriminação[25].

Há formas indiretas de discriminação, tratadas por *Pinho Pedreira* em precioso artigo[26].

Cita a Diretiva n. 97/80 da Comunidade Europeia, relativa ao ônus da prova nos casos de discriminação em razão de sexo, onde há a definição de discriminação indireta:

Existirá discriminação indireta, quando uma disposição, critério ou prática aparentemente neutra afetar uma proporção substancialmente maior de membros de um mesmo sexo, salvo quando dita disposição, critério ou prática resultar adequada e necessária e puder se justificar com critérios objetivos que não estejam relacionados com o sexo.

Menciona a preocupação do Tribunal de Justiça da Comunidade Europeia com a legitimidade, dado seu efeito discriminatório sobre as mulheres, de normas sobre proteção social que:

a) estabelecem diferenças entre trabalhadores a tempo completo e a tempo parcial;

b) que dão relevância aos rendimentos do cônjuge;

c) criam um sistema de classificação profissional baseado nos critérios do esforço muscular e no caráter pesado do trabalho.

O Tribunal de Luxemburgo proferiu decisão, em setembro de 1999, sobre o tema da discriminação indireta, nos seguintes termos:

Discriminações indiretas. *Fattispecie*: exclusão de pessoal *part time* do gozo de uma gratificação — Subsiste a discriminação indireta com danos para as trabalhadoras, enquanto empregadas a tempo parcial mais frequentemente do que os trabalhadores.

Portanto, constitui discriminação indireta porque, embora se aplique independentemente do sexo do trabalhador, atinge número mais elevado de mulheres[27].

---

(25) LYON-CAEN, Gerard; CAMERINYNCK, G. H. *Droit du travail*. Paris: Dalloz, 1980. p. 406.
(26) A discriminação indireta. *Revista LTr*, n. 4, ano 65, abr. 2001. p. 402-406.
(27) *Rivista Italiana di Diritto del Lavoro*, ano XIX-2000, parte segunda, p. 3, *Apud* PEDREIRA, Pinho.

No direito estrangeiro, a lei portuguesa de 1979 (Decreto-Lei n. 392) garante às mulheres igualdade de tratamento no trabalho e a não discriminação. No art. 4º, 1, considera

> nulas e de nenhum efeito as disposições legais e regulamentares, bem como as disposições dos instrumentos de regulamentação coletiva de trabalho, dos contratos individuais de trabalho, dos regulamentos de empresa, dos estatutos de organizações sindicais ou de profissões independentes e dos regulamentos de carreiras profissionais, que limitem por qualquer forma o acesso das mulheres a qualquer em-prego, profissão ou posto de trabalho.

O art. 7º proíbe, nos anúncios de ofertas de emprego, qualquer restrição ou preferências baseadas no sexo, salvo em se tratando de moda, arte ou espetáculo, e quando tal seja essencial à natureza da tarefa; o art. 8º dispõe serem proibidos ou condicionados os trabalhos que impliquem riscos efetivos à função genética do homem e da mulher.

Disposições semelhantes são encontradas no direito francês, através das leis de 1975, 1979 e 1983. A respeito, dizem *Lyon-Caen* e *Camerlynck*, depois de se referirem à igualdade de direitos prevista na Constituição francesa:

> A cette justification politique de la pleine érnancipation de la feme s'ajoutent des considérations sociales — necessité d'un salaire d'appoint das Ia famille ouvriere — et économiques — insuffisanse de la maind'oeuvre masculine notamment dans le secteur tertiaire[28].

No mesmo sentido o direito espanhol, italiano e norte-americano, sendo que, neste último, a eficácia dessas medidas é assegurada por uma agência federal denominada "Equal Employment Opportunity Comission"[29].

Os governos da *Commonwealth* e da Austrália anunciaram, em setembro de 1986, medidas para estimular o interesse das mulheres por profissões tradicionalmente reservadas aos homens, a fim de eliminar os obstáculos à liberdade de profissão e, com isto, favorecer a igualdade de oportunidade[30].

Alice Monteiro de Barros destaca que algumas "ações positivas, como medidas temporárias destinadas a acelar a igualdade de fato entre os sexos, devem ser promovidas para corrigir os desequilíbrios da contratação das mulheres e o seu acesso aos diferentes cargos, a fim de que se possa assegurar a igualdade de resultados, pois a lei, por si só, não torna a igualdade substancial"[31].

Como se pode verificar, o movimento pela abolição da discriminação contra a mulher no trabalho, envolvendo a revogação de uma série de proibições tradicionalmente assentadas em muitos documentos internacionais e legislações internas, está em plena marcha.

---

(28) *Droit du travail*. Paris: Dalloz, 1980. p. 406.
(29) MAGANO. *Op. cit.*, p. 83.
(30) OIT. *Actualidade laboral*, n. 1, 1987. p. 215.
(31) BARROS. *Op. cit.*, p. 313.

VI. TENDÊNCIAS DOUTRINÁRIAS

A doutrina moderna é resumida por *Magano*:

A concepção protecionista, aqui sumariamente exposta, encontra-se presentemente em crise. Não há mais unanimidade de vistas a respeito da decantada fragilidade da mulher, prevalecendo antes a opinião de serem poucas as profissões, se é que realmente existem, em que as condições de trabalho sejam mais insalubres às mulheres do que aos homens. Sublinha-se, por outro lado, que o trabalho noturno apresenta as mesmas inconveniências tanto para o homem como para a mulher. Adiciona-se que a vedação à mulher de certas atividades importa, afinal, para ela, em discriminação negativa.

Conclui-se que as normas protecionistas só se justificam em relação à gravidez e à maternidade, devendo as demais serem abolidas, sobretudo quando engendrarem a possibilidade de discriminação[32].

O paradoxo que deflui das considerações até agora feitas, ou seja, a necessidade de supressão de medidas de proteção para que a mulher tenha reconhecida sua liberdade de trabalho e igualdade de direitos, é assim analisado por *Martinez Vivot*:

la situación jurídica y social de la mujer trabajadora, luego del cambio sustancial que a su respecto originó la revolución industrial, estuvo vinculada en su comienzo a una serie de de proposiciones, limitativas en nombre de su protección, y luego, particularmente en los últimos veinte años, a otras tendientes a suprimir precisamente casi todos aquéllas, en nombre de su igualación con el trabajador varón. Ocurre así la paradoja de que, en sus pretensiones recientes, entiendem las mujeres que su mejor proteción se haya en lograr que no existam normas específicas protectoras a su respecto, por que las mismas crean la desigualdad con el varón que trabaja e, según sostienen, operan en perjuicio de sus oportunidades laborales o de ganancia.

En esa línea, las legislaciones más modernas suprimieron, em los últimos tiempos, disposiciones que prohibían su trabajo en algunas oportunidades o tareas, y en determinados horarios, como el nocturno, para mantener solamente las limitaciones Ioborales en ocasián de su maternida[33].

A professora *Marly Cardone* diz:

Em assunto de mulher trabalhadora, entendemos haver demonstrado que sua problemática não pode ser dissociada da do homem, enquanto ambos são responsáveis pela reprodução da espécie. A chamada proteção à maternidade deve se estender numa proteção à paternidade.

Dir-se-á que estamos mais preocupadas em proteger o homem do que a mulher. Isto não procede porque, na medida em que houver um reconhecimento jurídico

---

(32) *Op. cit.*, p. 82-83.
(33) VIVOT, Julio J. Martinez. La remuneración de la trabajadora. In: *El salario:* estudios em homenaje al prof. Américo Plá Rodriguez. Montevideo: Amalio M. Fernandez, 1987. t. I, p. 673.

do direito do empregado a uma paternidade sadia, tanto do ponto de vista físico quanto emocional, estaremos aliviando a mulher de uma carga cultural.

Modernamente, não se pode entender que a maternidade seja a gestação, o parto e ainda a responsabilidade única e integral pelo cuidado e educação dos filhos. Cada vez mais a psicologia ensina que a participação do pai no cuidado e educação dos filhos leva a um contato afetivo que traz como consequência um equilíbrio não atingível em caso contrário... Pondo de lado a função fisiológica do parto e de cuidado imediato da prole, ser pai e ser mãe se equivalem, a menos que se queira reduzir a paternidade ao seu valor puramente biológico[34].

Cabe também lembrar a lição de *Osiris Rocha*, que considera superados os raciocínios sobre a inferioridade da mulher e propõe a prevalência apenas dos "argumentos em prol da tarefa da mulher, pela própria natureza: a maternidade"[35].

Conclui-se do exposto que não mais se justifica a proteção que determinados sistemas legais dedicam à mulher, eis que baseados em falsos preconceitos, ligados à superada noção de superioridade do homem, da fragilidade física, psíquica e moral da mulher, absolutamente incompatível com o mundo contemporâneo.

Apenas no plano da reprodução é que se deve admitir esquemas especiais e tutela do trabalho da mulher, dada a necessária prevalência do interesse público nessa matéria.

De todo o exposto, se podem extrair algumas conclusões.

a) O trabalho feminino sempre existiu ao longo da história da humanidade, mas nunca foi adequadamente valorizado.

b) A Revolução Industrial veio incrementar o trabalho da mulher na fábrica, em razão de vários fatores: redução do esforço muscular com o uso dos maquinismos, aumento da procura de mão de obra, a diminuição dos salários dos homens, obrigando as mulheres a contribuírem para o sustento da família e, por último, os baixíssimos salários pagos a estas, eis que consideradas "meia força".

c) As guerras, que absorveram grandes contingentes masculinos, também são apontadas como causa do estímulo ao trabalho da mulher.

d) Não é inteiramente verdadeiro que as primeiras leis do trabalho visassem à proteção das mulheres, eis que, muitas vezes, a causa real subjacente era diminuir o desemprego masculino por meio de restrições ao trabalho feminino.

e) Nas Convenções e Recomendações da OIT predomina a ótica protecionista, restritiva do trabalho da mulher em certas atividades, embora mais recentemente se venha notando modificação dessa orientação.

f) A doutrina tradicional costuma apontar a fragilidade da mulher no plano físico, psíquico e moral para justificar as medidas especiais de proteção.

---

(34) CARDONE, Marly. *Op. cit.*, p. 69.
(35) MAGANO, Octavio Bueno (coord.). *Curso de direito do trabalho.* Em conjunto com outros autores. São Paulo: Saraiva, 1985. p. 604.

g) O Direito Internacional está se encaminhando para a não discriminação da mulher em todos os campos, inclusive no trabalho, havendo uma Convenção da ONU sobre a eliminação de todas as práticas discriminatórias, entre outros documentos de grande importância.

h) No direito comparado merecem destaque as legislações francesa, italiana, espanhola, portuguesa e norte-americana, que revogaram muitos preceitos legais geradores de verdadeira discriminação contra o trabalho feminino.

i) Está emergindo uma nova doutrina sobre a matéria, contrária à falsa noção de inferioridade física, psíquica e moral da mulher e preconizando a supressão da discriminação.

j) As normas especiais devem se voltar à proteção da maternidade, dado o interesse público de que se reveste.

l) É imperativa a efetiva participação do homem, juntamente com a mulher, na vida familiar e na educação dos filhos, razão pela qual também aquele deve merecer proteção quanto a esse novo papel social, como já consagrado em algumas legislações estrangeiras.

m) Não pode ser esquecida, pois, a proteção à paternidade que, em última análise, contribui para a extinção da discriminação da mulher em função da maternidade.

n) É paradoxal que as medidas de proteção tenham ensejado, efetivamente, um prejuízo à mulher na medida em que incentivaram práticas discriminatórias.

o) A Constituição brasileira de 1988 proíbe expressamente a discriminação da mulher no trabalho no art. 7º, inciso XXX, e legislação infraconstitucional acabou por revogar as regras com aquela incompatíveis.

p) A promoção do mercado de trabalho da mulher e a repressão à discriminação estão legalmente previstas, e com medidas severas.

VII. DIREITO BRASILEIRO

Segundo *Alice Monteiro de Barros*, "nossa legislação, influenciada pelas normas internacionais, possuiu durante mais de meio século um caráter altamente tutelar em relação às mulheres, em geral, estabelecendo restrições que hoje não mais se justificam na sociedade contemporânea"[36].

A evolução antidiscriminatória foi lenta. O art. 446/CLT, que presumia a autorização marital, foi implicitamente revogado pelo Estatuto da Mulher Casada (1962) e depois, expressamente, pela Lei n. 7.855/89.

A Constituição Brasileira de 1988, no art. 5º, inciso I, consagra a igualdade entre homem e mulher.

---

(36) BARROS. *Op. cit.*, p. 309.

O art. 3º, inciso IV, declara ser um dos objetivos fundamentais da República "promover o bem de todos, sem preconceito de origem, raça, sexo, cor, idade e quaisquer outras formas de discriminação". E no art. 5º, inciso XLI, dispõe que "a lei punirá qualquer discriminação atentatória dos direitos e liberdades fundamentais".

O art. 7º, XXX, proíbe diferença de salários, de exercício de funções e de critério de admissão por motivo de sexo, idade, cor ou estado civil.

Como decorrência necessária desse modelo constitucional, perderam eficácia todos os preceitos da CLT restritivos ou proibitívos do trabalho da mulher em certas atividades.

No que tange ao acesso ao emprego, a Lei n. 5.473/68 considera nulas as disposições e providências geradoras de discriminação, entre brasileiros de ambos os sexos, para o provimento de cargos, sujeitos a seleção, tanto nas empresas privadas como nos quadros do funcionalismo público federal, estadual ou municipal, do serviço autárquico, das sociedades de economia mista e de empresas concessionárias de serviços públicos.

A Lei n. 7.855, de 24.10.1989, expressamente derrogou os arts. 374, 375, 378, 379, 380 e 387 da CLT, "não mais persistindo restrição ao trabalho noturno da mulher, o que representou um avanço considerável na legislação sobre a matéria, pois a proibição reforçava uma divisão sexista de atividades, sem qualquer respaldo científico"[37], nas palavras de *Alice Monteiro de Barros*.

As leis posteriores alteraram profundamente os demais preceitos da CLT. São as Leis ns. 9.799/99, 9.029/95, 10.244/01 e 10.421/02.

Cabe lembrar também a Lei n. 8.177/91, em seu art. 39, § 1º.

O art. 376 da CLT foi revogado pela Lei n. 10.244, mas tal nem seria necessário porque era claramente inconstitucional. Ao permitir o trabalho extraordinário da mulher somente em casos "excepcionais", deu-lhe tratamento discriminatório na medida em que para os homens prevalece a possibilidade de hora suplementar habi-tual, sem qualquer justificativa, a teor do art. 59 da CLT. É bem verdade que este último dispositivo constitui verdadeira contradição em termos, como já apontado em doutrina, eis que o horário extra jamais deve ser prestado de forma permanente, contínua.

Por isto, pode-se dizer que o art. 376 tratava melhor a matéria. Mas, ao distinguir entre sexo masculino e feminino para o trabalho extra, agredia o texto constitucional, trazendo por consequência a restrição do campo de trabalho da mulher e da mobilidade de mão de obra, acarretando menor possibilidade de ganho àquela.

A Lei n. 9.029, no art. 2º, cria o crime de discriminação contra a mulher, com pena privativa de liberdade e multa de até 10 vezes o maior salário pago na empresa. É muito severa, podendo desestimular a contratação de mulheres.

No caso de dispensa discriminatória, a mulher tem a opção da reintegração, com todos os salários do período de afastamento até o retorno, ou indenização equivalente ao dobro desses mesmos salários.

---

(37) BARROS. *Op. cit.*, p. 309.

O art. 373-A da CLT, trazido pela Lei n. 9.799/99, traz várias normas antidiscriminatórias.

VIII. JORNADA

Submete-se às mesmas regras aplicáveis ao trabalho masculino. Assim, estão revogados os períodos especiais de descanso.

IX. TRABALHO PENOSO, INSALUBRE OU PERIGOSO

Não há tratamento especial. Quanto ao art. 390, que proíbe força muscular superior a 20 quilos para trabalho contínuo ou 25 quilos para trabalho ocasional, a doutrina majoritária considera vigente.

Alice Monteiro de Barros considera ser ideal abolir a restrição do art. 390 da CLT, submetendo a apreciação de cada caso às condições especiais da empregada, em contraponto ao tempo consumido nas atividades, nos casos em que a trabalhadora encontra-se em estado gestacional. Tais trabalhos poderiam ser individualizados mediante convenção coletiva, à semelhança do que ocorre com a Lei italiana n. 903, de 1977 (art. 1º, § 4º).

X. MATERNIDADE

A CV n. 103, ratificada, atribui à Seguridade Social as prestações por maternidade.

No Brasil, a licença maternidade é custeada pelo sistema de previdência social, independentemente de período de carência, abrangendo 28 dias antes do parto e 92 dias depois, conforme os arts. 71 a 73 da Lei n. 8.213, de 24.7.1991, e art. 91 do Decreto n. 611, de 21.7.1992. Trata-se, portanto, de uma prestação previdenciária.

Esses períodos podem ser aumentados em duas semanas, por recomendação médica (art. 1º, Lei n. 10.421/02).

O mesmo direito é concedido no caso de adoção ou guarda judicial, para crianças até 1 ano. Passa a 60 dias para criança até 4 anos, e 30 dias para criança até 8 anos.

O valor é o do salário mensal, sem o limite de R$ 1.200,00, segundo decidido pelo STF na ADIN n. 1.946/99, interpretando o art. 7º, XVIII.

Só é devido o benefício enquanto existir a relação de emprego, conforme o art. 95 do Decreto n. 611/92. Cabe ao empregador o pagamento, "efetivando-se a compensação quando do recolhimento das contribuições sociais sobre as folhas de salário" (art. 92). Com relação às trabalhadoras avulsas e domésticas, a previdência social paga-o diretamente às beneficiárias.

No caso de injusta dispensa, o empregador arca com os ônus do salário--maternidade, na forma dos arts. 392 e 393 da Consolidação das Leis do Trabalho. Nesse sentido, já decidiu o Tribunal Superior do Trabalho, proclamando que "a despedida da gestante, sem justa causa, impõe o pagamento do salário-maternidade, desde a data da dispensa imotivada" (Ac. unânime, Rel. Ministro Francisco Fausto, 3ª T., RR.4273/89, DJU 19.10.1990. p. 11.581). Tal decisão põe em evidência tratar-se o salário-maternidade, efetivamente, de uma obrigação patronal, que se transformou em prestação previdenciária, mediante a correspondente fonte de custeio. Expressa a tendência à diluição e repartição por toda a sociedade dos riscos sociais a que se sujeitam os trabalhadores.

Na hipótese de parto prematuro, não se modifica o direito da mãe trabalhadora ao período de 120 dias, conforme o art. 91, § 2º, do Decreto n. 611/92.

Hoje a legislação "se encontra em consonância com a norma internacional que garante à gestante a licença-maternidade, sem distinção entre parto normal ou prematuro, exatamente porque uma criança prematura exige cuidados especiais por maior período. No mesmo sentido é o art. 93, § 4º do Regulamento da Previdência Social (Decreto n. 3.048, de 6 de maio de 1999)".

O fato de a criança ter falecido não elide a pretensão. É que o dispositivo constitucional pertinente, o art. 392 consolidado e a lei previdenciária não exigem que a criança nasça com vida, para que a empregada tenha direito à licença-maternidade e à garantia de emprego. Logo, onde o legislador não distingue, não cabe ao intérprete fazê-lo[38].

Se houver aborto não criminoso, transforma-se a licença-maternidade em repouso remunerado de duas semanas, conforme o art. 395 da CLT e o art. 91, § 3º, do Decreto n. 611/92.

É possível a prorrogação desse prazo, com o acréscimo de duas semanas antes e duas semanas depois do parto, a teor do § 2º do art. 392, que não se incompatibiliza com a norma constitucional[39]. Não fora isto, tal deflui da regra expressa do art. 91, § 1º, do Decreto n. 611/92.

Sendo o salário variável, far-se-á a média dos últimos seis meses, consoante o art. 393 da CLT.

A teor do Enunciado n. 142 do TST, "empregada gestante, dispensada sem motivo, antes do período de 6 semanas anteriores ao parto, tem direito à percepção do salário--maternidade".

Anteriormente à lei que criou a fonte de custeio da licença-maternidade, discutiu--se muito em doutrina e jurisprudência a autoaplicabilidade ou não da regra constitucional. Os que a negavam, formando corrente majoritária, buscaram sustento na

---

(38) BARROS. *Op. cit.*, p. 317.
(39) PIC, Paul citado por MAGANO. *Manual...*, cit., p. 81.

própria Constituição, ao estatuir que "nenhum benefício ou serviço da seguridade social pode ser criado, majorado ou estendido sem a correspondente fonte de custeio total (art. 195, § 5º).

A tese contrária fundava-se no § 1º do art. 5º da Constituição, que atribui aplicação imediata aos direitos e garantias fundamentais, nos quais se incluem os direitos sociais.

Outra questão é o seu cabimento nos contratos por tempo determinado. Para *Silvia Regina Rocha*, "mesmo tratando-se de contrato a prazo, desde que o termo final não se dê antes do início do período de licença, a esta tem direito a empregada"[40]. No mesmo sentido a Juíza *Adriana Goulart de Sena*, para quem, "se a gravidez já estava no período das seis semanas anteriores ao parto, receber o salário correspondente a esse prazo; se, entretanto, a gravidez não atingiu o período retroaludido, nada lhe é devido porque o contrato era por prazo determinado e não houve o ânimo do empregador de fraudar a lei"[41].

Em se tratando de termo final de contrato de experiência, extinto antes do período de quatro semanas que precede o parto, dispõe o Enunciado n. 260 do TST não ser devido o salário-maternidade.

Quanto ao trabalho rural, o art. 1º da Lei n. 5.889/73 manda aplicar os preceitos da Consolidação das Leis do Trabalho às relações de trabalho rural, no que não colidirem com suas normas. Consequentemente, tem a trabalhadora rural direito à licença-maternidade. Para *Indalécio Gomes Neto*, "o direito ao salário-maternidade tem como titular a empregada, sujeito da relação de emprego, e não a segurada, sujeito da relação de previdência social. Veja-se que a jurisprudência é pacífica ao atribuir ao empregador o pagamento do salário-maternidade sempre que este pratique a despedida sem justa causa, no curso da gravidez e antes do período previsto no art. 392 da CLT, não havendo nesta hipótese reembolso junto à Previdência. Conclusão: a trabalhadora rural tem direito ao afastamento remunerado, no período de quatro semanas antes e oito semanas depois do parto, sem prejuízo do salário, cabendo ao empregador efetuar o pagamento, obedecidas as prescrições legais referentes ao pagamento dos salários. Aplicação do art. 1º da Lei n. 5.889/73 e art. 4º do Regulamento aprovado pelo Decreto n. 73.626/74, combinado com os arts. 392 e 393 da Consolidação das Leis do Trabalho[42].

Merece destaque o seguinte acórdão:

> A proteção jurídica à maternidade, conquanto vise a resguardar a mulher gestante trabalhadora de riscos de ordem biológica, econômica e profissional, tem finalidade transcendente ao interesse pessoal do obreiro. O legislador pátrio, através da Lei n. 5.889/73 (art. 1º) e do Decreto n. 73.626/74 (art. 4º), estendeu a aplicação, inclusive das disposições dos arts. 391 e 393, da Consolidação, às relações de trabalho rural. Por força dessas predeterminações legais, faz jus o rurícola, no período de duração da licença-

---

(40) *Apud* MAGANO. *Op. cit.*, p. 85.
(41) OIT. *Introducción a las condiciones y el medio ambiente de trabajo*, Genebra, 1987. p. 151.
(42) SÜSSEKIND, Arnaldo. *Direito internacional do trabalho*. São Paulo: LTr, 1987. p. 298.

-maternidade, à percepção do salário-maternidade, devido pelo empregador, em virtude da relação jurídica de emprego (TRT 3ª Região, RO 1194/89, 24.11.1989, Rel. Nilo Álvaro Soares).

A proteção à maternidade, por outro lado, envolve mudança dos papéis do homem e da mulher na sociedade e na família.

É necessária a participação masculina na vida familiar e na educação dos filhos, razão pela qual as normas jurídicas devem voltar-se para esse novo papel social. A proteção à paternidade contribui para a redução da discriminação da mulher em função da maternidade.

A) Garantia de emprego

A maternidade é protegida no direito brasileiro, em primeiro lugar, pela garantia de emprego à gestante, eis que se veda a sua dispensa arbitrária ou sem justa causa, conforme a Constituição, em seu art. 10, II, *b*, das Disposições Transitórias: "II — fica vedada a dispensa arbitrária ou sem justa causa:... b) da empregada gestante, desde a confirmação da gravidez até cinco meses após o parto".

A garantia de emprego nasce com a confirmação da gravidez, normalmente através de atestado médico apresentado ao empregador. Prevalece o entendimento de se tratar de uma responsabilidade patronal, que independe de comunicação oficial do estado gravídico, como se vê deste acórdão do Tribunal Superior do Trabalho:

> O escopo das normas protetivas da empregada gestante é o nascituro, a quem se pretende assegurar fonte de renda ao menos nos primeiros meses de vida, através da preservação do vínculo de emprego materno. Infelizmente, contudo, a jurisprudência ainda se orienta no sentido do Enunciado n. 244, não admitindo a reintegração, mas apenas reconhecendo o direito aos salários do período. Mas, sem dúvida alguma, para que estes sejam devidos, basta o fato objetivo da gestação, pouco importando a ciência deste pelo empregador ou até mesmo, pela própria mãe, daí porque ser irrelevante se a confirmação médica foi anterior ou posterior à dispensa (TST, 5ª Turma, RR 73.400, Rel. Min. Antonio Maria Thaumaturgo Cortizo, 15.12.1993, publicado no *Repertório IOB de Jurisprudência*, n. 7/94, p. 108, Ementa n. 8.676).

No caso de norma coletiva mais favorável, prevalecerá sobre a norma constitucional.

Da análise da norma instituidora da garantia se poderia inferir que a dispensa arbitrária ou sem justa causa da gestante é nula, ensejando a reintegração no emprego e a continuidade do vínculo até o termo final da estabilidade. Inclusive, para *Russomano*, com base no art. 543 da CLT, que beneficia o dirigente sindical com estabilidade após o fim do mandato, dever-se-ia, mediante lei, fazer a garantia de emprego da gestante perdurar até um ano após o período referido na norma constitucional[43].

Alice Monteiro de Barros chega inclusive a propor que seja inserida na regra consubstanciada pelo art. 659 da CLT, à semelhança do que se verificou com o dirigente sindical, uma liminar de reintegração para esses casos de garantia de emprego, que

---

(43) SÜSSEKIND, Arnaldo. *Op. cit.*, p. 298.

põem em risco direitos relevantes das partes, como o direito ao emprego e à prestação laboral correspondente[44].

O Tribunal Superior do Trabalho, através da Súmula n. 244, editada antes da Carta de 1988, vem limitando o alcance da garantia constitucional, de modo a transformar a nulidade da dispensa em mero direito aos salários do período protegido.

A despedida da gestante só pode ocorrer em face de causa objetiva que afaste o puro arbítrio patronal, podendo ser assim entendida a razão econômica, financeira ou técnica, por aplicação analógica do art. 165 da CLT, à falta de norma específica.

A dispensa por justa causa, a seu turno, é aquela arrimada em qualquer das alíneas do art. 482 da CLT.

Por esta razão, entendemos não se tratar de estabilidade, que impõe controle judicial *a priori*, mediante inquérito proposto pelo empregador. O caso é de mera proteção contra a dispensa arbitrária, com controle judicial *a posteriori*, por iniciativa da empregada.

As trabalhadoras domésticas não têm direito à garantia de emprego porque o art. 10 das Disposições Constitucionais Transitórias, ao instituir essa vantagem, qualifica-a como regulamentação provisória do art. 7º, I, que não se aplica àquelas (*vide* parágrafo único do art. 7º da CF/88).

B) Amamentação

A legislação brasileira também se preocupa com o amparo do recém-nascido. Até que a criança atinja 6 meses de idade, prazo esse que poder ser dilatado a critério da autoridade competente, tem a mãe direito a dois descansos especiais, de meia hora cada um, para amamentação. Tais descansos se incluem na jornada de trabalho e asseguram direito à remuneração (art. 396 da CLT).

Está assentado na jurisprudência que "os dois intervalos de meia hora garantidos pelo art. 396, da CLT, para amamentação de filho, até seis meses de idade, integram a jornada de trabalho, por serem intervalos remunerados" (TRT-9ª Reg., 2ª T., Proc. RO-1.359/87; Rel. Juiz Romeu Daldegan; BJ n. 10/87).

Alice Monteiro de Barros propõe a extensão deste intervalo a um dos pais, quando se tratar de aleitamento artificial, como já ocorre na legislação espanhola, a fim de que se estreitem os elos afetivos entre filhos e pai, tornando este último cada vez mais responsável pelos cuidados com aqueles[45].

---

(44) BARROS. *Op. cit.*, p. 328.
(45) BARROS. *Op. cit.*, p. 319.

DIREITO DO TRABALHO E MEIO AMBIENTE[*]

Luiz Carlos Amorim Robortella

I

Viver rodeado por um meio ambiente saudável constitui direito humano fundamental de terceira geração, conforme assentado pela moderna teoria geral do direito, seguindo-se assim aos de primeira (vida, liberdade) e de segunda geração (os chamados econômico-sociais, como salário mínimo, férias, seguridade social etc.).

O professor português *Dias Marques* diz que os direitos de terceira geração, como apanágio da cidadania, se caracterizam por engendrar um "processo coletivo de satisfação" que os distingue de outros interesses plurais independentes[1].

Os direitos de terceira geração são aqueles de titularidade coletiva, que interessam a todos e a cada um em particular, podendo ser citados, além do meio ambiente, o direito à paz e ao desenvolvimento econômico.

No caso do meio ambiente, o que se preserva é o acesso de todos à qualidade de vida, tratando de que a saúde corporal e mental não seja atingida por agressões ambientais decorrentes do desenvolvimento da tecnologia, dos processos e necessidades produtivas, dos maquinismos e da explosão urbana.

Mas não se deve pensar e planejar a proteção da natureza e do meio ambiente em benefício exclusivo do ser humano, mas sim como um pressuposto inerente a todas as formas de vida animal, vegetal ou mineral[2].

O ambiente saudável deve ser obtido mediante uma relação ecologicamente equilibrada entre as várias espécies animais, plantas, flores, assim como pela preservação da limpeza dos rios, dos oceanos e da atmosfera.

(*) Publicado originalmente no livro *Os novos paradigmas do direito do trabalho* — homenagem a Valentin Carrion. São Paulo: Saraiva, 2001.
(1) *Apud* VILHENA, Paulo Emílio Ribeiro de. Ação civil pública e tutela do trabalhador. In: GALVÃO JUNIOR, Juraci e outro (coords.). *Estudos do direito do trabalho e processo do trabalho*. São Paulo: LTr, 1998. p. 173.
(2) Nessa matéria devem ser afastados conceitos rígidos, sendo preferível adotar largas bandas, pois se trata de qualidade de vida, como diz João José Sady em preciosa monografia, acrescentando que "já não é mais possível considerar a proteção da natureza como um objetivo decretado pelo homem em benefício exclusivo do próprio homem" (*Direito do trabalho e o meio ambiente*. Tese de doutorado em direito do trabalho. São Paulo: PUC-SP, 1999. p. 14).

Da mesma forma, quando se cuida da saúde do trabalhador, devem-se incluir todas as espécies de trabalho humano e não apenas aquelas que têm como configuração jurídica a relação de emprego.

Seria uma limitação desarrazoada, incompatível com o trato amplo, expansivo, multidisciplinar, que a matéria exige. Seria confinar fatores naturais às premissas dogmáticas, naturalmente mutáveis, das ciências jurídicas e sociais, eis que determinadas por condicionantes meramente culturais e históricas.

No dizer de *Fiorillo* e *Nahas*,

> quando se diz que todos têm direito à sadia qualidade de vida, afloram dois objetos de tutela: um, imediato, que é qualidade do meio ambiente; outro, mediato, trazido pela garantia da saúde, bem-estar e segurança da população. Daí conclui-se que o objeto do direito ambiental é a própria vida. Mas não apenas a vida humana, e sim toda a forma de vida que possa garantir sua saúde e dignidade. Indo o legislador mais além, não só submeteu a tutela ambiental entre as chamadas cláusulas pétreas, como também acabou por frisar sua importância nos princípios e fundamentos da República, instituídos nos arts. 1º e 3º da Constituição Federal[3].

Há, pois, uma ordem pública tecnológica ou ambiental que atrai a tutela através do poder do Estado, abrangendo todos os cidadãos e, consequentemente, os trabalhadores. Desse modo, amplia-se a proteção ao trabalhador, desgarrando-a da estreita bitola dos conceitos de insalubridade, periculosidade ou mesmo penosidade, para alcançar uma dimensão mais vasta e axiologicamente mais densa: a saúde[4].

Afinal, vive-se o que *Bobbio* denomina a "era dos direitos" e, nesse contexto, inclui-se o direito ambiental, conceituado como o conjunto de normas, princípios e instituições voltados a preservar a qualidade de vida, a saúde humana e o equilíbrio entre a natureza e o homem.

No direito brasileiro, a tutela do meio ambiente, em termos gerais e também especificamente nas relações de trabalho, é prevista em vários preceitos da Carta de 1988.

II

O meio ambiente de trabalho pode ser definido como "o conjunto das condições, leis, influências e integrações de ordem física, química e biológica, que permite, abriga e rege a vida das pessoas nas relações de trabalho"[5]. É, em outras palavras, o complexo de fatores físicos, químicos ou biológicos que atuam sobre o trabalho humano, em todas as suas formas.

---

(3) FIORILLO, Celso Antonio Pacheco; NAHAS, Thereza Christina. Meio ambiente do trabalho: riscos ambientais criados — prevenção e reparação. In: PAMPLONA FILHO, Rodolfo. *Estudos de direito em homenagem a José Augusto Rodrigues Pinto.* São Paulo: LTr, 1998. p. 600-604.
(4) SADY. *Op. cit.*, p. 81.
(5) SADY. *Op. cit.*, p. 15-16.

Não se limita, e nem deveria, como já demonstrado, limitar-se à figura do empregado, embora este, consideradas as circunstâncias em que evoluiu historicamente o direito do trabalho, seja aquele que mais proteção obteve através da intervenção estatal ou da negociação coletiva.

Diante das modificações que se produzem nos processos produtivos, como as inovações tecnológicas, o teletrabalho e o trabalho em domicílio, que levam à desconcentração da mão de obra, talvez se deva modificar o conceito de ambiente laboral, para não mais restringi-lo ao espaço interno da fábrica ou da empresa, mas sim estendê-lo à moradia e ao ambiente urbano[6].

O que interessa é a proteção ao meio ambiente onde o trabalho humano é prestado, qualquer que seja a condição do seu exercício. Merecem proteção, portanto, também os trabalhadores autônomos, avulsos, eventuais, temporários etc.[7]

Nas atividades terceirizadas, uma das maiores críticas de sindicatos e estudiosos está no fato de nem sempre se assegurar aos empregados da empresa fornecedora, quando o serviço é executado no estabelecimento da tomadora, uma proteção idêntica à dos trabalhadores desta, no que concerne aos riscos ambientais.

Esta é, com efeito, uma das manifestações perversas da terceirização descuidada e muitas vezes fraudulenta: trabalhadores que atuam lado a lado, exercendo funções semelhantes ou mesmo idênticas, não gozam da mesma proteção contra os riscos ambientais.

Tal comportamento é injustificável, ética e juridicamente. A preservação da saúde não pode ser desigual apenas pelo fato de os trabalhadores manterem vínculos jurídicos formais com empregadores distintos, pois, afinal, o meio ambiente nocivo os agride igualmente.

No sistema jurídico brasileiro, a segurança e medicina do trabalho constituem um mero segmento do direito ambiental. Cuidam exclusivamente de aspectos ligados ao contato direto com agentes lesivos à saúde do trabalhador subordinado, ou seja, o empregado, no âmbito do estabelecimento do empregador, e desde que haja previsão expressa em quadros previamente elaborados.

Para o inesquecível *Valentin Carrion*, a segurança e a medicina do trabalho são ciências voltadas "à proteção física e mental do homem, com ênfase especial para as modificações que lhe possam advir do seu estado profissional. Visa principalmente as doenças profissionais e os acidentes do trabalho"[8].

O direito ambiental está se constituindo em novo ramo do direito, formado a partir de conteúdos diversos, multidisciplinares, recolhidos em vários outros, a partir de uma identificação dogmática e afinidade teleológica[9].

---

(6) ROCHA, Julio Cesar de Sá da. *Direito ambiental e meio-ambiente do trabalho*. São Paulo: LTr, 1997. p. 22-30.
(7) FIORILLO; NAHAS. *Op. cit.*
(8) CARRION, Valentin. *Comentários à CLT*. São Paulo: Saraiva, 1997. p. 157.
(9) SADY. *Op. cit.*, p. 30-31.

III

A Constituição de 1988 assegura ao trabalhador tratamento nunca antes visto em qualquer dos textos constitucionais anteriores, havendo um capítulo específico ao meio ambiente e diversas referências.

O art. 7º, no inciso XXII, preconiza a redução dos riscos inerentes ao trabalho por meio de normas de saúde, higiene e segurança; no inciso XIII estabelece jornada de seis horas para os turnos ininterruptos de revezamento; o inciso XVIII estipula adicional de remuneração para atividades penosas, insalubres e perigosas.

Na seção reservada à saúde, no art. 200, VIII, diz:

Ao sistema único de saúde compete, além de outras atribuições, nos termos da lei:

...

VIII — colaborar com a proteção do meio ambiente, nele compreendido o do trabalho.

O art. 225 proclama que "todos têm direito ao meio ambiente ecologicamente equilibrado, bem de uso comum do povo e essencial à sadia qualidade de vida, impondo-se ao Poder Público e à coletividade o dever de defendê-lo e preservá-lo para as presentes e futuras gerações".

Na legislação infraconstitucional pertinente ao ambiente de trabalho, além da própria Consolidação das Leis do Trabalho, merece realce a Lei n. 6.938/81, com as alterações das Leis ns. 7.804/89 e 8.028/90.

A Lei n. 8.080, de 19 de setembro de 1990, criou o plano nacional de saúde, que tutela o meio ambiente no trabalho, com as atribuições específicas do Sistema Único de Saúde (SUS).

Há que mencionar também as Leis ns. 8.212/91 e 8.213/91 que, com os respectivos regulamentos, disciplinam a organização, o custeio e os benefícios da previdência social (Decretos ns. 2.173/97 e 2.172/97).

Competem ao SUS atividades de proteção à saúde do trabalhador através de Comissões Intersetoriais, com adoção de políticas de controle das agressões ao meio ambiente de trabalho.

A Lei n. 6.938 define como poluição a "degradação da qualidade ambiental resultante de atividades que direta ou indiretamente: prejudiquem a saúde, a segurança e o bem-estar da população ou afetem as condições estéticas ou sanitárias do meio ambiente" (art. 3º, III), e como poluidor "a pessoa física ou jurídica, de direito público ou privado, responsável, direta ou indiretamente, por atividade causadora de degradação ambiental".

A degradação do ambiente do trabalho, resultante de atividades que prejudicam a saúde, a segurança e o bem-estar dos trabalhadores, impõe ao poluidor a obrigação de recuperar e/ou indenizar os danos causados, independentemente da existência de culpa (arts. 4º e 14 da Lei n. 6.938/81).

É dever da empresa prestar informações pormenorizadas sobre os riscos da operação a executar e do produto a manipular, segundo o art. 19, § 3º, da Lei n. 8.213/91.

Frise-se que o art. 225, § 3º, da Constituição Federal, estabelece que "as condutas e atividades lesivas ao meio ambiente sujeitarão os infratores, pessoas físicas ou jurídicas, as sanções penais e administrativas, independente da obrigação de reparar os danos causados".

Como se vê, há obrigações da empresa para com a coletividade, inconfundíveis com aquelas dirigidas aos seus trabalhadores.

IV

A participação das entidades sindicais na prevenção e reparação dos danos causados pelo ambiente de trabalho deverá se intensificar e assumir extraordinária relevância, na opinião de *Rocha*[10].

Isto porque, afinal, os interesses coletivos dos trabalhadores estão na essência da atividade dos sindicatos, sendo este um dos aspectos em que a substituição processual consagrada na Constituição Federal encontra mais campo para desenvolvimento. Veja-se este aresto da 5ª Turma do Tribunal Regional Federal da 4ª Região:

> Sindicato — Legitimidade — Ações em Defesa da Categoria. O sindicato tem legitimidade para promover ações judiciais em defesa dos direitos coletivos ou individuais da categoria, sempre que haja compatibilidade entre o objeto da demanda e a finalidade institucional da entidade. Interpretação demasiadamente restritiva dos dispositivos constitucionais que asseguram tal legitimação acabaria por torná-los letra morta, frustrando os objetivos que os inspiram (TRF — 4ª Região — AC. 94.04.25279-4/SC — 5ª T. — Rel. Juiz Amir José F. Sarti — DJU 23.8.1995).

Assim, legitimados estão os sindicatos profissionais, com base no art. 8º, III, da Constituição Federal, à propositura de ações coletivas diversas, como a ação civil pública ambiental e o mandado de segurança, para proteger os integrantes da categoria profissional.

A legitimidade do sindicato nos parece inquestionável, na medida em que estará a cuidar de interesses metaindividuais[11].

Além disto, pode também o trabalhador acidentado postular individualmente a indenização de que trata o art. 7º, XXVIII da Constituição Federal, nos casos de dolo ou culpa do empregador na geração de riscos ambientais.

V

O Superior Tribunal de Justiça, no julgamento do Conflito de Competência n. 3.639-1-RS, entre a Justiça Comum Estadual e Justiça do Trabalho, reconheceu a

---

(10) ROCHA. *Op. cit.*, p. 66-67.
(11) MAZZILLI, Hugo Nigro. *A defesa dos interesses difusos em juízo.* São Paulo: RT, 1991. p. 110.

competência desta última para conhecer de ação civil pública sobre meio ambiente do trabalho. A ementa é a seguinte:

> Conflito de competência — Ação de natureza trabalhista — Competência da justiça especializada: 1. A Justiça do Trabalho é competente para processar e julgar as ações tipicamente trabalhistas. 2. Conflito conhecido e provido para declarar competente a 13ª Junta de Conciliação e Julgamento de Porto Alegre para julgar as duas ações propostas (STJ — 1ª Seç. — 23.3.1993 — Rel. Min. Peçanha Martins).

A matéria, aliás, já foi resolvida pelo Supremo Tribunal Federal, como se vê deste aresto:

> COMPETÊNCIA MATERIAL DA JUSTIÇA DO TRABALHO — MEIO AMBIENTE DE TRABALHO. Ação civil pública proposta em defesa dos interesses coletivos dos trabalhadores bancários, ligados à segurança e medicina do trabalho, deve ser apreciada pela Justiça do Trabalho, uma vez que a controvérsia é de natureza trabalhista, visando o respeito às normas legais atinentes ao meio ambiente do trabalho (STF-RE 206.220-1-MG, Rel. Min. Marco Aurélio, *LTr* 64-03/361)

VI

As CIPAs, comissões internas de prevenção de acidentes, apesar de sua estrutura paritária e das garantias oferecidas aos representantes dos empregados, não vêm cumprindo o papel que a elas foi destinado pelo legislador.

Frequentemente as reuniões são atos burocráticos, formais, apenas para atender a exigências da lei, mas sem uma concreta participação e interferência nos programas de prevenção dos riscos ambientais.

Há uma visão estreita de suas funções, condicionada pela legislação trabalhista de insalubridade e periculosidade, em prejuízo de uma perspectiva mais ampla, voltada para o meio ambiente de trabalho em todos os seus matizes.

Em fórum nacional realizado pelo Ministério do Trabalho em 1994, sobre segurança e saúde do trabalhador, *Raquel Maria Rigotto* levantou a importante questão da dificuldade de atuação efetiva das representações de trabalhadores, tais como as CIPAs, na prevenção dos danos ao trabalhador. Observou inclusive que, na legislação, as expressões utilizadas para a atividade das CIPAs são tímidas, tais como "sugerir", "recomendar", "analisar", "arquivar"[12].

VII

Parece-nos necessária uma revisão dos conceitos que presidem a disciplina legal das atividades que causam dano físico ao trabalhador.

---

(12) *Apud* ROSSI JUNIOR, Carlos Alberto. As perícias de insalubridade e de periculosidade na era de mudanças: qualidade e criatividade em prol da otimização do meio ambiente e das condições de trabalho. *Suplemento Trabalhista LTr*, n. 91/99, São Paulo, 1999, ano 35, p. 503.

Mais do que uma indenização pelo trabalho em condições ambientais danosos, dever-se-ia cuidar de eliminar todos os agentes nocivos.

No direito internacional, a Convenção n. 148 da Organização Internacional do Trabalho, que cuida dos riscos profissionais no local de trabalho decorrentes de contaminação do ar, do ruído e vibrações, tem como princípio fundamental a eliminação do atentado à saúde, e não apenas sua neutralização.

Para *Fiorillo* e *Nahas*,

tanto as normas expedidas pela Consolidação como pela Portaria n. 3.214/78 já não são suficientes para proteger o meio ambiente do trabalho não só porque a Carta Magna proíbe tarifar lesões em face do direito à vida como pelo argumento de que, ainda que assim não fosse, os adicionais de insalubridade e periculosidade apontam valores ínfimos e certamente não serviriam à compensação ao empregado que desenvolve suas atividades em ambiente que tais[13].

Necessária se faz maior preocupação com os aspectos ergonômicos. A ergonomia tem por fim o estudo de sistemas para que as máquinas possam funcionar no ambiente de trabalho em harmonia com o homem[14].

Segundo *Rocha*[15], a valorização excessiva do uso de Equipamentos de Proteção Individual (EPIs) como medida de proteção à saúde é um equívoco, pois sua utilização não corrige as deficiências ambientais existentes e tampouco elimina a ação dos agentes insalubres no organismo do trabalhador.

Os ambientes de trabalho insalubres devem ser abolidos, a nosso ver, definitivamente.

Para alguns, os limites de tolerância previstos na Portaria n. 3.214/78 são inconstitucionais, atentando contra princípios de proteção expressos na Carta de 1988.

VIII

Para concluir, parece que caminhamos, como diz *Mancuso*, para uma noção de *habitat laboral*, ou seja, o ambiente de trabalho, encarado como fator de qualidade de vida do trabalhador *lato sensu*, a partir de uma concepção mais ampla que atrai tudo que envolve e condiciona, direta e indiretamente, o local onde o ser humano busca sua realização profissional e econômica, na busca do equilíbrio com o ecossistema.

Quando esse *habitat* é inadequado e não propicia condições mínimas para uma razoável qualidade de vida do trabalhador, estar-se-á diante de lesão ao direito ambiental do trabalho[16].

---

(13) *Op. cit.*, p. 611.
(14) *Op. cit.*, p. 612.
(15) *Op. cit.*, p. 41-42.
(16) MANCUSO, Rodolfo de Camargo. Ação civil pública trabalhista: análise de alguns pontos controvertidos. *Revista do Ministério Público do Trabalho*, n. 12. São Paulo: LTr, 1996. p. 59.

ESTABILIDADE POR ACIDENTE DO TRABALHO — APONTAMENTOS(*)

Antonio Galvão Peres

I. INTRODUÇÃO

Os acidentes de trabalho, por mais que sejam adotadas medidas para sua eliminação, constituem riscos inerentes a qualquer atividade. Atacam diretamente o trabalhador e, nessa esteira, a regra de que a empresa suporta os riscos do empreendimento (art. 2º da CLT) ganha relevo apenas em fase reparatória ou nas medidas de prevenção.

A estabilidade provisória é uma das formas de proteção aos acidentados que se insere em fase reparatória. O empregado apanhado por infortúnio súbito ou acometido de doença relacionada ao trabalho é protegido pela garantia especial, não podendo ser despedido sem justa causa por determinado lapso de tempo.

Evidentemente não se trata de *prêmio* ou *benefício*, mas de mecanismo reparatório, que, na prática, frequentemente se afigura paliativo. A legislação brasileira, como se demonstrará neste estudo, não assegura a estabilidade a qualquer trabalhador acidentado, mas apenas àquele que gozou de específico benefício previdenciário. Há sensível diferença entre as hipóteses, o que, na prática, é fonte de inúmeras injustiças.

Os tribunais têm de enfrentar o dilema da aplicação estrita da norma, que não contempla garantia alguma para determinados riscos, e da atenção aos fins sociais que a inspiraram. Por vezes acabam por legislar nos casos concretos, subvertendo os mecanismos deliberadamente escolhidos pela lei que em tese deveriam apenas interpretar.

Há outras questões igualmente polêmicas, como as garantias após o retorno ao trabalho no período de estabilidade, as repercussões da existência de grupo econômico, as consequências da extinção das atividades da empresa, a possibilidade de renúncia da garantia pelo trabalhador e a interpretação das normas coletivas mais favoráveis.

Este estudo procura dar relevância às questões de maior indagação jurídica, sem, contudo, desprezar por completo os conceitos fundamentais que regem a matéria.

(*) Publicado originalmente na *Revista LTr*, v. 69, n. 10, São Paulo: LTr, out. 2005. p. 1.234-1.245.

II. TERMINOLOGIA

As vozes da doutrina não são uníssonas quanto à terminologia para designar os limites impostos ao empregador para rescisão dos contratos de trabalho. São frequentes, entretanto, as denominações *estabilidade* e *garantia de emprego*.

Há quem utilize a palavra *estabilidade* de forma contraposta à expressão *garantia de emprego*. Nesse sentido, a *estabilidade* revelaria a proibição de dispensa sem a prefixação de um prazo, enquanto a *garantia de emprego* designaria proibição provisória, condicionada a limite temporal.

Outros autores utilizam as expressões *estabilidade absoluta* e *estabilidade provisória*. A primeira corresponderia, em essência, à estabilidade do exemplo anterior; a segunda, à garantia de emprego.

Mas não é só. A expressão *garantia de emprego* pode ser compreendida também em sentido amplo, abrangendo a proteção contra o desemprego, as formas de promoção de emprego e, ainda, a garantia de permanência *no* emprego (estabilidade jurídica)[1].

A jurisprudência, contudo, afasta-se do rigor terminológico, utilizando as diversas classificações e, muitas vezes, de forma simultânea. Merece referência, a propósito, a Súmula n. 339 do TST:

CIPA. Suplente. Garantia de emprego. CF/88.

I — O suplente da CIPA goza da *garantia de emprego* prevista no art. 10, II, *a*, do ADCT a partir da promulgação da Constituição Federal de 1988.

II — A *estabilidade provisória* do cipeiro não constitui vantagem pessoal, mas garantia para as atividades dos membros da CIPA, que somente tem razão de ser quando em atividade a empresa. Extinto o estabelecimento, não se verifica a despedida arbitrária, sendo impossível a reintegração e indevida a indenização do período estabilitário.

Os itens da súmula, como destacado em itálico, utilizam ora a expressão *garantia de emprego*, ora *estabilidade provisória*. Nesse contexto, portanto, são expressões sinônimas.

Assiste, entretanto, razão aos autores que abandonam a expressão *estabilidade provisória*. Há certa incompatibilidade semântica entre as palavras *estabilidade* e *provisória*, que, em princípio, deveria ser evitada. Por outro lado, a repetição exagerada de uma única expressão também deve ser abolida, para assegurar a leitura mais agradável de um texto. Esta a opção deste estudo.

III. CONTORNOS ESPECÍFICOS DAS ESTABILIDADES

A estabilidade decorrente de acidente do trabalho pode coexistir com outras formas de proteção contra a dispensa arbitrária. Trata-se de garantia especial, como também ocorre em outras situações.

---

(1) Nei Frederico Cano Martins diz que "são nesse sentido as opiniões de Arion Sayão Romita e de Amauri Mascaro Nascimento, que se abeberaram na lição de José Martins Catarino" (*Estabilidade provisória no emprego*. São Paulo: LTr, 1995. p. 20).

As estabilidades especiais afiguram-se mecanismos de proteção contra a discriminação, mas que assumem, na prática, contornos específicos. Nesse sentido, há como constatar (a) garantia preponderantemente coletiva nas hipóteses da estabilidade do *cipeiro*, do dirigente sindical e dos membros das comissões de conciliação prévia; (b) garantia individual e social na proteção assegurada à empregada gestante; e (c) proteção essencialmente individual na garantia de emprego ao acidentado. Essas considerações superam o campo meramente teórico, com relevantes repercussões práticas, como se demonstrará mais adiante (item VIII).

A proteção contra a despedida arbitrária, como se sabe, comporta outros mecanismos que não a estabilidade no emprego, sobretudo a previsão de indenizações. O Brasil adota modelo indenizatório atrelado ao Fundo de Garantia do Tempo de Serviço, mas que longe está de uma proteção efetiva, como a propugnada pela Convenção n. 158 da OIT (art. 10). No modelo proposto pela OIT, aliás, a garantia fundamental é ao emprego (art. 8º), e não à indenização.

De qualquer forma, existe o debate sobre a possível coexistência das estabilidades especiais com o regime do FGTS. A matéria é objeto da Súmula n. 98, II, do Tribunal Superior do Trabalho:

> FGTS. Indenização. Equivalência. Compatibilidade.
>
> (...) II — A estabilidade contratual ou a derivada de regulamento de empresa são compatíveis com o regime do FGTS. Diversamente ocorre com a estabilidade legal (decenal, art. 492 da CLT), que é renunciada com a opção pelo FGTS.

O entendimento do TST aplica-se, com ainda maior razão, às estabilidades especiais legalmente previstas, pois o próprio legislador vislumbrou necessidade de maior proteção. Vale também enfatizar que a maioria das estabilidades especiais é *provisória* e, portanto, também por essa razão, não há incompatibilidade com a indenização calculada com base nos depósitos ao FGTS.

IV. PREVISÃO LEGAL

A estabilidade decorrente de acidente do trabalho está prevista na Lei n. 8.213/91, que disciplina o plano de benefícios da previdência social. Veja-se o texto de seu art. 118:

> Art. 118. O segurado que sofreu acidente do trabalho tem garantida, pelo prazo mínimo de doze meses, a manutenção do seu contrato de trabalho na empresa, após a cessação do auxílio-doença acidentário, independentemente de percepção de auxílio-acidente.

O *veículo* escolhido para a proteção — norma previdenciária — é, por si só, passível de severas críticas. A norma condiciona a proteção do emprego à prévia concessão de benefício previdenciário, o que enseja inúmeros problemas casuísticos. Isto será objeto das ponderações dos itens V e VI, *infra*.

Outra crítica quanto ao *veículo* decorre do fato de a Lei n. 8.213/91 ser *ordinária* e o art. 7º, I, da Constituição Federal dispor que a proteção contra a despedida arbitrária será objeto de *lei complementar*. Com esse argumento, muitos autores sustentaram a inconstitucionalidade formal do preceito[2], o que, ao cabo, restou superado pela jurisprudência do Tribunal Superior do Trabalho e do Supremo Tribunal Federal.

Veja-se, a propósito, o item I da Súmula n. 378 do TST:

> Estabilidade provisória. Acidente do trabalho. Art. 118 da Lei n. 8.213/91. Constitucionalidade. Pressupostos.
>
> I — É constitucional o art. 118 da Lei n. 8.213/91 que assegura o direito à estabilidade provisória por período de 12 meses após a cessação do auxílio-doença ao empregado acidentado.

A celeuma ensejou a Ação Direta de Inconstitucionalidade n. 639-DF, julgada improcedente. Entendeu o STF que "a estabilidade absoluta prevista nos arts. 493 e seguintes da Consolidação das Leis do Trabalho não foi recepcionada pelo novo ordenamento constitucional, entretanto, a garantia provisória do emprego, tal qual prevista na norma impugnada, não ofende a Lei Maior, pois está em harmonia com o *caput* do art. 7º e com o art. 197 da Carta Federal"[3].

Este o melhor entendimento. A garantia de emprego ao trabalhador acidentado não se confunde com a proteção contra despedida arbitrária de que trata o art. 7º, I, da CF. Esta previsão diz respeito a uma proteção genérica a todos os trabalhadores, enquanto a primeira cuida de situação específica. A Constituição, em seu art. 7º, *caput*, não afasta outras formas de proteção do trabalhador, e seus arts. 196 e 197 preveem a adoção de medidas para a proteção, promoção e recuperação da saúde.

É possível, ademais, a coexistência das duas garantias (genérica e acidentária), se diversos os mecanismos de proteção. Note-se que em certos casos a estabilidade do art. 118 da Lei n. 8.213/91 pode ser inclusive a mais benéfica, *v. g.*, por produzir efeitos mesmo quando houver extinção das atividades da empresa.

V. PRESSUPOSTOS E LIMITES DA GARANTIA

O direito posto prevê a estabilidade para o trabalhador acidentado no corpo de uma lei essencialmente previdenciária. Atrela a garantia, ademais, ao prévio gozo de determinado benefício.

Esse formalismo é de certa forma compatível com uma regra de exceção (na medida em que não há proteção efetiva à dispensa arbitrária), mas muitas vezes enseja desconexão com o *espírito* da norma. Apresentaremos, neste momento, os pressupostos formais da garantia, para, no tópico seguinte, enfrentar os problemas de interpretação.

---

(2) Roni Genícolo Garcia discorre longamente acerca do tema no *Manual de rotinas trabalhistas* — problemas práticos na atuação diária. São Paulo: Atlas, 2003. p. 280-302. Aponta as diversas correntes acerca da matéria.

(3) Excerto do aresto transcrito em obra de Zéu Palmeira Sobrinho (*Estabilidade*. São Paulo: LTr, 2002. p. 88).

O fato que desencadeia a proteção não é o acidente do trabalho em si, mas a cessação do auxílio-doença acidentário; após a mesma surge a garantia de 12 meses ao emprego.

A lógica desse sistema reside na necessidade de fixação dos prazos de início e término da garantia, na medida em que se trata de estabilidade *provisória*. Com efeito, o início da contagem do prazo quando do acidente poderia ser inútil para o empregado, se tiver de se afastar do trabalho (usufruindo benefício previdenciário) por prazo superior. De igual maneira, o acidente pode implicar incapacidade total e definitiva para o trabalho, não havendo, nesse caso, razão para qualquer estabilidade.

Há coerência na norma. O legislador fez opções para disciplinar a garantia de forma compatível com eventuais afastamentos do empregado e com outros mecanismos de proteção, especialmente benefícios previdenciários (*v. g.* aposentadoria por invalidez). Essas escolhas, entretanto, podem acarretar injustiças em casos concretos que também reclamariam proteção, mas que não seriam alcançadas pelo simples fato de não haver percepção de auxílio-doença acidentário.

O auxílio-doença acidentário possui dois requisitos objetivos para concessão. É devido ao segurado quando (a) houver acidente de trabalho que implique (b) afastamento superior a quinze dias[4]. É uma espécie do gênero auxílio-doença (*lato sensu*) e, diferentemente do auxílio-doença *stricto sensu*, não depende de carência (art. 26, II, da Lei n. 8.213/91).

Do segundo requisito já se abre campo para injustiças. É possível que um grave acidente não implique afastamento superior a quinze dias (o que é frequente nas hipóteses de doenças equiparadas a acidente) e, por outro lado, há acidentes de menor gravidade que podem levar a grandes afastamentos. Sob a perspectiva do direito previdenciário não há nenhuma injustiça, na medida em que o auxílio-doença acidentário se presta a compensar o impedimento para a atividade. Há, contudo, o reflexo dessa peculiaridade para a garantia de emprego, que simplesmente deixa de existir. Essa é uma das facetas perversas da vinculação da estabilidade ao benefício previdenciário.

O conceito de acidente de trabalho está minuciosamente delineado na Lei n. 8.213/91. Em suma, como ensina *Anníbal Fernandes*, "o acidente do trabalho — ou acidente-tipo — é um evento relacionado, diretamente ou não ao trabalho executado pelo obreiro"[5]. Pondera que "já não mais se trata de um infortúnio *no* trabalho mas *do* trabalho"[6].

---

(4) Veja-se o art. 59 da Lei n. 8.213/91:
"O auxílio-doença será devido ao segurado que, havendo cumprido, quando for o caso, o período de carência exigido nesta Lei, ficar incapacitado para o seu trabalho ou para a sua atividade habitual por mais de 15 (quinze) dias consecutivos.
Parágrafo único. Não será devido auxílio-doença ao segurado que se filiar ao Regime Geral de Previdência Social já portador da doença ou da lesão invocada como causa para o benefício, salvo quando a incapacidade sobrevier por motivo de progressão ou agravamento dessa doença ou lesão."
(5) FERNANDES, Anníbal. Acidentes do trabalho: evolução e perspectivas. In: BALERA, Wagner (coord.). *Curso de direito previdenciário* — homenagem a Moacyr Velloso Cardoso de Oliveira. São Paulo: LTr, 1992. p. 102.
(6) *Idem, loc. cit.*

O art. 19 da Lei n. 8.213/91 diz que acidente do trabalho "é o que ocorre pelo exercício do trabalho a serviço da empresa (...) provocando lesão corporal ou perturbação funcional que cause a morte ou a perda ou redução, permanente ou temporária, da capacidade para o trabalho. (...)".

O acidente, como ensina *Anníbal Fernandes*, "é acontecimento repentino (súbito). É um momento e não um processo"[7].

O acidente pode ser *do* trabalho sem que tenha ocorrido *no* trabalho. Assim, por exemplo, é considerado o acidente *in itinere* ou em viagem a serviço da empresa. A lei[8], a bem da verdade, diz que estas hipóteses (dentre outras) *equiparam-se* a acidente do trabalho, mas, contraditoriamente, afirma que as *doenças profissionais* e as *doenças do trabalho* são consideradas (!) acidente do trabalho (art. 20). Há evidente atecnia. Estas, sim, é que se equiparam a acidente, até porque, em regra, não decorrem de acontecimento repentino.

Feitas estas considerações, percebe-se que um amplo leque de eventos ou enfermidades pode acarretar auxílio-doença acidentário, mas isto somente se houver afastamento das atividades superior a quinze dias.

O acidente de trabalho deve ser comunicado pela empresa ao INSS até o primeiro dia útil subsequente e, em caso de morte, de forma imediata. Omisso o empregador, a tarefa pode ser cumprida, a qualquer tempo, pelo próprio empregado, por seus dependentes, pelo médico que o atendeu, seu sindicato de classe ou qualquer autoridade pública (art. 22 da Lei n. 8.213/91). Nos casos de doença considera-se como dia do acidente "a data do início da incapacidade laborativa para o exercício da atividade habitual, ou o dia da segregação compulsória, ou o dia em que for realizado o diagnóstico, valendo para este efeito o que ocorrer primeiro" (art. 23 da Lei n. 8.213/91).

---

(7) *Op. cit.*, p. 103.
(8) Art. 21. Equiparam-se também ao acidente do trabalho, para efeitos desta Lei:
I — o acidente ligado ao trabalho que, embora não tenha sido a causa única, haja contribuído diretamente para a morte do segurado, para redução ou perda da sua capacidade para o trabalho, ou produzido lesão que exija atenção médica para a sua recuperação;
II — o acidente sofrido pelo segurado no local e no horário do trabalho, em consequência de:
a) ato de agressão, sabotagem ou terrorismo praticado por terceiro ou companheiro de trabalho;
b) ofensa física intencional, inclusive de terceiro, por motivo de disputa relacionada ao trabalho;
c) ato de imprudência, de negligência ou de imperícia de terceiro ou de companheiro de trabalho;
d) ato de pessoa privada do uso da razão;
e) desabamento, inundação, incêndio e outros casos fortuitos ou decorrentes de força maior;
III — a doença proveniente de contaminação acidental do empregado no exercício de sua atividade;
IV — o acidente sofrido pelo segurado, ainda que fora do local e horário de trabalho:
a) na execução de ordem ou na realização de serviço sob a autoridade da empresa;
b) na prestação espontânea de qualquer serviço à empresa para lhe evitar prejuízo ou proporcionar proveito;
c) em viagem a serviço da empresa, inclusive para estudo quando financiada por esta dentro de seus planos para melhor capacitação da mão de obra, independentemente do meio de locomoção utilizado, inclusive veículo de propriedade do segurado;
d) no percurso da residência para o local de trabalho ou deste para aquela, qualquer que seja o meio de locomoção, inclusive veículo de propriedade do segurado.
§ 1º Nos períodos destinados à refeição ou descanso, ou por ocasião da satisfação de outras necessidades fisiológicas, no local do trabalho ou durante este, o empregado é considerado no exercício do trabalho.
§ 2º Não é considerada agravação ou complicação de acidente do trabalho a lesão que, resultante de acidente de outra origem, se associe ou se superponha às consequências do anterior.

A ausência de comunicação do acidente ao INSS também pode prejudicar o recebimento do auxílio-doença acidentário e, em consequência, afastar um dos requisitos formais para o reconhecimento da estabilidade provisória. Também pode acontecer de a autarquia não reconhecer a existência do acidente, o que é frequente em relação às doenças profissionais.

Há, por fim, um outro relevante óbice à percepção do auxílio-doença acidentário. O art. 124 da Lei n. 8.213/91 prevê que, "salvo no caso de direito adquirido, não é permitido o recebimento conjunto" dos benefícios "aposentadoria e auxílio-doença". A norma é mais uma vez coerente do ponto de vista previdenciário (ressalvada a eventual injustiça por diferença nos valores dos benefícios), mas acarreta consequências indesejáveis para a garantia de emprego. Como se sabe, o baixo valor da aposentadoria obriga muitos trabalhadores a permanecer em atividade mesmo após a concessão do benefício. Havendo acidente, não receberão o auxílio-doença respectivo e, em consequência, não preencherão os requisitos formais para a estabilidade.

VI. INTERPRETAÇÃO DA NORMA

A jurisprudência prevalente se inclinava à interpretação literal do art. 118 da Lei n. 8.213/91, entendimento que foi recentemente revisto com a adoção da Súmula n. 378 do TST (item II, *in fine*), que admite a interpretação *ampliativa da garantia* ou *restritiva quanto aos óbices*. Há, em verdade, arrazoados argumentos em um ou outro sentido.

A interpretação ampliativa da garantia se justifica essencialmente no resguardo de suas finalidades. Nesse sentido, o intérprete deveria atender à finalidade protetiva da norma, a despeito de eventuais óbices formais, como a ausência de afastamento superior a quinze dias, a incompatibilidade com a aposentadoria e a falta de comunicação ao órgão previdenciário.

Muitos caminhos podem ser percorridos para essa conclusão. O mais evidente está no art. 5º da Lei de Introdução ao Código Civil, ao dispor que, "na aplicação da lei, o juiz atenderá aos fins sociais a que ela se dirige e às exigências do bem comum".

Os argumentos mais relevantes defluem, todavia, da própria Constituição Federal.

É possível sustentar que a proteção contra despedida arbitrária deveria ser uma regra (art. 7º, I, da CF) e, nessa esteira, a norma especial poderia assumir contornos mais amplos que a letra do texto de lei.

A proteção contra despedida arbitrária pode ser também entendida como um *direito fundamental*, como se depreende, por exemplo, do art. 30 da Carta dos Direitos Fundamentais da União Europeia. Os óbices para o exercício de direitos fundamentais devem ser interpretados de forma restritiva e, em consequência, as exigências do art. 118 da Lei n. 8.213/91 poderiam reduzir seu campo de aplicação no caso concreto.

É razoável defender, por fim, a necessidade de ampliação dos limites formais da garantia como forma de resguardar a "dignidade da pessoa humana", um dos fundamentos da República Federativa do Brasil (art. 1º, III, da CF).

O seguinte aresto do E. TRT da 3ª Região pautou-se pela interpretação à luz do texto constitucional[9]:

> ACIDENTE DO TRABALHO — GARANTIA DO EMPREGO — A simples inexistência de concessão, por parte da previdência social, de auxílio-doença acidentário não possui o condão de elidir a garantia de emprego prevista no art. 118, da Lei n. 8.213/91. O escopo da norma jurídica foi proteger o maior bem do trabalhador — A sua saúde —, lesado em razão do exercício de suas atividades laborais. Não se pode admitir que, após sofrer um infortúnio, o empregado viesse a perder o emprego, em momento tão complicado de sua vida profissional. A intenção do legislador é a própria manutenção do emprego e a reabilitação do empregado, encontrando-se em perfeita consonância com os princípios fundamentais da dignidade humana e dos valores sociais do trabalho garantidos constitucionalmente (TRT 3ª R. — RO 01833.2003.019.03.00.7 — 1ª T. — Rela. Juíza Adriana Goulart de Sena — DJMG 30.7.2004 — p. 5).

Há também relevantes teses em sentido contrário, que não admitem a ampliação que supere os limites formais do art. 118 da Lei n. 8.213/91.

Uma delas decorre do fato de a lei adotar deliberadamente um regime formalista. A garantia foi prevista em norma previdenciária, estando vinculada a um benefício previdenciário. Essa característica é, assim, de sua própria essência, e não pode ser desconsiderada pelo intérprete.

Outro argumento está no fato de que as formas de estabilidade no emprego são excepcionais em nosso sistema e, em consequência, reclamariam interpretação restritiva, o que, além de não permitir sejam abandonados os pressupostos formais, faz com que eles próprios sejam aplicados com maior rigor.

A jurisprudência prevalente, como já enfatizado, reconhecia a necessidade de rígida atenção aos pressupostos da norma instituidora. É o que deflui da antiga Orientação Jurisprudencial n. 230 da SBDI I do TST.

No mesmo sentido, os seguintes julgados:

> ACIDENTE DE TRABALHO — LEI N. 8.213/91 PERCEPÇÃO DO AUXÍLIO-DOENÇA — NECESSIDADE — A percepção do auxílio-doença acidentário constitui pressuposto para o direito à estabilidade prevista no art. 118 da Lei n. 8.213/91 (item n. 230 da Orientação Jurisprudencial da SBDI I da Corte). Obstáculo da Súmula n. 333/TST. Embargos não conhecidos (TST — ERR 49087 — SESBDI — Rel. Min. Carlos Alberto Reis de Paula — DJU 11.6.2004).

---

(9) Em sentido diametralmente oposto, o seguinte julgado:
"ESTABILIDADE — ACIDENTE DE TRABALHO — Embora o nosso sistema jurídico esteja fundado na observância aos valores sociais do trabalho, da dignidade humana, da integridade e da saúde da pessoa e na especial proteção que é dirigida ao trabalhador, em face de sua situação de subordinado ao empregador (arts. 1º, inc. XXII e 7º da CF), não está aquele desobrigado a comprovar que, ao tempo do desligamento, estava acometido de doença ocupacional, equiparável a acidente de trabalho, para o fim de perceber do órgão público o benefício correspondente e, a depois, ter garantido provisoriamente o seu emprego" (TRT 18ª R. — 01781-2002-011-18-00-5 — Rel. Juiz Luiz Francisco Guedes de Amorim — DJGO 8.6.2004).

ESTABILIDADE PROVISÓRIA — ACIDENTE DE TRABALHO — LEI N. 8.213/91 — A matéria está pacificada nesta Corte pelo item n. 230 da OJ da SBDI-1/TST, que é no sentido de que "o afastamento do trabalho por prazo superior a 15 dias e a consequente percepção do auxílio-doença acidentário constituem pressupostos para o direito à estabilidade prevista no art. 118 da Lei n. 8.213/91, assegurada por período de 12 meses, após a cessação do auxílio-doença". A revista encontrava, portanto, óbice no Verbete n. 333/TST e no § 4º do art. 896 da CLT, estando afastada a apontada ofensa ao art. 142, § 3º, da Lei n. 8.213/91. Embargos não conhecidos (TST — ERR 530631 — SBDI-1 — Rel. Min. Rider Nogueira de Brito — DJU 27.2.2004).

A Súmula n. 378 do Tribunal Superior do Trabalho colocou em xeque a posição então prevalente nos tribunais trabalhistas. Veja-se o texto:

> Estabilidade provisória. Acidente do trabalho. Art. 118 da Lei n. 8.213/91. Constitucionalidade. Pressupostos.
>
> (...) II — São pressupostos para a concessão da estabilidade o afastamento superior a 15 dias e a consequente percepção do auxílio-doença acidentário, salvo se constatada, após a despedida, doença profissional que guarde relação de causalidade com a execução do contrato de emprego.

O item II da Súmula n. 378 do TST, ao conciliar o entendimento da Orientação Jurisprudencial n. 230 com a tendência ampliativa que aflora na jurisprudência, acaba por encerrar uma contradição lógica. Simplificado o seu enunciado, encontra-se a seguinte proposição: *é necessária a percepção do auxílio-doença acidentário, salvo quando não necessária.*

A par dessas discussões está a necessidade de proteção ao trabalhador quando a empresa tenha obstado a concessão do auxílio-doença acidentário, deixando, por exemplo, de comunicá-lo ao órgão competente (emissão da CAT)[10]. É sobre esse aspecto, aliás, que mais se encontram pronunciamentos judiciais. Há inúmeros julgados aplicando de forma analógica a regra do art. 129 do Código Civil ao caso em exame.

Esta a norma em referência:

> Art. 129. Reputa-se verificada, quanto aos efeitos jurídicos, a condição cujo implemento for maliciosamente obstado pela parte a quem desfavorecer, considerando-se, ao contrário, não verificada a condição maliciosamente levada a efeito por aquele a quem aproveita o seu implemento.

Vejam-se os seguintes arestos:

ACIDENTE DE TRABALHO — ESTABILIDADE PROVISÓRIA — Configurada a intenção da empregadora em "mascarar" o acidente de trabalho, assumindo, inclusive, o

---

(10) Em sentido contrário o seguinte aresto:
"ESTABILIDADE PROVISÓRIA — ACIDENTE DE TRABALHO — O art. 118, da Lei n. 8.213/91 estabelece como condição da estabilidade provisória a efetiva percepção do auxílio-doença acidentário. O afastamento das atividades laborativas, sem recebimento do auxílio acidentário, afasta a possibilidade do empregado beneficiar-se da estabilidade provisória, vez que a garantia de emprego tem início após a cessação do benefício previdenciário. A alegação de ausência de comunicação oportuna do acidente não socorre o reclamante, vez que a comunicação do acidente de trabalho — CAT poderia ser feita, inclusive pelo reclamante ou pelo seu sindicato. Recurso ordinário ao qual se nega provimento" (TRT 23ª R. — RO 02749.2002.021.23.00-7 — Rel. Juiz Bruno Luiz Weiler Siqueira — DJMT 27.1.2004 — p. 28).

pagamento dos salários durante o período de afastamento, tem-se por ocorrido o acidente de trabalho. E, considerando o disposto no art. 120 do Código Civil de 1916, segundo o qual: "reputa--se verificada, quanto aos efeitos jurídicos, a condição cujo implemento for malicio-samente obstado pela parte a quem desfavorecer (...)", reconhece-se o direito do empregado à estabilidade provisória prevista no art. 118 da Lei n. 8.213/91, pois se não houvesse óbice por parte da reclamada, teria o reclamante recebido o "auxílio--doença acidentário" e, portanto, direito à garantia do emprego (TRT 23ª R. — RO 00012.2003.031.23.00-8 — Rel. Juiz Tarcísio Valente — DJMT 27.1.2004 — p. 21).

ESTABILIDADE — ART. 118 DA LEI N. 8.213/91 — PERCEPÇÃO DE AUXÍLIO-DOENÇA ACIDENTÁRIO — FATOR DETERMINANTE DO DIREITO — A exigência de afastamento do empregado para percepção do auxílio-doença é fator determinante do direito à estabilidade, conclusão que emana de interpretação teleológica da norma. Sua razão está no fato de que, se o empregado precisou afastar-se do trabalho por período superior a 15 dias, o acidente foi de gravidade comprometedora de sua normal capacidade laborativa na empresa, daí fazer jus ao período de adaptação, com consequente restrição ao poder potestativo de seu empregador de rescindir o contrato. Nesse sentido orienta-se a iterativa jurisprudência desta Corte: O afastamento do trabalho por prazo superior a 15 dias e a consequente percepção do auxílio-doença acidentário constituem pressupostos para o direito à estabilidade prevista no art. 118 da Lei n. 8.213/91, assegurada por período de 12 meses, após a cessação. No caso em tela, embora a reclamante não tenha se afastado do serviço e recebido auxílio-doença acidentário, a ausência foi suprida pelo e. Regional, que reconheceu que o reclamado se negou a admitir a situação de fato existente, o que se evidencia por meio da declaração judicial de ocorrência de acidente de trabalho, juntamente com a condenação do reclamado a expedir a Comunicação de Acidente de Trabalho. Aquele Juízo foi ainda mais longe quando supriu expressamente a ausência dos requisitos legais, ao concluir que... deve o reclamado assegurar à autora a garantia de emprego como se formalmente preenchidos estivessem os requisitos que lhe asseguram. Nesse contexto, foi a conduta do reclamado que obstou a reclamante de atender aos requisitos legais, o que a impediu de obter a estabilidade. Recurso de revista não conhecido (TST — RR 613985 — 4ª T. — Rel. Min. Milton de Moura França — DJU 14.5.2004).

ESTABILIDADE — ACIDENTE DO TRABALHO — CONDIÇÕES — É certo que o art. 118 da Lei n. 8.213/91 estabelece, como marco inicial da estabilidade provisória decorrente de acidente do trabalho, a data da cessação do auxílio-doença, exigência que também está contida na Orientação Jurisprudencial n. 230, da SDI-1 do TST. Se, porém, o empregador deixa de anotar na CTPS do empregado o contrato de trabalho, tampouco expedindo a comunicação de acidente do trabalho, não pode invocar a própria omissão como óbice à conquista da garantia de emprego e dos benefícios legais correlatos. Aplica-se, no caso, o disposto no art. 129 do novo Código Civil, autorizando que se repute verificada, quanto aos efeitos jurídicos, a condição cujo implemento tenha sido maliciosamente obstado pela parte a quem desfavorecer (TRT 3ª R. — RO 00184-2003-044-03-00-7 — 6ª T. — Rel. Juiz Ricardo Marcelo Dias — DJMG 9.9.2004 — p. 13).

ACIDENTE DE TRABALHO — ESTABILIDADE — ART. 118 DA LEI N. 8.213/91 — A autora deixou de receber o auxílio-doença acidentário pelo código 91 por culpa exclusiva do réu que deixou de emitir a CAT. Essa circunstância, não quer significar, necessariamente, que não seja portadora de doença profissional. O que dá direito à estabilidade não é o afastamento ou a percepção do benefício previdenciário acidentário, mas o fato objetivo do acidente de trabalho (ou doença profissional equiparada). O bem jurídico tutelado é a condição do trabalhador acidentado, não a existência de uma formalidade previdenciária. A OJ-SDI n. 220 não despreza a realidade (TRT 2ª R. — RO 31014 — (20030563393) — 6ª T. — Rel. Juiz Rafael E. Pugliese Ribeiro — DOESP 31.10.2003).

Concordamos com o entendimento destes julgados, mas, além das hipóteses em que o empregador obstou o direito ao benefício previdenciário, não vemos como abandonar os critérios estabelecidos no art. 118 da Lei n. 8.213/91.

Trata-se de problemas decorrentes de um modelo equivocado, que só se justifica em função da ausência de proteção efetiva contra a despedida arbitrária. O intérprete não precisa se conformar com o modelo; deve, como operador do direito, batalhar por sua alteração, mas há de ter cuidado para não assumir as vezes de legislador sob o pretexto de fazer justiça em um caso concreto.

Imagine-se, por exemplo, a hipótese de empregado acometido de doença profissional que jamais implicou afastamento das atividades. O empregador, ainda que pretendesse reconhecer a garantia do art. 118 da Lei n. 8.213/91, não teria como estipular, antes da rescisão, seus eventuais marcos de início e término. Nessa hipótese, havendo rescisão sem motivo discriminatório, eventual ordem de reintegração pelo juiz equivaleria ao reconhecimento de verdadeira *estabilidade absoluta*, isto porque o empregador estaria obrigado, na prática, a manter o contrato até o desaparecimento da doença.

Essa espécie de dilema se espraia em nosso ordenamento. Ocorre também com os adicionais de insalubridade e periculosidade, sujeitos a um modelo de *estrita legalidade*, em que são devidos apenas para os riscos e malefícios taxativamente previstos pelo Ministério do Trabalho. No caso do adicional de periculosidade, a vida do trabalhador pior remunerado também acaba por ter menor valor do que a de superior hierárquico sujeito ao mesmo risco. Diante desse panorama, contudo, discutem-se mais amiúde questões *menores*, como a interpretação *ampliativa* das hipóteses *taxativamente* previstas e a base de cálculo do adicional de insalubridade. A fonte dos problemas, entretanto, evidentemente está na própria escolha do modelo.

VII. RETORNO AO TRABALHO

A lei não assegura apenas salários ao empregado no período de estabilidade, mas "a manutenção do seu contrato de trabalho na empresa". Está implícito na garantia, portanto, o efetivo retorno ao labor.

É relevante esta distinção. Ao trabalhador é garantido o emprego, com todas as obrigações intrínsecas. Em consequência, nas hipóteses de redução da capacidade laboral, o empregado, se necessário, deve ser *readaptado* a uma nova função. Esclarece *Nei Frederico Cano Martins,* a propósito, que "embora o dispositivo legal em exame não o diga expressamente, é natural que se entenda que a garantia impõe que o trabalhador seja designado para o exercício de função compatível com seu estado físico após o acidente"[11].

A *readaptação* é um direito que assiste, evidentemente, ao trabalhador e à empresa. Nesse sentido, o empregador também pode exigir o trabalho quando o empregado esteja apto para alguma função. Se não estiver, não há sequer falar em estabilidade.

Cumpre também enfatizar que o retorno ao trabalho, ainda que em outra função, pode ser importante etapa na superação das sequelas do acidente. O engajamento em uma atividade produtiva e, mais que isto, em uma *comunidade de trabalhadores*, ajuda a recuperar a autoestima do acidentado, sobretudo se presente redução da capacidade laboral.

O empregado, ao retornar ao trabalho, fará jus ao salário que usufruía antes do afastamento, acrescido de eventuais reajustes coletivos no período. Esta questão, contudo, foi objeto de ressalva na redação original do art. 118 da Lei n. 8.213/91.

A norma trazia, em seu parágrafo único, uma disposição compatível com o sistema previdenciário, mas seguramente questionável à luz do direito do trabalho. Permitia expressamente o pagamento de remuneração menor ao segurado reabilitado, desde que compensada com o valor do auxílio-acidente que recebesse.

O auxílio-acidente é um benefício previdenciário que se presta a compensar a eventual redução da capacidade laboral, mas isto não pode influir no salário já percebido pelo trabalhador na empresa em que ocorreu o infortúnio. A regra, revogada pela Lei n. 9.032/95, acabava por favorecer o empregador à custa do sistema previdenciário. Não fosse o bastante, o salário, do ponto de vista pragmático, também em muito se distingue do benefício previdenciário, valendo lembrar, por exemplo, o fato de servir de base de cálculo para inúmeras prestações.

Em suma, o dispositivo consagrava expressamente a redução salarial, contrariando o art. 7º, VI, da Carta Magna[12] e a orientação especificamente consagrada na legislação trabalhista ordinária, estampada no art. 461, § 4º, da CLT, acrescentado pela Lei n. 5.798/72.

Esta norma prevê que o "trabalhador readaptado em nova função por motivo de deficiência física ou mental atestada pelo órgão competente da Previdência Social não servirá de paradigma para fins de equiparação salarial".

Em obra sobre o tema, ensina *Fernando Américo Veiga Damasceno* que a previsão legal consolidou a orientação da jurisprudência, que entendia que, "se o trabalhador

---

(11) *Op. cit.*, p. 124.
(12) Veja-se, a respeito da violação constitucional, o seguinte acórdão:
"DIFERENÇA DE SALÁRIO — AUXÍLIO-ACIDENTE — READAPTAÇÃO — REDUÇÃO SALARIAL — Ao empregado readaptado em nova função, por redução de sua capacidade laborativa, é assegurada a irredutibilidade salarial. A percepção do auxílio-acidente não impede o recebimento concomitante de salários, conforme se infere do disposto nos §§ 2º e 3º do art. 86 da Lei n. 8.213/91. Assim sendo, devida a complementação salarial em razão da existência de diferença de salário entre a antiga função de motorista e a nova atividade de mecânico" (TST — RR 521477 — 1ª T. — Rel. Min. Conv. Aloysio Corrêa da Veiga — DJU 10.10.2003).

equiparando e o paradigma ocupavam cargos diferentes, e se passaram a exercer as mesmas funções por motivo de saúde do empregado de maior categoria, não cabia a equiparação salarial entre ambos"[13].

A justificativa do entendimento residia, justamente, na ausência de arbítrio do empregador para o desnível salarial. Em outras palavras, o trabalhador acidentado não poderia ter seu salário reduzido, muito embora readaptado em função usualmente pior remunerada.

VIII. ENCERRAMENTO DAS ATIVIDADES DA EMPRESA

Os efeitos do encerramento das atividades da empresa para as estabilidades é o tema sobre o qual o escopo da proteção, segundo os critérios definidos no item III, assume maior relevância.

As estabilidades que visam a proteger a coletividade dos trabalhadores, e não a um beneficiário individualmente considerado, perdem a razão de existir se a empresa encerrar suas atividades.

É o que ocorre, por exemplo, com a garantia de emprego atribuída pelo art. 10, II, do ADCT ao "empregado eleito para cargo de direção de comissões internas de prevenção de acidentes". Segundo a Súmula n. 339, II, do Tribunal Superior do Trabalho, "a estabilidade provisória do cipeiro *não constitui vantagem pessoal*, mas garantia para as atividades dos membros da CIPA, que somente tem razão de ser quando em atividade a empresa. Extinto o estabelecimento, não se verifica a despedida arbitrária, sendo impossível a reintegração e indevida a indenização do período estabilitário".

O mesmo entendimento se aplica a outras figuras, como a do membro de Comissão de Conciliação Prévia e ao dirigente sindical. A respeito deste último, a Súmula n. 369, IV, prevê que "havendo extinção da atividade empresarial no âmbito da base territorial do sindicato, não há razão para subsistir a estabilidade".

A estabilidade assegurada ao acidentado, ao contrário dessas hipóteses, é uma *vantagem pessoal* e, portanto, não há razão para que não produza efeitos pelo fato de a empresa encerrar suas atividades.

Seria possível argumentar, em tese, que se trata de garantia *ao emprego*, e não aos salários (no caso, indenizados) e, portanto, restaria prejudicada pela extinção da empresa. O emprego, entretanto, deixou de existir por conta da vontade do empregador ou, ao menos, dos *riscos do negócio* por ele assumidos (art. 2º da CLT). O empregado não deve ser prejudicado por tal conduta, podendo ser invocados, por analogia, os arts. 122 (*entre as condições defesas se incluem as que ... sujeitarem ao puro arbítrio de uma das partes*) e 129 do Código Civil (*reputa-se verificada ... a condição cujo implemento for maliciosamente obstado pela parte a quem desfavorecer*).

---

(13) DAMASCENO, Fernando Américo Veiga. *Igualdade de tratamento no trabalho* — isonomia salarial. Barueri: Manole, 2004. p. 89-90.

Merece referência, nesse sentido, o seguinte acórdão do Tribunal Superior do Trabalho:

> INDENIZAÇÃO RELATIVA À ESTABILIDADE PROVISÓRIA — ACIDENTE DE TRABALHO — ENCERRAMENTO DA ATIVIDADE EMPRESARIAL — A garantia no emprego outorgada ao empregado acidentado reveste-se de elevadíssimo alcance social, porquanto visa obstar a sua discriminação em razão da ocorrência de infortúnio, assegurando-lhe a permanência no emprego por período necessário à sua total recuperação, para que possa continuar exercendo as suas funções. Nos termos do art. 10 da CLT, os direitos adquiridos pelos trabalhadores não podem ser restringidos pelo encerramento da atividade empresarial, pois os ônus do negócio são do empregador, que assume os riscos da atividade econômica (art. 2º da CLT). Dessa maneira, extinto o estabelecimento, é devida ao empregado acidentado a indenização correspondente ao período estabilitário, por aplicação analógica dos arts. 118 da Lei n. 8.213/91, 498 da CLT e da Orientação Jurisprudencial n. 230 da SDI-1. Neste sentido, é o acórdão da lavra da Ministra Maria Cristina Peduzzi no processo TST E-RR n. 704998/00. 8: Embargos. Estabilidade. Acidente de trabalho. Extinção do estabelecimento empresarial. A orientação jurisprudencial n. 230 da SBDI-1, ao elencar as duas condições para o empregado adquirir o direito à estabilidade provisória, afastamento do trabalho por prazo superior a 15 dias e a consequente percepção de auxílio-doença acidentário, não fez nenhuma ressalva ao direito do trabalhador. Cumpridos os requisitos, a estabilidade ou a indenização correspondente deve ser assegurada, mesmo na hipótese de fechamento do estabelecimento. Aviso prévio cumprido em casa. Multa do art. 477, § 8º, da CLT. Conforme a atual, iterativa e notória jurisprudência deste Tribunal Superior do Trabalho, cristalizada na Orientação Jurisprudencial n. 14 da SBDI-I, é de dez dias o prazo para pagamento das verbas rescisórias, a contar da data em que o empregador dispensa o empregado de cumprir o aviso prévio, sendo devida a multa prevista no art. 477, § 8º, da CLT, no caso de descumprimento desse prazo. Recurso de revista não conhecido (TST — RR 710.293/00.3 — 1ª R — 3ª T. — Rel. Juiz Cláudio Armando Couce de Menezes — DJU 15.10.2004 — p. 599).

A jurisprudência, na hipótese da garantia de emprego da gestante, tem se inclinado no mesmo sentido. Trata-se, no caso, de uma vantagem simultaneamente pessoal e social, desatrelada da unidade de produção.

IX. RESCISÃO. INICIATIVA DO EMPREGADO

O empregado que queira se desligar da empresa, manifestando tal vontade ao empregador, renuncia a eventual garantia de emprego. Portanto, o futuro questionamento da estabilidade, postulada a reintegração, necessariamente dependerá da comprovação de vício de consentimento.

Há, contudo, uma situação delicada: os chamados planos de *demissão voluntária* ou de *demissão incentivada*. Estes planos são usualmente conhecidos como "pacote", pelo fato de o empregador oferecer benefícios a par dos previstos em lei, para estimular a adesão e a consequente rescisão contratual.

Trata-se, assim, de hipótese em que a iniciativa da rescisão advém de ambas as partes. O empregador compromete-se a pagar benefícios extraordinários e a honrar as verbas rescisórias *como se fosse sua* a iniciativa da rescisão; o empregado, entretanto, pode optar ou não pela oferta do empregador. Se optar, claramente *participa* da iniciativa da rescisão.

Os tribunais têm visto com desconfiança os planos de demissão voluntária e, especialmente, as transações que por vezes deles decorrem, segundo as quais o empregado outorgaria plena quitação ao contrato de trabalho.

A Subseção de Dissídios Individuais I do Tribunal Superior do Trabalho firmou, a propósito, a Orientação Jurisprudencial n. 270:

> 270. Programa de Incentivo à Demissão Voluntária. Transação extrajudicial. Parcelas oriundas do extinto contrato de trabalho. Efeitos. A transação extrajudicial que importa rescisão do contrato de trabalho ante a adesão do empregado a plano de demissão voluntária implica quitação exclusivamente das parcelas e valores constantes do recibo.

Esta orientação não pode, todavia, ser aplicada ao caso em exame.

Correto é o entendimento firmado nos seguintes julgados:

> DEMISSÃO VOLUNTÁRIA — RENÚNCIA À ESTABILIDADE — A adesão a Plano de Incentivo à Demissão implica na renúncia a qualquer estabilidade que porventura tenha o aderente, vez que o procedimento é incompatível com o instituto da reintegração. (TRT 6ª R. — RO 214/98 — 1ª T. — Rela. Juíza Lygia Wanderley — DOE/PE 6.6.1998).

> ESTABILIDADE OU GARANTIA DE EMPREGO — PEDIDO DE DEMISSÃO — Não provado vício de consentimento, válida é a adesão do empregado a plano de incentivo a demissões voluntárias com vantagem financeira, renunciando, em consequência, a eventual direito à garantia de emprego (TRT 2ª R. — Ac. 10ª T. 02960351783 — Rel. Juiz Plínio Bolívar de Almeida — DOESP 2.8.1996).

> ESTABILIDADE OU GARANTIA DE EMPREGO PROVISÓRIA — EM GERAL — Provado, nestes autos, a vinculação do chamado "pacote" com o fato de o empregado ser voluntário para o desligamento, pelo que, assim demonstrado, não faz jus a estabilidade provisória pretendida (TRT 2ª R. — Ac. 02950312670 — 9ª T. — Rel. Juiz Sérgio José Bueno Junqueira Machado — DOESP 10.8.1995).

> ESTABILIDADE — REINTEGRAÇÃO NO EMPREGO — DEMISSÃO VOLUNTÁRIA — Não prospera a pretensão do autor de ver-se reintegrado no emprego ou, alternativa-mente, de sua conversão em pagamento de salários decorrentes da estabilidade. Indiscutível que o autor não foi dispensado pela ré, mas desligou-se voluntariamente, descabendo, assim, o pagamento de salários decorrentes de estabilidade e reflexos (TRT 9ª R. — RO 2.911/92 — 1ª T. — Ac. 10.007/94 — Rel. Juiz Silvonei Sérgio Piovesan — DJPR 10.6.1994).

Com efeito, ao aderir ao plano de demissão voluntária, o empregado expressamente consente na rescisão contratual, não podendo, portanto, postular futura reintegração. Há manifesta incompatibilidade nas condutas. Vale lembrar, inclusive, o fato de que a estabilidade implicaria a segurança de manutenção no emprego, caso decidisse o empregado não aderir ao plano.

X. GRUPO DE EMPRESAS

A natureza *intuitu personae* do contrato de trabalho não impede algumas oscilações na identificação do empregador, sobretudo nos casos de sucessão e, especialmente, ante o conceito de grupo econômico constante do art. 2º, § 2º, da Consolidação das Leis do Trabalho[14].

A jurisprudência majoritária e parte significativa da doutrina sustentam que essa última norma comporta, além da *solidariedade passiva* pelos créditos dos empregados, também a *solidariedade ativa* entre os membros do grupo econômico, ou seja, o mesmo é equiparado a um *empregador único*.

Neste sentido a lição de *Arnaldo Lopes Süssekind*:

O conceito de grupo de empresas e a natureza da solidariedade entre elas, no campo do Direito do Trabalho, decorrem do estatuído no § 2º do art. 2º da Consolidação das Leis do Trabalho (CLT).

Os partidários da solidariedade ativa jamais afirmaram a heresia de que o grupo adquire personalidade jurídica em detrimento da que concerne a cada uma das sociedades agrupadas. A solidariedade das empresas no Direito do Trabalho — isto é evidente e indiscutível — parte do pressuposto necessário de que cada uma delas, isto é, cada uma das sociedades empregadoras, conserva sua personalidade jurídica. Se assim não fora, haveria uma só pessoa jurídica e não um grupo de empresas, estabelecimentos e não empresas agrupadas.

Por isso mesmo, quando os adeptos da solidariedade ativa acentuam que se trata de empregador único, significa que o grupo pode atuar como se fora um só empregador. Por exemplo: pode transferir empregados de uma empresa para outra, desde que observe as limitações a respeito previstas em lei. O grupo procede com referência aos empregados das empresas agrupadas tal como uma empresa em relação aos empregados dos seus estabelecimentos[15].

Octavio Bueno Magano também encampa a tese do empregador único, mas por outras razões. Ensina que "o grupo constitui efetivamente uma grande empresa, devendo ser, por essa razão, considerado como o verdadeiro empregador"[16]. A solidariedade, segundo o autor, é apenas um efeito de determinadas obrigações e que nada tem a ver com o poder diretivo atribuído ao empregador que permite a transferência de seus empregados. Esclarece que esse "poder diretivo pode ser exercido tanto pelo empregador aparente, ou seja, a empresa a que o trabalhador esteja vinculado, como pelo empregador real, isto é, o grupo, a que é inerente o poder de controle e de direção"[17].

---

(14) As ideias deste parágrafo acerca do conceito de grupo econômico, assim como as de alguns dos subsequentes, foram extraídas de obra anterior do autor (PERES, Antonio Galvão. *Contrato internacional de trabalho:* novas perspectivas. São Paulo: LTr, 2004. p. 146-147).
(15) SÜSSEKIND, Arnaldo Lopes. Grupo empresarial. In: SÜSSEKIND, Arnaldo Lopes. *Pareceres de direito do trabalho e previdência social.* São Paulo: LTr, 1992. v. 7, p. 64.
(16) MAGANO, Octavio Bueno. *Os grupos de empresas no direito do trabalho.* São Paulo: RT, 1979. p. 170.
(17) *Idem, ibidem,* p. 170-171.

A Súmula n. 129 do Tribunal Superior do Trabalho reconhece implicitamente configurarem *empregador único* as empresas reunidas em grupo econômico, pois apenas por exceção admite a existência simultânea de mais de um contrato com o trabalhador.

Veja-se sua redação:

> N. 129. Contrato de trabalho. Grupo econômico A prestação de serviços a mais de uma empresa do mesmo grupo econômico, durante a mesma jornada de trabalho, não caracteriza a coexistência de mais de um contrato de trabalho, salvo ajuste em contrário.

Feitas essas considerações, surge o ponto que ora nos interessa: saber se o trabalhador acidentado pode retornar ao emprego em empresa diversa da que o contratou, mas que com ela componha grupo econômico.

O problema, no caso em exame, é mais relevante para a empresa do que para o empregado, pois, como visto, este fará jus aos salários do período de estabilidade mesmo na hipótese de a empresa encerrar suas atividades. Em outras situações, contudo, o interesse principal será do trabalhador (e inclusive de seus pares), como na hipótese da garantia de emprego do dirigente sindical, que, em tese, poderia pretender sua cessão a outra empresa do grupo para resguardar a própria estabilidade[18].

O conceito de *empregador único* surte seus efeitos também quanto às estabilidades. Se a cessão de empregados no seio do grupo é em regra admitida, com ainda maior razão deve haver a possibilidade de cessão — ou reintegração — como forma de resguardar eventual estabilidade, ainda que provisória.

Octavio Bueno Magano enfrenta o problema à luz da antiga "estabilidade decenal". Questiona: "Se ao tempo de reintegração já não mais existe a empresa a que se encontrava vinculado o empregado, poderá ser ele reintegrado em outra do mesmo grupo?"[19]. Segundo o professor, "em tese, impõe-se a esta pergunta uma resposta positiva, à vista da ideia do grupo como empregador único, e, também, como benefício prioritário a ser assegurado ao trabalhador"[20]. A legislação direciona, contudo, a conclusão diversa, "estatuindo o art. 498 da CLT que, em caso de fechamento do estabelecimento, filial ou agência, ou supressão necessária de atividade, é assegurado ao empregado o direito ao recebimento de indenização"[21]. Essa conclusão, malgrado correta quanto à estabilidade decenal, não pode ser estendida às demais hipóteses de estabilidade. Nestas é possível a reintegração em qualquer das empresas do grupo.

O direito inglês possui disposição expressa quanto ao tema. Nos termos do art. 71 n. 5 do *Employment Protection Act* de 1975, lembrado por *Magano*, "an order for re-engagement is an order that the complainant be engaged by the employer, or by a successor of the employer or by *an associated employer*, in employment comparable

---
(18) Como já mencionado, a Súmula n. 369, IV, do TST prevê que "havendo extinção da atividade empresarial no âmbito da base territorial do sindicato, não há razão para subsistir a estabilidade".
(19) *Op. cit.*, p. 168.
(20) *Idem, loc. cit.*
(21) *Idem, loc. cit.*

to that from which he was dismissed or other suitable employment (...)"[22]. Há regra idêntica no direito inglês em vigor, como se depreende do art. 115 do *Employment Rights Act* de 1996, no capítulo *Remedies for unfair dismissal*.

Edilton Meireles, em resposta à mesma questão formulada por *Magano*, afirma que "coerente com a figura do empregador único, ao questionamento acima formulado, cumpre responder positivamente, ou seja, o empregado estável pode ser reintegrado em outra empresa integrante do grupo na hipótese da extinção daquela onde, inicialmente, prestava serviços"[23].

Vale uma última advertência: a reintegração de empregado estável em outra empresa de um mesmo grupo pode ensejar distorções salariais ainda mais graves que a do acidentado readaptado a outra função.

Na hipótese de o reintegrado auferir salário mais elevado do que o dos novos colegas em idêntico trabalho, pode ser aplicado por analogia o art. 461, § 4º, da CLT. A peculiaridade também pode ser considerada uma *condição personalíssima* do trabalhador, o que igualmente veda a equiparação salarial[24] (Súmula n. 6, VI, do TST).

O entendimento deve superar, a bem da verdade, os aspectos salariais, abrangendo também as vantagens contratuais e as decorrentes do regulamento da empresa extinta.

XI. NORMAS COLETIVAS

A garantia de emprego atribuída aos empregados acidentados é sensivelmente ampliada por muitas convenções coletivas. São emblemáticas, a propósito, as normas negociadas pelo Sindicato dos Metalúrgicos do ABC.

Em regra são minuciosas, estabelecendo de forma clara os pressupostos e limites da garantia. Como *pressuposto* é comum, por exemplo, a exigência de atestado do INSS para comprovar a natureza ocupacional do acidente ou doença, ressalvado o acesso ao judiciário em caso de discordância quanto ao resultado. Os *limites* geralmente estão no restabelecimento da plena capacidade laboral ou na aposentadoria do trabalhador.

Estas normas não preveem uma estabilidade *a priori* para o trabalhador, na medida em que deve o mesmo respeitar o procedimento instituído para sua confirmação. Na prática, isso nem sempre acontece, o que enseja inúmeros debates nos tribunais. Os juízes, em consequência, muitas vezes deparam-se com o problema da interpretação da norma, se extensiva ou restritiva.

---

(22) *Idem, loc. cit.*
(23) MEIRELES, Edilton. *Grupo econômico trabalhista*. São Paulo: LTr, 2002. p. 268.
(24) "VI — Presentes os pressupostos do art. 461 da CLT, é irrelevante a circunstância de que o desnível salarial tenha origem em decisão judicial que beneficiou o paradigma, exceto se decorrente de vantagem pessoal ou de tese jurídica superada pela jurisprudência de Corte Superior."

No que diz respeito ao atestado do INSS, parece evidente que tal comprovação deve ocorrer ao tempo da rescisão. Algumas decisões, contudo, admitem seja o nexo com o trabalho demonstrado em juízo, argumentando que, do contrário, haveria óbice ao acesso ao judiciário[25]. O Tribunal Superior do Trabalho, por outro lado, confirmou a necessidade de atenção ao procedimento previsto nas normas coletivas.

O seguinte aresto da lavra do min. *Rider de Brito* revela justamente esse debate:

> Sustenta a Reclamada, nas razões de Embargos, que sua Revista merecia ter sido conhecida por divergência jurisprudencial quanto por afronta aos arts. 611, da CLT e 1.090, do CCB.
>
> Razão lhe assiste. Com efeito, entendeu o Eg. Regional que a realização de exame médico por perito da confiança do juízo supre a formalidade, ao fundamento de que se infere dos termos da cláusula normativa não ser essencial o atestado médico do INAMPS para se requerer o benefício. Ora, havendo a decisão regional interpretado a Convenção Coletiva, não há falar em falta de prequestionamento da matéria aos arts. 611, da CLT e 1.090, do CCB. Assegurando a Convenção Coletiva a reintegração do empregado mediante a apresentação de atestado forne-cido pelo INAMPS, e restando deferida a reintegração sem que tal exigência fosse atendida, tenho que o acórdão regional interpretou a Convenção Coletiva de forma ampliativa, afrontando o art. 1.090, do CCB (TST, SBDI-1, Rel. Min. Rider de Brito, ERR 248579/96, DJ 26.3.1999).

O reiterado pronunciamento nesse sentido redundou na Orientação Jurisprudencial n. 154 da SBDI I, hoje com a seguinte redação:

> 154. ATESTADO MÉDICO — INSS. EXIGÊNCIA PREVISTA EM INSTRUMENTO NORMATIVO.
>
> A doença profissional deve ser atestada por médico do INSS, se tal exigência consta de cláusula de instrumento normativo, sob pena de não reconhecimento do direito à estabilidade.

A fundamentação do entendimento do Tribunal Superior do Trabalho merece, contudo, outras considerações.

A orientação acima transcrita, como se depreende dos acórdãos que a precederam, acertadamente filiou-se à corrente no sentido de que as normas coletivas devem ser interpretadas como contratos, e não como leis[26]. Fossem equiparadas às leis, não haveria sentido falar em *cláusulas benéficas*. Todavia, a despeito da natureza da inter-

---

(25) Neste sentido, o seguinte acórdão:
"Acidente do trabalho — norma coletiva impondo que o acidente do trabalho ou doença profissional seja atestado pelo INSS — aplicabilidade em processos judiciais — necessidade de perícia — Em que pese o fato de a cláusula normativa aludir expressamente a uma prévia aferição das condições físicas do obreiro pelo INSS, esse procedimento, contudo, tem incidência restrita ao âmbito administrativo ou extrajudicial, e não constitui condição para o exercício do direito de ação junto aos órgãos jurisdicionais competentes para a apreciação da controvérsia. Desde logo, a parte interessada pode valer-se da via judicial, independentemente da prévia aferição de suas condições físicas pelo INSS, e nesse caso e ao perito de confiança do Juízo cabe investigar se o reclamante sofreu acidente do trabalho ou é se portador de moléstia profissional incapacitante do exercício de suas antigas funções, e estabelecer o devido nexo de causalidade com o trabalho prestado nas dependências da empresa-reclamada. A perícia judicial, portanto, é de rigor, e não pode ser repudiada, sob pena de não dispor o Juízo de fundamentos técnicos para oferecer sua prestação jurisdicional" (TRT 2ª R., 8ª Turma, Ac. n. 02980163966, Proc. RO 02970164366, Rela. Juíza Wilma Nogueira de Araújo Vaz da Silva, DOESP 17.4.1998).
(26) Merece referência, a respeito do tema, a obra de Mauro Medeiros (*Interpretação da convenção coletiva de trabalho*. São Paulo: LTr, 2003. p. 74-85).

pretação, não vemos como aplicar o art. 1.090 do CCB/16 ou o art. 114 do CCB/02. Com efeito, não se trata de *cláusula benéfica* (fruto de mera liberalidade do empregador), mas de garantia oriunda da negociação, em que vantagens e concessões são objeto de barganha.

A bem da verdade, no caso específico do atestado, não há sequer que recorrer à interpretação *restritiva* ou *extensiva*, pois a norma faz expressa exigência. O problema esgota-se na interpretação *especificadora*, em que "a letra da lei" (no caso, norma coletiva) "está em harmonia com a *mens legis* ou o espírito da lei, cabendo ao intérprete apenas constatar a coincidência"[27]. O *espírito* da norma, no caso em exame, está na concessão de garantia superior à legal, mas desde que preenchidos determinados pressupostos, um deles o atestado do INSS.

Outra questão envolvendo as normas coletivas diz respeito à ultra-atividade das cláusulas que prevejam estabilidade no emprego. A garantia normalmente extrapola o prazo de vigência da norma instituidora. O Tribunal Superior do Trabalho, rompendo com a regra geral da Súmula n. 277, firmou o entendimento de que, "preenchidos todos os pressupostos para a aquisição de estabilidade decorrente de acidente ou doença profissional, ainda durante a vigência do instrumento normativo, goza o empregado de estabilidade mesmo após o término da vigência deste" (Orientação Jurisprudencial n. 41 da SBDI I).

XII. CONCLUSÕES

1. Os acidentes de trabalho constituem riscos inerentes a qualquer atividade. Atacam diretamente o trabalhador e, nessa esteira, a regra de que a empresa suporta os riscos do empreendimento (art. 2º da CLT) ganha relevo apenas em fase reparatória ou nas medidas de prevenção. A garantia de emprego ao acidentado reveste-se de caráter reparatório. Contudo, a legislação brasileira não assegura a estabilidade a qualquer trabalhador acidentado, mas apenas àquele que gozou auxílio-doença acidentário.

2. A estabilidade decorrente de acidente do trabalho pode coexistir com outras formas de proteção contra a dispensa arbitrária. Trata-se de garantia especial, como também ocorre em outras situações. Em nosso modelo, não há incompatibilidade com o regime do FGTS.

3. O art. 118 da Lei n. 8.213/91 é constitucional. A garantia nele prevista pode ser instituída por lei ordinária, pois não se confunde com a proteção contra despedida arbitrária de que trata o art. 7º, I, da CF. Esta norma preceitua proteção genérica a todos os trabalhadores, enquanto a primeira cuida de situação específica. A Constituição, ademais, não afasta outras formas de proteção ao trabalhador (art. 7º, *caput*), e seus arts. 196 e 197 preveem a adoção de medidas para a proteção, promoção e recuperação da saúde.

---

(27) FERRAZ JUNIOR, Tercio Sampaio. *Introdução ao estudo do direito* — técnica, decisão, dominação. São Paulo: Atlas, 1995. p. 294.

4. O direito posto assegura a estabilidade para o trabalhador acidentado no corpo de uma lei essencialmente previdenciária. Atrela a garantia, ademais, ao prévio gozo de determinado benefício. Esse formalismo é de certa forma compatível com uma regra de exceção (na medida em que não há proteção efetiva à dispensa arbitrária), mas muitas vezes enseja desconexão com o *espírito* da norma.

A jurisprudência prevalente se inclinava à interpretação literal do art. 118 da Lei n. 8.213/91, entendimento que foi recentemente revisto com a adoção da Súmula n. 378 do TST (item II, *in fine*), que admite a interpretação *ampliativa da garantia* ou *restritiva quanto aos óbices*. Há, em verdade, arrazoados argumentos em um ou outro sentido.

5. Ressalvadas as hipóteses em que o empregador obstou a concessão do benefício previdenciário, são, a nosso ver, indispensáveis os pressupostos do art. 118 da Lei n. 8.213/91. Os problemas de interpretação não decorrem dessa norma específica, mas da ausência de proteção efetiva contra a despedida arbitrária em nosso ordenamento. Em consequência, não pode o intérprete criar direito novo sob o pretexto de fazer justiça no caso concreto. Há que batalhar pela alteração de todo o modelo, hoje manifestamente equivocado.

6. A lei não assegura apenas salários ao empregado no período de estabilidade, mas "a manutenção do seu contrato de trabalho na empresa". Está implícita na garantia, portanto, o efetivo retorno ao labor. O empregado, ainda que readaptado a nova função, fará jus ao mesmo salário que usufruía antes do afastamento, acrescido de eventuais reajustes coletivos no período.

7. O encerramento das atividades da empresa assegura ao acidentado indenização compatível com a garantia de emprego. Trata-se, no caso, de *vantagem pessoal*, desatrelada da produção ou de fatores externos.

8. O pedido de demissão implica renúncia a eventual estabilidade. Esse entendimento se aplica mesmo se houver *iniciativa participada* para rescisão, como nas hipóteses de adesão a plano de demissão voluntária instituído pelo empregador. O futuro questionamento da estabilidade, postulada a reintegração, necessariamente dependerá da comprovação de vício de consentimento.

9. Havendo grupo econômico, o conceito de *empregador único* surte seus efeitos também quanto às estabilidades. Se a cessão de empregados no seio do grupo é em regra admitida, com ainda maior razão deve haver a possibilidade de cessão — ou reintegração — como forma de resguardar eventual estabilidade, ainda que provisória.

10. A garantia de emprego atribuída aos empregados acidentados é sensivelmente ampliada por muitas convenções coletivas. Essas normas em geral não preveem uma estabilidade *a priori* para o trabalhador, na medida em que instituem procedimento para sua confirmação. Na prática, isso nem sempre acontece, o que enseja inúmeros debates nos tribunais. Os requisitos que decorrem da livre negociação entre as partes devem ser respeitados pelo juiz.

PARTE IV

DIREITO INDIVIDUAL

DIREITO DE EMPRESA NO CÓDIGO CIVIL DE 2002 E SEUS IMPACTOS NO DIREITO DO TRABALHO[*]

Luiz Carlos Amorim Robortella

I. A UNIFICAÇÃO DO DIREITO PRIVADO

A unificação do direito privado foi defendida no século XIX por *Teixeira de Freitas*, de forma pioneira, quando incumbido pelo Imperador de redigir um projeto de código civil. Para ele, já à época não havia sentido na separação legislativa entre direito civil e direito comercial.

Na Itália, essa orientação da doutrina, onde pontificou *Vivante*, foi acolhida no Código Civil de 1942, que exerceu grande influência no Código Civil Brasileiro de 2002.

Na dogmática jurídica, evidentemente, continuam separados o direito civil e o direito comercial, na medida em que este último se dedica especificamente aos atos de comércio e à atividade do comerciante.

O novo CC unifica sob o prisma legislativo o direito privado, afetando os domínios do direito empresarial e, consequentemente, o direito do trabalho.

Além disto, renova e aprofunda o diálogo do direito do trabalho com o direito civil e o comercial, que está a produzir influências recíprocas.

Veja-se, por exemplo, a Lei n. 8.078, de 11.9.1990 (Código de Proteção e Defesa do Consumidor), que consagrou institutos e métodos clássicos do direito do trabalho, atribuindo posição de destaque aos entes coletivos.

O direito do trabalho, por sua vez, abriu espaço para princípios e regras do direito civil, tais como o dano moral, a responsabilidade civil do empregado, do empregador e dos sindicatos.

A heterogeneidade do atual mercado de trabalho, que vem retipificando e destipificando a clássica relação de emprego, com o surgimento de novas formas de contratação, impõe a revalorização desse diálogo (*Ghera*, 1989).

(*) Publicado originalmente na *Revista do Tribunal Regional do Trabalho da 8ª Região*, n. 71, p. 173, 2003.

II. A DEMOCRACIA EMPRESARIAL

A empresa, nas modernas sociedades, constitui um centro de imputação de direitos e obrigações, assumindo grande relevância para o desenvolvimento econômico e social.

O progresso econômico da sociedade, incluído no catálogo de direitos humanos fundamentais de terceira geração, cada vez mais depende da livre iniciativa e, portanto, da empresa e dos empreendedores. É realçada a função social da empresa, com a valorização de suas atividades de interesse social, tendo conteúdo econômico as iniciativas junto à comunidade, voltadas à solidariedade humana, ao respeito à dignidade dos trabalhadores em geral, dos empregados e dos consumidores.

No direito do trabalho, a empresa, como unidade econômica de produção, vê acentuado seu compromisso com a força de trabalho e com a sociedade. Além de gerar lucros para os investidores, a empresa deve atuar como instrumento de política social, proporcionando trabalho e renda para os cidadãos.

Há quem afirme, como o saudoso professor *Cesarino Jr.*, ser a empresa uma pessoa de direito social, realçando sua importância para o atingimento dos objetivos do Estado (*Cesarino Jr.*, 1954. p. 38).

Tais ideias influíram sobre a doutrina comercialista, que reconhece ter o direito do trabalho contribuído para o avanço da teoria jurídica da empresa.

A função do empresário, na atualidade, implica maiores deveres para com a sociedade; seu *status* jurídico, pelas prerrogativas e responsabilidades que assume, constitui um poder-dever.

Aliás, o interesse da empresa é um referencial autônomo, que não se confunde com interesses dos fatores nela reunidos, ou seja, capital, trabalho e tecnologia.

O direito de propriedade não explica e definitivamente não mais legitima o poder patronal absolutista, até porque, muitas vezes, o detentor do capital não exerce efetivamente o comando da empresa.

O progresso industrial, a sofisticação das relações econômicas, as novas tecnologias, afastam da gestão da empresa o proprietário, passando gradativamente às mãos de administradores profissionais, os gerentes ou prepostos.

Identifica-se aqui o fenômeno da separação entre propriedade e poder. É o profissional contratado que vai exercer o poder, dirigindo a empresa segundo critérios técnicos que conferem predominância ao interesse da empresa, nem sempre coincidente com o do capitalista ou do trabalhador.

Essa pluralização e fragmentação do poder na empresa, conjugada com a função social, permite vislumbrar, para o futuro, numa visão de sabor institucionalista, a integração de uma representação dos consumidores.

É inegável que a participação do trabalhador na gestão, além de política e socialmente legítima, estimula a produtividade e competitividade da empresa e, por consequência, atende aos imperativos de eficácia econômica do Estado moderno.

Os graus de participação, é claro, variam conforme a cultura e o grau de desenvolvimento de cada país.

Certamente continuarão a existir conflitos e divergências entre o capital e trabalho, mas a tendência é a empresa se caracterizar como um núcleo estratégico de política econômica e social.

Assim sendo, a participação do trabalhador deverá se intensificar, inclusive por força dos novos modelos de gestão. A empresa moderna depende de mão de obra qualificada e especializada, hoje considerada verdadeiro ativo. Na sociedade da informação e do conhecimento, são muito importantes os trabalhadores com sofisticação tecnológica.

O novo Código Civil, a nosso ver, não captou essas tendências no campo do direito da empresa. Nele não se encontram normas que favoreçam a democratização da empresa, com a conciliação dos interesses do investidor, do trabalhador e do consumidor.

Limitou-se, no art. 421, a proclamar a função social do contrato, princípio que pode servir para a interpretação dos contratos de sociedade e, de alguma forma, se refletir na repartição do poder na empresa.

III. EMPRESA E EMPRESÁRIO

Muitas são as críticas ao modelo de direito empresarial adotado no novo CC, não só de conteúdo, mas também por concentrar no mesmo capítulo institutos construídos e estudados separadamente ao longo de séculos. Para o professor *Miguel Reale*, no entanto, é uma inovação necessária e adequada, enfatizando inclusive que "nenhuma codificação contemporânea traz, de forma ordenada e sistemática, o direito de empresa como seção especial" (*Reale*, 2003).

O regramento da atividade empresarial está no Livro II do novo CC, sob o nome "Direito de Empresa", que vai do art. 966 ao art. 1.195.

Outros preceitos e institutos que interessam à empresa são encontrados no novo CC, em capítulos diversos, sendo de rigor sua articulação para a compreensão do sistema adotado.

Não há uma definição legal de empresa. A doutrina consagrou-a como a organização que, reunindo recursos naturais, capital, trabalho e tecnologia, se dedica à produção de bens e serviços, com finalidade de lucro.

A empresa em si mesma não tem personalidade jurídica. Só a tem o empresário, assim entendida a pessoa física ou jurídica que se dedica à atividade econômica, em caráter profissional. A empresa, por isto mesmo, não é sujeito de direito, mas sim objeto.

O CC limita-se a definir o empresário, no art. 966:

Considera-se empresário quem exerce profissionalmente atividade econômica organizada para a produção ou a circulação de bens ou de serviços.

Como se vê, pouco importa a atividade exercida, se mercantil ou puramente civil, eis que não mais se conceitua o empresário ou a atividade empresarial a partir do ato de comércio.

Assumindo a teoria da empresa e definindo o empresário, o direito brasileiro consagrou uma postura objetivista, desatrelada do tipo de negócio. Desde que haja organização dos fatores produtivos para gerar bens e serviços, tem-se a empresa, objeto da atividade empresarial.

É a opinião do comercialista *Bruno Mattos e Silva*:

O novo Código Civil positiva a teoria da empresa, que não divide a atividade econômica pelos atos em si considerados, mas sim pelo modo em que ela é exercitada. A teoria que divide os atos em si considerados (atos comerciais *versus* atos civis) é a teoria dos atos de comércio, do Código Comercial de 1850 (*Silva*, 2002)

Não há como negar o caráter empresarial de atividades econômicas organizadas em grande escala, inclusive na agricultura e na prestação de serviços. Por isto, segundo *Waldírio Bulgarelli*, o direito comercial não é mero regulador dos comerciantes e dos atos de comércio, eis que seu fulcro é a atividade sob a forma de empresa. (*Machado*, 2002).

O novo CC, ao afastar a distinção entre empresário e comerciante, pode ampliar o número de atividades empresariais incluídas no regime de concordata e quebra. Essa tendência já vinha se afirmando com a sujeição a falência, mediante leis especiais, de empresas não comerciais como as de construção, concessão de serviços aéreos, incorporação imobiliária e outras.

O Projeto de Lei n. 4.376-A, de 1993, que regula a falência, a concordata preventiva e a recuperação da empresa, em fase de discussão no Parlamento, cuida da recuperação e liquidação de sociedades de qualquer espécie, sejam comerciais ou civis, e até mesmo empresas públicas e sociedades de economia mista (*Almeida Jr.*, 2002).

O parágrafo único do art. 966 tem gerado muitas dúvidas quando não considera empresário "quem exerce profissão intelectual, de natureza científica, literária ou artística, ainda com o concurso de auxiliares ou colaboradores, salvo se o exercício da profissão constituir elemento de empresa".

Do texto se depreende que no trabalho intelectual, científico, literário ou artístico, exercido diretamente por profissional, mesmo com a contratação ou participação de terceiros por ele escolhidos e remunerados, sob qualquer regime jurídico, não existe a figura do empresário.

Para o professor *Jesualdo Eduardo de Almeida Jr.*, "a profissão intelectual não é empresarial por características próprias, isto é, não compreende a organização de fatores de produção. O parágrafo único do art. 966 diz que a profissão intelectual, a despeito de ter conteúdo econômico (o parágrafo único usa a palavra 'profissão', o que denota o caráter econômico) não é empresarial, mesmo se existentes auxiliares ou colaboradores" (*Almeida Jr.*, 2002).

Portanto, a atividade intelectual em si mesma não tem natureza empresarial. Só a terá quando compuser uma organização empresarial e representar apenas um dos fatores utilizados para a obtenção do resultado econômico.

Como diz apropriadamente *Bruno Mattos e Silva*, a atividade intelectual não é empresarial mas, se presentes todos os elementos de uma empresa, ela o será (*Silva*, 2002).

Se o trabalho intelectual, artístico, literário ou científico constituir a própria atividade-fim, quem o exerce não é considerado empresário, mesmo que tenha finalidade lucrativa ou conteúdo econômico.

A figura do empresário só surge quando há a apropriação do trabalho intelectual como um dos elementos, vale dizer, instrumentos ou fatores para atingir os objetivos principais do empreendimento.

Parece, por isto, acertada a conclusão de *Sérgio Campinho*:

> O exercício da profissão intelectual será, desse modo, elemento de empresa, nele não se encerrando a própria atividade. Os serviços profissionais consistem em instrumento de execução da empresa. (*Campinho*, 2003)

Assim, um jornal, uma emissora de rádio e televisão ou uma editora de revistas são empresas porque, em sua atividade econômica, utilizam o trabalho intelectual de jornalistas, artistas e escritores para o atingimento dos objetivos do negócio.

IV. CLÁUSULA DE NÃO CONCORRÊNCIA E SEGREDO DO NEGÓCIO

Tornou-se anacrônica a expressão estabelecimento comercial, em face do novo CC. O que há é o estabelecimento empresarial, concebido como reunião dos bens patrimoniais e não patrimoniais do empresário, como deflui do art. 1.142:

> Considera-se estabelecimento todo complexo de bens organizado, para exercício da empresa, por empresário, ou sociedade empresária.

O estabelecimento empresarial, juridicamente, não é apenas a instalação física ou o equipamento utilizado, mas também os bens incorpóreos utilizados para desenvolver a atividade, ou seja, marca, nome comercial, sistema de trabalho, técnica produtiva, lista de clientes etc.

O CC protege da concorrência o adquirente de estabelecimento empresarial, como se vê no art. 1.147 e seu parágrafo único:

> Não havendo autorização expressa, o alienante do estabelecimento não pode fazer concorrência ao adquirente, nos 5 (cinco) anos subsequentes à transferência.
>
> Parágrafo único. No caso de arrendamento ou usufruto do estabelecimento, a proibição prevista neste artigo persistirá durante o prazo do contrato.

É a proteção ao fundo empresarial, antigo fundo de comércio, contra a concorrência do alienante, por frustrar a justa e legítima expectativa do adquirente ao realizar o negócio.

Tais regras se inserem no modelo de proteção à propriedade industrial, ao direito autoral e ao segredo do negócio, como decorrência dos princípios da livre iniciativa e da livre concorrência. O ordenamento consagra a repressão penal e a reparação civil para os atos de concorrência desleal, em todos os seus aspectos.

Celso Delmanto assim define o segredo do negócio:

> Nos negócios, como em todas as atividades onde exista rivalidade, certos dados são confidencialmente utilizados pelos contendores. Como "armas" que são — e secretas — sua desautorizada revelação infringe as regras do "jogo", acarreta prejuízo ao usuário legítimo e proporciona proveito indevido aos competidores. Por esses motivos, tal ação desleal é catalogada como crime concorrencial. (*Delmanto*, 1975. p. 235)

A divulgação de segredos do negócio viola a propriedade industrial da empresa, protegida pela Constituição Federal no inciso XXIX do art. 5º.

Analisando o art. 195 da Lei n. 9.279/96 (Lei de Propriedade Industrial — LPI), conclui *Alexandre de Almeida Cardoso* que "a extensão do sentido do segredo de negócio na LPI é bastante ampla, de forma a abarcar toda e qualquer informação sigilosa capaz de atribuir ao seu titular posição de vantagem em relação à concorrência".

Lembra que, no âmbito internacional, a Convenção de Paris dispõe constituir ato de concorrência desleal "qualquer ato de concorrência contrário aos usos honestos em matéria industrial ou comercial" (*Cardoso*, 2003. p. 119).

Nas relações de trabalho, o dever de lealdade e não concorrência é inerente ao vínculo entre empregado e empregador, configurando justa causa o seu descumprimento.

Após a rescisão contratual, todavia, essa restrição ao empregado encontra forte oposição, sob o argumento de que vulnera o princípio constitucional da liberdade de trabalhar.

O novo CC, ao consagrar normas de proteção ao adquirente de estabelecimento empresarial, facilita a compreensão e aceitação da cláusula de não concorrência nas relações de trabalho, que tem larga aplicabilidade em outros sistemas jurídicos. Isto porque, no CC de 1916, não havia limitação ao direito de concorrer, nem mesmo para o empresário que alienasse o estabelecimento. Podia, se quisesse, reiniciar a mesma atividade, em aberta concorrência ao estabelecimento por ele alienado.

Tal liberdade ensejava uma crítica de difícil contestação: se o ex-proprietário podia estabelecer-se como concorrente, por que não poderia o ex-empregado fazer o mesmo, por conta própria ou alheia?

Por isto, acreditamos que o art. 1.147 do novo CC, por seu largo alcance ético, influirá nos rumos da doutrina e jurisprudência brasileiras, no que toca à legalidade da cláusula de não concorrência após a extinção do contrato de trabalho.

A propósito, ao tratar das várias espécies de contrato, o novo CC de certa forma também trata da concorrência desleal quando reprime o aliciamento do prestador de serviço, estipulando indenização equivalente a dois anos de remuneração, exigível pelo antigo junto ao novo tomador, como se vê no art. 608. No regime de 1916, essa norma só se aplicava à locação de serviços agrícolas.

No direito comparado, essa cláusula é plenamente admitida, como se vê nas legislações alemã, suíça, italiana, francesa etc. A tendência é oferecer proteção aos segredos da empresa, mas sem vedação total à liberdade de trabalho.

Aliás, entende *Philipe Pidoux* que o empregador sempre estará protegido contra a concorrência praticada pelo empregado, mesmo que inexista cláusula contratual, pois essa obrigação perdura além da extinção do contrato (*Pidoux*, 1969. p. 15).

Lyon-Caen e *Pélissier*, com base em dois julgamentos da Corte de Cassação francesa, sustentam a presunção de validade da cláusula, cabendo ao empregado a prova da abusividade, ou seja, quando estipulada sem limite espacial ou temporal (*Lyon-Caen* e *Pélissier*, 1978. p. 235/237).

Arnoldo Wald admitia, mesmo no regime do Código Civil de 1916, a legalidade da cláusula não concorrencial após a rescisão do contrato de trabalho:

> Com efeito, o princípio da liberdade do trabalho seria ofendido se se estipulasse que alguém não poderia trabalhar em qualquer setor de atividade, em qualquer lugar e para todo o sempre. Mas, obviamente, essa liberdade não é atingida se a restrição for temporária, livremente consentida e justamente retribuída (Pacto de não concorrência, *RT* 552/33).

Da mesma forma o professor *Ari Possidônio Beltran*:

> Segundo nosso entendimento, em princípio, não parece haver argumento intransponível quanto à adoção de tal pacto em nosso sistema de relações de trabalho, sobretudo se observadas certas condições ditadas pela razoabilidade... Deverá haver limitação quanto ao objeto da restrição do exercício da atividade; impõe-se a limitação no tempo; torna-se necessária a fixação de limitação territorial e, finalmente, durante o período de abstenção, deverá o trabalhador receber indenização justa, previamente avençada (*Beltran*, 2001. p. 146/147).

Alexandre de Almeida Cardoso sustenta, com ampla fundamentação na doutrina e no direito comparado, a validade do pacto de não concorrência para viger após a rescisão do contrato de trabalho, por ser um "instrumento eficaz de tutela preventiva dos segredos de negócio do empregador, pois atende aos seus desígnios, sem implicar violação ao princípio da liberdade de trabalho" (*Op. cit.*, p. 247).

Na jurisprudência, merece destaque antigo acórdão do Tribunal Superior do Trabalho, em sua composição plena:

> Escrevem a propósito *Rivero-Savatier* que a nulidade do "pacto" depende da extensão em que atinge a liberdade de trabalho. E centuam: Os Tribunais verificam, em cada caso, se a cláusula pela amplitude geográfica, profissional, ou de duração deixam ao

interessado uma real liberdade de escolha do emprego (Acórdão de 25.4.1968 do TST — sessão plena — Proc. TST-RR-E-603/67 — Hildebrando Bisaglia — repertório de jurisprudência Incola — F-5-141/70-3).

Em suma, a regra do art. 1.147 do novo CC reforça o acerto dessas opiniões, imprimindo ainda maior legitimidade à cláusula de não concorrência entre empregado e empregador, para valer após a rescisão do contrato de trabalho. Evidentemente, mediante compensação financeira e com limitações, tais como definição do território onde vedada a atividade concorrente e o prazo de duração.

V. RELAÇÃO SOCIETÁRIA E RELAÇÃO DE EMPREGO

A administração da sociedade empresarial cabe aos sócios ou a administradores por estes escolhidos (art. 1.011). Os administradores "respondem solidariamente perante a sociedade e os terceiros prejudicados, por culpa no desempenho de suas funções" (art. 1.016).

Os arts. 1.169 e seguintes tratam do preposto; a preposição não pode ser transferida a terceiros, salvo com autorização expressa, sob pena de responder pessoalmente pelos atos do substituído.

No art. 1.172 conceitua como gerente "o preposto permanente no exercício da empresa, na sede desta, ou em sucursal, filial ou agência".

Cabe indagar se o preposto e o gerente, em face dos poderes de que desfrutam segundo o novo CC, teriam afastada a aplicação da legislação trabalhista.

Essas regras, a nosso ver, em nada alteram o que se assentou na doutrina e na jurisprudência dos tribunais do trabalho. Sempre que identificada a subordinação jurídica, assim entendida a submissão do trabalhador ao poder diretivo do empregador, ou seja, poder de organização, fiscalização e controle, se terá uma relação de emprego.

Questão mais intrincada, no entanto, é a do empregado eleito diretor de sociedade anônima. Os poderes e responsabilidades atribuídas pelo novo CC aos administradores, como deflui dos arts. 1.016, 1.017 e 1.020, merecem reflexão, pois são aptos a afetar a sobrevivência da relação de emprego em face do vínculo societário.

Esses preceitos estabelecem a responsabilidade solidária dos administradores perante a sociedade e os terceiros prejudicados, por culpa; impõem a restituição pelo administrador de créditos ou bens sociais aplicados em proveito próprio, bem como sanções ao administrador que, "tendo em qualquer operação interesse contrário ao da sociedade, tome parte na correspondente deliberação". Por último, são obrigados os administradores a prestar contas aos sócios, com o inventário anual, bem como o balanço patrimonial e de resultado econômico.

Essas normas, supletivamente aplicáveis aos administradores das sociedades anônimas, como disposto no art. 1.089 do novo CC, revelam uma concentração nova de poderes e obrigações que não se harmoniza com o quadro da relação de emprego.

A discussão, portanto, deverá se reacender, até porque boa parte da doutrina já recusava a incidência da legislação trabalhista aos empregados eleitos para cargo de diretoria.

Para *Arnaldo Süssekind* e *Délio Maranhão*, há incompatibilidade das atribuições. Comparam a representação da sociedade à do incapaz, ou seja, os diretores não são propriamente mandatários (terceiros), mas sim a voz da própria sociedade, que necessita de tal órgão para se expressar. No caso, "a representação é o instrumento jurídico indispensável para que o sujeito de direito possa agir na vida de relação" (*Süssekind* e *Maranhão*, 1973. p. 81).

Assim também *Paulo Emílio Ribeiro de Vilhena*:

...os atos praticados pelo diretor-eleito guardam uma causa fundamental e preliminarmente associativa e não intercambial, em relação à sociedade, aos sócios que o elegeram, o que significa não se admitir, sob pena de cair-se em uma *contradictio in adjectis*, a conversão da causa de inserção do administrador-órgão em causa diversa. O elemento a desfigurar-se, se assim se pudesse supor, não seria o elemento subjetivo, resultante da vontade da pessoa-órgão e da sociedade, mas o elemento objetivo, do interesse unitário e fundamental da empresa, que atua exteriorizando-se pelos seus órgãos constitutivos (*Vilhena*, 1999. p. 614/615).

Não há, portanto, a dualidade diretor-sociedade, mas sim a unidade conceitual inerente à natureza do órgão diretivo. A relação societária afasta necessariamente a subordinação jurídica a que alude o art. 3º da CLT.

A respeito, diz *Octavio Bueno Magano:*

O diretor é órgão da sociedade a que pertence e, por isso, não pode desfrutar da condição de empregado. Por isso mesmo, se um empregado se elege diretor, o seu contrato de trabalho fica suspenso. Esta é a diretriz consubstanciada no Enunciado n. 269 do C. TST (...). (*Magano*, 2002. p. 85)

O tema ensejou a seguinte página de *Santoro-Passarelli*:

La società, dotata o non di personalità, puó svolgere la sua attività giuridica esclusivamente attraverso le persone fisiche, che assumono la qualità di organi. Tagli persone non sono rappresentanti delle società, investite di un distinto potere di agire della società di cui fanno parte... (*Santoro-Passarelli*, 1960. p. 81/82)

Proclama que a existência de "rapporto associativo" exclui a relação de emprego:

Sembra però si debba arrivare medesima conclusione anche quando organo della società sia chi non rivesta la qualità di socio, come può avvenire per gli amministratori della società per azione (art. 2.380) e talvolta della società a responsabilità limitata (art. 2.487). (*idem, ibidem*)

E arremata:

L'amministratore di una società, in quanto agisce per la stessa, esplica un'attività autonoma ed è legatto alla società da un rapporto interno di mandato, no già da un rapporto di lavoro. Il che è confermato anche testualmente dalla norma secondo da quali gli amministratori devono adempiere i doveri ad essi imposti dalla legge e dall'atto costitutivo con diligenza del mandatario (*Op. cit.*, p. 82).

Bayon-Chacón e *Perez Botija* também assim se manifestavam:

Hay personas que trabajan en una empresa desempeñando una función técnica o administrativa en la misma, con una remuneración fija e que al mismo tiempo participan en suas ganancias y en sus pérdidas, es decir, en el llamado riesgo de empresa. Con frecuencia se les ha negado el carácter de auténticos trabajadores, estimando que la razón de su trabajo no es ocupar un puesto que podia ser desempeñado por otro trabajador cualquiera, sino una verdadera función de dirección en concepto de empresario, négandose igualmente la possibilidad de existencia de relación laboral, porque siendo ellos empresarios existiria una confusión de partes en el pretendido contrato de trabajo... (*Manual de derecho del trabajo.* Madrid: Marcial Pons, 1962. v. I, p. 304).

No caso do diretor profissional, que não manteve relação de emprego anterior com a sociedade anônima, a jurisprudência se encaminha no sentido de negar qualquer vínculo de natureza trabalhista, como se vê neste aresto recente do Tribunal Superior do Trabalho:

1. ...

2. Diretor eleito pela assembleia geral, para gerir sociedade anônima e inclusive sem ostentar, em momento anterior ao evento, a condição de empregado da empresa, está situado fora da clientela do art. 3º da CLT. Precedentes.

3. Recurso de revista não conhecido (TST, 1ª Turma, Proc. RR-549551/1999, Rel. Juiz Convocado João Amílcar Pavan, j. 23.5.2001, DJU 14.9.2001. p. 397).

Do voto merece referência o seguinte trecho:

Sobeja, ainda, a análise da tese sobre a violação dos arts. 2º e 3º da CLT. Magistralmente construída, ela tem raiz na Lei n. 6.404/76, em especial nos seus arts. 142, incisos I, II, III e V, 146 e 157, § 1º, alínea *d*.

Acerca do primeiro preceito, ele efetivamente comete ao conselho de administração das sociedades anônimas a orientação geral dos negócios das respectivas atribuições e a fiscalização ampla das atividades da diretoria. Já o mencionado art. 146 dispõe que o conselho em referência será composto apenas por acionistas, ao passo que a diretoria pode ser integrada por pessoas que não ostentem tal condição. E, finalmente, o último deles impõe ao administrador da companhia o dever de informar, a pedido de acionistas que detenham 5% (cinco por cento) ou mais do capital social, entre outros objetos as condições dos contratos de trabalho firmados com os diretores e empregados de alto nível.

Partindo de tais premissas, o recorrente conclui que qualquer diretor, ainda que eleito, mas que não seja acionista da empresa, estará enquadrado no conceito de empregado de confiança. Traz, inclusive, abalizados precedentes doutrinários em defesa da tese.

Data venia, o teor da norma legal em exame é expresso no sentido de situar o conselho e a diretoria como os órgãos máximos de administração das sociedades anônimas, esclarecendo ainda que a atividade pode recair, exclusivamente, sobre a diretoria (art. 138, *caput*), a qual é a única responsável pela representação da empresa (§ 1º). Veda, de forma imperativa, a delegação desses poderes e atribuições (art. 139).

Na realidade, a diretoria constitui órgão das sociedades anônimas, a quem toca a respectiva administração — no todo ou em parte —, bem como a sua ampla representação. Retrata, em síntese, a expressão da atividade econômica desenvolvida, e seus membros, ainda que pessoas naturais, identificam-se com o próprio empreendimento. O fato da norma de regência haver preservado o direito dos acionistas, via conselho de adminis-tração, de traçar as diretrizes da empresa, o exercício da potestade, por si só, não traduz a presença da subordinação jurídica típica ao Direito do Trabalho, esta regulada pelo art. 3º da CLT.

Se o conselho é o órgão máximo da empresa, para os fins previstos no art. 142 da Lei n. 6.404/76, a diretoria a administra com exclusividade, como já frisado. E o exercício de tal função, *data venia*, revela incompatibilidade com a condição do empregado, em especial porque o trabalho prestado pelos diretores não constitui um fim em si mesmo, em benefício do tomador de serviços, e sim instrumento para o alcance determinado resultado. Há, inclusive, a atribuição de responsabilidades pelos atos da administração, com essência que a distingue daquela própria aos empregados (art. 159), sendo certo que as disposições legais versando sobre os requisitos, impedimentos, investidura, remuneração, deveres e responsabilidades dos administradores são aplicáveis, indistintamente, aos conselheiros e diretores (art. 145).

Outra decisão, do saudoso Ministro José Luiz Vasconcelos, afasta o vínculo porque se tratava de diretor subordinado apenas ao Conselho de Administração:

> Sendo o reclamante diretor de sociedade anônima, eleito na forma da lei e "subordinado" tão somente ao Conselho Administrativo, não é empregado. Recurso de Revista conhecido e provido (TST, 3ª Turma, Proc. 412290/97, j. 11.4.2000, DJU 19.5.2000. p. 317).

Extrai-se do acórdão o seguinte:

> Esse Colendo TST tem se posicionado no sentido de reconhecer a impossibilidade jurídica de se considerar empregado um diretor de sociedade anônima, eleito para tanto, ante o fato de que o diretor da sociedade anônima é órgão da sociedade, não existe dependência hierárquica, não é responsável perante qualquer chefe ou empregador imediato, a não ser a Assembleia Geral ou, como *in casu*, ao Conselho de Administração, como reconheceu o v. acórdão regional, e tal fato em nada altera a conclusão pela inexistência de vínculo empregatício, uma vez que o reclamante detinha a condição de Diretor de Produção, eleito na forma legal para exercer tal encargo.

A respeito da vinculação da diretoria ao Conselho de Administração, cabe invocar novamente *Vilhena*, quando se refere à natural "coordenação", que difere da subordinação:

> Não resta a menor dúvida de que entre os órgãos diretivos de uma sociedade não existe uma relação de subordinação, mas se há coordenação e se a coordenação vem ditada pela necessária preservação da unicidade de fins a serem alcançados pela empresa, a

um órgão há de reservar-se essa tarefa coordenadora, que é a tarefa básica e elementar na estrutura, na organização e no funcionamento satisfatório da instituição, o que não importa, em hipótese alguma, em subordinação de qualquer órgão na acepção trabalhista. (*op. cit.*, p. 617).

Um outro julgado do TST já havia adotado essa orientação:

> O diretor de sociedade anônima, eleito para tanto, não pode ser considerado empregado. Não há, dessa forma, como reconhecer vínculo empregatício na hipótese, por incompatibilidade entre as duas situações jurídicas. Revista conhecida e provida. (TST, 3ª Turma, Proc. 304881/96, Rel. Min. Antonio Fabio Ribeiro j. 24.9.1997, DJU 21.11.1997. p. 60.928).

Como se vê, o Enunciado n. 269 do TST, ao admitir a continuidade da relação de emprego do diretor eleito de sociedade anônima, em todos os seus efeitos, quando provada a subordinação, merece revisão, a fim de se adequar às mais recentes manifestações.

O empregado eleito diretor, com sujeição apenas ao Conselho de Administração ou à Assembleia Geral, ou seja, a órgãos da sociedade e não a pessoas determinadas, jamais estará juridicamente subordinado, sob pena de grave contradição. Em face do novo CC, os poderes e responsabilidades que assume são incompatíveis com a subordinação jurídica.

A revisão propiciará tratamento menos casuístico do tema na Justiça do Trabalho, cujas decisões muitas vezes se calcam em preconceitos. A solução será mais justa e previsível, ao contrário do que hoje ocorre.

Nessa questão, é necessário oferecer segurança jurídica e imprimir coerência ao sistema, com a harmonização das normas tutelares do direito do trabalho com o novo direito de empresa.

VI. A REPRESENTAÇÃO E O GERENTE DELEGADO

O novo Código Civil, no art. 115, introduziu em nosso direito, de forma expressa, o instituto de representação, nos seguintes termos:

> Os poderes de representação conferem-se por lei ou pelo interessado.

Aí estão as duas formas de representação: a legal e a convencional.

Tem grande interesse o tema quando se trata de discutir a existência ou não de relação de emprego de gerentes delegados ou representantes, os quais assumem amplos poderes de representação em nome dos controladores do capital.

A doutrina tende a ver tais representantes não como simples mandatários porque, na realidade, fazem atuar a própria vontade, que repercute na esfera jurídica do representado. Aliás, tal característica consta literalmente do art. 116 do CC:

A manifestação de vontade pelo representante, nos limites de seus poderes, produz efeitos em relação ao representado.

Na sociedade limitada, segundo os arts. 1.060 e 1.061 do CC, a administração cabe às pessoas designadas no contrato social ou em ato separado, podendo ser atribuída a não sócios.

Conflitos trabalhistas surgem porque frequentemente administradores e gerentes delegados postulam o reconhecimento da relação de emprego, invocando os princípios protecionistas do direito do trabalho.

Diante do acolhimento expresso da representação convencional pelo novo CC, não se pode mais admitir a manutenção ou configuração da relação de emprego, eis que o representante ou gerente delegado, principalmente nas sociedades limitadas, pratica atos de gestão e de administração, substituindo a vontade do detentor do capital.

Tal forma de substituição não se concilia com o regime contratual subordinado, como se vê da lição de *Alfredo Montoya*:

> Dificilmente podría albergar dentro de si todas las prestaciones de trabajo dependiente (entre las cuales destaca por su volumen numérico el trabajo manual) un tipo de contrato pensado basicamente para la realización de "negócios" (art. 1.712 CC), "actos de administración" o "actos de riguroso dominio" (art. 1.713 CC), esto es, actos jurídicos, en sustitución o "por encargo" de un tercero. Sustitución o encargo que en la relación laboral no existe: el trabajador no es sustituto o mandatario del empresario, sino que realiza una actividad personalíssima — sin colocarse en el lugar de nadie — en utilidade ajena. (*Melgar*, 1990. p. 265)

Antonio Chaves distingue representação e mandato, dizendo-os separados por

> uma linha muito tênue: na primeira, o agente encarregado manifesta sua vontade, tomando iniciativas e deliberações como se fossem manifestações de vontade do próprio representado; na segunda, cumpre apenas ordens e instruções do mandante, com âmbito de ação, portanto, mais restrito... Representação em sentido técnico-jurídico tem-se — na lição de *Roberto de Ruggiero* e *Fulvio Maroi* — quando uma pessoa se substitui a outra na determinação interna colocando a própria vontade no lugar da alheia de modo que é a vontade do representante aquela que opera, não a do repre-sentado. E aditam que a vontade que o primeiro declara é aquela sua mesma vontade, com o particular efeito, no entanto, de ser considerada como vontade do segundo. Definem, por isso mesmo, representação como o instituto por meio do qual alguém (representante, procurador, mandatário) realiza com o emprego da própria vontade um ato jurídico em lugar de outra pessoa (representado). (*Chaves*, 1984. p. 900)

A respeito, diz *Roberto de Ruggiero*:

> A representação implica que uma pessoa (representante) emitindo uma declaração de vontade, dê vida a um negócio jurídico, que surge diretamente com referência a uma outra pessoa (representado), de modo que a primeira só

no interesse deste age, mas em seu nome próprio. Do primeiro elemento (declaração da própria vontade) decorre a diferença entre representação e qualquer outro encargo em que o terceiro não manifeste uma vontade própria... (*Ruggiero*, 1973. p. 330).

Não há confundir, pois, o simples mandato, em que o mandatário fica jungido às instruções do mandante, com a representação, como ensinam *Orlando Gomes* e *Elson Gottschalk*, ao tratar da representação indireta, tipo de representação de interesse ou cooperação jurídica "que se caracteriza pela ação do representante como se fora a própria do representado" (*Gomes* e *Gottschalk*, 1990. p. 167).

E assim concluem:

Para uma compreensão mais nítida do fenômeno da representação indireta, deve encarar-se o negócio jurídico, em que se manifesta, nas suas duas faces externa e interna. Exteriormente, vale dizer, na aparência, nada indica que o agente, parte no negócio jurídico, esteja agindo com o objetivo de transmitir os efeitos deste a outrem. Para toda gente, o negócio jurídico interessa apenas às partes que o concluíram, uma vez que a declaração de vontade é feita em nome próprio... O chamado representante indireto transmite a esse terceiro os efeitos do negócio, sem aparecer como procurador de seus interesses. Age em nome próprio, por conta alheia. O que caracteriza, por conseguinte, a representação indireta é essa atuação em nome próprio para gestão de interesses de outrem, que, todavia, nenhuma ingerência tem no negócio, do qual só economicamente participa e aproveita. (*Op. cit.*)

Na mesma linha de pensamento *Caio Mario da Silva Pereira*, quando, no regime do código anterior, afirmou que, "não tendo o Código Civil brasileiro dedicado uma seção especial à representação sistematicamente ordenada já em outros códigos, leva ao equívoco de aliar sempre aquela ideia à de mandato, o que não é exato, de vez que este é apenas uma das formas daquela, como já tivemos ensejo de assinalar" ... "como representação convencional, permite que o mandatário faça a sua declaração de vontade, dele representante, adquirindo direitos e assumindo obrigações que percutem na esfera jurídica do representado" (*Pereira*, 1978. p. 351).

Portanto, o administrador ou gerente delegado, quando exerce a representação do controlador do capital, manifesta sua própria vontade, que vai repercutir no campo jurídico do representado.

Trata-se de circunstância incompatível com o vínculo de emprego, ainda mais se se levar em conta a responsabilidade do administrador da sociedade, no regime do CC, pelos prejuízos que causar, solidariamente perante a sociedade e os terceiros prejudicados, por culpa no desempenho de suas funções, como já visto acima.

Essa responsabilidade jamais pode ser atribuída ao empregado, eis que só ao empregador cabe o risco do negócio, a teor do art. 2º da CLT.

Conclui-se, pois, que o sistema do novo Código Civil, ao cuidar expressamente da representação convencional, afastou a relação de emprego do representante ou gerente delegado.

BIBLIOGRAFIA

ALMEIDA JÚNIOR, Jesualdo Eduardo de. *O direito de empresa no novo código civil*. Disponível em: <http://www.jusnavegandi.com.br> Acesso em: fev. 2002.

AMARAL, Maria Alice B. G. do. Empresário e sociedade empresária: as novas nominações de empregador criadas pela Lei n. 10.406/02 (novo Código Civil). *Revista LTr*, São Paulo, v. 67, n. 3, 2003.

BELTRAN, Ari Possidônio. *Dilemas do trabalho e do emprego na atualidade*. São Paulo: LTr, 2001.

BULGARELLI, Waldírio. *A teoria jurídica da empresa*. São Paulo: RT, 1895.

CAMPINHO, Sérgio. *O direito de empresa à luz do novo código civil*. São Paulo: Renovar, 2003.

CARDOSO, Alexandre de Almeida. *Dos pactos de não concorrência nos contratos individuais de trabalho*. Tese de doutorado. São Paulo: FADUSP, 2003.

CHAVES, Antonio. *Tratado de direito civil*. São Paulo: RT, 1984. v. II, t. II.

CESARINO JR., Antonio Ferreira. *Las personas en el derecho social* — estudios de derecho del trabajo — en memoria de Alejandro M. Xunsain. Buenos Aires: El Ateneo, 1954.

COMPARATO, Fábio Konder. *Direito empresarial*. São Paulo: Saraiva, 1990.

_____ . *Novos ensaios e pareceres de direito empresarial*. Rio de Janeiro: Forense, 1981.

DELMANTO, Celso. *Crimes de concorrência desleal*. São Paulo: USP, 1975.

FIUZA, Ricardo. *O novo código civil e o direito de empresa*. Disponível em: <http://www.intelligentiajuridica.com.br> Acesso em: fev. 2001.

GHERA, Edoardo. La cuestión de la subordinación entre modelos tradicionales y nuevas proposiciones. *Debate Laboral*, São José da Costa Rica, n. 4, 1989.

GOMES, Orlando; GOTTSCHALK, Elson. *Curso de direito do trabalho*. Rio de janeiro: Forense, 1990.

HENTZ, Luiz Antonio Soares. *Direito de empresa no código civil de 2002*. São Paulo: Juarez de Oliveira, 2002.

LYON-CAEN, Gérard; PÉLISSIER, Jean. *Les grands arrêts de droit du travail*. Paris: Sirey, 1978.

MACHADO, Daniel Carneiro. *O novo código civil e a teoria da empresa*. Disponível em: <http://www.sinescontabil.com.br> Acesso em: 2002.

MAGANO, Octavio Bueno. *Dicionário jurídico-econômico das relações de trabalho*. São Paulo: Saraiva, 2002.

MEIRELES, Edilton. *O novo código civil e o direito do trabalho*. São Paulo: LTr, 2003.

MENDES, Rosana. Despersonalização da pessoa jurídica do empregador como meio de efetividade dos direitos trabalhistas. In: DALLEGRAVE NETO, José Affonso (coord.). *Direito do trabalho contemporâneo* — flexibilização e efetividade. São Paulo: LTr, 2003.

MONTOYA MELGAR, Alfredo. *Derecho del trabajo*. Madrid: Tecnos, 1990.

NORONHA, Edgar Magalhães. *RT* 428/287.

PEREIRA, Caio Mario da Silva. *Instituições de direito civil*. Rio de Janeiro: Forense, 1978. v. III.

PIDOUX, Philipe. *La prohibition de concurrence dans le contract de travail*. Lausanne: Vandoise, 1969.

REALE, Miguel. *Visão geral do novo código civil*. Disponível em: <http://miguelreale.com.br> Acesso em: 2002.

_____ . *As associações no novo código civil*. Disponível em: <http://miguelreale.com.br> Acesso em: jun. 2003.

RUGGIERO, Roberto de. *Instituições de direito civil*. São Paulo: Saraiva, 1973. v. III.

SANTORO-PASSARELLI, Francesco. *Nozioni di diritto del lavoro*. Napoli: Eugenio Jovene, 1960.

SILVA, Bruno Mattos e. *A teoria da empresa no novo código civil e a interpretação do art. 966:* os grandes escritórios de advocacia deverão ter registro na Junta Comercial? Disponível em: <http://www.rantac.com.br> Acesso em: 2002.

SUSSEKIND, Arnaldo; MARANHÃO, Délio. *Pareceres de direito do trabalho e previdência social*. São Paulo: LTr, 1973. v. III.

TOZZINI, Syllas; BERGER, Renato. As associações no novo código civil. *Jornal Gazeta Mercantil*, São Paulo, ano II, n. 583, jun. 2003.

VILHENA, Paulo Emílio Ribeiro de. *Relação de emprego:* estrutura legal e supostos. São Paulo: LTr, 1999.

WALD, Arnoldo. Pacto de não concorrência. *RT* 552/33.

TELETRABALHO E TRABALHO EM *HOME OFFICE*. ASPECTOS PRÁTICOS

Luiz Carlos Amorim Robortella
Antonio Galvão Peres

I. INTRODUÇÃO

As novas tecnologias têm proporcionado verdadeira revolução na localização do trabalho, especialmente nas grandes cidades, em que o tráfico de veículos e as distâncias desestimulam os deslocamentos.

Hoje pode o trabalhador se vincular a uma organização produtiva por *e-mail*, telefone celular, *internet*, *pager*, *fax* e diversos outros instrumentos que, paradoxalmente, asseguram a proximidade, ainda que a distância.

Em termos de organização das cidades, a mobilidade urbana e a preservação do meio ambiente constituem preocupações fundamentais; busca-se atualmente até mesmo a construção de edifícios com escritórios e moradias, para que a locomoção seja cada vez menos necessária.

O trabalho em *home office*, além de inserir-se nas grandes questões do moderno planejamento urbano, é também uma das manifestações e expressões mais nítidas da individualização do contrato de trabalho, com a redescoberta do empregado-indivíduo.

É uma tendência contrária ao tempo coletivo, uniforme e anônimo que marca a evolução da legislação do trabalho[1]. Pode assim aumentar a liberdade do trabalhador na gestão do seu tempo, que constitui uma das tendências internacionais na regulamentação do trabalho[2].

Trata-se da superação da própria modernidade. O moderno, há poucos anos, era o que se via nas grandes indústrias que amealhavam milhares de trabalhadores em linha de produção, o que, de forma análoga, também ocorria com as equipes de escritório, submetidas a rigorosa hierarquia.

---

(1) ADAM, Patrice. *L'individualização du droit du travail*. Paris: LDGJ, 2005. p. 237.
(2) ADAM. *Op. cit.*, p. 239-241.

Os trabalhadores enfrentam essa faceta da pós-modernidade em duas grandes frentes. Em uma concorrem com as máquinas. No outro flanco valem-se da tecnologia para produzir mais e a distância, conectando-se à organização a qualquer tempo e de qualquer lugar. Isto, evidentemente, lhes proporciona maior conforto e possibilidade de autogestão do tempo de trabalho.

Surgem, assim, dilemas que corroem a realidade proletária sobre a qual foi forjado o direito do trabalho, mas a lei, a despeito das lacunas, contempla diversas regras ainda aplicáveis.

II. SISTEMA *HOME OFFICE*

Trata-se de nova forma de prestação de trabalho, cada vez mais utilizada nas empresas e explorada, inclusive, pelo mercado imobiliário, que passou a enxergar o grande valor que instalações adequadas ao trabalho agregam aos imóveis residenciais.

A essas instalações e, por metonímia, ao próprio trabalho, deu-se o nome de *home office*. Trata-se de mais um estrangeirismo que se consolidou a partir do jargão do mercado imobiliário e de profissionais de recursos humanos.

A característica principal do sistema *home office* é a desnecessidade de comparecimento regular do empregado ao estabelecimento patronal, eis que passa a trabalhar em residência, oficina, estúdio ou *atelier* próprios, com utilização de instrumentos fornecidos pelo empregador, tais como telefone e equipamentos de informática.

Não há uma disciplina legal específica que estabeleça claramente as condições e restrições do modelo. Em princípio, portanto, vale para todas as atividades desenvolvidas fora do ambiente físico da empresa.

Trata-se, sem dúvida, de modalidade mais sofisticada de trabalho em domicílio, previsto desde os anos quarenta no art. 6º da CLT.

Essa norma, que mantém a redação original de 1943, dispõe que "não se distingue entre o trabalho realizado no estabelecimento do empregador e o executado no domicílio do empregado, desde que esteja caracterizada a relação de emprego".

Portanto, quando presentes os requisitos da relação de emprego (pessoalidade, onerosidade, habitualidade e subordinação), o trabalhador que presta serviços em seu próprio domicílio é empregado e, terá a proteção pertinente. Isso é o que diz o antigo preceito, plenamente aplicável às diversas formas de teletrabalho[3].

Vejam-se, a propósito, as seguintes decisões:

TRABALHADOR A DOMICÍLIO — PRESENÇA DOS ELEMENTOS CONSTITUTIVOS DA RELAÇÃO DE EMPREGO — CONFIGURAÇÃO — A consubstanciação da relação de emprego, nos moldes da CLT, em se tratando de trabalho a domicílio, apesar de nem

---

(3) Convém esclarecer que o trabalho a domicílio, segundo o art. 1º da Convenção n. 177 da Organização Internacional do Trabalho — OIT, não necessariamente é aquele realizado na residência do empregado, mas também em outros locais por ele escolhidos, distintos do estabelecimento do empregador. Esta convenção não foi ratificada pelo Brasil, mas traz conceitos importantes.

sempre ser de fácil visualização, se verifica quando se constata a existência dos elementos próprios do vínculo empregatício — CLT, arts. 2º, 3º e 6º. No caso dos autos, evidenciam-se a continuidade, em face de o demandante haver trabalhado efetivamente por anos ininterruptos; a subordinação, pela fixação de preços, estabelecimento da data mensal de pagamento (5º dia útil subsequente), vigilância da qualidade e padrão dos produtos, sem cuja satisfação não haveria contraprestação salarial; e a pessoalidade, conquanto mitigada no trabalho a domicílio, devidamente comprovada por testemunha (TRT 13ª R. — RO 00551.2003.011.13.00-7 — Rel. Juiz Edvaldo de Andrade — DJPB 3.4.2005).

TRABALHO A DOMICÍLIO — O trabalho a domicílio caracteriza-se pela prestação de serviços na própria moradia do empregado, ou em outro local por ele escolhido, longe da vigilância direta exercida pelo empregador. A lei trabalhista permite expressamente essa modalidade contratual, como se infere do art. 6º da CLT, o qual não distingue o trabalho realizado no estabelecimento do empregador daquele executado no domicílio do empregado. Nesse último caso, a subordinação é atenuada, pois as atividades não se desenvolvem sob supervisão e controle diretamente exercidos pelo empregador. A fiscalização passa a exprimir-se através do controle do resultado da atividade, no momento da entrega da produção. Ademais, concorre para a caracterização da relação de emprego a circunstância de o produto obtido não se destinar ao mercado em geral, mas exclusivamente a uma empresa, encarregada de fornecer a matéria-prima e os instrumentos de trabalho, além de caber a ela o controle da produção. Comprovados todos esses aspectos, o reconhecimento da relação de emprego é medida que se impõe (TRT 3ª R. — RO 01751-2003-004-03-00-3 — 7ª T. — Rela. Juíza Cristiana Maria Valadares Fenelon — DJMG 30.9.2004 — p. 16).

ART. 6º DA CLT. TRABALHO EM DOMICÍLIO — Se o labor prestado pela reclamante se deu na forma do estabelecido nos arts. 2º e 3º da CLT, ou seja, mediante subordinação, onerosidade, pessoalidade e em caráter não eventual, impõe-se o reconhecimento do vínculo de emprego, porquanto a CLT, em seu art. 6º, não distingue o labor prestado no estabelecimento do empregador daquele realizado no domicílio da empregada, o qual deve ser reconhecido como a residência ou local próprio de trabalho (TRT 3ª R. — RO 3.112/03 — 4ª T. — Rel. Juiz Julio Bernardo do Carmo — DJMG 26.4.2003 — p. 14).

Há um projeto de lei em tramitação no Congresso Nacional para alterar a redação desse dispositivo (PL n. 102/07). Do ponto de vista estritamente jurídico, tem pouca relevância. Sua maior repercussão, se aprovado, seria metajurídica, de cunho didático.

O projeto, mediante pequena alteração no *caput* e a inserção de um parágrafo no art. 6º da CLT, dispõe que "os meios telemáticos e informatizados de comando, controle e supervisão se equiparam, para fins de subordinação jurídica, aos meios pessoais e diretos de comando, controle e supervisão de trabalho alheio". Enfatiza, portanto, os novos mecanismos de comunicação e a subordinação jurídica que deles pode decorrer, explicitando a possibilidade de vínculo de emprego, independentemente do local de realização do trabalho.

III. PECULIARIDADES DO SISTEMA

O trabalho em *home office* traz vantagens e desvantagens na organização da produção.

Para o trabalhador oferece maior liberdade de horário para o desenvolvimento das atividades, menor necessidade de deslocamento físico e mais intensa vida familiar. Tais vantagens contribuem para o aumento da produtividade e diminuição do estresse.

Para a empresa as maiores vantagens estão na redução de custos, contratação do trabalhador independentemente de residir longe ou perto do estabelecimento, diminuição do absenteísmo e incremento da produtividade.

Empresa, empregado e a comunidade são beneficiados pela desnecessidade de deslocamento no tráfego das cidades, cada vez mais populosas e poluídas, com economia de tempo e custo do transporte, além do ganho ambiental.

As principais desvantagens para o trabalhador são: maior cobrança por resultados, independentemente do esforço despendido; diminuição do convívio social no interior da empresa; perda da noção dos resultados globais da empresa; e menor mobilização e consciência no plano coletivo[4], com reflexos nas entidades sindicais e associações de defesa de direitos.

Há também desvantagens para o empregador, tais como dificuldade de controle dos dados confidenciais e manutenção logística da produção, além de problemas de avaliação da qualidade e produtividade do trabalho.

Essa fragmentação do trabalho também remete à preocupante constatação de sociólogos como *André Gorz*[5]: "o desenvolvimento dos conhecimentos tecnocientíficos, cristalizados em maquinarias do capital, não engendrou uma sociedade da inteligência, mas, como dizem *Miguel Benasayag* e *Diego Sztulwark*, uma sociedade da ignorância. A grande maioria *conhece* cada vez mais coisas, mas *sabe* delas e as *compreende* cada vez menos".

Do ponto de vista jurídico, os principais problemas desse modelo estão, potencialmente, no controle e administração da duração do trabalho.

Para começar, são empregados que, a rigor, não estão sujeitos a controle de horário, eis que trabalham externamente, e essa circunstância deve constar da ficha de registro e da carteira profissional, para que se vinculem formalmente à unidade patronal contratante.

Apesar dessas cautelas formais, os maiores cuidados dizem respeito à rotina de trabalho.

Veja-se o art. 62, I, da CLT:

Art. 62. Não são abrangidos pelo regime previsto neste capítulo:

---

(4) É interessante notar que a primeira convenção da OIT sobre o direito de associação diz respeito à agricultura. Diferentemente da indústria, em que estão reunidos em grandes estabelecimentos e centros, na agricultura os trabalhadores estão dispersos. Por essa razão, a Convenção n. 11, de 1924, dispõe que "todo Miembro de la Organización Internacional del Trabajo que ratifique el presente Convenio se obliga a asegurar a todas las personas ocupadas en la agricultura los mismos derechos de asociación y de coalición que a los trabajadores de la industria, y a derogar cualquier disposición legislativa o de otra clase que tenga por efecto menoscabar dichos derechos en lo que respecta a los trabajadores agrícolas."
(5) GORZ, André. *O imaterial:* conhecimento, valor e capital. São Paulo: Annablume, 2005. p. 81.

I — os empregados que exercem atividade externa incompatível com a fixação de horário de trabalho, devendo tal condição ser anotada na Carteira de Trabalho e Previdência Social e no registro de empregados; (...).

A redação original do art. 62 da CLT excluía do capítulo "duração do trabalho" os vendedores pracistas, os viajantes e os empregados que exercessem "funções de serviço externo não subordinado a horário".

O texto atual, trazido pela Lei n. 8.966/94, é mais genérico e, ao invés de mencionar a ausência de subordinação a horário, trata da "atividade externa incompatível com a fixação de horário de trabalho".

Houve, na letra, uma sensível alteração da norma. Entretanto, nada mais representou senão o acolhimento da interpretação que já prevalecia na doutrina e jurisprudência, mesmo à luz do direito anterior.

Pela redação atual, não basta se tratar de atividade externa sem submissão a horário. É necessária, objetivamente, a *inexistência de horário dada a natureza do trabalho exercido,* de nada valendo a mera previsão contratual[6].

O caso dos motoristas carreteiros é emblemático. Esses trabalhadores cumprem jornada eminentemente externa, mas seus caminhões possuem equipamentos de segurança (tacógrafo, *REDAC* etc.) que, a depender do intérprete[7], também podem ser considerados mecanismos de controle de horário. Havendo controle, fruto de novas tecnologias, não se afasta a limitação de jornada, fazendo jus o empregado a horas extras.

Em suma, como adverte *Sérgio Pinto Martins*[8], "o que interessa é haver incompatibilidade entre a natureza da atividade exercida pelo empregado e a fixação de seu horário de trabalho".

---

(6) Valemo-nos da lição de Süssekind:
"Cumpre assinalar, como o fez Segadas Vianna, quando Diretor-Geral do DNT, que a 'a exceção da referida alínea *a* do art. 62 (hoje inciso I desse artigo) unicamente tem aplicação aos empregados que, executando serviços externos em razão da própria natureza das funções, não podem estar submetidos a horários, desde que tal importaria em impedir que pudessem desenvolver a sua atividade a fim de obter remuneração compensadora, como no caso dos vendedores e viajantes". Aos motoristas, por exemplo, não se aplica, geralmente, a exceção, estando beneficiados pela jornada de oito horas e pelas normas reguladoras do trabalho suplementar e do que é realizado à noite. Como escrevemos em outro livro, 'se o trabalho do empregado é executado fora do estabelecimento do empregador (serviço externo), mas vigora condição que, *indiretamente, lhe impõe um horário*, afigura-se-nos que não poderá prosperar a exceção consubstanciada na alínea *a* transcrita'" (SÜSSEKIND, Arnaldo Lopes *et al. Instituições de direito do trabalho.*São Paulo: LTr, 1999. v. II, p. 809).
(7) Vejam-se os seguintes julgados:
"1. RECURSO DE REVISTA — HORAS-EXTRAS — MOTORISTA — TACÓGRAFO — ART. 62, I, DA CLT — O aparelho eletrônico 'tacógrafo' instalado em veículos tem a finalidade de registrar a velocidade desenvolvida, não sendo meio eficaz para o controle da jornada de trabalho. Inexistindo efetivo controle da jornada laboral, pela impossibilidade decorrente do trabalho externo despendido em viagens, o empregado motorista enquadra-se na exceção do art. 62, I, da CLT. Recurso conhecido e provido" (TST — RR 28662 — 5ª T. — Rel. Min. Conv. André Luís Moraes de Oliveira — DJU 4.4.2003).
"MOTORISTA — DISCO TACÓGRAFO — HORAS EXTRAORDINÁRIAS — REFLEXOS — Os discos tacógrafos não se prestam apenas para controlar o tempo de funcionamento do motor e velocidade do veículo, mas também a jornada cumprida. Isto, porque por meio de tais instrumentos, pode-se verificar a atividade diária do empregado, o momento de início e término da viagem, as paradas e descansos. Tratando-se de motorista externo, os discos tacógrafos representam, na verdade, um meio idôneo se registrar o período de trabalho do empregado" (TRT 3ª R. — RO 16715/01 — 6ª T. — Rel. Juiz Bolívar Viegas Peixoto — DJMG 8.3.2002 — p. 12).
(8) MARTINS, Sérgio Pinto. *Direito do trabalho.* São Paulo: Atlas, 2002. p. 459.

Por isto, não pode haver procedimentos que impliquem controle — direto ou indireto — da jornada, sob pena de não se aplicar a norma especial que afasta o direito a hora extra.

Portanto, não se trata de uma situação dependente exclusivamente da vontade das partes; é necessário que, efetivamente, seja incompatível com as funções do empregado a fiscalização de horário ou jornada.

Na prática, se existir concretamente a possibilidade de controle, a jurisprudência inverte o ônus da prova, ou seja, caberá ao empregador provar que não houve hora extraordinária, como disposto na Súmula n. 338, I, do Tribunal Superior do Trabalho:

> I — É ônus do empregador que conta com mais de 10 (dez) empregados o registro da jornada de trabalho na forma do art. 74, § 2º, da CLT.
>
> A não apresentação injustificada dos controles de frequência gera presunção relativa de veracidade da jornada de trabalho, a qual pode ser elidida por prova em contrário.

Outro problema diz respeito à eventual permanência em *sobreaviso*, aguardando ordens em local predeterminado, como a residência, sem poder se afastar. Para essa hipótese, a lei prevê, em certas atividades (*v. g.* ferroviários), uma remuneração especial[9]. Muito se discute se tais previsões podem ser aplicadas a outras atividades por analogia.

A pesquisa[10] empreendida para este estudo demonstra que os tribunais não reconhecem no porte de telefone celular uma forma de controle da jornada do empregado.

O mero uso do celular e mecanismos similares, como o BIP, também não equivale a trabalho em regime de sobreaviso, segundo a jurisprudência majoritária.

A disciplina do sobreaviso está no art. 244, § 2º, da CLT, que trata dos ferroviários. Aos empregados em geral se aplica a regra do art. 4º da CLT. Merece referência, a respeito, lição de *Márcio Túlio Viana*[11]:

---

(9) Veja-se o art. 244, § 2º, da CLT:
"§ 2º Considera-se de 'sobreaviso' o empregado efetivo, que permanecer em sua própria casa, aguardando a qualquer momento o chamado para o serviço. Cada escala de 'sobreaviso' será, no máximo, de 24 (vinte e quatro) horas. As horas de 'sobreaviso', para todos os efeitos, serão contadas à razão de 1/3 (um terço) do salário normal."
(10) Merecem referência os seguintes arestos:
"TRABALHO EXTERNO — CONTROLE DE JORNADA POR TELEFONE CELULAR — O controle de horário por telefone celular revela-se frágil, não sendo suficiente para o deferimento de horas extras, mormente no caso de vendedor externo, em que é mister a demonstração cabal do controle de jornada" (TRT 3ª R. — RO 5.348/00 — 5ª T. — Rel. Juiz Jales Valadão Cardoso — DJMG 9.9.2000).
"HORAS EXTRAS — TRABALHADOR EXTERNO — USO DO *BIP* E TELEFONE CELULAR — AUSÊNCIA DO DIREITO — A simples utilização, pelo empregado, de *bip* ou telefone celular, quando da realização de trabalhos externos, não importa em controle da jornada de trabalho. Isso porque tais aparelhos não permitem ao empregador saber, com certeza, onde se encontra o empregado, e se este se encontra efetivamente trabalhando. Assim sendo, o trabalhador externo que se utiliza do *bip* ou telefone celular para laborar continua senhor do seu tempo, podendo organizar seus horários de trabalho e descanso como melhor lhe aprouver. Não há que se cogitar, portanto, do pagamento de horas extras e reflexos, sendo aplicável à hipótese o disposto no art. 62, I, da CLT" (TRT 3ª R. — RO 2708/03 — 5ª T. — Rel. Juiz Eduardo Augusto Lobato — DJMG 12.4.2003 — p. 13).
(11) VIANA, Márcio Túlio. Adicional de horas extras. In: BARROS, Alice Monteiro de (coord.). *Curso de direito do trabalho* — estudos em memória de Célio Goyatá. São Paulo: LTr, 1997. v. II, p. 118-119.

O art. 4º da CLT considera de "serviço efetivo" o tempo em que o empregado está "à disposição do empregador, executando ou aguardando ordens", salvo disposição especial expressamente consignada.

A norma parece prever todas as situações possíveis. Mas não é bem assim. Há casos em que o empregado não está inteiramente à disposição do empregador, nem goza de liberdade completa. Fica em casa, vale dizer, em seu próprio ambiente, mas pode ser chamado a qualquer momento, ingressando então no ambiente da empresa.

Tal hipótese só foi prevista em relação aos ferroviários (art. 244, § 2º, da CLT) e aeronautas (arts. 23 e 25 da Lei n. 7.183). É o chamado regime de sobreaviso (...).

Cumpre perquirir, nessa esteira, se o art. 8º da CLT pode ser — ou não — invocado como norma de integração, permitindo a extensão do art. 244, § 2º, aos empregados que, por exemplo, sejam frequentemente convocados ao trabalho por telefone celular, *e-mail* etc.

Na lição de *Pedro Vidal Neto*[12], a analogia cuida de "verificar se, por identidade de razões, a regra aplicável ao caso não contemplado é a mesma que se aplica ao caso previsto. Trata-se de interpretar uma regra expressa e verificar se seus fundamentos ou razões são aplicáveis ao caso não previsto. A analogia, segundo *Batalha*, implica criação de norma idêntica à existente para disciplinar hipótese axiologicamente semelhante à regulada por esta".

Como norma de integração, a analogia sempre revelará excepcionalidade, o que não ocorre na hipótese em exame. Há uma norma geral sobre o conceito de tempo à disposição do empregador (art. 4º da CLT), o que repele a aplicabilidade de norma especial, conforme dispõe expressamente o art. 4º da Lei de Introdução ao Código Civil Brasileiro — LICC (... *quando a lei for omissa* ...).

Cabe aqui destacar o art. 2º, § 2º, do mesmo diploma:

Art. 2º Não se destinando à vigência temporária, a lei terá vigor até que outra a modifique ou revogue.

(...)

§ 2º A lei nova, que estabeleça disposições gerais ou especiais a par das já existentes, não revoga nem modifica a lei anterior.

Portanto, se a lei especial posterior não atinge a lei geral anterior, com muito maior razão é vedada a aplicação analógica a normas contidas no mesmo diploma legal, a saber, os arts. 4º e 244 da CLT.

Ainda que assim não fosse, a analogia exige análise teleológica, pois, como diz *Wilson de Souza Campos Batalha* no excerto acima transcrito da obra de *Pedro Vidal Neto*, "cria norma idêntica (...) para disciplinar hipótese axiologicamente semelhante".

---

(12) VIDAL NETO, Pedro. *Estudo sobre a interpretação e aplicação do direito do trabalho.* Tese para concurso à livre-docência de direito do trabalho. São Paulo: Faculdade de Direito da Universidade de São Paulo, 1985. p. 153.

O uso de telefone celular não é *axiologicamente semelhante* à situação dos ferroviários que permanecem em suas casas, aguardando ordens do empregador. O celular, assim como outros mecanismos (*v. g. BIP, e-mail* e *blackberry*), permite a livre locomoção de seu usuário, não exigindo fixação em determinado local.

Arnaldo Lopes Süssekind[13] compartilha desse entendimento:

> A mesma norma não se aplica porém ao sistema da chamada por BIP, porque, nesta hipótese, o trabalhador tem liberdade de locomoção, podendo ir para onde lhe aprouver. Não permanece, enquanto não atender ao chamado, à disposição do empregador.

Veja-se, a respeito, a Orientação Jurisprudencial n. 49 da SBDI I do Tribunal Superior do Trabalho:

> 49. Horas extras. Uso do BIP. Não caracterizado o "sobreaviso".

As peculiaridades acima descritas defluem dos seguintes julgados da SBDI I do TST, citados oficialmente pela C. Corte como precedentes dessa orientação jurisprudencial:

> O empregado que utiliza o aparelho *bip* não precisa, necessariamente, permanecer em sua residência aguardando o chamado para o serviço por ser um aparelho móvel de comunicação. Este empregado tem toda a liberdade de movimentação, podendo deslocar-se dentro do raio de alcance do aparelho. Desta forma, não permanecendo o empregado estritamente à disposição do empregador, como previsto no art. 244 da CLT, face à mobilidade do aparelho *bip* que lhe permite se afastar de casa sem prejuízo de uma eventual convocação do empregador, não há como se reconhecer como sendo de sobreaviso este período (TST, SDI, Proc. ERR 183559/1995, Ac. n. 3.434/97, Rel. Min. Vantuil Abdala, DJU 29.9.1997).

> O indeferimento das horas de "sobreaviso" decorreu do entendimento de que só aos ferroviários e aos eletricitários é assegurado o direito ao cômputo do período para fim de remuneração. Em face da ausência de detalhes sobre o regime de "sobreaviso" adotado, a decisão torna-se mais fácil. O "sobreaviso" previsto na CLT destina-se aos empregados que permanecem em sua casa aguardando, a qualquer momento, a convocação para o serviço. E tem-se reiteradamente decidido que, em princípio, só os ferroviários e, por analogia, os eletricitários desempenham atividade nessas condições especiais. Com relação aos demais trabalhadores, o principal fundamento para excluí-los do alcance da norma é o de que a liberdade de ir e vir não fica comprometida, não obstante o uso do *BIP*. A respeito existem vários precedentes da SDI: E-RR-0598/89 (DJ 16.9.1994); E-RR-6.028/90 (DJ 23.9.1994); E-RR-3.583/90 (DJ 15.4.1994) e E-RR-51.326/92 (DJ 21.6.1996). A extensão da norma específica (art. 244, § 2º, da CLT), por analogia, só é possível após exame cuidadoso das condições do "sobreaviso" adotado. Em suma, o regime de remuneração de horas de "sobreaviso" previsto para os ferroviários na CLT (art. 244, § 2º) só pode ser estendido a outras categorias, por analogia, se o empregado "permanecer em sua própria casa, aguardando a qualquer momento o chamado para o serviço", como exigido na norma específica. A utilização do *BIP* pelo empregado, por si só, não

---

(13) *Op. cit.*, p. 816.

permite seja considerado, analogicamente, em regime de "sobreaviso" (TST, SDI, Proc. ERR 106196/94, Ac. n. 144/96, Rel. Min Manoel Mendes, DJU 23.8.1996).

HORAS EXTRAS. USO DO *BIP*. NÃO CARACTERIZADO O SOBREAVISO. A jurisprudência desta Corte vem entendendo no sentido de que o uso do *BIP* não é suficiente para caracterizar o regime de sobreaviso uma vez que o empregado não permanece em sua residência aguardando ser chamado para o serviço. O uso do aparelho BIP não caracteriza necessariamente tempo de serviço a disposição do empregador, já que o empregado que o porta pode deslocar-se para qualquer parte dentro do raio de alcance do aparelho e até mesmo trabalhar para outra empresa (hipótese dos autos) quando não esteja atendendo chamado pelo *BIP*. O regime de sobreaviso contemplado na CLT destina-se ao empregado que permanecer em sua própria casa, aguardando a qualquer momento a chamada para o serviço. Embargos, parcialmente, providos (TST, SDI, Proc. ERR 51326/1992, Ac. n. 2.239/96, Rel. Francisco Fausto, DJU 21.6.1996).

O mesmo entendimento se depreende dos seguintes arestos do Tribunal Regional do Trabalho da 2ª Região:

O uso do telefone celular não caracteriza sobreaviso, pois o empregado pode se locomover. Não se está, com isso, restringindo a liberdade de locomoção do empregado, que não fica prejudicada. Somente se o empregado permanece em sua residência aguardando a qualquer momento chamado para o serviço é que há sobreaviso, pois sua liberdade está sendo controlada. Não estava o autor à disposição da empresa, de modo a ser aplicado o art. 4º da CLT, nem o § 2º do art. 244 da CLT (TRT 2ª R. 3ª Turma, Proc. RO 02990137321, in: Resenha LTr, *Suplemento Trabalhista*, n. 19/01, São Paulo: LTr, 2001. p. 110/111).

HORAS EXTRAS — SOBREAVISO — O que caracteriza as horas de sobreaviso não é o tempo de serviço efetivamente gasto pelo laborista em atendimento aos chamados da empresa, mas sim a limitação em sua liberdade de locomoção e a situação de prontidão que a natureza da função e as condições contratuais lhe impõem. Tanto assim que o art. 244, § 3º, da CLT, vale-se das expressões "aguardando a qualquer momento o chamado para o serviço" (TRT 2ª R. — Ac. 02960388067 — 7ª T. — Rela. Juíza Anélia Li Chum — DOESP 5.9.1996).

Por estes motivos, nas hipóteses em que o trabalhador tem liberdade na organização de seu horário de trabalho, sendo este *insuscetível* de controle, não há sobreaviso, ainda que eventualmente seja convocado pelo empregador para tarefa específica.

O inverso também é verdadeiro. Não pode o empregador exigir esteja o empregado disponível para o trabalho a qualquer hora do dia, aguardando ordens em sua residência. Se assim proceder, haverá razão para equiparação à situação dos ferroviários, podendo ensejar o pagamento pelo período.

IV. ALTERAÇÃO CONTRATUAL

No tópico anterior demonstrou-se que o sistema de trabalho em *home office* apresenta vantagens e desvantagens para o empregado.

Eventual alteração dos contratos individuais se submete ao art. 468 da CLT:

> Art. 468 — Nos contratos individuais de trabalho só é lícita a alteração das respectivas condições por mútuo consentimento, e ainda assim desde que não resultem, direta ou indiretamente, prejuízos ao empregado, sob pena de nulidade da cláusula infringente desta garantia.
>
> Parágrafo único — Não se considera alteração unilateral a determinação do empregador para que o respectivo empregado reverta ao cargo efetivo, anteriormente ocupado, deixando o exercício de função de confiança.

Como se depreende desta norma, as alterações contratuais só são lícitas quando referendadas pelo empregado e, ainda assim, se não lhe trouxerem prejuízo.

Por isto mesmo, quando há o envolvimento de muitos empregados, recomenda-se que a alteração dos contratos seja implantada mediante acordo coletivo.

Se não for viável a negociação coletiva, entendemos cabível aditamento ao contrato, estipulando a alteração e demais condições de trabalho no modelo de *home office*, garantindo assim a bilateralidade. Ademais, há que evitar qualquer prejuízo ao empregado.

V. CUSTEIO DE DESPESAS

A empresa pode contribuir para a instalação do *home office*, fornecendo equipamentos e custeando outras despesas.

A titularidade dos equipamentos utilizados pelos empregados (celulares, computadores etc.) pouco influi nos riscos trabalhistas[14], mas, caso sejam de propriedade da empresa, algumas cautelas devem ser observadas.

Assim, deve ser enfatizada a natureza desses equipamentos como instrumento de trabalho, a fim de reduzir o risco de integração ao salário. Merecem referência, a propósito, os seguintes julgados:

> DO SALÁRIO UTILIDADE. Pleiteia o recorrente a reforma da sentença no sentido de que seja deferido pagamento em dobro pela utilização de sua casa como escritório da empresa. Pede a incorporação de tal pagamento ao salário como salário utilidade. Sem razão. Analisando-se os elementos exsurgentes dos autos não se vislumbra a comprovação de haver a reclamada pago como salário utilidade ou mesmo procedido à incorporação do valor correspondente a implantação do sistema *HOME OFFICE*, frise-se que não trouxe o reclamante, nenhuma prova que demonstre tratar a citada verba de salário. A indenização das despesas decorrentes da utilização da casa do reclamante como escritório, salientando que a empregadora mantém sua sede no Estado, teve por escopo o reembolso dos valores despendidos pelo reclamante para o trabalho e não pelo trabalho, tem caráter de ajuda de custo típica e, como tal, não comporta integração a título de salário utilidade, qualquer que seja o seu valor, desde que assim prevê a legislação pátria, conforme art.

---

(14) Vale uma ressalva: a alteração para o sistema de *home office* sem qualquer custeio de despesas revelaria evidente prejuízo ao trabalhador, o que remete ao item anterior.

457, § 2º da Consolidação das Leis do Trabalho. Afastando-se a natureza salarial, reconhece-se que se tratava de ajuda de custo, com percentual inferior a 50% (cinquenta por cento) do salário do obreiro, para cobrir despesas com a utilização da residência do recorrente, em virtude da necessidade de o reclamante, no desempenho de suas funções, proceder a instalação do *home office*. Mantenho a sentença (TRT 20ª R., TP, Proc. 01.01-0428/00, Ac. 1541/02, Rel. Juiz Josenildo dos Santos Carvalho, OJ-SE 21.8.2002).

SALÁRIO *IN NATURA* — CELULAR — DESCARACTERIZAÇÃO — SALÁRIO *IN NATURA* — Desempenhando o empregado atividades externas, com vendas, indispensável era o uso do telefone celular. Portanto, o valor adiantado ao obreiro referente a sua conta de celular era concedido pelo empregador em face do trabalho, enquadrando-se na hipótese prevista no § 2º, do art. 458 da CLT (TRT 6ª R. — RO 5203/01 — 1ª T. — Rela. Juíza Carmen Lúcia Vieira do Nascimento — DOEPE 17.9.2002).

Deve também ficar bem clara a propriedade da empresa sobre esses bens e sua cessão ao empregado, que firmará o compromisso de zelar por eles e de devolvê-los no término do contrato ou por solicitação do empregador. Se desrespeitada tal obrigação, pode o empregador pleitear judicialmente a restituição, sem prejuízo de eventuais repercussões criminais.

À luz da jurisprudência atual, o simples fato de o empregado manter os equipamentos nos períodos de férias e finais de semana não configura vantagem salarial. Prevalece sua natureza instrumental, ainda que eventualmente utilizados para fins particulares.

Para situação análoga, o Tribunal Superior do Trabalho firmou a Súmula n. 367:

UTILIDADES *IN NATURA*. HABITAÇÃO. ENERGIA ELÉTRICA. VEÍCULO. CIGARRO. NÃO INTEGRAÇÃO AO SALÁRIO

I — A habitação, a energia elétrica e veículo fornecidos pelo empregador ao empregado, quando indispensáveis para a realização do trabalho, não têm natureza salarial, ainda que, no caso de veículo, seja ele utilizado pelo empregado também em atividades particulares.

II — O cigarro não se considera salário utilidade em face de sua nocividade à saúde.

No que diz respeito ao reembolso de despesas, não cabe o pagamento de diárias ou ajudas de custo fixas. Todo e qualquer valor pago deve estar relacionado a um gasto efetivo, ainda que posteriormente comprovado, no caso de adiantamento.

Há casos em que a matéria é disciplinada em acordos coletivos, trazendo normas sobre a duração do trabalho e reembolso de despesas, o que oferece maior segurança jurídica aos procedimentos. Como certas despesas são de difícil aferição, não se identificando aquela específica para o trabalho (*v. g.* energia elétrica), há normas coletivas permitindo o pagamento de valores fixos, de forma estimativa.

VI. TERMO DE CONFIDENCIALIDADE

Como apontado no item II, uma das desvantagens do *home office* para o empregador é a dificuldade de resguardar segredos do negócio.

O dever de confidencialidade é inerente ao contrato de trabalho e sua quebra pode ensejar a ruptura por justa causa, pois caracterizada falta grave do empregado (art. 482, *g*, da CLT).

A obrigação de guardar os segredos persiste mesmo após a extinção do contrato, podendo seu descumprimento, inclusive, configurar crime de concorrência desleal (art. 195, XI, da Lei n. 9.279/96 — Lei de Patentes) ou de violação do segredo profissional (art. 154 do Código Penal).

O direito à indenização pelos danos sofridos também decorre de lei, determinando o art. 186 do Código Civil Brasileiro que "aquele que, por ação ou omissão voluntária, negligência ou imprudência, violar direito e causar dano a outrem, ainda que exclusivamente moral, comete ato ilícito".

As empresas têm reforçado o dever de sigilo com a celebração de um "termo de confidencialidade", pelo qual o empregado se compromete a não divulgar qualquer informação no curso do contrato ou após a rescisão.

Na prática, esse documento, embora não possa, por si mesmo, evitar a violação de segredos, certamente reforça o cumprimento da obrigação pelo empregado, além da possibilidade de contemplar obrigações acessórias ao dever de confidencialidade como, por exemplo, a restituição de documentos relacionados ao trabalho quando da rescisão contratual ou a qualquer momento, por solicitação do empregador.

VII. CONSIDERAÇÕES FINAIS

A jurisprudência é escassa sobre o tema. As principais arestas do modelo, a ensejar eventuais reclamações trabalhistas, dizem respeito à duração do trabalho e à integração de utilidades e ajudas de custo ao salário (problemas apontados nos itens anteriores).

A celebração de normas coletivas específicas é uma forma eficaz para reduzir os conflitos, trazendo maior segurança ao empregado e ao empregador.

TURNOS ININTERRUPTOS DE REVEZAMENTO E NEGOCIAÇÃO COLETIVA. NOVOS RUMOS DA JURISPRUDÊNCIA[*]

Luiz Carlos Amorim Robortella
Antonio Galvão Peres

I. TURNOS ININTERRUPTOS DE REVEZAMENTO

A Constituição de 1988 estabeleceu no art. 7º, XIV, jornada diferenciada de seis horas nos turnos ininterruptos de revezamento, salvo ajuste diverso em norma coletiva.

A jornada inferior visa atenuar os impactos negativos da alteração de turno, mais precisamente no chamado *ritmo circadiano*, uma espécie de "relógio biológico" responsável por várias funções e variações de temperatura, hormônios, digestão, sono etc.

A palavra circadiano tem origem no latim (*circa diem*) e, literalmente, significa "em torno do dia".

É corrente a ideia de que diversas funções do organismo humano estão naturalmente estruturadas *em torno de um dia*, escalonadas em períodos relativamente precisos.

A bem da verdade, já se constatou que existem outras formas de organização dessas funções, em períodos superiores ou inferiores a um dia, mas que, de igual maneira, podem ser prejudicadas por alterações nos períodos de descanso e vigília.

O fenômeno também é objeto de preocupação da medicina por conta dos impactos biológicos decorrentes da brusca alteração de fuso horário em viagens aéreas. Os efeitos nocivos ao organismo são usualmente conhecidos por *jet lag* ou "decalagem horária".

Merece referência, acerca das diversas espécies de "relógio biológico", pesquisa patrocinada pela Fundação de Amparo à Pesquisa do Estado de São Paulo (FAPESP)[1]:

---

[*] Publicado originalmente na *Revista da Academia Nacional de Direito do Trabalho*, ano XIV, n. 14, São Paulo: LTr, 2006. p. 166-179.
[1] BICUDO, Francisco. Sob o jugo de cronos. *Revista Pesquisa*, n. 77, São Paulo: FAPESP, jul. 2002. p. 44-46.

Houve uma época em que, durante quatro meses seguidos — nem pensar em descansar nos finais de semana ou feriados —, um grupo de biólogos do Museu de Zoologia da Universidade de São Paulo (USP) acompanhou dia a dia o crescimento e a reprodução de colêmbolos, insetos primitivos sem olhos nem pigmentação, que têm menos de um milímetro de comprimento e habitam regiões profundas das cavernas. (...).

As centenas de páginas de anotações atestam que se deve considerar a existência de uma complexa organização temporal para compreender o funcionamento das atividades cotidianas dos seres vivos, como alimentação, sono, descanso e o trabalho de modo geral. (...) essa organização temporal envolve não só um relógio biológico, como se pensava, mas pelo menos dois outros tipos. De todos, o mais conhecido é o circadiano — com uma duração aproximada de 24 horas, é regido pela alternância entre claro e escuro e coordena, por exemplo, o sono dos seres humanos (...). Um estudo publicado em fevereiro na *Biological Rhythm Research*, que contou com a colaboração da equipe da USP, comprova a manifestação do circadiano em bebês prematuros: ao contrário do que se imaginava, já que bebês ainda não se relacionam com o claro e o escuro, a pesquisa exibiu uma variação da temperatura dos recém-nascidos que se repete a cada ciclo de aproximadamente 24 horas — indício evidente de registro do circadiano (...) além dos relógios biológicos dos seres vivos, é a natureza que apresenta um ritmo de funcionamento (...). O ciclo claro e escuro é uma referência importante para promover essa harmonia, por indicar o momento de comer, acordar e dormir.

A proteção constitucional tem o objetivo, com base em experiências médicas, de assegurar o equilíbrio dessas funções ou, ao menos, reduzir os males dos turnos de revezamento, nos quais o trabalhador é "periodicamente obrigado à mudança de hábitos (horário de sono, refeição etc.)"[2].

O seguinte acórdão do Tribunal Superior do Trabalho bem explica a teleologia da norma constitucional:

> Essa variação periódica, por impedir a adaptação do organismo a horários fixos, tanto de trabalho quanto de repouso, afeta profundamente a saúde do trabalhador, impossibilitando a formação do denominado "relógio biológico" e, consequentemente, tornando o trabalho excepcionalmente penoso e desgastante, a ponto de justificar a jornada especial de seis horas diárias (...) (TST-RR-95.319/93.1 — Ac. 3ª T. 1.782/95 — 3ª Região — Rel. Min. Manoel Mendes de Freitas, DJ de 23.6.1995. p. 19728. In: MANUS, Pedro Paulo Teixeira; GONÇALES, Odonel Urbano. *Duração do trabalho*. São Paulo: LTr, 1996. p. 97/98).

Os prejuízos do revezamento vão além da saúde do trabalhador, eis que atingem também o convívio familiar e a vida social.

Não bastasse isto, praticamente inviabilizam a qualificação — ou requalificação — profissional, pois impedem o trabalhador de frequentar cursos de longa e média duração, o que leva à sua estagnação na organização produtiva.

---

(2) TST-RR-197.850/95.7 (Ac. 2ª T. 0358/97) — 3ª Reg. — Rel. Min. Moacyr Roberto Tesch Auersvald. DJU 4.4.1997, p. 10.861. In: FERRARI, Irany. *Julgados trabalhistas selecionados*. São Paulo: LTr, 1998. v. 5, p. 409, Ementa n. 990.

As notas principais do turno ininterrupto de revezamento obviamente não estão no texto constitucional; a doutrina e jurisprudência é que as vêm delineando.

Já está assentado que o intervalo não descaracteriza o turno ininterrupto, como se vê na Súmula n. 360 do TST[3].

Por outro lado, a jornada reduzida só se justifica quando o empregado trabalha em turnos diferenciados, como diz acertadamente *Pedro Paulo Teixeira Manus*:

> Em síntese, para que a jornada seja reduzida a seis horas diárias, é preciso que o empregado trabalhe normalmente em turnos (diurno e noturno), *alternadamente*, em regime de revezamento. (*Direito do trabalho na nova Constituição*. São Paulo: Atlas, 1989. p. 32).

O Ministério do Trabalho e Emprego, na Instrução Normativa SRT/MTb n. 1/88, adota os seguintes pressupostos:

a) existência de turnos. Isso significa que a empresa mantém uma ordem ou alternação dos horários de trabalho prestados em revezamento;

b) que os turnos sejam em revezamento. Isso quer dizer que o empregado, ou turmas de empregados, trabalha alternadamente para que se possibilite, em face da ininterrupção do trabalho, o descanso de outro empregado ou turma;

c) que o revezamento seja ininterrupto, isto é, não sofra solução de continuidade no período de 24 horas, independentemente de haver, ou não, trabalho aos domingos.

Portanto, a jornada de seis horas é garantida aos que trabalham de modo alternado, revezando-se nos turnos, não importando se semanal, quinzenal ou mensalmente; basta uma periodicidade frequente para certamente haver dano à saúde[4]. Se há revezamento do empregado por turnos distintos, a jornada será de seis horas.

Mas há dúvidas sobre o conceito de ininterruptividade. Para a maioria, a jornada reduzida só é exigível se há revezamento em três turnos[5]; todavia, muitos arestos admitem a redução de jornada quando o empregado se reveza só em dois turnos:

TURNOS ININTERRUPTO DE REVEZAMENTO — AFRONTA DO ART. 7º, XIV, DA CF/88 — VERIFICADA — Conforme previsto no art. 7º, XIV, da CF/88, o regime de turnos

---

(3) "Súmula n. 360 do TST: Turnos ininterruptos de revezamento. Intervalos intrajornada e semanal A interrupção do trabalho destinada a repouso e alimentação, dentro de cada turno, ou o intervalo para repouso semanal, não descaracteriza o turno de revezamento com jornada de 6 (seis) horas previsto no art. 7º, XIV, da CF/88."

(4) O seguinte acórdão cuida de caso em que a frequência não foi considerada prejudicial:

"(...) Constatado que o empregado estava sujeito à alternância de turno apenas de quatro em quatro meses, laborando durante o quadrimestre em turno fixo, não há como se caracterizar o labor em turno ininterrupto de revezamento. 2. Recurso de revista conhecido e provido" (TST — RR 688479 — 1ª T. — Rel. Min. Emmanoel Pereira — DJU 28.5.2004).

(5) "RECURSO DE REVISTA — TURNOS ININTERRUPTOS DE REVEZAMENTO — NÃO CARACTERIZAÇÃO — ALTERNÂNCIA SEMANAL — TRABALHO EM DOIS TURNOS — A orientação emanada do art. 7º, inciso XIV, da Constituição Federal de 1988, vem sendo entendida como aplicável somente nos casos em que a alternância se dá mediante a prática de três turnos de trabalho, sucessivamente, sendo certo que a prática de somente dois turnos, tal como verificado na situação em comento, ainda que com alternância mensal, não se mostraria apta a caracterizar o trabalho em turnos ininterruptos de revezamento, como previsto no dispositivo constitucional em questão, uma vez que não observada, nestes casos, a ocorrência do desgaste físico e mental que se busca coibir com a implantação da jornada especial. Recurso de Revista conhecido e provido" (TST — RR 715168 — 1ª T. — Rela. Juíza Conv. Maria de Assis Calsing — DJU 6.8.2004).

ocorre com a mudança contínua do horário trabalhado, para que o empregado exerça a sua função, ou seja, trabalhe em períodos diferenciados. Não importa se essa mudança ocorra em dois ou três turnos, mas sim que acarretem a alteração no ritmo biológico do empregado, o que lhe causa problemas mentais e de saúde e, por esse motivo, a sua jornada normal foi reduzida para 6 horas diárias, sendo-lhe devidas, como extras, as que daí passarem. Há, ainda, que se ressaltar que o turno ininterrupto de revezamento, por ser estafante, devido às constante mutações no relógio biológico do trabalhador, foi disciplinado pelo legislador constituinte, para evitar a fadiga, em face do evidente desgaste físico e mental que impõe ao obreiro. Recurso de revista conhecido e provido (TST — RR 612220 — 4ª T. — Rel. Juiz Conv. José Antonio Pancotti — DJU 13.8.2004).

RECURSO DE REVISTA — TURNOS ININTERRUPTOS DE REVEZAMENTO — TRABALHO SOMENTE EM DOIS TURNOS — CARACTERIZAÇÃO — ART. 7º, INCISO XIV, DA CONSTITUIÇÃO FEDERAL — O trabalho em turnos ininterruptos de revezamento não se caracteriza ttão somente quando o empregado trabalha, alternadamente, nos três turnos existentes (matutino, vespertino e noturno). Basta que ative em horários diversificados que abranjam praticamente o dia todo (das 7 às 18/22horas e das 23/24horas às 7horas). As alterações, ainda que em apenas dois turnos, comprometem a higidez física e mental. Os turnos ininterruptos de revezamento dizem respeito ao funcionamento da empresa. Recurso a que se nega provimento (TST — RR 693186 — 3ª T. — Rel. Min. Carlos Alberto Reis de Paula — DJU 27.8.2004).

RECURSO DE REVISTA — TURNOS ININTERRUPTOS DE REVEZAMENTO — ART. 7º, XIV, DA CONSTITUIÇÃO FEDERAL DE 1988 — Para que os trabalhadores possam se beneficiar do regime de jornada especial de seis horas a que alude o art. 7º, XIV, do Texto Constitucional, devem apenas demonstrar que se submetem a constantes alterações em seu horário de trabalho, sofrendo as consequências advindas da alteração contínua de seu relógio biológico, tornando suas condições de trabalho consideravelmente mais penosas do que as aplicáveis aos casos em que a jornada de trabalho revela-se inalterável. Tanto basta para que fique caracterizado o regime de turnos ininterruptos de revezamento, sendo despicienda a circunstância de o empregado haver ou não se alternado rigorosamente nos três turnos de trabalho da empresa. Recurso de revista parcialmente provido (TST — RR 559744 — 1ª T. — Rel. Juiz Conv. Aloysio Corrêa da Veiga — DJU 12.3.2004).

Em suma, é irrelevante haver dois ou três turnos na empresa; se o empregado atua com frequente alteração de turno, aplica-se a jornada de seis horas.

II. NEGOCIAÇÃO COLETIVA

A Carta de 1988 admite jornada superior a seis horas, no turno ininterrupto, mediante negociação coletiva.

Isto significa, a nosso ver, que é viável, com base no art. 7º, XIII e XXVI, pactuar coletivamente jornada de oito horas ou mesmo superior.

Há, em situação análoga, copiosa jurisprudência do TST referendando o regime "12 X 36", admitindo, portanto, jornada superior à legal. É o que demonstram os seguintes julgados:

RECURSO DE REVISTA — HORAS EXTRAS — REGIME DE 12 X 36 — PREVISÃO EM NORMA COLETIVA — LEGALIDADE — A Constituição da República promulgada em 1988, prestigiou a representação sindical e seus instrumentos de atuação, reconhecendo em seu art. 7º, XXVI, as convenções e acordos coletivos de trabalho, e incentivando a tentativa de negociação coletiva no seu art. 114, § 2º. Nesse intuito, o legislador constituinte ainda autorizou a flexibilização de normas trabalhistas, por meio de instrumentos normativos, possibilitando no art. 7º, XIII, da CF, a compensação de horários mediante acordo ou convenção coletiva do trabalho, sem impor nenhuma restrição. Válida, portanto, é a compensação de horas no cumprimento de jornada de 12 x 36, por força de ajuste coletivo, não se havendo falar em horas extras pelo labor excedente à oitava hora diária. Não configurada violação dos arts. 7º, XIII, da CF, e 59, da CLT. Recurso de revista não conhecido (TST — RR 582076 — 3ª T. — Rela. Juíza Conv. Dora Maria da Costa — DJU 14.5.2004).

HORAS EXTRAS — ESCALA DE 12 X 36 — PREVISÃO EM NORMA COLETIVA — 1. O art. 7º, inciso XIII, da Constituição Federal, faculta a implantação de jornada de labor superior a quarenta e quatro horas semanais mediante negociação coletiva (ACT ou CCT). 2. Reconhecendo o Tribunal Regional do Trabalho a existência de norma coletiva contemplando a compensação de jornada, o empregado que trabalha em escala de 12 horas de serviço por 36 de descanso não faz jus ao pagamento das horas excedentes da oitava nos dias de efetivo trabalho. 3. Recurso de revista de que não se conhece (TST — RR 574794 — 1ª T. — Rel. Min. João Oreste Dalazen — DJU 12.3.2004).

JORNADA DE 12 X 36 HORAS — HORAS EXTRAS — INVALIDADE — O prestígio constitucional à negociação coletiva impõe reconhecer *validade aos acordos ou convenções coletivas de trabalho (inciso XXVI art. 7º da Constituição Federal de 1988) que permitem a contratação de jornada especial de doze horas de trabalho por trinta e seis de descanso,* embora de outro modo não seja viável acumular os regimes de compensação e prorrogação de horas. No entanto, a previsão normativa deve ser estritamente observada, sob pena de havendo trabalho extraordinário, ocorrer ofensa à carta política vigente e quedar descumprida a jornada máxima admitida na própria Lei Maior (inciso XIII do art. 7º) e em norma infraconstitucional (arts. 58 e 59 da consolidação das Leis do Trabalho) (TRT 9ª R. — Proc. 00459-2002-657-09-00-4 — (03691-2004) — Rel. Juiz Celio Horst Waldraff — DJPR 27.2.2004).

Esses arestos representam uma corrente que, a partir da interpretação literal do art. 7º, XIV, assegura ampla liberdade para a negociação coletiva. Eis a norma:

Art. 7º São direitos dos trabalhadores urbanos e rurais, além de outros que visem à melhoria de sua condição social:

(...)

XIV — jornada de seis horas para o trabalho realizado em turnos ininterruptos de revezamento, *salvo negociação coletiva*; (...)."

Tão reiterados foram os pronunciamentos favoráveis à liberdade de negociação que, em 1999, editou-se a OJ n. 169 (SBDI-1):

169. TURNO ININTERRUPTO DE REVEZAMENTO. FIXAÇÃO DE JORNADA DE TRABALHO MEDIANTE NEGOCIAÇÃO COLETIVA. VALIDADE. Quando há na empresa o sistema

de turno ininterrupto de revezamento, é válida a fixação de jornada superior a seis horas mediante a negociação coletiva.

Sucede que essa extrema liberdade levou a exageros na atividade empresarial. Normas coletivas passaram a aumentar a jornada nos turnos, sem qualquer contrapartida para o trabalhador, desviando-se da teleologia do preceito constitucional.

Por isto é que, mais recentemente, foram questionados em doutrina e jurisprudência os limites da negociação coletiva nessa matéria. Os tribunais constataram a necessidade de intervir na *autonomia coletiva dos particulares*, a fim de resguardar a proteção à saúde propugnada pela Constituição.

Há, efetivamente, que respeitar as finalidades do art. 7º, XIV, da Carta de 1988, compatibilizando-o com normas de igual hierarquia como os arts. 196 e 197, que impõem a proteção à saúde como direito de todos.

A aparente ambiguidade se resolve mediante a conciliação teleológica e axiológica das normas, com a aplicação do princípio da unidade hierárquico-normativa da Constituição, destacado por *Canotilho*:[6]

> O princípio da unidade hierárquico-normativa significa que todas as normas contidas numa constituição formal têm igual dignidade (não há normas só formais, nem hierarquia de suprainfraordenação dentro da lei constitucional). Como se irá ver em sede de interpretação, o princípio da unidade normativa conduz à rejeição de duas teses, ainda hoje muito correntes na doutrina do direito constitucional (1) a tese das antinomias normativas; (2) a tese das normas constitucionais inconstitucionais. O princípio da unidade da constituição é, assim, expressão da própria positividade normativo-constitucional e um importante elemento de interpretação (cf., *infra*).

> Compreendido dessa forma, o princípio da unidade da constituição *é uma exigência da "coerência narrativa" do sistema jurídico*. O princípio da unidade, como princípio de decisão, dirige-se aos juízes e a todas as autoridades encarregadas de aplicar as regras e princípios jurídicos, *no sentido de as "lerem" e "compreenderem", na medida do possível, como se fossem obras de um só autor,* exprimindo uma concepção correcta do direito e da justiça (*Dworkin*). Neste sentido, embora a Constituição possa ser uma 'unidade dividida' (*P. Badura*) dada a diferente configuração e significado material das suas normas, isso em nada altera a igualdade hierárquica de todas as suas regras e princípios quanto à sua validade, prevalência normativa e rigidez.

Cabe "considerar a constituição na sua globalidade e procurar harmonizar os espaços de tensão existentes entre as normas constitucionais a concretizar (...). Daí que o intérprete deva sempre considerar as normas constitucionais não como normas isoladas e dispersas, mas sim como preceitos integrados num sistema interno unitário de normas e princípios"[7].

---

(6) CANOTILHO, José Joaquim Gomes. *Direito constitucional e teoria da Constituição*. Coimbra: Almedina, 2000. p. 1.147.
(7) CANOTILHO, *Op. cit.*, p. 1.187.

O resultado dessa perspectiva foi um maior rigor no julgamento da matéria e na aplicação da OJ n. 169, em recentes julgamentos do TST.

Muitos julgados passaram a admitir negociação coletiva de jornada superior a seis horas somente mediante contrapartida específica, respeitado o limite da razoabilidade.

Merecem destaque as seguintes ementas:

HORAS EXTRAS — TURNOS ININTERRUPTOS DE REVEZAMENTO — ACORDO COLETIVO DE TRABALHO — JORNADA — FLEXIBILIZAÇÃO — 1. A flexibilização da jornada normal de seis horas para os empregados que laboram em turnos ininterruptos de revezamento não exime o empregador do pagamento de horas extras excedentes da sexta, acaso exigidas e trabalhadas. *Desarrazoado supor que a Constituição Federal garantiu a jornada especial e reduzida de seis horas e, paralelamente, permitiu aos interlocutores sociais, ainda que mediante negociação coletiva, frustrarem os fundamentos sociais, biológicos e econômicos que a ditaram, mediante estipulação de jornada normal superior, sem qualquer contrapartida ao empregado.* 2. Inválida cláusula de acordo coletivo de trabalho que delega a empregado e empregador a negociação direta e individual da jornada de labor em turnos ininterruptos de revezamento. 3. Embargos providos para julgar procedente o pedido de horas extras excedentes da sexta diária (TST — ERR 616125 — SBDI 1 — Red. p/o Ac. Min. João Oreste Dalazen — DJU 27.8.2004).

EMBARGOS — TURNOS ININTERRUPTOS DE REVEZAMENTO — VALIDADE — JORNADA SUPERIOR A 6 HORAS FIXADA EM ACORDO COLETIVO — IMPOSSIBILIDADE — EXTRAPOLAÇÃO DA JORNADA DE 36 HORAS SEMANAIS — PREJUDICIALIDADE — SAÚDE — EMPREGADO — O art. 7º, inciso XIV, da Lei Maior, ao contemplar a jornada de trabalho em turnos ininterruptos de revezamento de 6 horas diárias, permitiu sua ampliação por meio de negociação coletiva. *Essa possibilidade de alteração de jornada, contudo, não é ilimitada, pois deve ser observada a compensação ou concessão de vantagens ao empregado. Nunca, porém, a eliminação do direito à jornada reduzida, como se verifica na hipótese.* O Acordo Coletivo pode estabelecer turnos ininterruptos de revezamento com jornadas superiores a seis horas, como ocorreu, desde que se observe o limite de 36 horas semanais, pois o limite semanal representa para o empregado a garantia de higidez física, uma vez que a redução do labor em turno ininterrupto de revezamento decorre de condições mais penosas à saúde. O Acordo Coletivo em exame, ao fixar duração do trabalho de 8 horas e 44 semanais, contrariou as disposições de proteção ao trabalho, porquanto descaracterizou a jornada reduzida vinculada ao turno ininterrupto de revezamento, que é assegurada constitucionalmente pelo limite semanal de 36 horas. Recurso de Embargos não conhecidos (TST — ERR 435 — SESBDI I — Rel. Min. Carlos Alberto Reis de Paula — DJU 25.6.2004).

TURNOS ININTERRUPTOS DE REVEZAMENTO — ACORDO COLETIVO — MAJORAÇÃO DA JORNADA DE TRABALHO — Efetivamente, é preciso prestigiar e valorizar a negociação coletiva assentada na boa-fé, como forma de incentivo à composição dos conflitos pelos próprios interessados (art. 7º, XXVI, da Carta Magna). Todavia, admitir-se que o ordenamento maior tenha autorizado, pela via da negociação coletiva (art. 7º, XIV, da Lei Maior), a adoção da jornada de oito horas diárias, sem remuneração, implicaria a desconfiguração da jornada reduzida vinculada ao turno ininterrupto de revezamento, este fulcrado em trabalho mais penoso à saúde e à proteção do trabalhador, contrariando os próprios fins sociais da norma e resultando em prejuízo para o empregado, a quem visa proteger. Por conta disso, a decisão regional que deferira como extras as horas laboradas além da sexta diária em razão da ausência de sua remuneração, determinando a compensação do que já fora pago, não afronta o disposto no art. 7º, XIV, da Constituição Federal. Recurso não conhecido. DIVISOR 180. Contratado o empregado para jornada equivalente a oito horas, ainda que percebesse salário-hora, com a redução de jornada diária para o regime especial, o valor da remuneração ajustado passa a ser contraprestativo apenas da jornada reduzida de seis horas, não podendo ser alterado o valor fixo do seu salário, pago habitualmente. Por isso, deve ser redimensionado o valor da hora trabalhada, utilizando-se como referencial o divisor 180, e pagas as 7ª e 8ª horas juntamente com o adicional para labor extraordinário. Recurso conhecido e desprovido (TST — RR 30337 — 4ª T. — Rel. Min. Barros Levenhagen — DJU 30.4.2004).

TURNOS ININTERRUPTOS DE REVEZAMENTO — ACORDO COLETIVO — MAJORAÇÃO DA JORNADA DE TRABALHO — Efetivamente, é preciso prestigiar e valorizar a negociação coletiva assentada na boa-fé, como forma de incentivo à composição dos conflitos pelos próprios interessados (art. 7º, XXVI, da Carta Magna). Todavia, admitir-se que o ordenamento maior tenha autorizado, pela via da negociação coletiva (art. 7º, XIV, da Lei Maior), a adoção da jornada de oito horas diárias, sem remuneração, implicaria a desconfiguração da jornada reduzida vinculada ao turno ininterrupto de revezamento, este fulcrado em trabalho mais penoso à saúde e à proteção do trabalhador, contrariando os próprios fins sociais da norma e resultando em prejuízo para o empregado, a quem visa proteger. Por conta disso, a decisão regional que deferira como extras as horas laboradas além da sexta diária, em razão da ausência de sua remuneração, não afronta o disposto nos arts. 5º, II, e 7º, XIV e XXVI, da Constituição Federal. Recurso não conhecido (TST — RR 26189 — 4ª T. — Rel. Min. Barros Levenhagen — DJU 30.4.2004).

TURNOS ININTERRUPTOS DE REVEZAMENTO — CONFIGURAÇÃO RECONHECIMENTO DE SUA INEXISTÊNCIA POR NEGOCIAÇÃO COLETIVA IMPOSSIBILIDADE — O legislador constituinte, ao instituir a jornada especial de 6 horas para os trabalhadores sujeitos ao sistema de turno ininterrupto de revezamento (art. 7º, XIV, da Constituição Federal), visou tutelar a sua saúde pelo desgaste físico-psíquico. Nesse contexto, ainda que resultante de negociação coletiva, é desprovida de eficácia jurídica a cláusula ajustada em acordo coletivo que, contrariando a realidade do contrato de trabalho, afirma a inexistência de trabalho em turnos ininterruptos de revezamento. À luz dos princípios que regem a hierarquia das fontes de Direito do Trabalho, as normas coletivas, salvo os casos constitucionalmente previstos, não podem dispor de forma contrária às garantias mínimas de proteção ao trabalhador asseguradas na legislação, que funcionam como um elemento limitador da autonomia da vontade das partes no âmbito da negociação coletiva. A Constituição Federal, em seu art. 7º, XIV, prevê a negociação coletiva para fixar jornada diversa, superior a seis horas, nos casos de turnos ininterruptos de revezamento, mas não para acordar a sua inexistência, quando a realidade da prestação de trabalho enseja a sua configuração. Recurso de embargos provido (TST — ERR 351823 — SBDI 1 — Rel. Min. Mílton de Moura França — DJU 16.4.2004).

Estes acórdãos revelam a tendência de impor limites à negociação coletiva, proibindo a livre disposição em matéria de segurança e medicina do trabalho.

Todavia, um incidente de uniformização de jurisprudência levou, em agosto de 2006, a nova mudança na SBDI I, que decidiu alterar a redação da OJ n. 169 e propôs até mesmo a adoção de súmula a respeito.

Veja-se a certidão de julgamento:

I — por unanimidade, indeferir o pedido de ingresso na lide na condição de assistente litisconsorcial, por incabível. II — por unanimidade, conhecer do Incidente de Uniformização de Jurisprudência. III — por maioria, *alterar a Orientação Jurisprudencial n. 169 da SDI-I,* para estabelecer a seguinte tese: "Uma vez estabelecida jornada superior a 6 (seis) horas por meio de regular negociação coletiva, os empregados submetidos a turnos ininterruptos de revezamento não têm direito ao pagamento das 7ª e 8ª horas como extras". Vencidos o Exmo. Ministro João Batista Brito Pereira quanto à redação e no tocante à sua proposta de cancelamento da Orientação Jurisprudencial n. 275, e os Exmos. Ministros João Oreste Dalazen, Carlos Alberto Reis de Paula, José Simpliciano Fontes de Faria Fernandes, Lelio Bentes Corrêa e Rosa Maria Weber Candiota da Rosa, que entenderam devidas as horas excedentes a 180 mensais. IV — por unanimidade, determinar o retorno dos autos à eg. SBDI-1 para que prossiga no julgamento do feito; e V — por unanimidade, determinar à Comissão de Jurisprudência que apresente ao eg. Tribunal Pleno proposta de súmula, nos termos do art. 156, § 12, do RITST (Proc. E-RR — 576619/1999.9, Rel. Min. João Batista Brito Pereira, julgamento de 3.8.2006).

Esta nova redação da OJ n. 169 possibilita a fixação, em negociação coletiva, de turnos de revezamento com duração de oito horas, sem qualquer contrapartida ou vantagem específica, ao contrário da tendência identificada nos arestos acima transcritos.

III. JORNADA NOTURNA

Como se sabe, a hora noturna (das 22:00 às 5:00 horas do dia seguinte) tem 52 minutos e 30 segundos, a teor do art. 73, § 1º, da CLT.

Art. 73. Salvo nos casos de revezamento semanal ou quinzenal, o trabalho noturno terá remuneração superior à do diurno e, para esse efeito, sua remuneração terá um acréscimo de 20% (vinte por cento), pelo menos, sobre a hora diurna.

§ 1º A hora do trabalho noturno será computada como de 52 minutos e 30 segundos.

§ 2º Considera-se noturno, para os efeitos deste artigo, o trabalho executado entre as 22 horas de um dia e as 5 horas do dia seguinte.

§ 3º O acréscimo, a que se refere o presente artigo, em se tratando de empresas que não mantêm, pela natureza de suas atividades, trabalho noturno habitual, será feito tendo em vista os quantitativos pagos por trabalhos diurnos de natureza semelhante. Em relação às empresas cujo trabalho noturno decorra da natureza de suas atividades, o aumento será calculado sobre o salário mínimo, não sendo devido quando exceder desse limite, já acrescido da percentagem.

§ 4º Nos horários mistos, assim entendidos os que abrangem períodos diurnos e noturnos, aplica-se às horas de trabalho noturno o disposto neste artigo e seus parágrafos.

§ 5º Às prorrogações do trabalho noturno aplica-se o disposto neste capítulo.

Tal regra vale também para os turnos ininterruptos de revezamento, conforme vários arestos do TST:

HORA NOTURNA REDUZIDA — TURNOS ININTERRUPTOS DE REVEZAMENTO — O art. 73, § 1º, da CLT, que trata da redução da hora noturna, não foi revogado pelo art. 7º, XIV, da Constituição da República 1988, o qual apenas previu jornada de seis horas para o trabalho realizado em turnos ininterruptos de revezamento, salvo negociação coletiva (OJ n. 127-SDBI-1/TST). Desse entendimento, extrai-se que o trabalho noturno deve ser executado em jornada inferior, pois requer esforço maior àquele realizado durante o dia, sendo mais prejudicial à saúde do trabalhador. Dessa forma, não se pode afirmar que, na prestação laboral em turnos ininterruptos de revezamento, são inexistentes os danos respaldadores da redução da hora noturna prevista no art. 73, § 1º, da CLT. Sobre a questão, cito os precedentes: RR n. 406530 ano 1997 Região: 3 Recurso de Revista Turma: 2, *DJ* 8.3.2002 Relator: Ministro José Luciano de Castilho Pereira; RR n. 701072 Ano: 2000 Região: 3 Recurso de Revista Turma: 2, *DJ* 29.8.2003, Relator: Ministro Renato de Lacerda Paiva. Recurso de Revista Não Conhecido. (TST — RR 778713 — 5ª T. — Rel. Juiz Conv. João Carlos Ribeiro de Souza — DJU 6.8.2004).

RECURSO DE REVISTA — HORA NOTURNA REDUZIDA — TURNOS ININTERRUPTOS DE REVEZAMENTO — O art. 7º, inciso XIV, da Constituição Federal de 1988, ao prever jornada de seis horas para o trabalho realizado em turnos ininterruptos de revezamento, salvo negociação coletiva, não revogou o art. 73, § 1º, da CLT, que trata da jornada noturna reduzida de 52 minutos e 30 segundos, consoante a iterativa, notória e atual jurisprudência desta Corte, retratada na Orientação n. 127 da c. SBDI-I. Recurso de revista da reclamada parcialmente conhecido e desprovido. (TST — RR 28660 — 1ª T. — Rel. Juiz Conv. Altino Pedrozo dos Santos — DJU 14.5.2004).

HORA NOTURNA REDUZIDA — TURNOS ININTERRUPTOS DE REVEZAMENTO — O art. 7º, inciso XIV, da Constituição Federal de 1988, ao prever jornada de seis horas para o trabalho realizado em turnos ininterruptos de revezamento, salvo negociação coletiva, não revogou o art. 73, § 1º, da CLT, que trata da jornada noturna reduzida para 52 minutos e 30 segundos. Recurso de revista de que se conhece parcialmente e a que se nega provimento. (TST — RR 11434 — 1ª T. — Rel. Juiz Conv. Altino Pedrozo dos Santos — DJU 2.4.2004).

Em doutrina, cabe citar *Luiz Eduardo Gunther* e *Cristina Maria Navarro Zornig*[8]:

2.5. O trabalho noturno: adicional e redução da jornada

A jornada noturna reduzida, prevista no § 1º do art. 73 da CLT, é compatível com a jornada de 36 horas semanais, uma vez que possuem naturezas jurídicas distintas. O primeiro benefício refere-se ao labor em turnos ininterruptos de revezamento. Se o obreiro trabalha abrangendo as duas situações, merece ser beneficiado duplamente, não se cogitando de *bis in idem*.

Portanto, empregado que trabalha em turnos ininterruptos de revezamento, à noite, tem direito à redução da jornada e ao adicional noturno.

---

(8) GUNTHER, Luiz Eduardo; ZORNIG, Cristina Maria Navarro. *Controvérsias e soluções no direito do trabalho*. São Paulo: LTr, 2004. p. 92.

A propósito, a Súmula n. 213 do Supremo Tribunal Federal já firmara que "é devido o adicional de serviço noturno, ainda que sujeito o empregado ao regime de revezamento".

Por fim, quando a jornada noturna, ao ser prorrogada, invade o horário diurno, cabe aplicar a Súmula n. 60, II, do TST:

Adicional noturno. Integração no salário e prorrogação em horário diurno.

I — O adicional noturno, pago com habitualidade, integra o salário do empregado para todos os efeitos.

II — Cumprida integralmente a jornada no período noturno e prorrogada esta, devido é também o adicional quanto às horas prorrogadas. Exegese do art. 73, § 5º, da CLT.

Como se vê, a hora extraordinária noturna, mesmo após o fim do crepúsculo, enseja o adicional noturno.

IV. INTERVALOS INTRAJORNADA

Outro ponto controvertido na jornada em turnos está no efeito da supressão ou redução do intervalo, frequentemente previstas em normas coletivas.

A OJ n. 342 do TST (SBDI-1) nega validade a tais cláusulas:

342. Intervalo Intrajornada para Repouso e Alimentação. Não Concessão ou Redução. Previsão em Norma Coletiva. Validade. É inválida cláusula de acordo ou convenção coletiva de trabalho contemplando a supressão ou redução do intervalo intrajornada porque este constitui medida de higiene, saúde e segurança do trabalho, garantido por norma de ordem pública (art. 71 da CLT e art. 7º, XXII, da CF/88), infenso à negociação coletiva.

Exceção é feita às fábricas que disponham de autorização específica do Ministério do Trabalho e Emprego, nos termos do art. 71, § 3º, da CLT:

§ 3º O limite mínimo de 1 (uma) hora para repouso ou refeição poderá ser reduzido por ato do Ministro do Trabalho quando, ouvida a Secretaria de Segurança e Saúde no Trabalho (SSST), se verificar que o estabelecimento atende integralmente às exigências concernentes à organização dos refeitórios e quando os respectivos empregados não estiverem sob regime de trabalho prorrogado a horas suplementares.

Neste sentido o seguinte julgado do TST:

INTERVALO INTRAJORNADA — REDUÇÃO — ACORDO COLETIVO — VALIDADE — O art. 71 da CLT, embora em sua parte final contemple ressalva expressa sobre a possibilidade de alteração do limite do intervalo para repouso e alimentação, mediante acordo coletivo de trabalho, como ocorrido na presente hipótese, deve ser analisado de forma restritiva, atentando-se para o seu § 3º que preconiza que somente poderá haver redução do intervalo mínimo para refeição e descanso por meio de ato do Ministério do Trabalho. Isso porque existem direitos que se afiguram indisponíveis para negociação como a hipótese vertente, porquanto o intervalo mínimo intrajornada constitui direito assegurado ao trabalhador com objetivo de resguardar a saúde do obreiro, *só podendo ser objeto de negociação, mediante a citada autorização do Ministério do Trabalho.* Embargos conhecidos e providos. (TST — ERR 569304 — SBDI I — Rel. Min. Lélio Bentes Corrêa — DJU 25.6.2004).

Os procedimentos para obter a autorização, que vigora pelo prazo de dois anos, estão previstos na Portaria MTb n. 3.116/99[9].

V. DOMINGOS E FERIADOS

Quanto às garantias específicas para o trabalho em feriados e domingos, deve-se adotar como referência o acórdão abaixo transcrito:

DOMINGOS TRABALHADOS — Se o empregado trabalha, em turno ininterrupto de revezamento, os sete dias por semana sem que lhe seja concedido descanso no domingo e feriado e sem que haja compensação semanal, tem direito à remuneração do dia trabalhado, em dobro, consoante a iterativa e notória jurisprudência desta Corte que consagra que o trabalho prestado aos domingos e feriados, não compensado, deve ser pago em dobro, sem prejuízo da remuneração relativa ao repouso semanal (Súmula n. 146 do TST). Recurso de revista não conhecido. (TST — RR 587963 — 3ª T. — Rel. Min. Carlos Alberto Reis de Paula — DJU 14.5.2004).

Para o turno ininterrupto de revezamento, por conseguinte, não se justifica tratamento jurídico diferenciado.

De todo modo, o trabalho em domingos e feriados depende de autorização do Ministério do Trabalho e Emprego (art. 8º da Lei n. 605/49 e art. 7º, § 1º, do Decreto n. 27.048/49), cumulativamente com a previsão em norma coletiva. Este é apenas um dos requisitos para a autorização, nos termos do art. 2º, *b*, da Portaria MTb n. 3.118/89[10].

---

(9) Veja-se seu art. 2º:
"Art. 2º A empresa ao requerer a redução do intervalo de que trata o art. 1º deverá atender aos seguintes requisitos:
a. apresentar justificativa técnica para o pedido da redução;
b. acordo coletivo de trabalho ou anuência expressa de seus empregados, manifestada com a assistência da respectiva entidade sindical;
c. manter jornada de trabalho de modo que seus empregados não estejam submetidos a regime de trabalho prorrogado a horas suplementares;
d. manter refeitório organizado de acordo com a NR-24, aprovada pela Portaria Ministerial n. 3.214, de 8 de junho de 1978, e em funcionamento adequado quanto à sua localização e capacidade de rotatividade;
e. garantir aos empregados alimentação gratuita ou a preços acessíveis, devendo as refeições ser balanceadas e confeccionadas sob a supervisão de nutricionista;
f. apresentar programa médico especial de acompanhamento dos trabalhadores sujeitos à redução do intervalo;
g. apresentar laudo de avaliação ambiental do qual constarão, também, as medidas de controle adotadas pela empresa."
(10) A então Ministra do Trabalho, por esta Portaria, delegou aos Delegados Regionais do Trabalho os poderes para a autorização do trabalho em domingos e feriados. O art. 2º apresenta os requisitos específicos:
"Art. 2º Os pedidos de autorização de que trata o art. 1º deverão ser instruídos com os seguintes documentos:
a) laudo técnico elaborado por instituição Federal, Estadual ou Municipal, indicando as necessidades de ordem técnica e os setores que exigem a continuidade do trabalho, com validade de 4 (quatro) anos;
b) acordo coletivo de trabalho ou anuência expressa de seus empregados, manifestada com a assistência da respectiva entidade sindical;
c) escala de revezamento, observado o disposto na Portaria Ministerial n. 417, de 10 de julho de 1966."

O Decreto n. 27.048/49 especifica os casos em caso não é necessária a autorização, como se vê em seu anexo.

VI. CONCLUSÕES

1. A Constituição Federal prevê jornada de seis horas para os turnos ininterruptos de revezamento, mas admite a negociação coletiva de jornada superior.

2. Embora muitos julgados do TST só admitam a negociação coletiva de jornada superior a seis horas, nos turnos de revezamento, mediante concessão de vantagem específica para os trabalhadores, tal corrente não é predominante.

3. A SBDI I do TST, em agosto de 2006, alterou a OJ n. 169, cristalizando o entendimento de que o turno de revezamento de oito horas pode ser instituído por negociação coletiva, sem qualquer adicional salarial ou vantagem específica.

4. A regulamentação constitucional dos turnos ininterruptos de revezamento não afasta a proteção geral ao trabalho noturno.

5. O adicional previsto no art. 73 da CLT também é devido nas hipóteses em que a jornada normal se insere no horário noturno e é prorrogada, avançando para o diurno.

6. Só é válida a redução dos intervalos intrajornada mediante prévia autorização do Ministério do Trabalho e Emprego, cumulativamente com a norma coletiva.

7. A jurisprudência predominante não admite normas coletivas que reduzam ou suprimam intervalos intrajornada.

8. O trabalho regular em domingos e feriados depende de autorização do Ministério do Trabalho.

TRANSFERÊNCIA DE EMPREGADOS. PRESSUPOSTOS DE VALIDADE E REPERCUSSÕES FINANCEIRAS À LUZ DA JURISPRUDÊNCIA[*]

Luiz Carlos Amorim Robortella
Antonio Galvão Peres

I. INTRODUÇÃO

A disciplina legal da transferência de empregado enseja dúvidas interpretativas que exigem a análise das correntes jurisprudenciais predominantes.

A matéria está regulada no art. 469 da Consolidação das Leis do Trabalho. Eis o preceito:

> Art. 469. Ao empregador é vedado transferir o empregado, *sem a sua anuência*, para localidade diversa da que resultar do contrato, não se considerando transferência a que não acarretar necessariamente a *mudança de seu domicílio*.
>
> § 1º Não estão compreendidos na proibição deste artigo os empregados que exerçam cargos de confiança e aqueles cujos contratos tenham como condição implícita ou explícita, a transferência, quando esta decorra de real necessidade de serviço.
>
> § 2º É lícita a transferência quando ocorrer extinção do estabelecimento em que trabalhar o empregado.
>
> § 3º Em caso de *necessidade de serviço* o empregador poderá transferir o empregado para localidade diversa da que resultar do contrato, não obstante as restrições, do artigo anterior, mas, nesse caso, ficará obrigado a um pagamento suplementar, nunca inferior a 25% (vinte e cinco por cento), dos salários que o empregado percebia naquela localidade, *enquanto durar essa situação*.

Como será visto adiante, os termos em itálico, conforme a jurisprudência, constituem as palavras-chaves para a interpretação.

II. CONCEITO DE DOMICÍLIO

O art. 469 da CLT afirma não se considerar transferência a que não acarreta necessariamente a mudança do domicílio do empregado.

(*) Publicado originalmente na *Revista da Academia Nacional de Direito do Trabalho*, n. 16, São Paulo: LTr, 2008. p. 40-48.

A rigor, a remoção para estabelecimento próximo até poderia ser considerada *transferência*. No entanto, para efeito jurídico trabalhista, só se qualifica como transferência a que tem como elemento essencial a alteração de domicílio do empregado.

No art. 469 da CLT o termo domicílio, segundo a doutrina e jurisprudência majoritárias, não coincide com o conceito do direito civil[1], pois é utilizado exclusivamente como sinônimo de residência do trabalhador[2], tanto assim que, na transferência provisória, pode manter seu domicílio no local de origem (art. 70 do CCB). Ademais, aplicável fosse o art. 72 do Código Civil de 2002, o domicílio seria o local da prestação de serviços[3].

Em suma, no sistema da CLT só se concebe a transferência quando o empregado é obrigado a residir em outra localidade, seja em caráter provisório ou definitivo[4].

III. PRESSUPOSTOS DE VALIDADE

Na letra do art. 469 da CLT, a legalidade da transferência está condicionada, em regra, a dois fatores: anuência do trabalhador (convém seja manifestada por escrito) e real necessidade do serviço.

---

(1) Vejam-se os seguintes artigos do CCB:
"Art. 70. O domicílio da pessoa natural é o lugar onde ela estabelece a sua residência com ânimo definitivo.
Art. 71. Se, porém, a pessoa natural tiver diversas residências, onde, alternadamente, viva, considerar-se-á domicílio seu qualquer delas.
Art. 72. É também domicílio da pessoa natural, quanto às relações concernentes à profissão, o lugar onde esta é exercida.
Parágrafo único. Se a pessoa exercitar profissão em lugares diversos, cada um deles constituirá domicílio para as relações que lhe corresponderem.
Art. 73. Ter-se-á por domicílio da pessoa natural, que não tenha residência habitual, o lugar onde for encontrada.
Art. 74. Muda-se o domicílio, transferindo a residência, com a intenção manifesta de o mudar.
Parágrafo único. A prova da intenção resultará do que declarar a pessoa às municipalidades dos lugares, que deixa, e para onde vai, ou, se tais declarações não fizer, da própria mudança, com as circunstâncias que a acompanharem."
(2) Em sentido contrário, o seguinte acórdão do Tribunal Regional do Trabalho da 2ª Região:
"ADICIONAL DE TRANSFERÊNCIA — MUDANÇA DE RESIDÊNCIA NÃO SE CONFUNDE COM MUDANÇA DE DOMICÍLIO, PARA OS EFEITOS DO ART. 469 DA CLT — A mudança de residência, ainda que envolva longo período de tempo, não tem ânimo definitivo, característico do domicílio (art. 70 do CC)" (TRT 2ª R. — RO 49268200290202005 — 9ª T. — Rel. Juiz Luiz Edgar Ferraz de Oliveira — DJSP 8.8.2003 — p. 97).
(3) Merece referência a seguinte página de Cassio de Mesquita Barros Junior:
"Observe-se que, se adotarmos o conceito de domicílio como local do exercício de profissão, a aplicação do art. 469 da CLT será levada ao absurdo: o trabalhador exerce a sua profissão na empresa onde trabalha. Mudando a empresa de local, muda o seu domicílio. Mudando o seu domicílio, não teria jamais aplicação o art. 469 da CLT, porque toda transferência acarretaria fatalmente a mudança de domicílio, tornando-a ilícita.
O exposto demonstra que a única interpretação razoável do art. 469 da CLT é de que o legislador trabalhista ao referir-se à residência. Melhor teria sido se a lei houvesse, realmente como fazem a lei espanhola, a lei mexicana e a lei venezuelana se referido à residência" (BARROS JR., Cássio de Mesquita. *Transferência de empregados*. Urbanos e rurais. São Paulo: LTr, 1980. p. 160-161).
(4) A seguinte página de Sergio Pinto Martins confirma este entendimento:
"Há um erro técnico na redação do dispositivo (...), pois mesmo não havendo mudança de domicílio, há transferência do empregado, principalmente se este for trabalhar em local mais distante de onde laborava (...).
(...) Não haverá transferência se o empregado continuar residindo no mesmo local, embora trabalhando em município diferente. Inexistirá também transferência se o empregado permanecer trabalhando no mesmo município, embora em outro bairro deste.
Se o empregado passa a trabalhar na mesma região metropolitana — *v. g.* saindo de São Paulo para prestar serviços para empresa em São Bernardo do Campo — não haverá transferência, desde que não haja mudança do local onde o obreiro resida" (MARTINS, Sergio Pinto. *Comentários à CLT.* São Paulo: Atlas, 2006. p. 457).

A anuência do trabalhador é desnecessária quando exerce cargo de confiança ou o contrato tem condição implícita ou explícita que a justifique.

A condição *explícita* usualmente consta expressamente do contrato, mas também pode figurar no regulamento da empresa ou em normas coletivas.

Diz-se *implícita* a condição se a alteração de local é inerente à atividade do empregado ou da empresa, como ocorre com auditores ou supervisores, que circulam pelos diversos estabelecimentos.

Nesses casos, embora inexigível a anuência, há que existir concreta necessidade do serviço.

Com isto, veda-se a transferência por mero capricho do empregador, com intuito discriminatório ou punitivo.

Veja-se, a propósito, a Súmula n. 43 do Tribunal Superior do Trabalho:

N. 43 — TRANSFERÊNCIA

Presume-se abusiva a transferência de que trata o § 1º do art. 469 da CLT, sem comprovação da necessidade do serviço.

Nas hipóteses de transferência abusiva, o art. 659, IX, da CLT faculta ao juiz a possibilidade de conceder medida liminar, até decisão final do processo, em reclamações trabalhistas que visem torná-la sem efeito.

Os pressupostos de legalidade da transferência estão endereçados, evidentemente, às hipóteses em que decorre de iniciativa do empregador.

Mas há casos de transferência solicitada pelo empregado, como, por exemplo, por conta de casamento ou para viabilizar a frequência a determinado curso.

Nessas situações, se o empregador consente na remoção, não está vinculado à real necessidade de serviço, desobrigando-se de qualquer compensação financeira (*v. g.* a ajuda de custo e o adicional)[5].

IV. ADICIONAL DE TRANSFERÊNCIA

O art. 469, § 3º, prevê adicional correspondente a pelo menos 25% do salário enquanto durar a transferência, mas sua redação é obscura, ensejando muitas divergências.

---

(5) Merece referência a lição de Henrique Macedo Hinz:
"Em sendo lícita a alteração do local de trabalho, é obrigatório o cumprimento da determinação patronal pelo empregado. Por seu lado, e em face de interpretação do disposto no art. 469, § 3º, da CLT, se a alteração do local de trabalho decorrer de interesse extracontratual do empregado (casamento, estudos etc.), não será devido o adicional de transferência" (HINZ, Henrique Macedo. *Direito individual do trabalho*. São Paulo: Saraiva, 2006. p. 133).
No mesmo sentido, ensina Mauricio Godinho Delgado:
"O segundo ponto consensual reside na conclusão de ser o adicional de transferência jamais devido em remoções efetivadas em atendimento a inequívoco interesse pessoal do obreiro — *interesse extracontratual*, esclareça-se (casamento, interesse familiar etc.)" (DELGADO, Mauricio Godinho. *Curso de direito do trabalho*. São Paulo: LTr, 2004. p. 1.040).

Para alguns julgados, o adicional é devido em qualquer espécie de transferência[6]. Também já se defendeu que jamais seria aplicável às hipóteses do art. 469, § 1º (cargo de confiança e condição explícita ou implícita).

O Tribunal Superior do Trabalho pacificou a matéria na Orientação Jurisprudencial n. 113 da SBDI I, ao utilizar a expressão "enquanto durar essa situação"; isto significa que só cabe adicional na transferência provisória.

Veja-se a orientação:

113. Adicional de Transferência. Cargo de Confiança ou Previsão Contratual de Transferência. Devido. Desde que a Transferência Seja Provisória. O fato de o empregado exercer cargo de confiança ou a existência de previsão de transferência no contrato de trabalho não exclui o direito ao adicional. O pressuposto legal apto a legitimar a percepção do mencionado adicional é a transferência provisória.

Dessa forma, quando a transferência é provisória, além da anuência do empregado e real necessidade do serviço, o empregador deve pagar o adicional pertinente[7].

O adicional não se incorpora à remuneração, podendo ser suprimido ao fim da transferência provisória, com o retorno do empregado ao local de origem[8].

---

(6) São exemplos os seguintes acórdãos:
"RECURSO ORDINÁRIO DO RECLAMANTE — DO ADICIONAL DE TRANSFERÊNCIA — O fato gerador do direito ao adicional de transferência é simplesmente a transferência do empregado com alteração de domicílio, para local diverso daquele para o qual foi contratado. A Lei não faz distinção se a transferência é provisória ou definitiva para efeitos de recebimento do respectivo adicional. Demonstrada a transferência do reclamante da cidade de Caxias do Sul para Três Cachoeiras é devido o adicional de transferência no período em que a mesma perdurou. Recurso provido" (TRT 4ª R. — RO 00867-2005-402-04-00-1 — Rela. Juíza Ione Salin Gonçalves — J. 22.3.2007).
"TRANSFERÊNCIA DO EMPREGADO — ADICIONAL DEVIDO — À luz do art. 469, § 3º, da CLT, é devido adicional de 25% sobre os salários outrora percebidos pelo obreiro, enquanto durar a transferência, sendo despiciendo cogitar se trata de transferência definitiva ou provisória, eis que a lei não estabelece tal distinção" (TRT 22ª R. — RO 04800-2005-004-22-00-8 — Rel. Des. Manoel Edilson Cardoso — DJE 23.2.2007).
"ADICIONAL DE TRANSFERÊNCIA — A interpretação harmônica do art. 469 da CLT não autoriza a conclusão de que a transferência definitiva motiva o não pagamento do adicional previsto em seu parágrafo terceiro. Para efeito de direito ao adicional, o texto legal não faz distinção entre transferência provisória ou definitiva, não cabendo ao intérprete distinguir onde o legislador não o fez. Equivocada, assim, a interpretação atribuída à expressão constante no § 3º, do art. 469, da CLT, 'enquanto durar essa situação', por meio da qual o adicional estaria condicionado a provisoriedade da mudança. Destarte, referida expressão apenas e tão somente pretende deixar claro que eventual retorno do empregado ao local de origem exclui o direito ao adicional, o que equivale a dizer que o adicional em debate corresponde a um salário-condição, devido enquanto perdurar a prestação de serviços em localidade diversa da contratual" (TRT 9ª R. — Proc. 08588-2001-009-09-00-7 — (27675-2003) — Rela. Juíza Sueli Gil El Rafihi — DJPR 5.12.2003).
(7) Vejam-se também os seguintes acórdãos:
"ADICIONAL DE TRANSFERÊNCIA — Toda e qualquer transferência que acarreta mudança de domicílio, desde que provisória, importa em pagamento de adicional de remoção, mesmo que haja previsão expressa no contrato de trabalho do empregado" (TRT 5ª R. — RO 02070-2003-010-05-00-3 — (16.855/05) — 1ª T. — Rel. Des. Luiz Tadeu Leite Vieira — J. 4.8.2005).
"RECURSO ORDINÁRIO — ADICIONAL DE TRANSFERÊNCIA — DEVIDO DESDE QUE A TRANSFERÊNCIA SEJA PROVISÓRIA — O adicional de transferência é devido, por força do § 3º, do art. 469, da CLT, ao empregado transferido para localidade diversa daquela resultante do contrato de trabalho. O que assegura esse direito é a circunstância 'enquanto durar essa situação', ou seja, a transferência ser provisória, temporária. A existência da real necessidade de serviço, a previsão contratual, o exercício de cargo de confiança e a extinção do estabelecimento (art. 469 e parágrafos), são elementos que somente dizem respeito ao direito do empregado de resistir, de opor-se à transferência. Portanto, verificada que a transferência possuía caráter provisório, pois o obreiro foi transferido, com mudança de domicílio, não só para outro município, como também para outros estados, é devido o adicional respectivo. Recurso a que se nega provimento, por unanimidade" (TRT 24ª R. — RO 00612/2005-005-24-00-6 — Rel. Juiz Abdalla Jallad — DOMS 7.6.2006).
(8) O magistrado Rodrigo Garcia Schwarz confirma essa orientação:
"Sendo provisória a mudança de domicílio do trabalhador, esse faria jus ao adicional de transferência; tratando-se, todavia, de alteração do local de trabalho com ânimo definitivo, não há incidência do adicional de transferência, pois o dispositivo legal utilizou-se da

V. TRANSFERÊNCIA PROVISÓRIA OU DEFINITIVA: DISTINÇÃO

A Orientação Jurisprudencial n. 113 do Tribunal Superior do Trabalho não resolve todas as dificuldades de interpretação: a distinção entre transferência provisória e definitiva nem sempre é clara, permitindo uma interpretação subjetiva e outra objetiva.

A interpretação *subjetiva* tem em conta a intenção das partes. Investiga suas razões e se existe — ou não — expectativa de retorno ao local de origem. Assim, por exemplo, se a transferência resulta de promoção, passando o empregado a ocupar cargo permanente em outro local, será definitiva[9], ainda que, por outras razões, retorne ao local de origem, mesmo em curto prazo.

A investigação *objetiva* dá maior realce ao tempo em que o empregado permanece no destino, sem se imiscuir na vontade das partes. Poucos dias ou meses significam transferência provisória; se o lapso de tempo for superior, será definitiva.

Na prática, a jurisprudência tem conjugado ambos os critérios, como deflui das seguintes decisões:

> ADICIONAL DE TRANSFERÊNCIA — PROVISORIEDADE — PAGAMENTO DEVIDO — Há que se diferenciar, para fins de pagamento de adicional de transferência, a circuns-tância de ser esta provisória — por tempo predeterminado, sabendo o empregado, de antemão, que retornará ao posto de origem, depois de determinado tempo — ou definitiva — que se dá por tempo indeterminado, embora possa ser sucedida por novo desloca-mento. Somente na primeira hipótese — ou seja, na transferência provisória — está o empregador obrigado a pagar o respectivo adicional, no montante de, no mínimo, 25% do salário a ser recebido na respectiva localidade. (TRT 3ª R. — RO 00490.2003.104.03.00.2 — 7ª T. — Rel. Juiz Milton V. Thibau de Almeida — DJMG 27.7.2004 — p. 12).

> ADICIONAL DE TRANSFERÊNCIA — No caso *sub judice*, a transferência teve o caráter definitivo, posto que não se pode entender como provisória, a permanência do reclamante em Marabá, por mais de três anos, pois esta alteração já havia se estabilizado plenamente no contrato, pois transferência definitiva é aquela alteração que se estabilizou plenamente no contrato, de modo que sua causa, conteúdo e validade não podem mais ser sequer questionados e aferidos, pelo que mantém-se a decisão. (TRT 8ª R. — RO 00084-2003-117-08-00-9 — 4ª T. — Rela. Juíza Vanja Costa de Mendonça — J. 16.12.2003).

> TRANSFERÊNCIA — ADICIONAL DE TRANSFERÊNCIA — NECESSIDADE DE PREVISÃO EXPRESSA NA DOCUMENTAÇÃO RELATIVA À TRANSFERÊNCIA, DE QUE ESTA SE

---

expressão enquanto durar essa situação, em relação ao referido adicional, que ressalta a ideia de provisoriedade. O adicional tem natureza salarial, mas não se incorpora definitivamente ao salário contratual do trabalhador, somente sendo devido enquanto durar a alteração do local de trabalho, de forma que, retornando o empregado ao local de trabalho originalmente pactuado, cessa a obrigação do empregador de pagar o referido adicional" (SCHWARZ, Rodrigo Garcia. *Direito do trabalho*. Rio de Janeiro: Elsevier, 2007. p. 159).

(9) Nesse sentido, a seguinte decisão:
"EMBARGOS VIOLAÇÃO DO ART. 896 INEXISTENTE ADICIONAL DE TRANSFERÊNCIA. TRANSFERÊNCIA OCORRIDA EM FACE DE PROMOÇÃO DO EMPREGADO — A jurisprudência desta Corte já se pacificou no sentido de que o pressuposto apto a legitimar a percepção do adicional de transferência, previsto no art. 469 e parágrafos da CLT, é o fato de a transferência ser provisória (Orientação Jurisprudencial n. 113 da SBDI-1). A transferência decorrente de promoção, isto é, de ascensão profissional que exige a alteração do local de prestação de serviços e enseja aumento salarial, tem caráter definitivo, razão pela qual não autoriza o reconhecimento ao pagamento do adicional. Precedentes da SBDI-1 desta Corte. Recurso de embargos não conhecido" (TST — E-RR 14664/2001-006-09-00.4 — SESBDI 1 — Rel. Min. Vieira de Mello Filho — DJU 20.4.2007).

OPEROU EM CARÁTER DEFINITIVO — No art. 469 da CLT, o qual dispõe acerca das condições geradoras do direito do empregado ao adicional de transferência, não consta qualquer critério a ser adotado para apurar-se quando uma transferência é provisória ou definitiva. Dessa forma, e considerando-se o fato de que tal critério é de difícil aplicação (transferência em caráter definitivo ou provisório), vez que envolve *substractum fático*, somente não será devido o adicional de transferência quando existir previsão expressa na documentação, ou por outra prova relativa à transferência do empregado, de que esta ocorreu em caráter definitivo ou a seu exclusivo interesse, de acordo com a Orientação Jurisprudencial n. 113 da SDI-1, do c. TST. Recurso a que se dá provimento para condenar a reclamada ao pagamento do adicional de transferência e reflexos. Recurso a que se nega provimento. (TRT 9ª R. — Proc. 14317-2001-651-09-00-5 — (00523-2004) — Rel. Juiz Ubirajara Carlos Mendes — DJPR 23.1.2004).

ADICIONAL DE TRANSFERÊNCIA — CARGO DE CONFIANÇA OU PREVISÃO CONTRATUAL DE TRANSFERÊNCIA — DEVIDO — DESDE QUE A TRANSFERÊNCIA SEJA PROVISÓRIA — Inserida em 20.11.97. O fato de o empregado exercer cargo de confiança ou a existência de previsão de transferência no contrato de trabalho não exclui o direito ao adicional. O pressuposto legal apto a legitimar a percepção do mencionado adicional é a transferência provisória. II. É de se indagar, portanto, se teria sido definitiva ou provisória a transferência de Apucarana/PR, onde ocorreu a extinção do contrato. III. Para tanto é preciso alertar para evidência de o § 3º do art. 469 da CLT não conceituar o que seja transferência provisória ou definitiva. Mesmo assim, para se identificar uma e outra dessas modalidades de transferência é imprescindível a utilização do fator tempo. Embora esse posicionamento reflita ampla subjetividade do intérprete, não se pode considerar definitiva transferência que dure menos de três anos, na esteira do que ministra a experiência do dia a dia de que nessa hipótese são fortes os vínculos do empregado com o município onde iniciara o trabalho. IV. Se não é concebível reputar definitiva transferência com duração inferior a três anos, há caso de transferência de pequena duração em que é incontrastável a sua definitividade. É o que se verifica em relação à transferência para a cidade onde o empregado, embora tenha trabalhado por pouco tempo, haja sido dispensado, diante da inexistência de possibilidade de outra transferência no cotejo com a qual se pudesse indagar da sua provisoriedade, correndo presunção de ela o ser definitiva. V. Tendo por norte o fato de o recorrido ter sido dispensado em Curitiba, para onde fora transferido depois de trabalhar em Apucarana, resulta incontrastável a assinalada definitividade dessa transferência, a partir da qual é indevido o pagamento do respectivo adicional, na esteira da OJ n. 113 da SBDI-1. VI. Recurso provido. (...) (TST — RR 1445/2003-015-09-00.8 — 4ª T. — Rel. Min. Barros Levenhagen — DJU 27.4.2007).

EMBARGOS — ADICIONAL DE TRANSFERÊNCIA — CONTRATO EM VIGOR QUANDO DO AJUIZAMENTO DA RECLAMATÓRIA — CLÁUSULA DE TRANSFERIBILIDADE IMPLÍCITA DO PRÓPRIO CONTRATO DE TRABALHO — DEFINITIVIDADE DA TRANSFERÊNCIA — Depreende-se do processo que a transferência do Reclamante não teve caráter provisório, mas definitivo, à medida que a última transferência perdurou até o ajuizamento da presente Reclamatória. O passar do tempo, efetivamente, notadamente cinco anos, serve para caracterizar a definitividade da transferência, porque demonstra o ânimo de fixar residência e domicílio naquele lugar. Não se pode aferir, como o faz o Embargante, que por ser da essência da atividade do empregado a sua transferibilidade, a transferência, por isso, configurar-se-ia provisória, porque, na forma da jurisprudência da Corte, consubstanciada no item n. 113 da Orientação Jurisprudencial da SBDI-1, a existência de previsão de transferência no contrato de trabalho não exclui o direito ao adicional, devendo ficar configurada a definitividade da transferência, o que ocorreu no processo. Embargos não conhecidos (TST — E-RR 623.683/00.9 — SBDI-1 — Rel. Min. Carlos Alberto Reis de Paula — DJU 11.2.2005 — p. 430).

Não há, portanto, um critério nitidamente predominante. Por isto mesmo, sempre é recomendável um aditamento contratual que identifique claramente o tipo de transferência, o prazo, a motivação, o pagamento ou não de adicional e demais pormenores.

VI. VIAGENS DE NEGÓCIO E ATIVIDADES DISPERSAS

A transferência de que trata a lei pressupõe a alteração de residência (domicílio) do empregado, como já enfatizado.

Sucede que o critério da alteração de residência é insuficiente para regular viagens de negócio ou hipóteses em que a residência do empregado é naturalmente incerta, como pode ocorrer com vendedores pracistas, que frequentemente se deslocam de uma cidade a outra.

Na primeira hipótese, se a viagem de negócios é de curta duração, não há dificuldade em afirmar que não houve alteração da residência.

A segunda situação é mais complexa. Quando o empregado efetivamente não dispõe de residência fixa, circulando por hotéis e pensões em curtos períodos, é razoável afirmar que não há transferência, mas simples deslocamento inerente à profissão. Contudo, se permanece largos períodos em cada local, haverá sucessivas transferências provisórias, dependentes, assim, da real necessidade de serviço e do adicional pertinente[10].

---

(10) As atividades que exigem transferências sucessivas usualmente servem de exemplo da condição implícita de que trata o art. 469, § 1º, da CLT, que só afasta a necessidade de concordância específica do empregado, não elidindo o pagamento do adicional, nos termos da Orientação Jurisprudencial n. 113 da SBDI I do TST. Contudo, em hipóteses extremas, os seguintes acórdãos acertadamente entendem não ser devido o pagamento do adicional:

"Adicional de transferência. Definição de transferência. Há transferência de local de trabalho quanto o empregado passa executar serviço fora do local da contratação. Se inerente é ao contrato atividade ora ali, ora acolá, transferência não há por ausência de local fixo de trabalho. Incabível adicional de transferência nessa hipótese" (TRT 2ª Região — 3ª Turma — Proc. 00161.2003.014.02.00-6 — Ac. 20080005718 — Rel. Juiz Altair Berty Martinez — DOESP 29.1.2008).

"ADICIONAL DE TRANSFERÊNCIA — VIGILANTE — Dada a redação conferida ao *caput* e aos §§ 1º e 2º do art. 469 da CLT, a percepção do adicional de transferência está condicionada apenas à provisoriedade da remoção efetivada. Porém, a especificidade da atividade empresarial de terceirização de serviços de vigilância, implica reconhecer que, não obstante provisória a transferência, o pagamento do referido adicional ao empregado vigilante representa abusiva oneração do contrato. Recurso ordinário conhecido e não provido, por unanimidade" (TRT 24ª R. — RO 1386/2003-003-24-00-6 — Rel. Juiz Nicanor de Araújo Lima — DJMS 13.10.2004).

"ADICIONAL DE TRANSFERÊNCIA — REQUISITOS — INTELIGÊNCIA DA ORIENTAÇÃO JURISPRUDENCIAL N. 133, DA E. SDI-I, DO C. TST — Pressuposto indispensável do direito ao adicional de 25% do salário é a natureza provisória da transferência, o que pressupõe a existência de um local definitivo de trabalho. Faltando este, em razão da natureza da atividade funcional do empregado indispensável à consecução de tarefas transitórias (obras, auditorias e outras congêneres), não pode o trabalhador ser considerado transferido durante todo o contrato de trabalho ou na maior parte dele. Provido recurso ordinário do empregador" (TRT 2ª R. — RO 11272 — (20030644270) — 5ª T. — Rel. p/o Ac. Juiz Fernando Antonio Sampaio da Silva — DOESP 5.12.2003).

Da fundamentação deste último acórdão colhe-se a seguinte passagem:

"Em princípio, a previsão contratual de transferência do empregado não exime o empregador do pagamento do adicional correspondente, se esta é provisória e feita ao alvitre do empregador. Neste sentido, a Orientação Jurisprudencial n. 113 da SDI-I do C. TST, *in verbis*:

VII. GASTOS COM A TRANSFERÊNCIA

O adicional de transferência não é o único ônus financeiro atribuído à empresa. O art. 470 da CLT dispõe que "as despesas resultantes da transferência correrão por conta do empregador". Nesse sentido, os gastos com passagens, transporte de móveis e outros correlatos não podem ser suportados pelo trabalhador.

Questão polêmica diz respeito ao custeio de despesas após a transferência.

É comum, especialmente nas hipóteses de transferência provisória, o fornecimento gratuito de moradia no local de destino (*v. g.* pagamento de aluguel). Essa situação permite dois questionamentos: se afasta o direito ao adicional e se tem natureza salarial.

Em nossa opinião, o custeio de despesas do empregado no local de destino não é incompatível com o adicional de transferência. O escopo da lei é assegurar acréscimo de remuneração, sem impor uma destinação específica. Em outras palavras, cabe ao empregado escolher a melhor forma de aproveitar o adicional.

O custeio de moradia terá caráter instrumental — e, portanto, não retributivo — nas hipóteses de transferência provisória[11].

Quando há transferência definitiva, o custeio em regra tem natureza salarial, pois a situação do empregado se estabiliza no local de destino. Ressalva-se a hipótese de o custeio ser indispensável para viabilizar a transferência, como, por exemplo, nos primeiros meses no novo estabelecimento.

Por fim, mesmo quando não se trata de efetiva transferência, com alteração de domicílio, imputam-se certas obrigações ao empregador.

"ADICIONAL DE TRANSFERÊNCIA. CARGO DE CONFIANÇA OU PREVISÃO CONTRATUAL DE TRANSFERÊNCIA. DEVIDO. DESDE QUE A TRANSFERÊNCIA SEJA PROVISÓRIA. O fato de o empregado exercer cargo de confiança ou a existência de previsão de transferência no contrato de trabalho não exclui o direito ao adicional. O pressuposto legal apto a legitimar a percepção do mencionado adicional é a transferência provisória.
Diversa a situação do contrato de trabalho *sub judice*, que durou cinco anos, ao longo dos quais o reclamante estaria transferido durante quatro.
A natureza da atividade econômica — terraplanagem — e a função do reclamante, como encarregado de manutenção, excluem o adicional de transferência. Evidente que as funções do reclamante, diretamente ligadas às obras de terraplanagem, transitórias por natureza, excluem o direito ao adicional em tela, a menos que se possa admitir, por absurdo, a transferência do empregado durante todo o contrato de trabalho. Aliás, na hipótese dos autos o reclamante teria trabalhado no 'local definitivo', apenas 20% (vinte por cento) do período contratual, encontrando-se transferido durante os restantes 80% (oitenta por cento).
Provejo, portanto, o recurso, para excluir da condenação o adicional de transferência."
(11) As ementas abaixo, sem esclarecer se trata de transferência provisória ou definitiva, afastam a natureza salarial:
"TRANSFERÊNCIA — AJUDA ALUGUEL OU AJUDA DE CUSTO MUDANÇA — Quando a parcela foi recebida pela empregada para fazer face às despesas resultantes da transferência, não integra o salário para qualquer efeito por ser de natureza indenizatória" (TRT 3ª R. — RO 01101-2002-038-03-00-4 — 2ª T. — Rela. Juíza Mônica Sette Lopes — DJMG 12.5.2004 — p. 9).
"CONTRIBUIÇÕES PREVIDENCIÁRIAS — SALÁRIO DE CONTRIBUIÇÃO — VERBA INDENIZATÓRIA — Sendo incontroverso que o pagamento efetuado sob o título 'programa Relocation' destina-se ao reembolso de despesas de aluguel decorrente de transferência do empregado (CLT, art. 470), essa parcela, por ostentar feição indenizatória, não integra o salário de contribuição para efeito de incidência das contribuições previdenciárias, de acordo com o art. 28, § 9º, letra *g* da Lei n. 8.212/91. Agravo de petição de que se conhece e a que se dá provimento" (TRT 9ª R. — Proc. 10847-1992-002-09-00-3 — (4-2003) — Rel. Juiz Altino Pedrozo dos Santos — J. 5.12.2003).

A Súmula n. 29 do Tribunal Superior do Trabalho prevê que o "empregado transferido, por ato unilateral do empregador, para local mais distante de sua residência, tem direito a suplemento salarial correspondente ao acréscimo da despesa de transporte".

VIII. TRANSFERÊNCIA PROVISÓRIA E NORMAS COLETIVAS

O local habitual de prestação dos serviços, nas hipóteses de transferência provisória, é o de origem e não o de destino. Por imperativo lógico, permanecem aplicáveis ao empregado as normas coletivas do local de origem[12].

IX. CONCLUSÃO

Estas as considerações que nos parecem pertinentes, com o objetivo de esclarecer lacunas e obscuridades da legislação, mediante a aplicação da mais atualizada jurisprudência.

---

(12) Destacam-se, nesse sentido, os seguintes acórdãos:
"TRANSFERÊNCIA PROVISÓRIA — NORMA COLETIVA APLICÁVEL — Na hipótese de transferência provisória, o contrato permanece vinculado às normas coletivas firmadas com a categoria do local de origem. O nosso sistema não admite a sobreposição de normas coletivas, como decorrência da unicidade sindical, fixada na própria Constituição Federal. E o caráter provisório da alteração do local de trabalho não justifica a alteração das condições de trabalho, às quais já se haviam incorporado as normas coletivas do local da contratação" (TRT 2ª R. — RO 03212199902602004 — 3ª T. — Rel. Juiz Eduardo de Azevedo Silva — DJSP 6.9.2005 — p. 22).
"Convenção Coletiva do Trabalho celebrada por Sindicato na Indústria da Construção Civil do Ceará e Sindicato dos Trabalhadores na Indústria da Construção Civil da Região Metropolitana de Fortaleza — Aplicação a empregado contratado em Fortaleza e transferido provisoriamente para a cidade de Natal — Confirmação da sentença. A sede da empresa reclamada localiza-se em Fortaleza, onde o reclamante foi contratado, sendo transferido provisoriamente para Natal, local onde ocorreu a rescisão. Logo, não há como se acatar a tese de inaplicabilidade da CCT celebrada entre o Sindicato na Indústria da Construção Civil do Ceará — SINDUSCON/CE e o Sindicato dos Trabalhadores na Indústria da Construção Civil da Região Metropolitana de Fortaleza, uma vez que a transferência provisória do reclamante de Fortaleza para Natal não possui o condão de afastar a aplicação da norma coletiva celebrada pelo Sindicato da sua categoria no âmbito do Município de Fortaleza, onde fora contratado. Recurso patronal não provido" (TRT 21ª R. — Proc. 00425-2005-005-21-00-9 — (57.004) — Rel. Des. José Barbosa Filho — DJRN 4.11.2005).

PROTEÇÃO CONTRA A DISPENSA ARBITRÁRIA[*]

Luiz Carlos Amorim Robortella

I. O EMPREGO

Dentre os valores sociais fundamentais trazidos pela Revolução Francesa inclui-se o direito ao trabalho, axiologicamente associado ao dever de trabalhar.

Direito e dever se combinam, de modo a constituir obrigação exigível à sociedade enquanto direito, e ao indivíduo enquanto dever, atribuindo dignidade e realização pessoal ao ser humano.

O trabalho, para a imensa maioria das pessoas, se realiza através do contrato de emprego.

O emprego é o eixo em torno do qual sempre gravitou o direito do trabalho clássico.

Os sistemas de garantia do emprego vêm ocupando de longa data o pensamento jurídico, por significarem, muitas vezes, severa intervenção do Estado no domínio econômico e intensa restrição sobre a gestão da empresa e do seu pessoal.

O ideal da integração do empregado na empresa, através da estabilidade imposta por lei ou norma coletiva, empolgou os espíritos, como que a representar a abertura do caminho para o trabalhador alcançar o *status* de cidadão, de partícipe efetivo e inarredável da vida do empreendimento, e com isto lograr promoção social e econômica.

II. CRÍTICA À ESTABILIDADE

A duração do contrato de trabalho atravessa momento de grandes transformações. O modelo de prazo indeterminado acha-se fortemente assediado por formas atípicas, em face da grande flexibilidade do mercado de trabalho.

No direito ibero-americano, a estabilidade com base na antiguidade no emprego está em crise.

---

[*] Publicado originalmente na *Revista Arquivos do Instituto Brasileiro de Direito Social Cesarino Júnior*, v. 29, p. 159, 2005.

Economias cada vez mais abertas, carentes de competitividade no mercado internacional, não podem ignorar as inovações tecnológicas e temas como custo, eficiência, mercado, desenvolvimento econômico etc.

III. MODELOS DE GARANTIA DO EMPREGO

Há basicamente três modelos.

O primeiro consagra a faculdade de despedir, com ou sem indenização, podendo o empresário exercer sem freios seu direito potestativo, como ocorre no direito norte-americano, em que vigora o *employment at-will*. A despedida é concebida como direito potestativo patronal.

O segundo é o vigente em vários países da América Latina, cujos sistemas fechados consagram, pelo menos nos textos legais, a estabilidade, entendida como proibição da rescisão unilateral pelo empregador e sua submissão a controle judicial prévio.

São exemplos dessa garantia a estabilidade da CLT brasileira e da lei mexicana, fortemente influenciadas pelo garantismo de Querétaro, em 1917.

No Brasil, exige-se o inquérito para apuração de falta grave, um procedimento especial, de natureza judicial, ajuizado perante a Justiça do Trabalho, para rescisão do contrato do empregado estável, nas hipóteses de falta grave.

Somente a sentença judicial transitada em julgado põe fim à relação de emprego.

Esse procedimento especial restringe-se, hoje, aos raríssimos casos de estabilidade decenal, bem como dirigentes sindicais, a partir do registro da candidatura e até um ano após o final do mandato, e outros.

O direito à conservação do emprego, contra a vontade do empregador, sintetiza a estabilidade. Sua base teórica considera o posto de trabalho um bem jurídico a ser protegido pelo direito.

Parte da doutrina chegou a admitir um direito de propriedade do emprego, por causa das enormes barreiras que alguns sistemas opuseram ao despedimento.

O emprego, nessa concepção, é um direito de eficácia universal, exercido direta e imediatamente.

Esse propósito de proteger o emprego pôs em xeque a ideologia civilista que está na base das teorias contratualistas, as quais fazem nascer a relação de emprego do acordo de vontades.

São duas concepções radicais, que põem a ruptura contratual como direito potestativo de uma das partes, do empregado ou do empregador.

A estabilidade privilegia o empregado; a despedida livre, o empregador.

Nenhuma atende aos imperativos do atual mundo do trabalho, que está forçando a criação de um novo modelo.

Esse novo modelo só penaliza a dispensa arbitrária, podendo haver controle *a priori* ou *a posteriori*.

Exigem-se causas objetivas ligadas ao comportamento do empregado ou à conjuntura micro e macrofinanceira. Frequentemente se adota o controle pelo sindicato ou comissões de empresa, principalmente na dispensa coletiva.

Expressiva amostra dessa filosofia é a lei alemã de 1951, depois modificada em 1969, ao exigir motivo "socialmente justificado"; a lei italiana de 1966, aludindo à necessidade de justa causa ou justificado motivo; a lei francesa de 1973, impondo "causa real e séria"; a lei portuguesa de 1975, falando em "justa causa" ou "motivo atenuável"; o "Estatuto dos Trabalhadores" espanhol, de 1980, com o princípio da causalidade do despedimento.

Baseia-se, portanto, na funcionalidade e na objetividade o direito de despedir conferido ao empregador. Quando inobservadas tais premissas, aplicam-se sanções diversas, através de controle externo, judicial ou administrativo.

Esse modelo tem como característica a "processualização" do despedimento, com a aplicação de requisitos formais para garantir o controle prévio ou posterior de sua legalidade, administrativo, sindical ou judicial.

Busca a proteção do empregado contra a dispensa arbitrária, ou seja, aquela que não encontra qualquer justificativa econômica, financeira, social, disciplinar, tecnológica, ou outras claramente evidenciadoras de justo motivo.

O que se reprime é o despedimento *ad nutum*, sem motivo, considerado social e economicamente indesejável. Alargam-se as hipóteses de rompimento contratual,

Esse modelo, por outro lado, vem sendo gradativamente flexibilizado, porque nos diversos sistemas está se descartando a reintegração forçada, contra o desejo de uma das partes. Opta-se pela indenização substitutiva.

Aliás, a flexibilização, sob esse prisma, pode favorecer a manutenção do emprego, com a chamada flexibilidade interna, ou seja, maior amplitude do *jus variandi*, com o aproveitamento do empregado em funções diversas, no rumo da polivalência e mobilidade profissional.

O que nos parece é que a atual estrutura do mercado de trabalho é mesmo incompatível com uma rígida garantia de emprego.

Como disse *Perez Botija* há mais de 50 anos, antes que se falasse em flexibilização, a função cumprida pelo capital é produzir e não aniquilar-se em ineficazes sangrias.

A "petrificação dos empregos" é um obstáculo ao desenvolvimento econômico.

Segundo um professor espanhol, na Espanha, ao tempo da rígida legislação, era mais fácil ao empregador divorciar-se da esposa do que despedir um empregado...

Por tudo isto, a velha estabilidade vem cedendo lugar à estabilidade relativa, que se funda na proteção contra o arbítrio patronal, propiciando razoável segurança ao trabalhador e, ao mesmo tempo, cuidando da vitalidade empresarial.

IV. A DISPENSA TECNOLÓGICA

Uma das mais agudas questões é a dispensa coletiva em face de reestruturação da empresa, reconversão industrial ou aquisição de novas tecnologias.

Essa dispensa "tecnológica" coloca em confronto direto razões econômicas e sociais.

No direito norte-americano, os tribunais tendem a conceder ao empresário liberdade para redirecionar seus investimentos e custos, para aumento da qualidade e competitividade de seus produtos.

Em alguns países europeus, a jurisprudência pende para a incontrolabilidade judicial das dispensas ligadas à necessidade da empresa ou do estabelecimento, sob o argumento de que o controle transfere, indevidamente, para os tribunais as regras de livre concorrência.

Os juízes não estão preparados e, por outro lado, só o futuro pode revelar o acerto ou erro da decisão patronal.

Em nossa opinião, a dispensa coletiva tecnológica, por envolver legítimo interesse da empresa e do Estado, que estimula a conquista de tecnologia, não pode ser vedada. Todavia, pela ampla repercussão social e econômica que provoca, deve ser submetida a algum controle *a priori*, estatal e/ou sindical.

O Estado ou o sindicato devem ser informados previamente da medida empresarial, para que, dentro de um interregno razoável, soluções alternativas mereçam exame, com vistas à reconsideração da medida, readaptação profissional dos empregados envolvidos ou atenuação do impacto social.

No caso de recusar-se o empregador a cumprir tal procedimento, a lei ou a norma coletiva devem prever uma indenização especial, superior.

O importante é que decisões empresariais de impacto não se concretizem sem o necessário acompanhamento da sociedade.

Afinal, ao direito de adquirir tecnologia corresponde o direito dos trabalhadores de informação e participação.

V. DIREITO INTERNACIONAL

A OIT assume clara posição contra a dispensa arbitrária.

A Recomendação n. 119 inspira-se claramente no direito alemão.

Em 1982 foi aprovada a Convenção n. 158, bem como a Recomendação n. 166.

A Convenção n. 158 adota o princípio da dispensa justificada. O empregado despedido pode questionar no Judiciário ou mediante arbitragem, cabendo ao empregador o "ônus da prova do motivo justificado".

Pode haver reintegração ou indenização, além do seguro-desemprego. Adota o princípio da causa objetiva, que se opõe à dispensa arbitrária, ao dizer que "não se põe fim à relação de trabalho de um trabalhador, a menos que exista para isto uma causa justificada relacionada com sua capacidade ou sua conduta ou baseada nas necessidades de funcionamento da empresa, estabelecimento ou serviço".

Quando há causas econômicas, tecnológicas, estruturais ou análogas, prevê uma indenização calculada em razão "do tempo de serviço e do montante do salário", paga "diretamente pelo empregador ou por um fundo constituído mediante cotizações dos empregadores".

A Convenção revela as preocupações da OIT quanto à dispensa coletiva, trazendo regras especiais, as quais foram desdobradas na Recomendação n. 166. Ali se prevê que deve o empregador:

a) proporcionar aos representantes dos trabalhadores a informação pertinente, incluídos os motivos das despedida, o número e o período em que deverão efetivar-se;

b) de conformidade com a legislação e a prática nacionais, oferecer aos representantes dos trabalhadores a oportunidade de negociar medidas para evitar, limitar as despedidas ou atenuar suas consequências.

A Convenção n. 158, até 1999, fora ratificada por 24 países.

O Brasil a ratificou em janeiro de 1995 e a denunciou em 1996, processo que será examinado mais adiante.

VI. O DIREITO BRASILEIRO

A estabilidade absoluta está cedendo lugar à proteção contra a despedida arbitrária. Visa a segurança do trabalhador no emprego, mas também procura preservar a empresa e prestigiar a inovação tecnológica.

Entendemos por dispensa arbitrária a que não tem motivação objetiva, seja disciplinar, técnica, econômica ou financeira, podendo ainda compreender a baixa produtividade ou mau desempenho do empregado, e até mesmo eventual incapacidade para a função.

A Constituição de 1988 não adotou a estabilidade, preferindo onerar a despedida arbitrária com indenização compensatória, adicionada aos depósitos do FGTS, além do aviso prévio proporcional ao tempo de serviço.

A estabilidade parece se estender apenas a casos excepcionais.

Foi mantido o sistema do FGTS adotado a partir de 1967, com a diferença de onerar o empregador, na dispensa injusta, com a multa majorada para 40% da totalidade dos depósitos. A lei complementar pode prever indenização, entre outros direitos.

Além disto, a Carta de 1988 transformou em regime único o FGTS que, no sistema anterior, pelo menos do ponto de vista formal, dependia da escolha do empregado.

Pode-se dizer que o FGTS reprime levemente a despedida arbitrária com a multa de 40%.

Mas o regime da estabilidade com indenização, vigente antes do FGTS, igualmente não se revelara eficaz.

A fórmula adotada pelo constituinte de 1988, que fala em proteção contra a dispensa arbitrária ou sem justa causa, está em harmonia com as tendências internacionais, expressas na Convenção n. 158 da OIT.

Por outro lado, a Constituição de 1988, para regulamentação da proteção contra a dispensa arbitrária, exige lei complementar, que ainda não foi editada.

Nossa legislação não fere a CV n. 158, pois penaliza a dispensa com a indenização ou o FGTS, acrescido da multa de 40%, conforme o caso. A convenção não impõe a reintegração no emprego.

Quanto à dispensa coletiva, no entanto, nosso direito é omisso e, por consequência, incompatível com a CV n. 158.

De todo modo, os sindicatos podem suprir a lacuna negociando cláusulas normativas que disciplinem as dispensas coletivas, tomando como referencial a Convenção n. 158.

Em resumo, o modelo brasileiro adota as seguintes técnicas de garantia de emprego:

a) empregados com estabilidade, que não podem ser dispensados pelo empregador, mesmo por justa causa, eis que se trata de relação submetida a controle *a priori*, através da Justiça do Trabalho, no inquérito para apuração de falta grave;

b) empregados com proteção contra a dispensa arbitrária, condicionando-se o ato patronal à existência de causas objetivas, de natureza econômica, financeira, técnica ou disciplinar; inexistente qualquer dessas causas, o controle judicial *a posteriori*, pela Justiça do Trabalho, mediante ação do empregado, pode resultar em reintegração no emprego, com o pagamento de todos os salários do período de duração do processo;

c) indenização por dispensa sem justa causa, consistente no pagamento de aviso--prévio, levantamento dos depósitos do FGTS mais a multa de 40%, além de férias proporcionais e gratificação natalina proporcional.

VII. TIPOS DE GARANTIA DE EMPREGO

a) Empregados com 10 anos de serviço na mesma empresa até 5 de outubro de 1988, sem opção pelo FGTS (direito adquirido).

b) Cláusula de contrato individual ou norma regulamentar.

c) Cláusula de convenção, acordo coletivo, laudo arbitral ou sentença normativa. Muitas normas coletivas beneficiam empregados em idade de prestação de serviço militar, às vésperas da aposentadoria, portadores de AIDS etc.

d) Servidores públicos civis da União, Estados, Distrito Federal e Municípios, da Administração direta, autárquica e fundacional, em exercício, à época da Constituição de 1988, há pelo menos 5 anos contínuos (CF/88, art. 19 da ADCT).

e) O art. 10, II, *b*, do ADCT da CF de 1988 veda a dispensa da gestante desde a confirmação da gravidez até 5 meses após o parto, salvo falta grave. Nos termos da OJ n. 30, da SDC do TST, é nula a cláusula que estabelece a possibilidade de renúncia ou transação pela gestante das garantias referentes à manutenção do emprego e salário.

f) O art. 8º, inciso VIII, da CF de 1988, veda a dispensa do empregado sindicalizado a partir do registro de sua candidatura a cargo de direção ou representação sindical e se eleito, ainda que suplente, até um ano após o final do mandato, salvo se cometer falta grave. Diz a OJ n. 137 da SDC do TST que constitui direito líquido e certo do empregador a suspensão do empregado, ainda que detentor de estabilidade sindical, até a decisão final do inquérito em que se apure a falta grave a ele imputada, na forma do art. 494, *caput* e parágrafo único, da CLT.

g) O art. 10, II, *a*, do ADCT da CF de 1988, que veda a dispensa do trabalhador desde o registro da candidatura ao cargo de dirigente da CIPA até um ano após o final do seu mandato, salvo falta grave. No caso de extinção do estabelecimento, a teor da OJ n. 329 da SDI-1, do TST, é lícita a dispensa, não fazendo jus o reclamante a indenização ou reintegração.

h) O art. 55 da Lei n. 5.764/71 confere aos empregados de empresas que sejam eleitos diretores de sociedades cooperativas pelas mesmas criadas a mesma estabilidade assegurada aos dirigentes sindicais, no termos do art. 543 da CLT. O mesmo não se aplica aos suplentes, conforme a OJ n. 253 da SDI-1 do TST.

i) O art. 3º, § 9º da Lei n. 8.036/90 reconhece garantia de emprego aos representantes dos trabalhadores no Conselho Curador do FGTS, efetivos e suplentes, desde a nomeação até um ano após o término do mandato da representação, salvo ocorrência de falta grave.

j) O art. 118 da Lei n. 8.213/91 garante o emprego do segurado que sofrer acidente de trabalho, pelo prazo mínimo de 12 meses após a cessação do auxílio-doença acidentário, salvo falta grave.

Segundo a OJ n. 230 da SDI-1, o afastamento de 15 dias e a percepção do auxílio-doença acidentário são pressupostos indispensáveis a essa garantia.

k) O § 7º do art. 3º da Lei n. 8.213/91 dá garantia de emprego aos representantes dos trabalhadores no Conselho Nacional de Previdência Social, desde a nomeação até um ano após o término do mandato de representação, salvo falta grave;

l) O art. 625-B, § 1º da CLT veda a dispensa dos representantes dos empregados em Comissão de Conciliação Prévia, titulares e suplentes, até um ano após o final do mandato, salvo se cometerem falta grave, nos termos da lei.

m) O art. 4º da Lei n. 9.029/95 faculta à empregada que vê sua relação de trabalho terminada por ato discriminatório do empregador optar entre a readmissão e a percepção, em dobro, da remuneração do período de afastamento.

A Lei n. 9.029 não pode ser invocada por analogia, para reintegração em outros casos, como, *v. g.*, de aidéticos, pois refere-se apenas a exames relativos à esterilização (art. 2º, I e II, *a*), a estado de gravidez (art. 2º, I) ou controle de natalidade (art. 2º, II, *b*), preceitos que dizem respeito à mulher e não a determinada doença, ou em relação a sexo, origem, raça, cor, estado civil, situação familiar ou idade (art. 1º). Isso revela que a lei é dirigida principalmente à proteção das mulheres, e não de doentes.

Entretanto, se a discriminação for realizada em virtude de sexo, por exemplo, preterindo-se algum direito deste por discriminação, será possível ser aplicado o art. 4º da Lei n. 9.029, que está incluído nos moldes da referida norma (art. 1º c/c art.4º), tendo direito qualquer empregado, de qualquer sexo, à indenização em dobro ou readmissão.

VIII. QUESTÕES RELEVANTES

a) Dirigente sindical patronal

Causou surpresa acórdão do STF, relatado por Maurício Correa no RE n. 217.355-5, 2ª Turma, DJU de 2.2.2001, Seção 1, p. 141, que reconhece a estabilidade do dirigente sindical patronal, com base no art. 8º, inciso VIII, da Constituição Federal.

O STF entendeu que não cabe interpretação restritiva do art. 8º, VIII, da Constituição Federal, para efeito da estabilidade sindical, uma vez que mencionada norma não estabelece distinção entre o dirigente sindical patronal e o dirigente sindical dos trabalhadores.

b) Súmula n. 244 do TST

Dispõe que "a garantia de emprego à gestante não autoriza a reintegração, assegurando-lhe apenas o direito a salários e vantagens correspondentes ao período e seus reflexos".

Entretanto, para autores como *Amauri Mascaro Nascimento*[1], com a CF/88, (art. 10, II, *b*, dos ADCT), "foi restabelecido o direito de reintegração da gestante, sendo nula a dispensa arbitrária", razão pela qual seria ilegal o Súmula n. 244.

---

(1) NASCIMENTO, Amauri Mascaro. *Iniciação ao direito do trabalho*. 22. ed. rev. e atual. São Paulo: LTr, 1996. p. 413-414.

A OJ n. 24[2] da SDC do TST dispõe caber reintegração da gestante despedida injustamente apenas na vigência do período de estabilidade.

A OJ n. 116 da SDI-1 do TST dispõe que serão devidos ao empregado apenas os salários desde a despedida até o final da garantia, nos casos em que a ação é proposta após esse período.

c) Membro da CIPA

Não tem estabilidade, mas sim proteção contra a dispensa arbitrária.

A Súmula n. 339 do TST apenas garante o emprego, não aludindo a estabilidade.

Não concordamos com *Sergio Pinto Martins*[3] quando sustenta que se estende também ao representante do empregador, desde que eleito para cargo de direção da CIPA, com base na mesma *a*, inciso II, art. 10 do ADCT da Constituição Federal de 1988.

d) Contrato por tempo determinado

A estabilidade é aqui muito questionada.

Amauri Mascaro Nascimento[4], para negá-la nestes casos, cita, por analogia, o art. 498 da CLT:

> Em caso de fechamento do estabelecimento, filial ou agência, ou supressão necessária de atividade, sem ocorrência de motivo de força maior, é assegurado aos empregados estáveis, que ali exerçam suas funções, o direito à indenização, na forma do artigo anterior.

Assemelha o término da obra ou supressão necessária da atividade ao atingimento do termo.

A Lei n. 9.601/98, ao dispor sobre o contrato por prazo determinado, no § 4º do art. 1º estabelece que são garantidas as estabilidades provisórias da gestante, do dirigente sindical, do cipeiro e do acidentado durante a vigência do contrato.

IX. A CONVENÇÃO N. 158 DA OIT

Aprovada em 1982, a Convenção n. 158 dispõe sobre o término da relação de trabalho por iniciativa do empregador.

---

(2) 24 — AÇÃO RESCISÓRIA. ESTABILIDADE PROVISÓRIA. REINTEGRAÇÃO EM PERÍODO POSTERIOR. DIREITO LIMITADO AOS SALÁRIOS E CONSECTÁRIOS DO PERÍODO DA ESTABILIDADE. (INSERIDO EM 20.9.2000)
Rescinde-se o julgado que reconhece estabilidade provisória e determina a reintegração de empregado, quando já exaurido o respectivo período de estabilidade. Em juízo rescisório, restringe-se a condenação quanto aos salários e consectários até o termo final da estabilidade.
(3) MARTINS, Sergio Pinto. *Direito do trabalho*. 13. ed. rev, atual. e amp. São Paulo: Atlas, 2001. p. 366.
(4) NASCIMENTO, Amauri Mascaro. *Curso de direito do trabalho*. 17. ed. rev. e atual. São Paulo: Saraiva, 2001. p. 590.

Na forma dos arts. 49, I, e 84, VIII, da CF/88, o Poder Executivo submeteu-a ao Congresso, que a aprovou através do Decreto Legislativo n. 68.

Muito se discutiu sobre a vigência e a eficácia da Convenção n. 158 da OIT no Brasil. Como lembra *Arion Sayão Romita*[5], o Brasil comunicou a ratificação em 5.1.1995. Um ano após, ou seja, 5.1.1996, a Convenção entrou em vigor de forma subjetiva (art. 16.3 da Convenção n. 158 da OIT).

A promulgação se fez através do Decreto n. 1.855, de 10.4.1996, publicado em 11.4.1996, data em que foi incorporada ao nosso direito interno, com eficácia de lei ordinária.

O Governo brasileiro denunciou-a em 20.11.1996, dando publicidade ao ato através do Decreto n. 2.100, de 20.12.1996, ficando claro que perderia vigência a CV n. 158 a partir de 20.11.1997. A denúncia só produz efeitos após 12 meses contados do registro (art. 17, § 1º da CV 158)

Ao mesmo tempo, na ADIn n. 1.480-3-DF, requerida pela Confederação Nacional dos Transportes e outro, em que se pediu a declaração de inconstitucionalidade do DL n. 68/92 e do Decreto n. 1.855/96, o STF suspendeu liminarmente a aplicação da convenção, sustentando no argumento de que um tratado ratificado não tem a hierarquia de lei complementar, expressamente exigida pela CF/88.

Seus principais tópicos são a seguir resumidos.

a) Não se porá fim à relação de trabalho, a menos que exista uma causa justificada relacionada com a capacidade ou conduta do trabalhador ou baseada nas necessidades de funcionamento da empresa (art. 4º);

b) Não constituem causa justificada para a dispensa do empregado a filiação sindical, a participação em atividades sindicais fora das horas de trabalho ou, com o consentimento do empregador, durante as horas de trabalho, a candidatura do empregado a cargo de representação dos trabalhadores, a apresentação de reclamação trabalhista, a raça, cor, sexo ou estado civil, as cargas familiares, a gravidez, a religião, as opiniões políticas, a origem nacional ou social do empregado e a ausência do serviço durante o período de maternidade ou enfermidade (arts. 5º e 6º);

c) O empregado não deve ser despedido sem ter a oportunidade de se defender das acusações que lhe são feitas (art. 7º);

d) O empregado deve ter o direito de recorrer a um Tribunal do Trabalho ou árbitro contra o ato da dispensa (art. 8º);

e) O órgão encarregado de julgar a dispensa, se não estiver autorizado por lei nacional a anulá-la ou a reintegrar o trabalhador, deve ter o poder de ordenar o pagamento de uma indenização ou outra reparação apropriada;

---

(5) ROMITA, Arion Sayão. Convenção n. 158 da OIT: vida e morte no direito brasileiro. *Revista Trabalho & Doutrina*, São Paulo, v. 14, p. 129 a 133 e de 138 a 140, set. 1997.

f) Havendo dispensas coletivas por motivos econômicos, técnicos, estruturais ou análogos, o empregador deverá informar oportunamente à representação dos trabalhadores, manter negociações com essa representação e notificar a autoridade competente, cientificando-a da sua pretensão, dos motivos da dispensa, do número de trabalhadores atingidos e do período durante o qual as dispensas ocorrerão (arts. 13 e 14).

Em sua curta vigência no Brasil, a Convenção n. 158 influenciou a doutrina e a jurisprudência, com muitos autores admitindo a introdução em nosso direito da garantia de emprego. Para eles, a CV n. 158 vigorou de 5.1.1996, um ano após o depósito perante a OIT, até, pelo menos, 20.11.1997, um ano após o registro de sua denúncia[6].

No entanto, prevaleceu o entendimento que, caso vigorasse, o único dispositivo aplicável seria aquele pertinente à dispensa coletiva.

X. PROJETOS

Foram apresentados projetos de lei complementar, na tentativa de regulamentar o art. 7º, inciso I, da CF de 88, a seguir identificados.

Projeto n. 33/88 do Deputado Paulo Paim;

Projeto n. 22/A/91 do Deputado Nelson Jobim;

Projeto n. 4/95 da Deputada Rita Camata;

Projeto n. 66/95 do Deputado Waldomiro Fioravante;

Projeto n. 77/96 do Deputado Augusto Mardes;

Projeto n. 162/97 do Deputado Milton Mendes;

Há também um projeto elaborado pela Presidência da República.

Todos eles se encontram perdidos nos descaminhos do processo legislativo.

XI. TEMAS CONTROVERTIDOS

a) Na ADIn n. 1.480-3-DF, a Confederação Nacional dos Transportes pediu a declaração de inconstitucionalidade do Decreto Legislativo n. 68/92 e do Decreto n. 1.855/96.

O STF, com base na exigência de lei complementar prevista na CF/88, suspendeu liminarmente a aplicação da Convenção n. 158, eis que esta, hierarquicamente, corresponde à lei ordinária[7].

---

(6) LEITE, Carlos Henrique Bezerra. *Curso de direito do trabalho*. 3. ed. rev. e atual. Curitiba: Juruá, 2000. v. I, p. 360 *usque* 362.
(7) MARTINS FILHO, Ives Gandra da Silva. *Manual esquemático de direito e processo do trabalho*. 9. ed. rev. e ampl. São Paulo: Saraiva, 2001. p. 61.

b) Não se reconhece a garantia de emprego da gestante para as empregadas domésticas, desde a confirmação da gravidez até 5 meses após o parto, nos termos da alínea *b* do inciso II do art. 10 do ADCT.

Isto porque, conforme *Sergio Pinto Martins*[8], o art. 10 da ADCT alude ao art. 7º, I, da Constituição e este, como se sabe, não se inclui no rol dos direitos extensivos aos domésticos (parágrafo único do art. 7º da CF/88).

c) Discute-se a garantia de emprego do acidentado, prevista no art. 118 da Lei n. 8.213/91, pelo prazo de 12 meses após a cessação do auxílio-doença acidentário.

Autores como *Octavio Bueno Magano* sugerem a inconstitucionalidade do art. 118 da Lei n. 8.213/91, argumentando que somente através de lei complementar seria aceitável instituir qualquer forma de estabilidade no emprego, com base no art. 7º, I, da CF/88.

Outros sustentam a constitucionalidade, por se tratar de estabilidade especial, que se aplica a determinadas situações, como se vê na obra de *Sergio Pinto Martins*[9].

XII. DISPENSA E RESPONSABILIDADE SOCIAL

A sociedade manifesta crescente preocupação com a falta de empregos, que se tornou o tema dominante nas reuniões internacionais.

Os regimes restritivos da dispensa não têm produzido resultados satisfatórios; a própria efetividade da reintegração no emprego é prejudicada pela lentidão dos procedimentos judiciais.

Está nascendo uma nova doutrina, no campo da proteção contra a dispensa arbitrária. É a teoria da responsabilidade social, que se afasta da técnica puramente individualista, centrada na responsabilidade exclusiva da empresa.

Tem como premissa, claramente, uma ética macroeconômica, à qual não está alheio o direito do trabalho.

O mais importante é assegurar estabilidade econômica ao empregado, com diluição entre diversas instituições sociais dos efeitos da dispensa e o aparelhamento de meios para reinserção no mercado de trabalho.

O direito do trabalho, assim, encaminha-se para a socialização da garantia do emprego, repartida entre segmentos diversos.

Nesse sentido, estabilidade econômica e garantia do emprego apresentam pontos de identidade, por visarem uma proteção que se projeta na esfera social, através de medidas tendentes a assegurar trabalho ou reparar as consequências de sua falta.

Simultaneamente com normas restritivas da dispensa imotivada, deve haver uma política ativa de mercado de trabalho.

---

(8) MARTINS, Sergio Pinto. *Manual do trabalho doméstico*. 2. ed. São Paulo: Atlas, 1998. p. 85 e 86.
(9) MARTINS, Sergio Pinto. *Direito do trabalho*. São Paulo: Atlas, 2001. p. 371 e 372.

O direito-dever de trabalhar exige uma conceituação multidisciplinar da garantia do emprego, alcançando outros campos do direito.

O tratamento da matéria no terreno do contrato individual puro é insuficiente e acanhado.

A eficácia social das indenizações individuais, muitas vezes elevadas, tem sido questionada.

Governos, entidades sindicais e patronais sugerem destinações alternativas para essas indenizações, que seriam parcialmente destinadas a fundos com destinação social. Assim, seria beneficiado maior número de trabalhadores e até, em certos casos, se propiciaria a sobrevivência das empresas, com manutenção de empregos.

A criação do emprego interessa a toda a sociedade, tanto quanto a extinção do emprego.

Em períodos de desemprego crítico, a perda de um posto de trabalho afeta não só o empregado e o empregador, mas a própria política social do Estado.

Implica maior ônus para as instituições de previdência social que, além de perder uma fonte de custeio, são obrigadas a conceder o seguro-desemprego.

Sem se falar na insegurança psicológica, com todas suas lamentáveis sequelas.

O sindicato, ao invés de atuar como patrulheiro ou gendarme do posto individual de trabalho, deve ter como principal objetivo o nível global de emprego, mediante medidas concretas de investimento, reestruturação industrial etc.

Deve trocar a "monetização" do posto de trabalho por planos de viabilidade da empresa e superação da crise.

XIII. UM MODELO PARA O BRASIL

Um moderno sistema de proteção contra a dispensa arbitrária deve observar as seguintes linhas gerais.

a) Dispensa apenas fundada em causa objetiva, assim considerada aquela de natureza disciplinar, técnica, tecnológica, micro ou macroeconômica, financeira, por extinção do serviço, do estabelecimento ou da atividade, incapacidade para a função, diminuição ou perda da capacidade laboral do empregado e incompatibilidade com métodos de trabalho.

b) Essa proteção deve vigorar após 12 meses de contrato por tempo indeterminado, nas empresas com mais de 50 empregados. Excluem-se os contratados por tempo determinado, os domésticos, os técnicos estrangeiros contratados em moeda estrangeira e os altos empregados.

c) Controle judicial *a posteriori*, com indenização em dobro majorada em percentual variável de 20% a 100%, conforme a idade, o tempo de serviço e os encargos familiares do empregado, se não comprovada causa objetiva, cuja prova é ônus do empregador.

d) Deve ser criado um procedimento especial, rápido e econômico, nos casos de dispensa arbitrária.

e) Parte da indenização deve reverter para um "Fundo de Assistência ao Desempregado e de Fomento do Emprego", com finalidades sociais, inclusive geração de empregos, bem como para atender aos desempregados e aos casos de insolvência patronal.

Outras fontes de custeio podem ser utilizadas para a formação desse fundo.

f) Nos casos de reintegração por decisão judicial, dos salários vencidos devidos ao empregado serão deduzidas as remunerações comprovadamente auferidas por ele no período de afastamento, revertendo o eventual saldo ao "Fundo".

g) Na dispensa técnica, tecnológica, por razões financeiras, micro ou macroeconômicas, controle prévio a cargo da autoridade estatal ou do sindicato profissional, para a justificação da medida e atenuação dos seus impactos sociais, mas sem interferência na decisão empresarial.

Dentro de um interregno razoável, soluções alternativas merecerão exame. No caso de recusar-se o empregador a cumprir tal procedimento, a lei deve prever majoração da indenização.

h) Em qualquer caso, obrigatoriedade de comunicação por escrito ao empregado dos motivos da dispensa.

IDEIAS PARA A REFORMA DA LEGISLAÇÃO DO TRABALHO(*)

Luiz Carlos Amorim Robortella

I. A CRISE DO MODELO TUTELAR

A regulação das relações de trabalho no Brasil é basicamente intervencionista, com minuciosa articulação constitucional e legal dos direitos individuais dos empregados.

Desde a ditadura de Getúlio Vargas a legislação define os direitos do empregado em todas as suas nuances, ao lado de vasto repertório de profissões regulamentadas.

A Constituição de 1988, ao mesmo tempo em que proclamou generosamente os direitos do trabalhador no art. 7º, procurou valorizar a negociação coletiva, no que tange a matérias como remuneração e jornada de trabalho.

Lei e negociação assumem papel de complementaridade recíproca, embora com larga prevalência da proteção legal.

No plano infraconstitucional, vários mecanismos flexibilizadores foram introduzidos, com maior ou menor controle sindical, como o procedimento de participação nos lucros e resultados (sem natureza salarial), o contrato por tempo determinado via negociação coletiva, suspensão contratual temporária e contrato a tempo parcial.

Entretanto, esses mecanismos, com exceção da participação nos lucros e resultados, não produziram grande impacto porque há resistência dos sindicatos em negociar soluções, mesmo em face de crises cíclicas ou estruturais que afetem a empresa ou o mercado.

A recusa dos sindicatos mantém a relação de emprego submetida a rígido protecionismo estatal, marcantemente através da lei.

Cita o rofessor *Nelson Mannrich*, em estudo sobre os rumos negociação coletiva no direito francês, o seguinte trecho de texto aprovado por uma comissão mista de reforma da legislação:

(*) Publicado originalmente na *Revista do Advogado*, São Paulo: AASP, ano XXV, n. 82, jun. 2005. p. 85-94.

... para se desenvolver a negociação coletiva deve-se dispor de um espaço suficiente onde os interlocutores sociais possam definir, adaptar e melhorar as regras destinadas a regulamentar as relações entre os empregados e os empregadores... se o conjunto dessas regras é determinado anteriormente de forma detalhada e quase imutável pela lei, a necessidade de um compromisso desaparece e o conteúdo da negociação se torna cada vez mais pobre (A reforma trabalhista brasileira e a experiência de flexibilização na França. *II Colóquio Brasileiro de Direito do Trabalho.* Curitiba: DT, p. 92/93).

O presente estudo parte da premissa de que a reforma da legislação do trabalho, para melhor funcionamento do mercado e proteção ao trabalhador, depende de um bom direito coletivo do trabalho.

II. MUDANÇAS DO MERCADO DE TRABALHO

Os empregos estão se deslocando da indústria para o setor de serviços. As mulheres ingressam no mercado de trabalho cada vez em maior número.

Paradoxalmente, enquanto se lamenta a carência de trabalho para os adultos, cresce a utilização de crianças e adolescentes.

Os contratos são cada vez mais precários, com remunerações variáveis e jornadas flexíveis.

Proliferam modalidades atípicas de contratação, criando um mercado de trabalho heterogêneo e, mais que isto, com alto teor de informalidade.

O Estado estimula o investimento em novas tecnologias, para melhorar a qualidade, produtividade, nível de produção e de exportação.

Desde os anos setenta as empresas adotam estruturas menores, de baixo custo e alto grau de especialização e *know-how*.

O trabalhador utiliza tecnologias sofisticadas, que exigem versatilidade e polivalência.

Acelera-se a internacionalização de capitais, bens e serviços.

O teletrabalho se desenvolve em escala continental; trabalhadores atuam em diferentes países para a mesma organização. É a exportação de trabalho.

Vive-se sob o signo da tecnologia do conhecimento e da informação. Sendo o conhecimento essencial para a obtenção e manutenção de empregos, o trabalhador desqualificado tem dificuldade de se inserir no mercado.

A informática é utilizada até em atividades simples como cozinhas, restaurantes e portarias de condomínio, exigindo do trabalhador maior qualificação e capacidade intelectual.

Há pequenas empresas virtuais na área de informática, rodeadas de colaboradores independentes.

No norte da Itália, existem distritos industriais com redes descentralizadas de pequenas e médias empresas especializadas. São as empresas-rede, que se valem intensamente da terceirização.

Enfim, as tecnologias ampliam a heterogeneidade, dividindo os trabalhadores conforme o grau de conhecimento e informação. Põem em risco, certamente, alguns pressupostos tradicionais da tutela trabalhista, tais como:

a) homogeneidade do mercado de trabalho;

b) trabalho predominantemente masculino, na indústria;

c) jornadas e salários fixos;

d) trabalho permanente para o mesmo tomador;

e) concentração dos trabalhadores no mesmo espaço físico;

f) realização, com empregados e meios próprios, de atividades-meio e atividades--fim.

Se tais dados não mais se acham presentes, há que reformular a estratégia. É anacrônica e disfuncional a tutela coletivista e homogênea, eis que construída a partir de um quadro fático diverso.

A nova realidade pede estruturas flexíveis e diferentes graus de tutela, a fim de que os desiguais sejam tratados desigualmente, na medida de sua desigualdade.

Executivos devem ter estatuto próprio, diferenciado; nos elevados escalões, suas relações jurídicas devem ser reguladas pelo direito empresarial, e não pelo direito do trabalho.

As empresas devem receber tratamento legal conforme seu tamanho, potencial econômico e necessidade.

Instituições sociais, culturais e filantrópicas, sem fins lucrativos e muitas vezes sem finalidade econômica, não podem ser submetidas, nas relações com seus empregados, aos mesmos encargos impostos às grandes corporações ou empresas, que utilizam mão de obra com objetivo de lucro.

III. SINDICATO E NEGOCIAÇÃO COLETIVA

A grande diversidade existente no mercado afeta o movimento sindical. O individualismo e a valorização dos projetos pessoais comprometem a consciência coletiva que está na raiz do sindicalismo.

Já não é tão simples o trabalhador identificar-se com interesses gerais de classe e projetos de transformação da sociedade. Ele é seduzido pelas novas técnicas de gestão empresarial, que ensejam participação direta, tanto nos resultados como na gestão.

Por isto mesmo, há um movimento de reaproximação do sindicato com a empresa, para fortalecer-se e ganhar legitimidade na representação dos trabalhadores.

A parceria entre sindicato e empresa, através da negociação coletiva e representações no local de trabalho, é um poderoso instrumento de solução de conflitos e superação de crises na vida empresarial. De tal prisma, a negociação coletiva é, modernamente, ferramenta essencial à gestão de recursos humanos e administração da empresa.

Com esse valor estratégico e instrumental, deve ter flexibilidade para absorver avanços e recuos, concessões e supressões, dentro de um processo de troca permanente.

Diz *Arion Sayão Romita* que "os princípios democráticos deveriam penetrar em todos os recantos da disciplina legislativa trabalhista, o que traria vantagens para os trabalhadores. Em regime de plena liberdade sindical, os trabalhadores teriam voz ativa e deixariam de ser os 'sujeitos protegidos', condições que atualmente ostentam" (A reforma (?) trabalhista. *II Colóquio Brasileiro de Direito do Trabalho*, Curitiba: DT, 2004. p. 49).

Espera-se do sindicato maior consciência do seu papel no modelo de relações de trabalho. Deve combinar reivindicação, sua razão de existir, com participação e responsabilidade na regulação do mercado do trabalho.

IV. FLEXIBILIZAÇÃO SOB CONTROLE SINDICAL

Não há negar a crise da tutela do trabalhador através da lei. Ela se mostra incapaz de contribuir para a solução dos problemas que afetam o mercado de trabalho, especialmente o desemprego e a informalidade.

A lei deve reduzir sua imperatividade, em benefício de um novo sistema de fontes normativas do direito do trabalho, com diferente hierarquização das normas jurídicas.

Nessa revisão de fontes normativas, há que admitir a prevalência da negociação coletiva sobre a lei, desde que observado um quadro mínimo de proteção ao trabalho.

Para o eminente Ministro *Arnaldo Süssekind*, a flexibilização das condições de trabalho, desde que respeitado patamar mínimo legal (refere-se ele a condições contratuais estipuladas *supra* ou *extra lex*), é aceitável desde que vise:

a) a implementação de nova tecnologia;

b) a recuperação da empresa e preservação de empregos;

c) atendimento de peculiaridades regionais, empresariais ou profissionais (Proposições para a reforma trabalhista. *LTr* 68/05/518).

Não se trata de desregulamentar as relações de trabalho, mas sim de submetê-las a uma nova regulação.

Mediante certos requisitos, deve a negociação coletiva ser apta a modificar condições contratuais ou mesmo derrogar cláusulas contratuais, coletivas ou individuais.

Alteradas as circunstâncias sociais, tecnológicas ou econômicas, tais normas ou cláusulas podem gerar resultados nocivos, prejudiciais ao trabalhador. Em outras palavras, a norma favorável em período de prosperidade pode, na crise, prejudicar o interesse coletivo ou individual do trabalhador. Por isto, há que relativizar o conceito de norma favorável.

É grande, e de acentuado viés ideológico, a polêmica sobre a validade e eficácia das técnicas de flexibilização ou atenuação da severidade das leis de proteção ao trabalho.

Essa discussão faz aflorar temas fundamentais, que antes pareciam estranhos ao direito do trabalho, tais como custo, produtividade, competitividade, formação profissional, modernização, qualidade de vida, tecnologia, mercado, lucro e eficácia econômica.

A nosso ver, a flexibilização é apenas um processo de inclusão dessas matérias na agenda do Estado, dos empresários e dos trabalhadores.

A norma tutelar, aplicada com flexibilidade e sensibilidade, propicia melhor regulação das relações de trabalho. Tal técnica institui uma forma de proteção que se pode denominar protecionismo dinâmico e flexível.

A participação do sindicato no processo consolida uma parceria que, além de democratizar o recinto da empresa, derruba os níveis de informalidade e estimula a geração de empregos ou ocupações.

Não se está a defender um sistema absolutamente flexível e derrogável pela vontade das partes.

Há direitos mínimos intangíveis, que devem ser assegurados a todo homem que trabalha, empregado ou não. Fazem parte da tábua de direitos fundamentais individuais e sociais, dentre eles a liberdade de trabalho, a não discriminação, o meio ambiente saudável, os limites à duração do trabalho, proteção à gestante, à criança e ao adolescente.

Mas há espaço, além desse núcleo mínimo, para uma legislação mais flexível que, sem desmerecer a carga axiológica, lhe imprima conteúdo fenomenológico.

A proteção homogênea da legislação protecionista é incompatível com a heterogeneidade do mercado de trabalho.

Urge uma reforma nas leis do trabalho que ofereça efetividade e universalidade às normas de proteção, ao mesmo tempo em que estimule a atividade empresarial e o dinamismo econômico.

A flexibilidade faz emergir com maior clareza o compromisso e interação entre ordem social e ordem econômica, que estão na essência do direito do trabalho.

A rigor, a flexibilidade não é mais um valor conjuntural, eis que assume caráter estrutural, incorporado pelo direito do trabalho como verdadeiro princípio.

Em sua mais moderna vertente, o direito do trabalho não se devota apenas à proteção do trabalhador e à redistribuição da riqueza. Cabe-lhe harmonizar todos os interesses que gravitam em torno do mercado de trabalho, ou seja, do Estado, dos trabalhadores, dos empresários, dos consumidores e também dos excluídos, dos que atuam na clandestinidade ou na informalidade.

Essa revisão dogmática é um imperativo de sobrevivência, diante do papel que se lhe atribui na gestão do mercado de trabalho.

Nessa concepção, as várias dimensões do trabalho devem ser acolhidas, assim como o trabalhador há que ser encarado em seus papéis de produtor e consumidor.

V. O RENASCIMENTO DOS CONTRATOS CIVIS

O contrato de trabalho foi dogmaticamente construído a partir do contrato civil de locação de serviços.

Inspirado nas raízes filosóficas, políticas e sociais do direito do trabalho, seu arquétipo exigiu longa elaboração doutrinária, com gradual afastamento da matriz civilista.

Nota-se hoje um movimento contrário, de reaproximação do direito do trabalho com o direito civil. Instituições e princípios civilistas são reconhecidamente adequados e, em alguns aspectos, até mais funcionais, para regular parte considerável das relações jurídicas que se travam no mercado de trabalho.

O direito civil constitui uma fonte renovada de normas, princípios e instituições que também encontram aplicação e funcionalidade nas relações de trabalho.

Não só o princípio da função social do contrato merece ser lembrado, até porque sempre caracterizou o direito do trabalho, mas também institutos como a onerosidade excessiva, a responsabilidade civil por dano material ou moral e outros, cristalizados no Código Civil de 2002.

Há um notório renascimento do trabalho autônomo e dos contratos de prestação de serviço, de empreitada, de agência, de representação comercial e corretagem.

A terceirização ou subcontratação impulsiona a criação dessas novas formas de inserção no mercado, em regime de parceria entre empresa prestadora e tomadora.

Torna-se essencial, por isto, a reconstrução dogmática da relação jurídica de trabalho, mediante a combinação de técnicas e valores do direito do trabalho e do direito civil.

VI. O EMPREGADO E O TRABALHADOR ATÍPICO

O trabalho subordinado já não é o centro de gravidade em torno do qual se move o mercado de trabalho.

A distinção entre empregado e trabalhador autônomo, eventual ou outras formas atípicas é cada vez mais nebulosa.

As novas tecnologias, pela sofisticação de seu manejo e alta especialização do trabalhador, vão esgarçando a diferença, anteriormente muito visível, entre empregado e autônomo.

O direito do trabalho, diante da expansão das tarefas independentes, sem subordinação, corre o risco de perder substância. Afinal, tradicionalmente lhe escapam as modalidades de trabalho por conta alheia que, no entanto, são cada vez mais frequentes nas novas técnicas de produção.

Diante disto, é necessária nova arquitetura jurídica, que engendre uma forma superior de tutela, menos coletivista e genérica. Deve a tutela ser diferenciada, graduada conforme os níveis de debilidade econômica de cada trabalhador e não a partir do estado, às vezes meramente abstrato, de subordinação.

Como diz *Eduardo Ghera*, o mercado está rejeitando a distinção rígida entre o trabalho subordinado e as formas flexíveis ou atípicas (La cuestión de la subordinación entre modelos tradicionales y nuevas proposiciones. *Debate Laboral*, n. 4, S. José da Costa Rica, 1989. p. 48/54).

Para *Marcelo Pedrazzoli*, o trabalho atípico exige novas formas jurídicas, para que se possa apanhá-lo em suas múltiplas expressões. O mesmo ocorre com a própria figura do empregado que, em sua extraordinária diversidade, não mais se compatibiliza com a proteção homogênea, igual para todos (Las nuevas formas de empleo y el concepto de subordinación o dependencia. *Derecho del Trabajo*, n. 19, Buenos Aires: La Ley, set. 1989. p. 1.481).

A proteção dirigida exclusivamente ao empregado levou o direito do trabalho a se afastar de relações jurídicas em que é enorme a debilidade econômica do trabalhador. Certas formas de trabalho autônomo, a rigor, exigem tutela igual ou mesmo superior à oferecida a empregados.

Por outro lado, paradoxalmente, em nosso direito recebem ampla tutela trabalhista gerentes, executivos e dirigentes de empresa. Estes certamente não são os destinatários da legislação trabalhista, considerando-se o poder de negociação individual, a condição econômica e a inexistência (ou quase) de subordinação (FERNANDES, Antonio Monteiro. A recente evolução do direito do trabalho em Portugal. Tendências e perspectivas. In: *Homenaje a M. V. Russomano*. Bogotá: Univ. Externado da Colômbia, 1985. p. 507).

Enfim, a proteção homogênea aplicada aos empregados e a desconsideração de outras formas de trabalho conspira contra o edifício dogmático do direito do trabalho.

É necessário diversificar a tutela, atendendo à heterogeneidade do mercado de trabalho. Como diz *Miguel Rodriguez-Piñero*, o direito do trabalho deve aceitar a fragmentação de tipologias e níveis de garantias (Contratación temporal y nuevas formas de empleo. *Relaciones Laborales*, Madrid, abr. 1989. p. 2/5).

Sob tal perspectiva, eis os valores que devem inspirar a modernização do direito do trabalho:

a) proteção aos empregados e trabalhadores atípicos;

b) invalidade da subordinação como critério determinante da proteção trabalhista, devendo apenas ser aplicada para graduar a carga de proteção;

c) sistemas de proteção diferenciados, conforme a condição econômica e social do trabalhador, ou seja, idade, encargos familiares, valor do salário, nível de subordinação, nível de autonomia, natureza do trabalho, qualificação profissional etc.

Emerge daí a necessidade de ampliação subjetiva e objetiva do direito do trabalho, com a criação de regras próprias para eventuais, autônomos, precários e outros prestadores de serviço, a partir do critério da necessidade.

VII. NEOCONTRATUALISMO

A multiplicação de novas figuras contratuais potencializa a autonomia da vontade mediante o alargamento das fronteiras do contrato de trabalho.

O que se deve é instituir uma espécie de neocontratualismo, ou seja, o reconhecimento das formas atípicas como dados permanentes do mercado.

A tutela gradual, diversificada, modulada em razão do tipo de relação de trabalho, estimula a contratação formal de trabalhadores, diminuindo o grau de informalidade e desrespeito à lei.

O professor *Adrián Goldin*, ao projetar o futuro do direito do trabalho, identifica um processo de "deslaboralização" dos trabalhadores, dadas as múltiplas formas de inserção no mercado, diversas da relação de emprego (*Ensayos sobre el futuro del derecho del trabajo*. Buenos Aires: Zavalía, 1997. p. 76/77).

No direito português, *Antonio Monteiro Fernandes* confirma o obsoletismo das normas trabalhistas e a necessidade de uma técnica interpretativa ou aplicativa que lhes dê maior funcionalidade. Reconhece necessária uma regulação mais próxima da "diversidade das situações concretas e menos preocupada com a unicidade do paradigma de referência, hoje largamente obsoleto" (*Um rumo para as leis laborais*. Coimbra: Almedina, 2002. p. 38/39).

Um relatório da Comissão das Comunidades Europeias, coordenado por *Alain Supiot*, prevê o gradual desaparecimento da subordinação e da tipicidade do contrato de emprego.

A nova perspectiva é o crescimento do trabalho autônomo, por força da elevação do nível tecnológico e de formação do trabalhador, da gestão participativa. O poder empresarial é exercido de forma diferente, com base no resultado do trabalho e não na obediência a regras de conteúdo predeterminadas. O empregado vincula-se mais ao resultado, assemelhando-se ao trabalhador autônomo ou subcontratado" (SUPIOT, Alain. *Au-delà de l'emploi*. Paris: Flammarion, 1999. p. 36-37).

O relatório admite a redução do campo de aplicação do direito do trabalho, em razão do desenvolvimento do trabalho independente.

Exemplo dessa tendência encontra-se na Lei Madelin, de 11 de fevereiro de 1994, ao dispor que, à falta de contrato escrito ou ajuste expresso, a relação de emprego não pode ser presumida. Eis o texto:

> Art. 49. Il est inséré, dans le code du travail, un article L. 120-3 ainsi rédigé:
>
> Art. L. 120-3. — Les personnes physiques immatriculées ao registre du commerce et des sociétés, au répertoire des métiérs, au registre des agents commerciaux ou après des unions pour le recouvrement des cotisations de sécurité sociale et des allocations familiales pour le recouvrement des cotisations d'allocations familiales sont présumées ne pas être liées par un contrat de travail dans l'éxécution de l'áctivité donnant lieu à cette immatriculation. (...).

O mesmo ocorre no direito espanhol, como diz *Antonio Baylos*:

> (...) la presunción de existencia del contrato de trabajo reduce su virtualidad a los casos en los que las partes no han manifestado expresamente su voluntad de obligarse; cuando por el contrario se há elegido un tipo contractual no laboral (arrendamiento de servicios, contrato de agencia, de transporte, etc.) solo se puede obtener la calificación de la relación como laboral mediante la prueba — sin presunción legal que la ahorre — de todos los presupuestos materiales de la misma (BAYLOS, Antonio. *Derecho del trabajo*: modelo para armar. Madrid: Trotta, 1991. p. 70).

Em estudo sobre o trabalho na sociedade da informação, *Vendramin* e *Valenduc* reconhecem que, atualmente, em muitos países, a lei não presume existente o vínculo de emprego nem desqualifica a atividade autônoma ajustada pelas partes. Ao contrário, o legislador até estimula o empreendedorismo e o trabalho independente (VENDRAMIN, Patricia; GÉRARD Valenduc. *L´avenir du travail dans la société de l´information*. Paris: L´Harmattan, 2000. p. 173/174).

Portanto, deve-se prestigiar a modalidade contratual escolhida pelas partes, até porque se está a preconizar maior variedade tipológica. Diante da multiplicidade de tipos contratuais, a presunção de existência de relação de emprego perde substrato e justificativa.

Na jurisprudência brasileira começam a repercutir essas ideias, como se vê neste acórdão:

> O contrato de representação comercial normalmente é firmado por escrito, em conformidade com os termos da Lei n. 4.886/65 e, especialmente, em sintonia com as modificações introduzidas pela Lei n. 8.420/92, podendo, também, ser firmado de forma tácita. Se por escrito, o ajuste goza de presunção relativa de validade, cumprindo ao reclamante o ônus da prova de elidi-la. Se houve um ajuste tácito, cumpre à reclamada a prova de que o contrato era de representação comercial. De toda sorte, o deslinde da controvérsia cinge-se ao contexto probatório em torno da contratação levada a efeito pelas partes,

lembrando-se que é sutil a diferença entre os contratos de representação comercial e o de trabalho, haja vista que ambos têm pressupostos comuns, daí porque, a comprovação da subordinação jurídica é determinante, assim como de eventual irregularidade para mascarar a relação de emprego (TRT 3ª R. — RO 6305/03 — (01542-2002-104-03-00-7) — 6ª T. — Rela. Juíza Nanci de Melo e Silva — DJMG 19.6.2003 — p. 17).

VIII. FORMAÇÃO PROFISSIONAL E ESTÁGIO

A formação profissional é um dos mais delicados problemas do mercado de trabalho brasileiro. A deficiente escolaridade, a baixa qualificação e a desinformação alimentam o mercado informal.

A formação tem início com o contrato de aprendizagem, previsto no art. 7º, inciso XXXIII, da Constituição Federal, bem como no art. 428 da CLT.

A Lei n. 10.097/00 alterou a CLT e a Lei n. 8.036/90 (FGTS), buscando revitalizar e estimular a contratação de maiores de 14 e menores de 18 anos, na qualidade de aprendizes.

A Portaria n. 127/56 do Ministério do Trabalho define a aprendizagem como o processo educacional, com desdobramento do ofício e da ocupação em operações ordenadas com um programa, cuja execução se faça sob a direção de um responsável, em ambiente adequado.

A Recomendação n. 57 da OIT assim define a aprendizagem: "sistema em virtude do qual o empregador está obrigado a empregar um jovem trabalhador e ensinar-lhe, ou fazer que lhe ensinem, metodicamente, um ofício, durante um período previamente fixado, no curso do qual o aprendiz está obrigado a trabalhar para o referido empregador".

É necessário ampliar o contrato de aprendizagem, para que possa ser ajustado até pelo menos 25 anos de idade, atendendo assim a uma das faixas etárias em que é maior o índice de desemprego.

Por outro lado, há que reduzir os encargos que oneram a contratação de aprendizes.

O aprendiz não pode gerar custos sociais iguais aos do trabalhador formado, com experiência e qualificação.

Quanto ao estágio, sua disciplina está na Lei n. 5.692/71, sobre diretrizes e bases para o ensino de 1º e 2º graus, e na Lei n. 6.494/77. Pode ser realizado por estudantes do ensino superior, do ensino profissionalizante de segundo grau, do ensino médio e supletivo. Foi regulamentado pelo Decreto n. 87.497/82, o qual define, em seu art. 2º, o estágio curricular:

> Art. 2º: Considera-se estágio curricular a atividade de aprendizagem social, profissional e cultural, proporcionada ao estudante pela participação em situações reais de vida e trabalho de seu meio, sendo realizada na comunidade em geral, ou junto a pessoas

jurídicas de direito público ou privado, sob responsabilidade e coordenação da instituição de ensino.

O estágio é uma relação atípica de trabalho que não está adequadamente tratada na legislação.

Tal omissão é incompreensível quando se sabe que o estágio constitui instrumento relevantíssimo de qualificação profissional.

Ao estagiário, mesmo inexistindo relação de emprego, devem ser estendidas algumas regras que, compondo um quadro mínimo de garantias, tragam também mais segurança jurídica às empresas e instituições que oferecem estágios.

IX. GARANTIAS DE EMPREGO. DISPENSA COLETIVA

Em todo o mundo, as garantias de emprego estão sendo flexibilizadas e atenuadas.

Há basicamente três modelos de garantia do emprego.

O primeiro consagra a faculdade de despedir, com ou sem indenização, podendo o empresário exercer sem freios seu direito potestativo, como ocorre no direito norte-americano.

O segundo vigorou em vários sistemas nos países da América Latina, que consagravam a estabilidade absoluta, entendida como proibição da rescisão unilateral pelo empregador e sua submissão a controle judicial prévio.

São exemplos dessa garantia a estabilidade da CLT brasileira e da lei mexicana, fortemente influenciadas pelo garantismo de Querétaro, em 1917.

O direito à conservação do emprego, contra a vontade do empregador, sintetiza a estabilidade.

Como se vê, são duas concepções radicais, que põem a ruptura contratual como direito potestativo de uma das partes, do empregado ou do empregador.

A tendência moderna é penalizar apenas a dispensa arbitrária, quando inexistam causas objetivas ligadas ao comportamento do empregado ou à conjuntura micro e macrofinanceira. Frequentemente se adota o controle pelo sindicato ou representações internas ou sindicais, principalmente na dispensa coletiva.

A dispensa deve ser sempre baseada em razão objetiva, e não no puro arbítrio.

A atual estrutura do mercado de trabalho é mesmo incompatível com uma rígida garantia de emprego.

Uma das mais agudas questões é a dispensa coletiva em face de reestruturação da empresa ou advento de novas tecnologias.

A dispensa coletiva tecnológica, por envolver interesse da empresa, mas também da sociedade e do Estado, não pode ser vedada. Todavia, pela repercussão social e econômica que provoca, há que estar submetida a controle estatal ou sindical.

O Estado ou o sindicato devem ser informados previamente da medida empresarial, para que, dentro de um interregno razoável, soluções alternativas mereçam exame, com vistas à reconsideração da medida, readaptação profissional dos empregados envolvidos ou atenuação do impacto social.

No caso de se recusar o empregador a cumprir tal procedimento, a lei deve impor uma indenização especial.

Diz o professor *Nelson Mannrich*, em obra magistral, que

> deverá a dispensa coletiva submeter-se a duplo controle social: dos trabalhadores, por meio de seus representantes, que apresentarão soluções alternativas, com o fim de evitar a própria dispensa ou, na impossibilidade de evitá-la, minorar seus efeitos; do Estado, exercendo controle de cunho formal, assegurando a regularidade do procedimento e estimulando a negociação, especialmente por meio da mediação.

E acrescenta:

> A implantação do regime da dispensa coletiva se faz necessária em função das transfor-mações do mercado de trabalho, determinadas pelas inovações tecnológicas, globalização da economia e avanço do setor terciário. A crise econômica, e o desemprego daí resultante, impuseram novas dimensões à dispensa coletiva: seus efeitos ultrapassaram os limites dos sujeitos contratuais, para atingir a toda sociedade. (*Dispensa coletiva*. São Paulo: LTr, 2000. p. 567/568).

O importante é que decisões empresariais de impacto não se concretizem sem o necessário acompanhamento da sociedade.

X. OUTRAS SUGESTÕES PONTUAIS PARA A REFORMA

a) Limitação da hora extraordinária, reservando-a para situações efetivamente especiais.

b) Criação, por lei ou negociação coletiva, de jornada móvel ou variável, mediante livre ajuste individual, com limite entre duas e oito horas diárias. A comunicação do horário deve observar antecedência mínima de uma ou duas semanas, sendo o salário estipulado por hora trabalhada.

c) Ampliação do conceito de utilidade não salarial, já flexibilizado no art. 458, § 2º da CLT (vestuário, educação, transporte, assistência médica, seguro de vida e acidentes, previdência privada).

d) Possibilidade de ajuste de salário complexo ou "complessivo", com clara definição de todos os direitos nele incluídos, quando se tratar de gerente ou empregado de confiança, com remuneração superior (por exemplo, 15 salários mínimos).

e) Vigência da norma coletiva até, no máximo, 120 dias após o prazo estipulado pelas partes, à falta de nova negociação.

f) Normas de proteção no ambiente de trabalho extensíveis a todos os trabalhadores, sejam eles empregados, autônomos, avulsos, eventuais etc.

Na terceirização, as maiores críticas de sindicatos e estudiosos se concentram na desigualdade de proteção ambiental de empregados da tomadora ou da fornecedora do serviço. Esta é, com efeito, uma das manifestações perversas da terceirização descuidada e fraudulenta: trabalhadores lado a lado, exercendo funções semelhantes ou idênticas, sem a mesma proteção contra os riscos ambientais.

Tal comportamento é injustificável, sob o prisma ético e jurídico. A preservação da saúde vale para todos, independentemente do vínculo jurídico mantido.

O art. 225 da CF/88 proclama que "todos têm direito ao meio ambiente ecologicamente equilibrado, bem de uso comum do povo e essencial à sadia qualidade de vida, impondo-se ao Poder Público e à coletividade o dever de defendê-lo e preservá-lo para as presentes e futuras gerações".

g) Alteração dos arts. 7º e 8º da Carta de 1988, para valorização da negociação coletiva, exceto quanto ao núcleo mínimo de regras protetoras. Nesse modelo, fica imune a controvérsia a imperatividade da lei frente ao contrato individual, assim como a dispositividade da lei perante a norma coletiva.

h) Ordenamento jurídico trabalhista hierarquicamente estruturado em três níveis:

I — núcleo mínimo de normas inderrogáveis, aplicáveis a quaisquer trabalhadores;

II — normas dispositivas, só aplicáveis quando inexistente convenção, acordo coletivo ou acordo individual ratificado pela representação dos trabalhadores no local de trabalho;

III — cláusulas de contrato individual, quando mais favoráveis.

i) Inclusão dos trabalhadores eventuais mediante legislação que favoreça sua utilização no mercado formal e sua integração ao sistema de previdência social.

XI. CONTRATO DE ATIVIDADE

Como demonstrado acima, tende o direito do trabalho a expandir-se, para abarcar figuras contratuais novas.

O alargamento dogmático fatalmente apanhará várias atividades que hoje se estruturam fora da noção de emprego.

Esse novo segmento, que podemos chamar "direito do mercado de trabalho", amplia consideravelmente os horizontes, pois se estende a todas as formas atípicas, mesmo fora do regime de emprego.

Para o mestre francês *Alain Supiot*, a condição jurídica do empregado deveria ser substituída pela noção de "estado profissional da pessoa", permitindo conciliar a diversidade, a continuidade e a descontinuidade do trabalho, que hoje marcam cada vez mais a vida do trabalhador.

Desse modo, mais que estabilidade no emprego, garantir-se-ia estabilidade no trabalho ou continuidade da carreira.

O trabalhador estaria protegido nas fases de transição do emprego para a autonomia, com garantias nos períodos de trabalho e também na ausência deles.

As interrupções e mudanças na vida laboral são concebidas como elementos normais da condição profissional (Transformaciones del trabajo y porvenir del derecho laboral en Europa. *RIT*, v. 118, 1999, n. 1, p. 39/41).

Com isto, aplicar-se-ia o direito do trabalho tanto ao trabalhador subordinado como ao autônomo, com tratamento diferenciado para cada qual.

Um dos instrumentos para esse desiderato é o contrato de atividade, forma jurídica pela qual o trabalho é prestado de diferentes maneiras, para uma rede de tomadores ou empregadores.

Segundo o relatório da comissão presidida por *Jean Boissonat*, o clássico contrato de trabalho quase não leva em conta a utilidade produtiva do que procede da autonomia da pessoa, embora seja crescente a importância das tarefas autônomas nas organizações produtivas (*2015*: horizontes do trabalho e do emprego. Trad. Edilson Alkmin Cunha. São Paulo: LTr, 1998).

O contrato de atividade se assenta em redes de empresas tomadoras do serviço do trabalhador, que atuam de forma articulada e cooperativa ("flexibilidade mutualizada").

Permite a contratação como empregado, alternada com outras formas de trabalho, inclusive a formação profissional e o trabalho autônomo, conforme a necessidade concreta de cada empresa tomadora.

A sustentação financeira seria dada por fundos de rendas mutualizadas, administrados pela rede de empresas a que estiver ligado o trabalhador.

No contrato de atividade poderá, durante certo prazo (por exemplo, 5 anos) o trabalhador atuar como empregado, autônomo, voluntário, submeter-se a nova formação ou reciclagem, ou mesmo permanecer inativo.

Em excelente monografia, esse modelo contratual é assim sintetizado por *Pedro Proscurcin*:

> A ideia é a garantia durante toda a vida produtiva (*Supiot*) ou emprego de tempo de vida ativa (*Boissonat*). Essa vida ativa e/ou produtiva implicaria o reconhecimento, como bens a serem protegidos, do emprego, do desemprego, da formação ou do trabalho independente, na perspectiva de tutela dos diferentes estados profissionais. Seria uma cobertura tutelar para as mutações do trabalho da pessoa e do profissional (*Do contrato de trabalho ao contrato de atividade*. São Paulo: LTr, 2003. p. 333).

Como se vê, trata-se de uma nova lógica de parceria para o emprego, através de relações múltiplas, nem sempre uniformes, que o trabalhador estabelece com uma rede de empresas.

Como diz *Proscurcin*, o contrato de atividade compreende diferentes planos ou níveis; os agentes ou sujeitos da relação jurídica são multilaterais, eis que muitas são as partes envolvidas (*Op. cit.*, p. 336).

XII. CONTRATO COOPERATIVO DE TRABALHO

A teor do art. 90 da Lei n. 5.764/71, qualquer que seja o tipo de cooperativa, não existe vínculo empregatício entre ela e seus associados.

O art. 442 da CLT teve adicionado um parágrafo único pela Lei n. 8.949/94, assim redigido:

> Qualquer que seja o ramo de atividade da sociedade cooperativa, não existe vínculo empregatício entre ela e seus associados, nem entre estes e os tomadores de serviço daquelas.

O preceito, com muita clareza, nega aos cooperados a possibilidade de vínculo empregatício com o tomador do serviço.

O Regulamento dos Benefícios da Previdência Social, por sua vez, considera autônomo o trabalhador associado de cooperativa de trabalho que, nessa qualidade, presta serviço a terceiros.

A matéria tem suscitado muita controvérsia na doutrina e na jurisprudência.

As cooperativas de trabalho constituem forma de enfrentar as dificuldades de inserção no mercado, em face do desemprego, mas oferecem enormes dificuldades de aceitação na doutrina e na jurisprudência.

O problema é a forma de prestação de serviços, muitas vezes semelhante ou idêntica à relação de emprego.

Para superar o impasse, há quem sustente, equivocadamente, a mera extensão às cooperativas de mão de obra dos princípios e normas gerais trabalhistas.

No direito espanhol, o sócio trabalhador está protegido pela legislação cooperativa e, paradoxalmente, por algumas regras do Estatuto dos Trabalhadores.

É certo que as cooperativas de trabalho constituem um tipo especial, diferente das outras formas de cooperativismo. Reúne apenas trabalhadores, que oferecem ao mercado, através dela, sua mão de obra ou buscam melhor inserção no mercado.

Em face dessa peculiaridade, caberia configurar, em lei, um contrato cooperativo de trabalho, com padrões mínimos garantidos aos sócios como condição para a legalidade da relação jurídica societária.

XIII. CONCLUSÃO

Tentamos aqui demonstrar que o novo protecionismo deve atender a fenômenos complexos como precarização, trabalho informal, cooperativismo, tecnologia, desemprego estrutural, trabalho infantil, discriminação, migração de mão de obra etc.

O direito do trabalho precisa ampliar seus horizontes, ocupando-se de proteger o trabalhador e, ao mesmo tempo, estimular o investimento produtivo.

Mediante técnicas de proteção dinâmicas e flexíveis, o direito do trabalho constitui instrumento essencial ao desenvolvimento econômico e social.

Não tem mais lugar a utopia que sempre marcou o pensamento jurídico trabalhista.

Cabe-nos contribuir para a formação de um verdadeiro *workfare state*, como estágio superior do *welfare state*.

DANOS MORAIS E MATERIAIS DECORRENTES DA RELAÇÃO DE TRABALHO. PRESCRIÇÃO APLICÁVEL

Luiz Carlos Amorim Robortella
Antonio Galvão Peres

I. INTRODUÇÃO

O tempo acaba o ano, o mês e a hora.
A força, a arte, a manha, a fortaleza.
O tempo acaba a fama e a riqueza,
O tempo, o mesmo tempo de si chora.
(Camões, *Sonetos*)

Os prazos prescricionais são indispensáveis à segurança e estabilização das situações jurídicas. Todos os conflitos da vida social podem ser submetidos, pelo princípio constitucional do direito de petição, a um juiz, observados os requisitos do ordenamento.

O tempo é um deles: como disse *Virgílio* (70-19 a.C.), *fugit irreparabile tempus*.

Decorrido razoável período de tempo sem postulação, é do interesse do Estado presumir que não mais há conflito de interesses e que o diálogo foi reconstruído. Melhor ainda, que a paz chegou aos competidores.

Aliás, são também naturais e autocompositivas a renúncia ao direito ou submissão à vontade do oponente, que podem se dar antes ou depois de instaurada a relação processual.

O curso inexorável da prescrição faz desaparecer o direito à intervenção estatal. O Estado não pode ficar indefinidamente aberto aos incautos porque seria permitir a eternização dos conflitos.

Como diz, acertadamente, o professor *Antonio Álvares da Silva*[1], "interesse público, necessidade social, ordem pública, paz social etc. nada mais são do que conse-

---
(1) SILVA, Antonio Álvares da. *Prescrição trabalhista na nova Constituição*. Rio de Janeiro: Aide, 1990. p. 44.

quência da estabilidade e certeza das relações jurídicas para a qual a prescrição, ao lado de outros institutos, positivamente concorre".

Enfim, a prescrição é norma que preserva a segurança nas relações jurídicas, um dos objetivos do Estado, ditado por imperativos econômicos, políticos e de psicologia social.

II. A PRESCRIÇÃO TRABALHISTA

Antes de tudo, há que traçar o quadro normativo da prescrição trabalhista.

O tema, no direito anterior à Constituição de 1988, era objeto do art. 11 da CLT:

> Art. 11. Não havendo disposição especial em contrário nesta Consolidação, prescreve em 2 (dois) anos o direito de pleitear a reparação de qualquer ato infringente de dispositivo nela contido.

Esse preceito não foi recepcionado pela Carta Magna, pois esta reformulou inteiramente a matéria, inclusive definindo os prazos bienal e quinquenal.

Em nossa Carta, já com a redação da Emenda Constitucional n. 28/00, está escrito:

> XXIX — ação, quanto aos créditos resultantes das relações de trabalho, com prazo prescricional de cinco anos para os trabalhadores urbanos e rurais, até o limite de dois anos após a extinção do contrato de trabalho.

Além da inovação quanto aos prazos, a Constituição apresenta uma sutil divergência de redação, mas de fundamental importância para evitar as discussões que rondavam o art. 11 da CLT.

Enquanto esse preceito parecia incidir restrita e exclusivamente sobre direitos contidos na CLT (...*ato infringente de dispositivo nela contido*...), a regra constitucional, ao contrário, é expressa ao abranger todos os créditos decorrentes da relação de trabalho.

Veja-se, a respeito dessa distinção, *José Luiz Ferreira Prunes*[2]:

> Nota-se, contudo, que com o texto constitucional, outro será o entendimento, já que a Carta Magna que nasceu em 1988 diz que a prescrição atinge todos os direitos trabalhistas e não apenas os contidos na CLT.

A interpretação literal do art. 11 da CLT, restringindo a prescrição aos preceitos da CLT, chegou a ser admitida até pelo TST, no seguinte acórdão:

> A prescrição bienal prevista no art. 11 da CLT restringe-se "a reparação de qualquer ato infringente de dispositivos nela contidos". Portanto, não estão ao abrigo do retrocitado

---

(2) PRUNES, José Luiz Ferreira. *Tratado sobre a prescrição e a decadência no direito do trabalho.* São Paulo: LTr, 1998. p. 128.

dispositivo legal as reparações decorrentes da falta de cadastramento no PIS. Revista a que se nega provimento. (TST, 1ª Turma, RR 255/1982, Ac. 525, Rel. Min. João Wagner, DJ 22.4.1983).

Por tudo isto é que a letra da norma constitucional de 1988 assume grande relevância. Ao alcançar todos os direitos decorrentes da relação de trabalho, a norma desfaz dúvidas quanto ao campo de incidência: são todos os créditos decorrentes de relação de trabalho.

III. REPERCUSSÃO DA NATUREZA JURÍDICA DOS INSTITUTOS

As distinções apresentadas no tópico anterior demonstram que o tema é permeado por um verdadeiro *leitmotiv* na interpretação das regras da prescrição trabalhista.

A dúvida quanto aos direitos abrangidos pela prescrição trabalhista aflora periodicamente em doutrina e jurisprudência, mas a pedra de toque é a mesma: a natureza jurídica da obrigação de indenizar.

Importa saber se a indenização do dano moral ou material inclui-se no campo normativo do art. 7º, XXIX, da Constituição Federal, ou, ao revés, se está estreitamente vinculada aos prazos prescricionais do Código Civil.

A questão gerou muita controvérsia, como assinala *Pinho Pedreira*[3]:

> Um dos modos de extinção da ação para reparação pecuniária do dano moral é a prescrição. Em se tratando de ação para cobrança da indenização do dano moral trabalhista o prazo prescricional vem suscitando controvérsia. Uma primeira parcialidade sustenta que sendo a reparação por dano moral não um crédito trabalhista e sim direito pessoal, esse prazo é fixado pelo Código Civil para as ações pessoais (20 anos no Código de 1916; 10 anos pelo Código vigente).
>
> (...)
>
> Do lado oposto enfileiram-se os doutrinadores e as decisões, majoritárias estas últimas, que aplicam às ações sobre dano moral trabalhista o prazo prescricional de cinco anos, até o limite de dois anos após a extinção do contrato de trabalho, estabelecido pelo inciso XXIX do art. 7º da CF, com a redação pela Emenda Constitucional n. 28, promulgada em 25 de maio de 2000, que unificou a prescrição para as ações perante a Justiça do Trabalho dos trabalhadores urbanos e rurais.

Compreende-se a perplexidade dos intérpretes, em face da inafastável articulação entre o direito civil e o direito do trabalho para buscar a base da indenização, o que arrastou, nesse diálogo, o prazo prescricional.

Na atualidade, entretanto, o primado da Carta de 1988, como não poderia deixar de ser, está amplamente reconhecido e proclamado.

---

(3) SILVA, Luiz de Pinho Pedreira. *A reparação do dano moral no direito do trabalho.* São Paulo: LTr, 2004. p. 151-152.

IV. A PRESCRIÇÃO APLICÁVEL

O dano moral ou material sofrido pelo empregado, qualquer que seja a causa, pode gerar indenização. Essa obrigação exsurge, forçosa e necessariamente, da relação de trabalho, constituindo crédito dela resultante.

Literalmente, poder-se-ia apenas invocar a regra prevista no art. 7º, XXIX, da Constituição Federal (...*quanto aos créditos resultantes das relações de trabalho*...).

A questão, pois, é singela: se o crédito resulta da relação de trabalho, o único prazo prescricional cabível é o trabalhista. Nenhum outro pode ser invocado.

Com notável objetividade, diz *Valdir Florindo*[4]:

Em nosso modo de entender, se o trabalhador foi vitimado por uma ofensa que atinge sua honra, sua dignidade pessoal, seus valores mais fundamentais de cidadania, por atos praticados pelo seu empregador, portanto, decorrentes da relação de emprego, e postula sua devida reparação por danos morais da Justiça do Trabalho, posto que esta, verdadeiramente, detém competência para solucionar o conflito, ante a lente do multirreferido art. 114 do Texto Fundamental a República, a prescrição a ser aplicável é a prescrição trabalhista contida no art. 7º, XXIX, CF/88.

Ora, esta afirmação fazemos, sem medo de equívocos, pois há uma prescrição trabalhista em pleno vigor, e, portanto não há omissão alguma, o que desautoriza a importação/aplicação do dispositivo de outro ramo do Direito.

Em outra passagem[5], afirma:

É conveniente que reiteremos que a prescrição trabalhista aplicada pela Justiça do Trabalho é "...quanto a créditos resultantes das Relações de Trabalho ..." (art. 7º, XXIX/CF/88), e não quanto a créditos resultantes do direito do trabalho, o que não é significativamente diferente, pois a Justiça Trabalhista não aprecia somente o direito contido na CLT, até porque essa é omissa em vários pontos, mas sim, supletoriamente, outros dispositivos advindos da Lei Substantiva Civil, *e. g.*, art. 159, objetivando sempre a solução do conflito trabalhista. A autorização esta conferida na própria Consolidação das Leis do Trabalho, art. 8º, parágrafo único, posto que o Direito do Trabalho é omisso quanto à indenização em espécie e há perfeita compatibilidade com os princípios fundamentais deste. E não fosse esse o sentido, não teria razão de existir o art. 8º, suso mencionado.

A ilustre magistrada *Ilse Marcelina Bernardi Lora*[6] condena a vinculação do prazo prescricional à causa de pedir próxima, pois tal raciocínio despreza o realce atribuído pela Constituição Federal à causa de pedir remota.

---

(4) VALDIR, Florindo. *Dano moral e o direito do trabalho.* São Paulo: LTr, 2002. p. 335.
(5) *Op. cit.*, p. 336-337.
(6) LORA, Ilse Marcelina Bernardi. O dano moral no direito do trabalho: prescrição e intertemporalidade. *Revista IOB Trabalhista e Previdenciária*, v. 213, São Paulo: Thompson IOB, mar. 2007. p. 52.

Em suas palavras, "no caso de reparação por dano moral, decorrente de relação de emprego, a causa de pedir remota é a própria relação de emprego, enquanto a causa de pedir próxima é a ofensa a direito da personalidade".

Conclui que "a dicotomia subjacente à tese da aplicação da prescrição prevista no Código Civil não encontra suporte nos fundamentos científicos que orientam a teoria geral do processo".

Esse pensamento é encontrado na obra de *Georgenor De Sousa Franco Filho*[7]:

O fato indisfarçável, que ganhou relevo a partir da promulgação da Carta de 1988, é que o dano moral trabalhista, desde pelo menos o advento da CLT, em 1º de maio de 1943, existe. Em outros termos, ele preexistia à Constituição em vigor.

Com efeito, é impossível pretender aplicar-se a prescrição do direito civil para a hipótese de dano moral trabalhista. Nada, absolutamente nada, justifica esse procedimento.

(...)

Não cabe invocar a regra geral de prescrição para quaisquer ações cíveis, aplicando-se aos casos omissos da CLT, porque inexiste omissão na legislação trabalhista. Ao contrário, o art. 7º, XXIX, da Constituição da República, cuida claramente de prescrição trabalhista.

Se o dano moral é oriundo de contrato de trabalho, a prescrição aplicável é mesmo a trabalhista (bienal), nos termos do mencionado art. 7º XXIX da *Lex Mater* de 1988.

Irany Ferrari e *Melchíades Rodrigues Martins*[8] repudiam a distinção sibilina entre créditos trabalhistas e créditos pessoais, para efeito de prazo prescricional porque, quando a reparação é devida, há uma simbiose entre ambos.

Assim também o professor *Estêvão Mallet*[9]:

De todo o modo, qual é a prescrição para reclamar a indenização decorrente de acidente de trabalho? Respondo que, se a pretensão é trabalhista, se a controvérsia envolve empregado e empregador, se a competência para o julgamento da causa é da Justiça do Trabalho, a prescrição é e só pode ser trabalhista, do art. 7º do inciso XXIX, da Constituição, e não a prescrição civil, de 20 anos, no antigo Código, e de 3 anos, no novo. Não importa que a responsabilidade civil seja assunto disciplinado no Código Civil. O que importa é que a pretensão é trabalhista, porque decorre diretamente do contrato de trabalho. Não se pode dizer,

---

(7) FRANCO FILHO, Georgenor de Sousa. A prescrição do dano moral trabalhista. *Revista LTr*, São Paulo: LTr, v. 69, n. 4, abr. 2005, p. 405.
(8) FERRARI, Irany; MARTINS, Melchíades Rodrigues. *Dano moral, múltiplos aspectos nas relações de trabalho*. São Paulo: LTr, 2006. p. 466.
(9) *Apud* FERRARI, Irany; MARTINS, Melchíades Rodrigues. *Dano moral, múltiplos aspectos nas relações de trabalho*. São Paulo: LTr, 2006. p. 466-467.

por outro lado que a regra especial de prescrição do Direito Civil prevalece ante a regra geral do Direito do Trabalho. O art. 7º, inciso XXIX, da Constituição, disciplinou o prazo prescricional trabalhista, sem estabelecer exceções. Ademais, norma geral constitucional não tem sua aplicabilidade comprometida por norma especial da legislação ordinária.

Diz o magistrado e professor *Paulo Eduardo Oliveira*[10]:

Embora seja polêmica a matéria e apesar de opinião respeitável em contrário, sendo o dano pessoal causado pelo empregador ou pelo empregado, como tais (*ut sic*), no âmbito (tomado este termo não unicamente na sua conotação especial) das relações empregatícias, o prazo prescricional é o estabelecido pela norma constitucional do inciso XXIX do art. 7º da Constituição.

Enfatizou-se, no decorrer desta tese, que as relações entre empregador e empregado não são apenas patrimoniais tendo em vista a intersubjetividade que se cria entre os contratantes.

O caráter pessoal verificado no dano, chegou com razão, a ser invocado como excludente de competência do juízo trabalhista para julgar os conflitos decorrentes, como se os direitos inerentes à pessoa humana, à cidadania, não pudessem adentrar os umbrais dos escritórios e os portões das fábricas.

Enfatizou-se, ainda, que a reparação *in natura* ou pecuniária, quando devida como consequência de dano pessoal causado na esfera da relação empregatícia, não é civil, mas trabalhista. Também, quando o conflito é levado aos tribunais, a solução da lide não é civil, mas trabalhista. Os equívocos que se notam no trato da matéria decorrem de uma noção unívoca e não análoga dos termos "dano pessoal", "indenização" e "reparação", tidos como "civis" só porque historicamente a temática foi inicialmente tratada no âmbito das relações civis, o que epistemologicamente não se justifica.

Veja-se agora esta página de *José Carlos Arouca*[11]:

A Constituição Federal no art. 7º, XXIX assegurou aos trabalhadores como direito social ação quanto à créditos resultantes das relações de trabalho, com prazo prescricional de cinco anos até o limite de dois anos após a extinção do contrato.

Se a reparação por dano moral, apesar de sua natureza inicialmente civil, transmuda-se em trabalhista quando emerge em função de um contrato de trabalho, tem-se iniludivelmente que, no caso, configura-se como crédito resultante da relação de trabalho, atraindo, destarte o prazo prescricional específico que refoge do âmbito do Código Civil.

Como se vê, há ampla e autorizada doutrina no mesmo sentido.

Na jurisprudência há decisões conflitantes, mas o Tribunal Superior do Trabalho tem reiteradamente aceitado essa tese, como demonstram os seguintes arestos:

---

(10) OLIVEIRA. Paulo Eduardo V. *O dano pessoal no direito do trabalho*. São Paulo: LTr, 2002. p. 185-186.
(11) AROUCA, José Carlos Arouca. Dano moral. *Revista de direito do trabalho*, n. 128, São Paulo: RT, out./dez. 2007. p. 70.

RECURSO DE REVISTA — PRESCRIÇÃO — AÇÃO DE INDENIZAÇÃO POR DANO MORAL — APLICAÇÃO DA SÚMULA N. 333 DO TST — Nos termos do art. 114, inciso VI, da Constituição da República, introduzido pela Emenda Constitucional n. 45 de 2004, de aplicação imediata aos processos em curso, é da competência da Justiça do Trabalho conciliar e julgar ações de indenização por dano moral ou material propostas por empregado contra empregador, fundadas em acidente do trabalho, conforme precedente do Supremo Tribunal Federal. Aplica-se o prazo previsto no art. 7º, XXIX, da Constituição Federal, às ações que pretendem a percepção de indenização por danos morais decorrentes do contrato de trabalho, por se tratar de previsão específica do ordenamento jurídico-trabalhista, não sendo caso de incidência da norma civil consubstanciada no art. 206 do Código Civil/02. Este é o entendimento que está sendo pacificado nesta Corte. Aplicação da Súmula n. 333 do TST. Recurso de revista não conhecido (TST — RR 371/2006-106-24-00 — SBDI-1 — Rel. Min. Carlos Alberto Reis de Paula — DJU 8.2.2008).

RECURSO DE REVISTA — DANO MORAL — PRESCRIÇÃO — Em se tratando de dano moral decorrente da relação de emprego, é competente a Justiça do Trabalho para apreciar o pedido de indenização. Proposta a ação quando já ultrapassado o biênio posterior à extinção do contrato de trabalho, resta prescrita a pretensão ao pagamento da indenização correspondente. Recurso de revista conhecido e não provido (TST — RR 99514/2005-028-09-00 — 6ª T. — Rel. Min. Aloysio Corrêa da Veiga — DJU 8.2.2008).

RECURSO DE REVISTA — DANO MORAL — PRESCRIÇÃO — Em se tratando de dano moral decorrente da relação de emprego, é competente a Justiça do Trabalho para apreciar o pedido de indenização. Proposta a ação quando já ultrapassado o biênio posterior à extinção do contrato de trabalho, resta prescrita a pretensão ao pagamento da indenização correspondente. Recurso de revista conhecido e não provido (TST — RR 1047/2005-261-02-00 — 6ª T. — Rel. Min. Aloysio Corrêa da Veiga — DJU 8.2.2008).

RECURSO DE REVISTA INDENIZAÇÃO POR DANO MORAL — PRESCRIÇÃO — A competência da Justiça do Trabalho para julgar o dano moral decorrente da relação de trabalho está definida no art. 114, VI, da Constituição Federal, conforme redação da Emenda Constitucional n. 45/04. Desse modo, outro entendimento não pode ser adotado senão o de que se deve aplicar ao dano moral decorrente do contrato de trabalho a prescrição das demais verbas de cunho laboral, ou seja, a prevista no inciso XXIX do art. 7º da Constituição da República. Recurso de Revista conhecido e provido (TST — RR 2325/2005-132-17-00.0 — 3ª T. — Rel. Min. Carlos Alberto Reis de Paula — DJU 9.11.2007).

RECURSO DE REVISTA — PRESCRIÇÃO — AÇÃO DE INDENIZAÇÃO POR DANO MORAL — Nos termos do art. 114, inciso VI, da Constituição da República, introduzido pela Emenda Constitucional n. 45 de 2004, de aplicação imediata aos processos em curso, é da competência da Justiça do Trabalho conciliar e julgar ações de indenização por dano moral ou material propostas por empregado contra empregador, fundadas em acidente do trabalho, conforme precedente do Supremo Tribunal Federal. Isso posto, aplica-se o prazo previsto no art. 7º, XXIX, da Constituição Federal, às ações que pretendem a percepção de indenização por danos morais decorrentes do contrato de trabalho, por se tratar de previsão específica do ordenamento jurídico-trabalhista, não sendo caso de incidência da norma civil consubstanciada no art. 206 do Código Civil/02. Recurso conhecido, mas não provido (TST — RR 424/2006-088-02-00 — 3ª T. — Rel. Min. Carlos Alberto Reis de Paula — DJU 23.11.2007).

INDENIZAÇÃO POR DANOS MORAIS — PRESCRIÇÃO — INAPLICABILIDADE DO CÓDIGO CIVIL — Aplica-se a prescrição bienal, prevista no art. 7º, XXIX, da Constituição da República, às pretensões resultantes das relações de trabalho. Precedentes. Recurso de revista conhecido e provido. II — RECURSO DE REVISTA ADESIVO Acolhida questão prejudicial, resulta prejudicado o exame do mérito do recurso de revista Adesivo (TST — RR 496/2006-057-03-00 — 3ª T. — Rela. Min. Maria Cristina Irigoyen Peduzzi — DJU 23.11.2007).

AGRAVO DE INSTRUMENTO — INDENIZAÇÃO POR DANO MORAL — COMPETÊNCIA DA JUSTIÇA DO TRABALHO — A Justiça do Trabalho é competente para julgar lide por meio da qual se busca indenização decorrente de relação de emprego, conforme o art. 114 da CF. Consequentemente, aplica-se ao caso em tela a prescrição do art. 7º, XXIX, da Constituição Federal. Agravo de Instrumento não provido (TST — AIRR 5167/2002-900-03-00.4 — 2ª T. — Rel. Min. José Simpliciano Fontes de F. Fernandes — DJU 4.3.2005).

Em síntese, nas palavras de *Eduardo Fornazari Alencar*[(12)], em monografia específica, "diante do alcance da norma constitucional ora examinada não há razão para se socorrer, no âmbito da Justiça do Trabalho e no que tange ao prazo prescricional, de outras normas de Direito Comum".

V. O PROBLEMA DA COMPETÊNCIA

As ações de responsabilidade civil por dano material e moral em qualquer relação de trabalho são da competência da Justiça do Trabalho.

Quanto ao dano decorrente de acidente do trabalho, a jurisprudência do Supremo Tribunal Federal reiteradamente o delegava à Justiça Comum, mesmo na ação proposta contra empregador.

O entendimento tinha amparo em interpretação ampliativa e *a contrario sensu* do art. 109, I, da CF, do seguinte teor:

Art. 109. Aos juízes federais compete processar e julgar:

I — as causas em que a União, entidade autárquica ou empresa pública federal forem interessadas na condição de autoras, rés, assistentes ou oponentes, exceto as de falência, as de acidentes de trabalho e as sujeitas à Justiça Eleitoral e à Justiça do Trabalho; (...).

Essa orientação foi modificada em 2005, por decisão do Supremo Tribunal Federal, em composição plenária.

Veja-se a seguinte notícia no *site* do STF na *internet*:

O Plenário do Supremo Tribunal Federal (STF) reformulou entendimento anterior e declarou que a competência para julgar ações por dano moral e material decorrentes de acidente de trabalho é da Justiça Trabalhista. A decisão unânime

---

(12) ALENCAR, Eduardo Fornazari. *A prescrição do dano moral decorrente de acidente do trabalho.* São Paulo: LTr, 2004. p. 89.

foi tomada nesta quarta-feira (29), durante análise do Conflito negativo de Competência (CC 7.204) suscitado pelo Tribunal Superior do Trabalho contra o Tribunal de Alçada de Minas Gerais.

Os ministros acompanharam o voto do relator, ministro Carlos Ayres Britto, que considerou "que o inciso I do art. 109 da Constituição não autoriza concluir que a Justiça Comum Estadual detém a competência para apreciar as ações que o empregado propõe contra seu empregador, pleiteando reparação por danos morais e patrimoniais".

(...)

Ayres Britto defendeu que se a vontade objetiva do texto constitucional fosse excluir a competência da Justiça do Trabalho, teria feito isso no âmbito do art. 114, "jamais no contexto do art. 109, versante este último sobre a competência de uma outra categoria de juízes". Para o ministro, como a situação não se encaixa no inciso I do art. 109, tais ações devem ser regidas pelo art. 114 da Carta Magna, que trata das atribuições da Justiça Especial do Trabalho.

Mudança de entendimento

O ministro Carlos Ayres Britto explicou, no intervalo da sessão plenária, que o julgamento do Conflito de Competência foi uma "bela virada de jogo e em pouco tempo". Ele contou que levou o primeiro voto no início de fevereiro à Primeira Turma e foi vencido juntamente com o ministro Marco Aurélio. Depois, trouxe o voto para o Pleno e perdeu novamente. Ao receber o Conflito de Competência, resolveu trazer a matéria, mais uma vez, para debate e conseguiu reformular o entendimento do Supremo sobre a questão. (...).

Com essa decisão, a Suprema Corte rendeu-se ao entendimento que despontava na doutrina e em julgados da Justiça do Trabalho.

Surgiram, entretanto, dois novos problemas: (a) a difícil transição de competência nos casos iniciados perante a Justiça Comum, agravada pela disparidade do processo comum e trabalhista, especialmente em relação ao sistema recursal, e (b) a confiança dos empregados na aplicação dos prazos prescricionais previstos no Código Civil, tendo em conta a natureza jurídica que então se atribuía os interesses defendidos nessas demandas.

Para solucionar estes impasses, os tribunais desenvolveram soluções que podem ser chamadas de *compromissárias*, na medida em que conciliam a norma a rigor aplicável e interesses mais amplos, inclusive metajurídicos.

Para o primeiro problema o Supremo Tribunal Federal firmou a seguinte regra: os processos iniciados na Justiça Comum antes da Emenda Constitucional n. 45/04 e que ainda não tenham sido julgados devem ser remetidos à Justiça do Trabalho; os demais preservarão a competência originária.

Veja-se o aresto paradigmático:

CONSTITUCIONAL. COMPETÊNCIA JUDICANTE EM RAZÃO DA MATÉRIA. AÇÃO DE INDENIZAÇÃO POR DANOS MORAIS E PATRIMONIAIS DECORRENTES DE ACIDENTE DO TRABALHO, PROPOSTA PELO EMPREGADO EM FACE DE SEU (EX-)EMPREGADOR. COMPETÊNCIA DA JUSTIÇA DO TRABALHO. ART. 114 DA MAGNA CARTA. REDAÇÃO ANTERIOR E POSTERIOR À EMENDA CONSTITUCIONAL N. 45/04. EVOLUÇÃO DA JURISPRUDÊNCIA DO SUPREMO TRIBUNAL FEDERAL. PROCESSOS EM CURSO NA JUSTIÇA COMUM DOS ESTADOS. IMPERATIVO DE POLÍTICA JUDICIÁRIA. Numa primeira interpretação do inciso I do art. 109 da Carta de Outubro, o Supremo Tribunal Federal entendeu que as ações de indenização por danos morais e patrimoniais decorrentes de acidente do trabalho, ainda que movidas pelo empregado contra seu (ex-)empregador, eram da competência da Justiça comum dos Estados-Membros. 2. Revisando a matéria, porém, o Plenário concluiu que a Lei Republicana de 1988 conferiu tal competência à Justiça do Trabalho. Seja porque o art. 114, JÁ EM SUA REDAÇÃO ORIGINÁRIA, ASSIM DEIXAVA TRANSPARECER, seja porque aquela primeira interpretação do mencionado inciso I do art. 109 estava, em boa verdade, influenciada pela jurisprudência que se firmou na Corte sob a égide das Constituições anteriores. 3. Nada obstante, como imperativo de política judiciária — haja vista o significativo número de ações que já tramitaram e ainda tramitam nas instâncias ordinárias, bem como o relevante interesse social em causa —, o Plenário decidiu, por maioria, que o marco temporal da competência da Justiça trabalhista é o advento da EC n. 45/04. Emenda que explicitou a competência da Justiça Laboral na matéria em apreço. 4. A nova orientação alcança os processos em trâmite pela Justiça comum estadual, desde que pendentes de julgamento de mérito. É dizer: as ações que tramitam perante a Justiça comum dos Estados, com sentença de mérito anterior à promulgação da EC n. 45/04, lá continuam até o trânsito em julgado e correspondente execução. Quanto àquelas cujo mérito ainda não foi apreciado, hão de ser remetidas à Justiça do Trabalho, no estado em que se encontram, com total aproveitamento dos atos praticados até então. A medida se impõe, em razão das características que distinguem a Justiça comum estadual e a Justiça do Trabalho, cujos sistemas recursais, órgãos e instâncias não guardam exata correlação. 5. O Supremo Tribunal Federal, guardião-mor da Constituição Republicana, pode e deve, em prol da segurança jurídica, atribuir eficácia prospectiva às suas decisões, com a delimitação precisa dos respectivos efeitos, toda vez que proceder a revisões de jurisprudência definidora de competência *ex ratione materiae*. O escopo é preservar os jurisdicionados de alterações jurisprudenciais que ocorram sem mudança formal do Magno Texto. 6. Aplicação do precedente consubstanciado no julgamento do Inquérito n. 687, Sessão Plenária de 25.8.99, ocasião em que foi cancelada a Súmula n. 394 do STF, por incompatível com a Constituição de 1988, ressalvadas as decisões proferidas na vigência do verbete. 7. Conflito de competência que se resolve, no caso, com o retorno dos autos ao Tribunal Superior do Trabalho (STF, Tribunal Pleno, CC 7.204/MG — Minas Gerais, Rel. Min. Carlos Britto, DJ 9.12.2005).

Como deflui desse acórdão, todos os processos iniciados na Justiça Comum deveriam, a rigor, ser remetidos à Justiça do Trabalho. Todavia, a aplicabilidade da nova competência trabalhista para casos em que ainda não há sentença de mérito foi definida por razões de "política judiciária".

Solução análoga é defendida quanto à prescrição.

Alguns tribunais excepcionalmente admitem os prazos do Código Civil quando a ação foi ajuizada perante Justiça Comum, antes da Emenda n. 45, por causa das dúvidas de interpretação. Ponderam que nesse caso deve ser aplicado o "princípio da razoabilidade".

Há inúmeros acórdãos nesse sentido:

RECURSO DE REVISTA. DANO MORAL. PRESCRIÇÃO. Ação ajuizada na Vara Cível. Declinada competência à Justiça do Trabalho. Controvérsia razoável à época. Aplicação da prescrição cível. Em se tratando de dano moral decorrente da relação de emprego, é competente a Justiça do Trabalho para apreciar o pedido de indenização. Todavia, deve ser examinada a prescrição sem se distanciar do princípio da razoabilidade, em razão do período em que oscilava ainda a jurisprudência sobre a competência da Justiça do Trabalho face às ações por dano moral. Interposta a ação em 2001 na Justiça Comum e apenas e tão somente declinada a competência para a Justiça do Trabalho em 2006, rege a prescrição a regra civil da data do ajuizamento da ação, isto é, a do art. 177 do Código Civil. Recurso de revista não conhecido (TST — RR 739/2005-081-15-00.7-15ª R. — 6ª T. — Rel. Min. Aloysio Corrêa da Veiga — DJe 29.2.2008).

RECURSO DE REVISTA — AÇÃO DE INDENIZAÇÃO POR ACIDENTE DO TRABALHO AJUIZADA PERANTE A JUSTIÇA ESTADUAL E REMETIDA À JUSTIÇA DO TRABALHO — DANOS MORAIS E MATERIAIS — PRESCRIÇÃO — PRAZO — 1. Hipótese em que a ação de indenização por acidente do trabalho foi ajuizada perante o Juízo de Direito da Comarca de Guariba — SP que, em razão do advento da Emenda Constitucional n. 45/04, declinou da competência à Justiça do Trabalho em face do disposto no art. 114, VI, da Constituição Federal e da decisão proferida pelo Supremo Tribunal Federal no Conflito de Competência n. 7.204. 2. Assim, ocorrendo o ajuizamento da ação ordinária junto à Justiça Estadual, anteriormente ao advento da Emenda Constitucional n. 45/04, a citação interrompeu a prescrição, nos termos do art. 219, *caput*, e seu § 1º do CPC. 3. Nesse caso, a alteração da competência em razão da matéria (art. 87 do CPC) não tem o condão de operar a incidência da prescrição trabalhista regulada pelo art. 7º, XXIX, da CF/88, porque aplicável à situação preexistente o prazo de prescrição previsto no art. 177 do Código Civil de 1916. 4. Do contrário, haveria, como de fato houve, ofensa ao princípio do direito adquirido do autor à prescrição vintenária ainda não consumada quando do ajuizamento da ação perante a Justiça Estadual. 5. Configurada violação à literalidade dos arts. 5º, XXXVI, da CF, 6º, *caput*, da Lei de Introdução ao Código Civil e 177 do Código Civil/16. Recurso de revista conhecido e provido (TST — RR 1417/2005-120-15-00 — 1ª T. — Rel. Min. Walmir Oliveira da Costa — DJU 14.12.2007).

PRESCRIÇÃO — DANO MORAL DECORRENTE DE ACIDENTE DO TRABALHO — DEMANDA AJUIZADA PERANTE A JUSTIÇA COMUM, ANTERIORMENTE À EMENDA CONSTITUCIONAL N. 45/04 E AO ATUAL CÓDIGO CIVIL — "Deve ser considerada a prescrição vintenária, fixada pelo Código Civil de 1916, à ação indenizatória por dano moral decorrente de acidente do trabalho. O prazo prescricional fixado no art. 7º Inciso XXIX, da Constituição Federal, é inaplicável à demanda ajuizada antes da Emenda Constitucional n. 45/04, perante a Justiça Comum, e considerando que o pleito se escora no direito civil". Recurso Ordinário a que se dá provimento, para afastar a prescrição (TRT 2ª R. — RO 00693-2002-016-02-00-5 — (20070585924) — 11ª T. — Rela. Juíza Dora Vaz Treviño — DOESP 7.8.2007).

ACIDENTE DO TRABALHO — AÇÃO AJUIZADA ANTES DA EMENDA CONSTITUCIONAL N. 45/04 — PRESCRIÇÃO — A prescrição quanto às ações relativas a acidente do trabalho, quando ajuizadas antes da vigência da Emenda Constitucional n. 45/04, segue a regra do direito comum, em respeito ao disposto no art. 5º, inciso XXXVI da Constituição Federal. Recurso provido (TRT 2ª R. — RO 01037-2005-318-02-00-0 — (20070608525) — 12ª T. — Rela. Juíza Vania Paranhos — DOESP 17.8.2007).

AÇÃO DE INDENIZAÇÃO POR DANOS MORAIS E PATRIMONIAIS DECORRENTES DE ACIDENTE DO TRABALHO — PRESCRIÇÃO APÓS O ADVENTO DA EMENDA CONSTITUCIONAL N. 45/04 — Tratando-se de ação de indenização decorrente de acidente de trabalho proposta após o advento da Emenda Constitucional n. 45/04, quando a competência para apreciação da mesma passou a ser da Justiça do Trabalho e onde se pleiteia um direito decorrente da relação de trabalho, a prescrição a ser aplicada é a mesma prevista para todos os créditos resultantes da relação de trabalho, ou seja a descrita no art. 7º XXIX da Constituição Federal (TRT 2ª R. — RO 01277-2005-313-02-00 — (20060996840) — 12ª T. — Rel. p/o Ac. Juiz Marcelo Freire Gonçalves — DOESP 15.12.2006).

A regra firmada nesses acórdãos, portanto, é no sentido de que, após a EC n. 45/04 e após as decisões do STF que confirmaram a competência da Justiça do Trabalho, não há dúvida de que a prescrição aplicável é a trabalhista, regida pelo art. 7º, XXIX, da Constituição Federal.

Vale lembrar, por fim, que a norma constitucional é, em regra, mais favorável ao trabalhador. Com efeito, se ajuizada a ação no biênio posterior à rescisão contratual, o empregado poderá reivindicar a reparação de danos ocorridos até cinco anos do ajuizamento. Este último prazo — quinquenal — é significativamente superior ao prazo trienal previsto no Código Civil (art. 206, § 3º, V).

VI. CONCLUSÕES

Os prazos prescricionais do art. 7º, XXIX, da Constituição Federal aplicam-se a todas as pretensões oriundas da relação de trabalho, inclusive as de reparação de danos morais e materiais decorrentes de acidente de trabalho.

A recente confirmação pelo Supremo Tribunal Federal e pela Emenda n. 45/04 da competência da Justiça do Trabalho para ações acidentárias ajuizadas em face do empregador não influi na contagem do prazo prescricional.

Entretanto, com apoio no princípio da razoabilidade, tendo em conta o entendimento majoritário anterior, certa jurisprudência entende que o momento do ajuizamento da ação e o foro escolhido são relevantes para definir a prescrição. Se a ação é anterior à Emenda n. 45/04 e ajuizada perante a Justiça Comum, o prazo prescricional é do Código Civil. Se posterior, é do art. 7º, XXIX, da Carta Magna.

PARTE V

DIREITO COLETIVO

CATEGORIA PROFISSIONAL DIFERENCIADA. PROBLEMAS DE ENQUADRAMENTO SINDICAL[*]

Luiz Carlos Amorim Robortella
Antonio Galvão Peres

I. ENQUADRAMENTO E LIBERDADE SINDICAL

Os problemas decorrentes de enquadramento sindical são de difícil solução no Brasil, pois nosso modelo abarca inúmeras contradições.

Antes da Constituição Federal de 1988 o Estado exercia ampla ingerência sobre as relações sindicais, sendo compulsória, inclusive, a obediência às determinações da Comissão de Enquadramento Sindical do Ministério do Trabalho (art. 576 da CLT).

A ingerência estatal na matéria é hoje afastada pelo art. 8º, I, da Constituição Federal.

As normas e orientações da Comissão de Enquadramento Sindical, no entanto, servem como importante referência, eis que a Carta de 1988 preservou a sindicalização por categorias, econômica e profissional.

Mas é um modelo mais flexível, que se vai alterando em face das realidades da atividade empresarial, das inovações tecnológicas e contingências do mercado. Por isto, admite o surgimento de categorias econômicas e profissionais novas, as quais, aliás, estão ensejando a proliferação de entidades sindicais.

Este é o dilema com que se defronta o operador jurídico: apesar de proclamada na Carta Magna, a liberdade sindical está cerceada pela divisão em categorias, impedindo que o Brasil, a exemplo das outras democracias, ratifique a importantíssima Convenção n. 87 da Organização Internacional do Trabalho (OIT)[1].

(*) Publicado originalmente na *Revista de Direito do Trabalho*, n. 124, São Paulo: RT, out./dez. 2006. p. 157-165.
(1) O modelo brasileiro afronta claramente a liberdade propugnada pela OIT, como demonstram os verbetes ns. 224 e 225 do Comitê de Liberdade Sindical:
224. "Apesar de que os trabalhadores podem ter interesse em evitar que se multipliquem as organizações sindicais, a unidade do movimento sindical não deve ser imposta, mediante intervenção do Estado, por via legislativa, pois essa intervenção é contrária ao princípio incorporado nos arts. 2º e 11 da Convenção n. 87."
225. "A Convenção não quis fazer da pluralidade sindical uma obrigação, mas exige que esta seja possível em todos os casos. De maneira que toda atitude de um Governo que se traduza em imposição de uma organização sindical única está em contradição com as disposições do art. 2º da Convenção n. 87" (*Apud* PAMPLONA FILHO. *Pluralidade sindical e democracia*. São Paulo: LTr, 1997. p. 107).

Nosso modelo, portanto, é de *liberdade restrita*, pois, apesar de afastada a ingerência do Estado em determinados aspectos da organização dos sindicatos, persistem os limites estreitos impostos pela unicidade sindical.

Merece referência, a propósito, o seguinte julgado do Supremo Tribunal Federal:

As normas da Consolidação das Leis do Trabalho envolvidas neste caso — arts. 511 e 570 — estão em pleno vigor (...). O preceito do inc. II do art. 8º da Constituição Federal atribui a trabalhadores e empregadores a definição, não da categoria profissional ou econômica, que é inerente à atividade, mas a base territorial do sindicato, o que pressupõe o respeito à integralidade daquela — da categoria (Ac. STF, Pleno, de 17.10.1991, no RMS-21.305-1, in *Revista LTr*, SP, jan. 1992. p. 13/14).

Arion Sayão Romita conseguiu, em precisa síntese, identificar a essência do problema[2]:

Inerente ao exercício da liberdade sindical é a faculdade de que goza o sindicato de determinar o âmbito profissional da organização. Este é o *punctum saliens* da questão: o confronto entre a concepção ontológica e a concepção voluntarista de categoria. Segundo a primeira corrente, a categoria é um *prius* lógico do sindicato, é um dado *a priori* ao qual a organização sindical deve adequar-se; portanto, a lei pode fixar o âmbito profissional da entidade sindical. Para a corrente oposta, é no grupo que reside a fonte de autodeterminação da área de interesses comuns; o campo de atuação do sindicato não pode ser, então, fixado por lei, mas sim pelos grupos organizados no processo de livre formação.

Em nosso modelo, também por conta da *concepção ontológica* arraigada na Constituição e na lei ordinária, em cada base territorial só pode haver um sindicato representativo da categoria profissional ou econômica[3].

Russomano[4] dá os pressupostos que fundamentam a noção de categoria:

(...) a categoria existe quando existem, entre seus integrantes, interesses idênticos, similares ou conexos, pois, em verdade, esses interesses, embora se somem, constituem algo diverso deles mesmos: o interesse coletivo, ou seja, o "interesse categorial", que, esse sim, como dizia Carnelutti, não é soma, mas série, série infinita e fonte da solidariedade que está no fundo da categoria, sem a qual esta não poderia existir.

O sindicato resulta da vontade de seus integrantes. A categoria, não. A categoria é necessária, distinguindo-se, por isso, também, do mero grupo, que é fruto exclusivo daqueles que o constituem.

---

(2) ROMITA, Arion Sayão. Organização sindical. In: FREDIANI, Yone; ZAINAGHI, Domingos Sávio. *Relações de direito coletivo Brasil-Itália*. São Paulo: LTr, 2004. p. 124.
(3) Veja-se também a lição de Alice Monteiro de Barros sobre o sindicato único:
"O inciso II do art. 8º da Constituição Federal de 88 veda a criação de mais de uma organização sindical, em qualquer grau (sindicatos, federações e confederações), representativa de categoria profissional (conjunto de trabalhadores) ou econômica (conjunto de empresas que exercem a mesma atividade), na mesma base territorial, que será definida pelos trabalhadores ou empregadores interessados, não podendo, entretanto, ser inferior à área de um Município, revogando-se o art. 517, que permitia o sindicato distrital e a interferência do Ministério do Trabalho na organização" (BARROS, Alice Monteiro de. Noções de direito sindical. In: BARROS, Alice Monteiro de (coord.). *Curso de direito do trabalho* — estudos em memória de Célio Goyatá. São Paulo: LTr, 1997. v. II, p. 635).
(4) RUSSOMANO. Mozart Victor. *Princípios gerais de direito sindical brasileiro*. Rio de Janeiro: Forense, 1995. p. 80.

A inserção em determinada categoria nem sempre é tarefa simples.

No sistema da Consolidação das Leis do Trabalho, a busca de regulamentar a enorme variedade de grupos que se vão formando levou à adoção de conceitos relevantes como categoria preponderante, similar e conexa, justamente para superar as naturais dificuldades de enquadramento.

Mas persistem os inconvenientes da unicidade sindical. Há dúvidas de interpretação e aplicação dos mecanismos legais, inclusive porque, após a Carta de 1988, foi extinta a Comissão de Enquadramento Sindical, que resolvia as pendências.

Desde então, aos particulares cabe tomar suas decisões, sujeitando-se a eventual controle do Judiciário.

II. CATEGORIA DIFERENCIADA

Para perquirir os critérios de enquadramento convém examinar, de início, a definição de categoria preponderante prevista no art. 581, § 2º, da CLT:

> § 2º Entende-se por atividade preponderante a que caracterizar a unidade de produto, operação ou objetivo final, para cuja obtenção todas as demais atividades convirjam, exclusivamente, em regime de conexão funcional.

Esta peculiaridade remete à lição de *Amauri Mascaro Nascimento*[5]:

> Quando a empresa desenvolve atividades de mais de um tipo, às vezes completamente diferentes, como indústria e comércio, surge um problema: a definição do seu enquadramento sindical, isto é, saber, exatamente, qual é sua categoria econômica. O critério adotado para resolver é o da atividade preponderante. Em outras palavras, ver qual é a atividade mais ampla do empregador. Esta prevalecerá sobre as demais.

Como se vê, as convenções e dissídios coletivos relativos à categoria preponderante da empresa são aplicáveis indistintamente a todos os empregados, pouco importando a função exercida.

Há, contudo, uma importante ressalva: os empregados que compõem categoria diferenciada.

Na categoria diferenciada, a peculiaridade *profissional* prevalece sobre a *atividade econômica* da empresa; os diferenciados nada mais são que *sindicatos por profissão*, conforme a expressão consagrada em doutrina.

Diz a respeito *Lais Corrêa de Mello*[6]:

> (...) na categoria profissional diferenciada, o que ocorre é a formação de sindicatos por profissão, ou seja, reúnem-se pessoas que exercem uma mesma profissão,

---

(5) NASCIMENTO, Amauri Mascaro. *Compêndio de direito sindical*. São Paulo: LTr, 2005. p. 180.
(6) MELLO, Lais Corrêa de. *Liberdade sindical na Constituição brasileira*. São Paulo: LTr, 2005. p. 135.

evidenciando-se a formação de sindicatos de empregados e não de empregadores. Podemos citar vários exemplos de categorias diferenciadas, relacionadas, então, no quadro anexo do art. 577 da CLT, embora este tenha sido revogado pela atual Constituição, por não poder ser considerada a autuação da Comissão de Enquadramento Sindical, cuja existência, como já aventado, não é mais concebida desde 1988.

Assim, nas hipóteses em que há categoria profissional diferenciada, suas normas coletivas específicas devem ser respeitadas.

De igual maneira, ressalvada a hipótese em que os sindicatos *por profissão* aderem à categoria preponderante, as normas coletivas gerais não são estendidas aos empregados da categoria diferenciada.

III. VINCULAÇÃO ÀS NORMAS COLETIVAS

A despeito das considerações anteriores, há uma filigrana com importantes consequências para os empregadores.

A jurisprudência é pacífica ao exigir a participação dos empregadores — ou seus órgãos sindicais — na criação da norma coletiva da categoria diferenciada, sob pena de esta não lhes ser aplicável.

Em outras palavras, se o sindicato diferenciado não tiver suscitado a participação do empregador ou do sindicato patronal, quando da elaboração da norma coletiva (por negociação ou dissídio), a esta não se vincularão. É uma decorrência lógica do caráter bilateral das normas coletivas, que obriga empregados e empregadores.

Mais uma vez cabe citar *Lais Corrêa de Mello*[7]:

Questiona-se se uma empresa, por exemplo, de artefatos de borracha, ao contratar empregados pertencentes a uma dada categoria diferenciada, ficará obrigada a obedecer à norma coletiva de tal categoria. Embora a matéria tenha gerado polêmicas, hoje entende-se que o sindicato da categoria econômica, ou seja, de artefatos de borracha, deve ser chamado a participar da elaboração da respectiva norma coletiva. Porém, a aplicação dessa norma ficará restrita aos empregados da categoria diferenciada que trabalhem nas empresas de artefatos de borracha. Logo, tais empregados não farão parte do sindicato representativo de todos os trabalhadores do setor econômico da empresa, no caso artefatos de borracha, mas do sindicato da profissão que agrupa todos os que a exercem, independentemente da natureza do setor produtivo. Desse modo, para fins de sindicalização, prepondera a profissão e não a atividade econômica da empresa.

A Súmula n. 374 da SBDI I do TST confirma o entendimento:

N. 374 — NORMA COLETIVA. CATEGORIA DIFERENCIADA. ABRANGÊNCIA.

---

(7) MELLO, Lais Corrêa de. *Liberdade sindical na Constituição brasileira*. São Paulo: LTr, 2005. p. 137.

Empregado integrante de categoria profissional diferenciada não tem o direito de haver de seu empregador vantagens previstas em instrumento coletivo no qual a empresa não foi representada por órgão de classe de sua categoria.

Há copiosa jurisprudência no mesmo sentido:

Deve ser confirmada a sentença que julgou improcedente o pedido de diferença salarial e seus reflexos, por ser inaplicável para a reclamada a convenção coletiva de categoria profissional diferenciada, da qual não participou diretamente nem foi representada por seu sindicato, conforme Orientação Jurisprudencial n. 55, da SDI-1, do Tribunal Superior do Trabalho (TRT 11ª R. — RO 12647/2004-003-11-00 — (2311/2005) — Rel. Juiz Eduardo Barbosa Penna Ribeiro — J. 7.6.2005).

ENQUADRAMENTO SINDICAL — CATEGORIA PROFISSIONAL DIFERENCIADA — Não pode o obreiro exigir do empregador vantagens auferidas em instrumentos coletivos em que a empresa não tenha participado dos ajustes, consoante dispõe a Súmula n. 374 do Colendo TST. (TRT 12ª R. — RO-V 02801-2004-030-12-00-8 — (12033/2005) — Florianópolis — 3ª T. — Rel. Juiz Gracio Ricardo Barboza Petrone — J. 23.9.2005).

RECURSO DE REVISTA — DIFERENÇAS SALARIAIS — NORMA COLETIVA — MOTORISTA — CATEGORIA DIFERENCIADA — Decisão do Tribunal Regional que manteve a condenação ao pagamento de diferenças salariais a motorista de empresa do ramo de comércio, aplicando norma coletiva relativa aos trabalhadores das empresas em transportes de carga do Estado do Rio Grande do Sul, da qual a reclamada não participou. Pertinência da Orientação Jurisprudencial n. 55 da SDI-1 desta Corte. Recurso de revista conhecido e provido (TST — RR 761248 — 5ª T. — Rel. Juiz Conv. Walmir Oliveira da Costa — DJU 3.12.2004).

ENQUADRAMENTO FUNCIONAL — CATEGORIA DIFERENCIADA — Esta Corte firmou a sua jurisprudência no sentido de que o fato de o trabalhador ser integrante de uma categoria diferenciada não consiste em causa bastante para gerar obrigações para a empresa quanto ao pagamento de parcelas previstas em convenção ou acordo coletivo de que não participou. A questão encontra-se selada pelos termos da Orientação Jurisprudencial n. 55 desta Corte, que reza no sentido de que o empregado integrante de categoria profissional diferenciada não tem o direito de haver de seu empregador vantagens previstas em instrumento coletivo no qual a empresa não foi representada por órgão de classe de sua categoria. Revista conhecida e provida (TST — RR 600879 — 2ª T. — Rel. Min. José Luciano de Castilho Pereira — DJU 3.10.2003).

Feitas estas considerações, resta saber o que ocorre quando a norma coletiva da categoria diferenciada é construída sem a participação efetiva de determinado empregador ou do seu sindicato.

A rigor, estar-se-ia diante de um *vazio normativo* eis que para tais trabalhadores não haveria norma a aplicar, geral ou específica.

Contudo, sabiamente, a jurisprudência vem admitindo que a norma coletiva geral seja estendida aos diferenciados[8].

---

(8) "VENDEDOR — CATEGORIA PROFISSIONAL DIFERENCIADA — INEXISTÊNCIA DE CONVENÇÃO COLETIVA ESPECÍFICA — APLICAÇÃO DA NORMA COLETIVA REFERENTE AO SINDICATO DOS EMPREGADOS NO COMÉRCIO — Mesmo se tratando

IV. DELIMITAÇÃO DAS CATEGORIAS DIFERENCIADAS

É possível discutir, em tese, quais categorias profissionais podem ser consideradas *diferenciadas*, nos termos do art. 511, § 3º, da CLT.

Antes da Constituição Federal de 1988 competia à Comissão de Enquadramento Sindical elaborar o quadro a que se refere o art. 577 da CLT. Esse quadro apontava, *taxativamente*, as categorias diferenciadas.

Discute-se, após a Constituição, a possibilidade de alargamento do rol das categorias diferenciadas, especialmente quando se trata de *profissões regulamentadas*.

A dúvida tem amparo na redação aberta do art. 511, § 3º, da CLT:

§ 3º Categoria profissional diferenciada é a que se forma dos empregados que exerçam profissões ou funções diferenciadas por força de estatuto profissional especial ou em consequência de condições de vida singulares.

A jurisprudência é vacilante quanto ao tema:

RECURSO DA RECLAMADA — ENQUADRAMENTO SINDICAL — VIGILANTE — O Quadro a que se refere o art. 577 da Consolidação das Leis do Trabalho não atribuiu aos vigilantes a condição de categoria diferenciada. Não são aplicáveis ao obreiro as normas coletivas dos vigilantes, uma vez que o enquadramento sindical, no Brasil, é aferido pela atividade preponderante da empresa. Ademais, a demandada não foi suscitada nos dissídios coletivos juntados pelo autor. Indevida a condenação da reclamada ao pagamento de diferenças salariais com base nos reajustes previstos nestas normas. Dá-se provimento ao recurso. (...). (TRT 4ª R. — RO 00228.028/00-0 — 3ª T. — Rela. Juíza Jane Alice de Azevedo Machado — J. 3.12.2003).

ENQUADRAMENTO SINDICAL — VIGILANTE — CATEGORIA DIFERENCIADA — Tendo o reclamante exercido a função de vigilante, que, por força da Lei n. 7.102/83, com a alteração dada pela Lei n. 8.863/94 (art. 10, § 4º), integra categoria diferenciada, seu enquadramento, para todos os efeitos legais e para fim de instrumentos coletivos, se dá, não em função da atividade preponderante da reclamada (indústria química), mas sim da categoria profissional a que pertence. Recurso de revista conhecido e provido. (TST — RR 1037/2000-001-04-00.8 — 4ª T. — Rel. Min. Milton de Moura França — DJU 10.12.2004).

(...) Antes do advento da Constituição de 1988, para que os sindicatos pudessem se constituir, era necessário que a categoria, cuja representação fosse pretendida, encontrasse previsão no quadro de atividades e profissões a que se refere o art. 577 consolidado, ou estivesse em conformidade com as subdivisões que, sob proposta da Comissão do Enquadramento Sindical, fossem criadas pelo Ministério do Trabalho. Este cenário, entretanto, não mais subsiste atualmente, ante o comando inserto no art. 8º, I, da Lei Magna, que veda ao Poder Público qualquer interferência ou intervenção na organização sindical.

---

de empregado integrante de categoria profissional diferenciada, *aplicar-se-á a convenção coletiva da atividade preponderante da empresa*, quando esta efetuou os descontos da contribuição sindical no salário do empregado e não comprovou que tenha participado de eventual norma coletiva referente à categoria diferenciada" (TRT 24ª R. — RO 0398/2003-022-24-00-1 — Rel. Juiz João Marcelo Balsanelli — DJMS 28.9.2004).

Nesse contexto, para que se tenha por configurada a hipótese de categoria profissional diferenciada, basta que os empregados que a componham "exerçam profissões ou funções diferenciadas por força de estatuto profissional especial ou em consequência de condições de vida singulares" (CLT, art. 511, § 3º), pouco importando a sua previsão ou não no quadro mencionado pelo art. 577 da CLT. Ora, o reclamante, advogado, já exercia, antes da edição da Lei n. 8.906/94, profissão diferenciada por força de estatuto profissional (Lei n. 4.215/63). Deve, pois, ser enquadrado no conceito de categoria profissional diferenciada, fato que excepciona a aplicação das normas especiais pertinentes à categoria dos bancários. Ressalte-se, por outro lado, o Enunciado n. 117 do TST que estabelece: "Não se beneficiam do regime legal relativo aos bancários os empregados de estabelecimentos de crédito pertencentes a categorias profissionais diferenciadas" (RA 140/80, DJ 18.12.1980). Recurso de revista conhecido e provido. (TST — RR 601162 — 4ª T. — Rel. Min. Milton de Moura França — DJU 12.9.2003).

(...) A regulamentação tem em vista o interesse público, regulando a atividade profissional privada para que se não a exerça sem a fiscalização do Estado, ainda que de forma delegada, sendo indispensável cercá-las de determinadas condições e requisitos para seu desenvolvimento. Sob a ótica do § 3º do art. 511 da CLT, não significa que toda profissão regulamentada seja considerada categoria diferenciada, mas, ao contrário, que toda categoria diferenciada tenha por base profissões ou funções diferenciadas por força de estatuto profissional especial ou condições de vida singulares. Não é o caso da Ordem dos Advogados do Brasil que, institucionalmente, tem natureza de Autarquia federal corporativa, fiscalizada pelo poder público, com delegação legal para fiscalizar o exercício da profissão, sem legitimidade ou representatividade para celebrar acordos ou convenções coletivas. Nessas circunstâncias, afasta-se o argumento de origem que compreendia a profissão regulamentada de advogado, como integrante de categoria diferenciada, de molde a impedir a incidência, sobre os contratos individuais de trabalho dos advogados empregados, dos instrumentos coletivos celebrados pelas categoria profissional e econômica, tendo em vista a atividade preponderante da empresa. (...) (TST — RR 561861 — 4ª T. — Rel. Juiz Conv. Vieira de Mello Filho — DJU 12.3.2004).

ADVOGADO — ENQUADRAMENTO — O enquadramento dos empregados nas respectivas categorias profissionais, antes de 1988, era feito pela comissão de enquadramento sindical do ministério do trabalho e divulgado no quadro a que se refere o art. 577 da CLT. Com a vedação de interferência do poder público na organização sindical trazida pela carta de 1988 (art. 8º), tal comissão foi extinta e o referido quadro passou a ser meramente consultivo. Em razão disso, cabe exclusivamente ao poder judiciário, a partir de então, definir se determinada categoria de trabalhadores congrega as condições para ser reconhecida como diferenciada ou não. No caso em tela, o autor trabalhava como advogado empregado, profissão que, sem dúvida, se encontra regulamentada por estatuto próprio. Ademais, as funções atribuídas ao advogado empregado não encontram similar entre as atribuições dos demais empregados, o que evidencia a distinção entre as suas condições de trabalho e as destes outros profissionais. Possuindo estatuto profissional próprio e estando sujeito a condições de trabalho e de vida singulares, o advogado empregado enquadra-se perfeitamente em categoria diferenciada, como previsto no art. 511, § 3º, da CLT (TRT 3ª R. — RO 0699/03 — 2ª T. — Rela. Juíza Alice Monteiro de Barros — DJMG 27.2.2003 — p. 9).

Em nossa opinião, o rol de categorias diferenciadas não se esgota no quadro elaborado pela extinta Comissão de Enquadramento Sindical.

Outras podem ser assim concebidas, pois o texto legal não as restringe ao Quadro de Atividades a que se refere o art. 577 da CLT. Aliás, se restrição houvesse, seria inconstitucional, porque a Constituição Federal assegura a liberdade de organização sindical e mantém sua estrutura através de categorias.

Nada impede o aparecimento de uma categoria diferenciada, em face da edição de lei regulamentadora ou do superveniente aparecimento de condições peculiares de exercício de uma atividade.

O mercado de trabalho é extremamente dinâmico, ensejando o surgimento constante de novas profissões e atividades.

V. CONCLUSÕES

I. As normas coletivas referentes à categoria preponderante são aplicáveis a todos os trabalhadores da empresa, pouco importando suas atribuições.

II. Excetuam-se da regra anterior os empregados integrantes de categoria diferenciada, mas desde que o empregador tenha sido suscitado quando da negociação coletiva ou dissídio.

III. Na hipótese de o empregador não ter participado da elaboração da norma de categoria diferenciada, a jurisprudência tem estendido aos trabalhadores nela inseridos as normas coletivas gerais.

IV. O rol das categorias diferenciadas não está restrito aos lindes do quadro anexo a que se refere o art. 577 da CLT.

A CONTRIBUIÇÃO CONFEDERATIVA: POLÊMICA NO STF(*)

Luiz Carlos Amorim Robortella

I. INTRODUÇÃO

A 1ª Turma do Supremo Tribunal Federal, em acórdão relatado pelo Ministro Marco Aurélio de Farias Melo, proclamou a exigibilidade a todos os membros da categoria profissional, em caráter obrigatório, da contribuição confe-derativa instituída por sindicato em assembleia.

Essa decisão causa perplexidade, eis que contrária à doutrina e jurisprudência construídas nos últimos anos, em todos os tribunais, tanto do trabalho como da justiça comum.

Vamos analisar, neste estudo, os fundamentos e impactos desta decisão.

II. INTERPRETAÇÃO DAS NORMAS CONSTITUCIONAIS

A questão envolve interpretação constitucional que, como se sabe, pressupõe a articulação de princípios e normas adotados na Carta de 1988.

A contribuição confederativa está prevista no art. 8º, IV:

Art. 8º É livre a associação profissional ou sindical, observado o seguinte:

(...)

IV — a assembleia geral fixará a contribuição que, em se tratando de categoria profissional, será descontada em folha, para custeio do sistema confederativo da representação sindical respectiva, independentemente da contribuição prevista em lei; (...).

Inicialmente, a exegese da norma constitucional deve ser feita sem qualquer influência de normas infraconstitucionais, no caso as que regulam a cobrança da contribuição sindical compulsória (arts. 578 e seguintes da CLT).

Isto porque a Constituição inaugura o sistema jurídico e não admite vetores interpretativos originários de normas inferiores, quer anteriores, quer posteriores.

(*) Publicada originalmente na *Revista Trabalhista*, Forense, ano 1, v. III, p. 131, jul./set. 2002.

É o que ensinam *Celso Ribeiro Bastos* e *Carlos Ayres de Brito*[1]:

Como sobejamente conhecido, as normas constitucionais fundam o ordenamento jurídico. Inauguram a ordem jurídica de um dado povo soberano e se põem como suporte de validade de todas as demais regras de direito. São normas originárias, fundamentantes e referentes, enquanto que as demais se posicionam perante elas, como derivadas, fundamentadas e referidas.

(...)

Pois bem, a Constituição é norma que repercute sobre o direito ordinário, sem reciprocidade. Projeta influência sobre os demais modelos jurídicos, mas não é influenciada por estes. Vale dizer, as normas infraconstitucionais devem ser interpretadas a partir da Constituição, com base nela, mas não o contrário.

Outro aspecto é o caráter eminentemente político das normas constitucionais. Como diz *Konrad Hesse*[2], "questões constitucionais não são, originariamente, questões jurídicas, mas sim questões políticas".

Nossa Constituição bem revela esta qualidade em suas normas. Inclui-se, segundo a doutrina, dentre as cartas compromissárias, onde a convergência se fez depois de cerrada controvérsia, levando o legislador constitucional a fórmulas verbais pluralistas, que exigem cuidadoso trabalho de interpretação. A propósito, diz *Oscar Vilhena Vieira*[3]:

Constituições compromissárias, como a brasileira, impõem dificuldades adicionais ao Judiciário. Além da obrigação de trabalhar com normas de estrutura aberta, que abrigam conceitos políticos e princípios morais, os juízes são obrigados a arbitrar uma competição de valores e diretivas normativas muitas vezes contraditórias. Na ausência de grupo hegemônico que dê ao documento constitucional uma identidade, seja ideológica, política ou econômica, o que se tem é a fragmentação do texto em pequenos acordos tópicos. Muitos desses acordos são meramente estratégicos, pois sabe-se que não terão eficácia imediata, mas também não caracterizam uma derrota na arena constituinte, o que ocorreria pela adoção de determinados interesses pelo texto constitucional em detrimento de outros valores dele excluídos. (...) Essas Constituições são resultado de um processo constituinte marcado por forte pluralismo e corporativismo, como foi o brasileiro, em que os interesses de cada grupo organizado da sociedade encontravam eco junto a um corpo político incapaz de decisões que excluíssem interesses que pudessem levar à fragilização das bases eleitorais dos constituintes.

Pablo Lucas Verdú[4], ao cuidar da Constituição Espanhola, que é do mesmo tipo, diz:

El postulado de la interpretación de la Constitución magis ut valeat afecta, pues, en una Constitución de compromiso, ambigua como la nuestra, tanto a los

---

(1) *Interpretação e aplicabilidade das normas constitucionais*. São Paulo: Saraiva, 1982. p. 13.
(2) *A força normativa da constituição*. Porto Alegre: Sérgio Antonio Fabris, 1991. p. 9.
(3) *A Constituição e sua reserva de justiça*. São Paulo: Malheiros, 1999. p. 195-196.
(4) *El sentimiento constitucional*. Madrid: Reus, 1985. p. 119.

preceptos que corresponden al Estado liberal de Derecho (arts. 33 y 38) como a los que derivan del Estado social de derecho (art. 32.2, Principios rectores del capítulo II) y a los del Estado democrático del Derecho (arts. 9.2, 40, 129, *in fine*), porque la Norma fundamental establece una síntesis constitucional entre el Estado social de Derecho y el Estado democrático de Derecho (art. 1.1). Esta misma norma constitucional de apertura, sintetiza la soberanía nacional y la soberanía popular (en sua apartado 2, y la forma de Estado, la forma de gobierno y el sistema de gobierno, en el apartado último).

A Constituição brasileira tem algumas ambiguidades compromissárias no campo das relações de trabalho, uma delas envolvendo o tema em estudo.

Coexistem em nossa Carta, ao lado da ampla liberdade de associação prevista no art. 5º, XX, e da liberdade sindical, resquícios corporativistas como, por exemplo, a unicidade (art. 8º, II) e a contribuição obrigatória (art. 8º, IV).

Essa ambiguidade deve ser resolvida mediante a conciliação das normas, delas se extraindo a teleologia e axiologia do legislador constitucional.

Trata-se, em última análise, de aplicação do "princípio da unidade hierárquico-normativa da Constituição", que também se revela importante princípio de hermenêutica.

José Joaquim Gomes Canotilho[5], em consagrada obra, afirma:

O princípio da unidade hierárquico-normativa significa que todas as normas contidas numa constituição formal têm igual dignidade (não há normas só formais, nem hierarquia de suprainfraordenação dentro da lei constitucional). Como se irá ver em sede de interpretação, o princípio da unidade normativa conduz à rejeição de duas teses, ainda hoje muito correntes na doutrina do direito constitucional (1) a tese das antinomias normativas; (2) a tese das normas constitucionais inconstitucionais. O princípio da unidade da constituição é, assim, expressão da própria positividade normativo-constitucional e um importante elemento de interpretação (cf, *infra*).

Compreendido dessa forma, o princípio da unidade da constituição é uma exigência da "coerência narrativa" do sistema jurídico. O princípio da unidade, como princípio de decisão, dirige-se aos juízes e a todas as autoridades encarregadas de aplicar as regras e princípios jurídicos, no sentido de as "lerem" e "compreenderem", na medida do possível, como se fossem obras de um só autor, exprimindo uma concepção correcta do direito e da justiça (*Dworkin*). Neste sentido, embora a Constituição possa ser uma "unidade dividida" (*P. Badura*) dada a diferente configuração e significado material das suas normas, isso em nada altera a igualdade hierárquica de todas as suas regras e princípios quanto à sua validade, prevalência normativa e rigidez.

---

(5) *Direito constitucional e teoria da Constituição.* Coimbra: Almedina, 2000. p. 1.147.

O intérprete deve, assim, "considerar a constituição na sua globalidade e procurar harmonizar os espaços de tensão existentes entre as normas constitucionais a concretizar (...). Daí que o intérprete deva sempre considerar as normas constitucionais não como normas isoladas e dispersas, mas sim como preceitos integrados num sistema interno unitário de normas e princípios" (*Canotilho, op. cit.*, p. 1.187).

III. LIMITES DA CONTRIBUIÇÃO CONFEDERATIVA

O Precedente Normativo n. 119 do Tribunal Superior do Trabalho assim dispõe:

Contribuições sindicais. Inobservância de preceitos constitucionais: A Constituição da República, em seus arts. 5º, XX e 8º, V, assegura o direito de livre associação e sindicalização. É ofensiva a essa modalidade de liberdade cláusula constante de acordo, convenção coletiva ou sentença normativa estabelecendo contribuição em favor de entidade sindical a título de taxa para custeio do sistema confederativo, assistencial, revigoramento ou fortalecimento sindical e outras da mesma espécie, obrigando trabalhadores não sindicalizados. Sendo nulas as estipulações que inobservem tal restrição, tornam-se passíveis de devolução os valores irregularmente descontados.

A Orientação Jurisprudencial n. 17 do TST (SBDI 1), por sua vez, reza:

CONTRIBUIÇÕES PARA ENTIDADES SINDICAIS. INCONSTITUCIONALIDADE DE SUA EXTENSÃO A NÃO ASSOCIADOS. As cláusulas coletivas que estabeleçam contribuição em favor de entidade sindical, a qualquer título, obrigando trabalhadores não sindicalizados, são ofensivas ao direito de livre associação e sindicalização, constitucionalmente assegurado, e, portanto, nulas, sendo passíveis de devolução, por via própria, os respectivos valores eventualmente descontados.

Como se vê, segundo o TST, apesar de a Constituição conceder ao sindicato a prerrogativa da contribuição confederativa, esta só será devida pelos associados e não por toda a categoria, em homenagem aos princípios da liberdade de associação e da liberdade sindical (arts. 5º, XX, e 8º, V).

Em comentário ao Precedente n. 119, enfatiza *Georgenor de Souza Franco Filho*[6]:

O C. TST adotou o Precedente Normativo n. 119, que cuida do direito de oposição do trabalhador, no caso de contribuição confederativa profissional, que, a rigor, significa necessidade de autorização porque se trata de desconto em salário que é irredutível, sendo dispensável essa ordem expressa do contribuinte, pena de, em sendo efetuada, significar desconto indevido, sujeitando o empregador às sanções.

Com efeito, a contribuição confederativa figura em norma constitucional autoaplicável para empregadores e trabalhadores urbanos, sendo devida apenas pelos associados dos respectivos sindicatos, podendo os não associados (trabalhadores) autorizarem a que seja efetuado o desconto espontaneamente.

---

(6) Contribuições sindicais e liberdade sindical. In: PRADO, Ney (coord.). *Direito sindical brasileiro* — estudos em homenagem ao prof. Arion Sayão Romita. São Paulo: LTr, 1998. p. 151.

No mesmo sentido *José Augusto Rodrigues Pinto*[7]:

A única concessão à ideia de obrigatoriedade emanada da contribuição confederativa só poderá ser feita em relação aos sócios do sindicato. No que diz respeito aos não associados, o fato de não terem podido participar da decisão da Assembleia Geral retira qualquer possibilidade de arrolá-los como obrigados a cumpri-la.

No próprio Supremo Tribunal Federal, há várias decisões no mesmo sentido:

TRABALHISTA — CONTRIBUIÇÃO CONFEDERATIVA (CF, ART. 8º, IV) — COMPULSÓRIA APENAS PARA OS FILIADOS DO SINDICATO — DECISÃO RECORRIDA CONFORME ORIENTAÇÃO DO STF — RECURSO NÃO CONHECIDO (STF — RE 196110 — 2ª T. — Rel. p/o Ac. Min. Nelson Jobim — DJU 20.8.1999 — p. 45).

CONTRIBUIÇÃO CONFEDERATIVA — ART. 8º, IV, DA CF — AUTOAPLICABILIDADE — LIMITAÇÃO AOS FILIADOS DO SINDICATO — Consolidou-se o entendimento, nesta Primeira Turma, de que a contribuição prevista no art. 8º, IV, da CF não depende, para ser cobrada, de lei integrativa, limitando-se, no entanto, sua exigibilidade aos filiados do sindicato. Precedentes: RREE 191.022, 198.092 e 189.443. Recurso extraordinário conhecido e parcialmente provido (STF — RE 203.271-9 — RS — 1ª T. — Rel. Min. Octavio Gallotti — DJU 23.10.1998 — p. 10).

CONTRIBUIÇÃO CONFEDERATIVA — ART. 8º, IV, DA CF — Trata-se de encargo que, por despido de caráter tributário, não sujeita senão os filiados da entidade de representação profissional. Interpretação que, de resto, está em consonância com o princípio da liberdade sindical consagrado na Carta da República (STF — RE 214.318-9 — 1ª T. — Rel. Min. Ilmar Galvão — DJU 6.3.1998).

CONTRIBUIÇÃO CONFEDERATIVA — CF, ART. 8º, IV — AUTOAPLICABILIDADE — NECESSIDADE DE FILIAÇÃO À ENTIDADE SINDICAL — PRINCÍPIO CONSTITUCIONAL DA LIBERDADE DE ASSOCIAÇÃO — RE EM PARTE CONHECIDO E NELA PROVIDO — O preceito inscrito no art. 8º, IV, da CF — que versa o tema da contribuição confederativa — dispõe de eficácia plena e reveste-se de aplicabilidade direta, imediata e integral, não dependendo, em consequência, para incidir juridicamente, de qualquer complementação normativa ulterior. Precedentes. A jurisprudência do Supremo Tribunal Federal, tendo por fundamento o postulado constitucional que garante a liberdade de associação, consagrou o entendimento de que a contribuição confederativa a que se refere o art. 8º, IV, da Carta Política — precisamente por não se revestir de caráter tributário — somente se revela exigível daqueles que se acham formalmente filiados à entidade sindical. Precedentes (STF — RE 171.833-1 — 1ª T. — Rel. Min. Celso de Mello — DJU 13.2.1998).

Portanto, é reiterado no próprio STF o entendimento restritivo, que afasta a obrigatoriedade, para os não associados do sindicato, da contribuição confederativa.

No Tribunal Superior do Trabalho, como se sabe, a matéria é pacífica, não sendo de se prever qualquer alteração nos precedentes jurisprudenciais em vigor.

Por outro lado, vale recordar que no TST se resolverão, como derradeira instância, quase todos os conflitos, diante dos enormes obstáculos para a admissibilidade do

---

(7) *Direito sindical e coletivo do trabalho.* São Paulo: LTr, 1998. p. 114.

recurso extraordinário. Raros serão os casos de reexame da matéria, sob o prisma constitucional, pelo STF.

Desde a edição da Carta de 1988 vimos sustentando esse entendimento, conforme artigo publicado em 1990. À época já pensávamos que fere o princípio maior — a liberdade sindical — conceder ao sindicato a possibilidade de instituir, por mera assembleia, uma contribuição compulsória, exigível a toda a categoria e não apenas aos associados. Do artigo destaca-se o seguinte:

> (...) entendem alguns que o art. 545 da CLT, na parte em que condiciona à não oposição do empregado o desconto no salário de contribuições sindicais (excetuado o imposto sindical obrigatório), não mais prevalece, pois a norma constitucional dispõe imperativamente que "será descontada em folha". Não nos parece que assim seja, e isto em face de um princípio maior, contido no art. 8º, V, da nova Carta, segundo o qual "ninguém será obrigado a filiar-se ou manter-se filiado a sindicato". Ora, se assim é, demasiado seria admitir uma segunda fonte de receita compulsória, exigível aos que não desejam se unir ao sindicato e que até, por vezes, a ele se opõem[8].

A liberdade de associação, como princípio constitucional, deve prevalecer ante regras isoladas. Como ensina *Celso Antonio Bandeira de Mello*[9], "violar um princípio é muito mais grave que transgredir uma norma qualquer. A desatenção do princípio implica ofensa não apenas a um específico mandamento obrigatório, mas a todo um sistema de comandos".

IV. CONCLUSÕES

a. A contribuição confederativa é inexigível aos não associados do sindicato, só podendo ser descontada com expressa anuência ou não oposição dos empregados.

b. A exigibilidade só se aplica aos associados do sindicato profissional. O desconto salarial, no caso de oposição, dependerá da política de relações sindicais de cada empresa.

c. O acórdão do STF diverge da doutrina e jurisprudência construídas por todos os tribunais do trabalho e pela justiça comum. Ademais, outras decisões daquela Corte são divergentes. Por isto, somente após manifestação do Pleno é que se terá o entendimento definitivo do STF.

d. O STF, nesse aresto, estava diante de uma hipótese muito específica, ou seja, contribuição assistencial prevista em convenção coletiva. Em hipóteses diversas, o julgamento talvez não venha a se repetir.

---

[8] ROBORTELLA, Luiz Carlos Amorim. Organização sindical e justiça do trabalho na experiência da Constituição brasileira de 1988. *Suplemento LTr*, São Paulo: LTr, n. 24, 1990. p. 139.

[9] *Apud* MARTINS, Sérgio Pinto. *A continuidade do contrato de trabalho*. Dissertação para concurso de professor Titular da USP, 1998. p. 103.

REFORMA SINDICAL E A EMENDA N. 45. IMPACTOS NO DIREITO COLETIVO DO TRABALHO

Luiz Carlos Amorim Robortella

I. INTRODUÇÃO

A Emenda n. 45/04 ampliou consideravelmente a competência da Justiça do Trabalho no conflito individual e a reduziu no conflito coletivo.

A depender da interpretação que venha a prevalecer, a EC n. 45 será um verdadeiro terremoto, remexendo todo o ordenamento jurídico trabalhista, em escala nunca vista antes.

A submissão dos conflitos da relação de trabalho à Justiça do Trabalho abala a estrutura do direito individual, do direito coletivo e do direito processual.

O direito individual do trabalho só se ocupa do empregado e do empregador. Seu núcleo dogmático é a relação de emprego.

O direito processual do trabalho, por sua vez, constitui um procedimento especial para possibilitar a adequada aplicação do direito material e tem seu eixo na Justiça do Trabalho e, basicamente, na relação de emprego.

O direito coletivo do trabalho assenta exclusivamente no vínculo de emprego. Os sindicatos profissionais são de empregados e os econômicos são de empregadores.

Portanto, é um sistema coerente, com raízes na história do trabalho no Brasil.

A Emenda n. 45 rompe com essa tradição. Lança os olhos para a realidade do processo produtivo, abrindo as portas da Justiça do Trabalho para uma enorme variedade de relações atípicas.

Já o Projeto de Reforma Sindical do Fórum Nacional do Trabalho, embora afinado com a Emenda n. 45 no que toca à solução do conflito coletivo econômico, em todos seus demais aspectos, parece estar mais comprometido com o passado que com o futuro.

O projeto ignora o trabalhador atípico e informal, desestimula a participação dos trabalhadores na vida sindical, impede a livre sindicalização e mantém uma estrutura tipicamente corporativista, concentrando poderes na cúpula tripartite.

Os sindicatos são concebidos como entidades formadas apenas por apenas por empregados, amplamente protegidos pela legislação trabalhista. Só se ocupam, portanto, do emprego formal; ficam do lado de fora os desempregados, os atípicos, os autônomos, os eventuais e os informais.

Não se reconhece, igualmente, conflito coletivo que não provenha da relação de emprego.

Enfim, o projeto de reforma sindical contribui muito pouco para alcançarmos um novo padrão de relações de trabalho, envolvendo toda a sociedade.

No direito estrangeiro, há países, como Suíça e Inglaterra, que admitem a filiação de trabalhadores desempregados, informais e outros, excluídos das estruturas conhecidas.

II. ORGANIZAÇÃO SINDICAL NO PROJETO DO FÓRUM NACIONAL DO TRABALHO

As linhas gerais do projeto podem ser assim sintetizadas.

a) Adota os princípios da OIT sobre liberdade sindical.

b) Liberdade de filiação.

c) MTE reconhece e registra o sindicato mais representativo.

d) Aquisição de personalidade sindical é requerida ao Ministério do Trabalho e Emprego — MTE e vale por três anos, no mínimo, mesmo quando haja contestação de outra entidade (art. 12). Passado o prazo sem comprovação da representatividade, poderá haver mais de um sindicato no mesmo âmbito de representação (art. 41).

e) A sindicalização só é admitida por setor econômico, ramo de atividade e, sendo central sindical, pela coordenação entre setores econômicos e ramos de atividades, com base em quadro definido pelo MTD, proposto pelo CNRT.

f) O sindicato sempre será constituído pelo critério vertical, ou seja, atividade preponderante da empresa. Desmembramento é previsto no art. 40.

g) Duas contribuições: associativa e de negociação coletiva (máximo de 1% da remuneração líquida do ano anterior); a última não enseja oposição. Participam da assembleia os não associados.

h) A representatividade pode ser de dois tipos: comprovada ou derivada (transferida de central sindical, confederação ou federação detentora de representatividade comprovada).

i) Somente entes com personalidade sindical podem ser chamados de sindicatos.

j) Exclusividade de representação e negociação coletiva são atributos da personalidade sindical (art. 13).

k) Proibição do sindicato por empresa.

l) Duas contribuições: associativa e negocial.

m) Proteção aos dirigentes sindicais contra dispensa e transferência.

É criado o Conselho Nacional de Relações de Trabalho, composto por uma Câmara Tripartite e duas Bipartites.

A Câmara Tripartite tem várias atribuições (art. 133):

a) definir critérios de agregação de organizações sindicais;

b) definir ramos de atividade e setores econômicos;

c) definir disposições estatutárias mínimas;

d) definir representações específicas, dentro de cada ramo ou setor;

e) exigir compatibilidade entre os níveis de organização sindical de trabalhadores e empregadores para negociação coletiva.

III. REPRESENTAÇÃO NO LOCAL DE TRABALHO

A representação no local de trabalho (arts. 59/73) é assegurada na forma da Convenção n. 135 e Recomendação n. 143, ambas da Organização Internacional do Trabalho.

É integrante do sistema sindical e pode atuar na mediação de conflitos e negociação coletiva (art. 88).

Os representantes têm garantia de emprego equivalente à dos dirigentes sindicais.

IV. GREVE

Submete-se aos seguintes requisitos:

a) aviso-prévio de 72 horas;

b) meios pacíficos;

c) suspensão do contrato até contrato coletivo ou arbitragem voluntária

d) manutenção de serviços cuja paralisação cause dano;

e) o empregador pode contratar serviço mínimo, se não houver acordo com os trabalhadores;

f) nas atividades essenciais, a Administração Pública pode participar da negociação coletiva;

g) é proibido o *lockout*.

V. NEGOCIAÇÃO COLETIVA

As diretrizes são:

a) dever de boa-fé e informação;

b) data-base autodefinida;

c) O contrato coletivo de nível superior delimitará a matéria que pode ser livremente negociada nos níveis inferiores (art. 100, § 3º);

d) vigência de 3 anos (salvo acordo em contrário), prorrogáveis por 90 dias; depois, arbitragem voluntária, da Justiça do Trabalho ou privada (art. 105, § 3º);

e) extensão a trabalhadores que não são representados pelo sindicato.

VI. EMENDA N. 45 E CONFLITO COLETIVO

As formas de solução de conflitos coletivos econômicos, a teor da Emenda n. 45, são:

A — Negociação coletiva

B — Arbitragem facultativa privada

C — Arbitragem facultativa pública

D — Dissídio coletivo ajuizado pelo Ministério Público do Trabalho, em face de greve em atividade essencial, com possibilidade de lesão do interesse público.

Foi, portanto, extinto o dissídio coletivo econômico. Passa a haver uma arbitragem facultativa, ou seja, condicionada a pedido das partes ou, pelo menos, à não oposição de qualquer delas.

A expressão dissídio coletivo parece, por isto, inapropriada no texto da Emenda.

Aliás, os limites do poder normativo da Justiça do Trabalho já haviam sido sensivelmente reduzidos, do ponto de vista material, pela jurisprudência do Supremo Tribunal Federal.

Cabe agora apenas a arbitragem facultativa ou, em caráter excepcional, a obrigatória, exclusivamente quando requerida pelo Ministério Público do Trabalho, em casos estritos.

Nessa arbitragem o tribunal, como qualquer árbitro, deve observar as disposições legais mínimas de proteção ao trabalho e as normas coletivas anteriores. Cabe-lhe, em verdade, harmonizar os textos legais e as normas coletivas ajustadas pelas partes em negociações anteriores.

Isto significa que as normas anteriormente negociadas têm grande importância para a solução do conflito econômico, tanto na arbitragem voluntária quanto na obrigatória.

O árbitro tem a missão de buscar o equilíbrio entre as reivindicações das partes, o interesse coletivo e o contexto econômico.

O art. 114, § 2º, da Constituição Federal condiciona o dissídio coletivo ao mútuo acordo entre as partes.

Isso, na prática, suscitará inúmeros problemas:

a) Recursos. Tratando-se de livre escolha das partes (arbitragem pública), é discutível o cabimento de recursos após o julgamento. É razoável sustentar que os meios de impugnação são restritos aos vícios formais da decisão, como, por exemplo, eventual julgamento *extra, citra* ou *ultra petita*.

b) Manifestação do consentimento. Caso se entenda que o consentimento é uma condição da ação, deverá ser demonstrado logo quando do ajuizamento do dissídio, sob pena de extinção do feito sem julgamento do mérito. Outra possibilidade seria admitir o consentimento posterior da parte adversa ou, até mesmo, presumi-lo quando não houver oposição fundamentada.

c) Retratação do consentimento. Se o ajuizamento depende do consentimento das partes, é possível discutir se é admitida a revogação posterior.

d) Consentimento parcial. Outro problema está na possibilidade — ou não — de as partes delimitarem o conhecimento do dissídio pelo tribunal. Neste caso, parece-nos que não haverá muitas discussões. Os dissídios poderão ter objeto limitado a uma única questão, como, por exemplo, reajustes salariais. As partes poderiam, ademais, fixar livremente os parâmetros para a atuação do judiciário.

Outra questão polêmica está na atuação do Ministério Público do Trabalho.

Diz o art. 114, § 4º, da CF, que "em caso de greve em atividade essencial, com possibilidade de lesão do interesse público, o Ministério Público do Trabalho poderá ajuizar dissídio coletivo, competindo à Justiça do Trabalho decidir o conflito".

A dificuldade está em saber se a atuação do MPT justifica o avanço do tribunal na regulamentação das condições de trabalho ou se a decisão deve se limitar à abusividade da greve.

À luz do direito anterior, a doutrina e jurisprudência eram maciças no sentido de que o dissídio de greve ajuizado pelo MPT implicava a análise das condições de trabalho, com poucas divergências doutrinárias, como, por exemplo, *José Augusto Rodrigues Pinto*.

O emérito professor ensinava que "o Ministério Público pode ter a iniciativa do dissídio coletivo, nos casos de paralisação coletiva do trabalho, sob o fundamento de urgência de solução do impasse"[1].

Esta faculdade, porém, não dava "ao *parquet* a condição de parte, por lhe faltar pretensão. Desse modo, não lhe cabe suscitar o dissídio, como erradamente se

---

(1) PINTO, José Augusto Rodrigues. *Direito sindical e coletivo do trabalho.* São Paulo: LTr, 1998. p. 359.

presume, mas representar ou oficiar pela sua instauração". Nessa esteira, provocada a instauração da instância, o MPT retornaria à sua posição de fiscal da lei e provedor do interesse social.

Hoje há maior razão para que prevaleça a opinião de *Rodrigues Pinto*, na medida em que a regra é o mútuo consentimento das partes, mesmo no dissídio de greve. Parece-nos, contudo, que este entendimento não prevalecerá na jurisprudência, tendo em conta sua orientação tradicional.

VII. FIM DA ULTRATIVIDADE DA NORMA COLETIVA

Ao estabelecer como critério de julgamento do dissídio coletivo econômico, na greve em atividade essencial, a aplicação das normas coletivas anteriores, o constituinte claramente afastou a incorporação definitiva das cláusulas normativas aos contratos individuais de trabalho.

Portanto, está sepultada a corrente que propõe a petrificação dos direitos individuais adquiridos em face de normas coletivas.

É uma importante modificação, que imprime ainda maior eficácia e plasticidade à negociação coletiva.

A intocabilidade ou sacralização dos direitos individuais adquiridos em face de normas coletivas se afigura incompatível com o dinamismo do mercado de trabalho.

Mediante certos pressupostos, deve a negociação coletiva dispor de espaço normativo suficiente para modificar condições contratuais ou mesmo derrogar cláusulas benéficas, criadas em circunstâncias sociais e econômicas diversas, como ocorre em vários sistemas jurídicos, inclusive o alemão[2].

Afinal, a depender da conjuntura econômica e social, a norma legal ou convencional pode gerar resultados distintos, devendo por isto ser interpretada em harmonia com a realidade que a cerca. Em outras palavras, a norma favorável em período de prosperidade pode, em épocas de crise, prejudicar o interesse coletivo ou mesmo individual do trabalhador. Por isto mesmo, o conceito de norma favorável está sendo relativizado.

Quando se trata de substituir uma convenção coletiva por outra, admite a doutrina a modificação *in pejus*, com supressão ou modificação de determinados benefícios, desde que seja a expressão da vontade do grupo.

Conforme *Plá Rodriguez*, não se pode argumentar com a desigualdade das partes ou dificuldade de fazer atuar a vontade individual do trabalhador quando a alteração se faz mediante negociação coletiva, onde é garantida a igualdade das partes[3].

---

(2) DAUBLER, Wolfgang. *Direito do trabalho e sociedade na Alemanha*. São Paulo: LTr, 1997. p. 150.
(3) La revision del convenio para disminuir los beneficios. In: AVILÉS, Antonio Ojeda; URIARTE, Óscar Ermida (coords.). *La negociación colectiva en América Latina*. Madrid: Trotta, 1993. p. 165.

Os acordos coletivos efetivamente não têm nem podem ter a vocação da eternidade. Por outro lado, as vantagens coletivamente obtidas, ainda que resultando em benefícios individuais, não perdem sua natureza de normas produzidas de forma coletiva e autônoma, com duração predeterminada. Não há como garantir direitos, mesmo que projetados em relações individuais, quando não mais correspondem à vontade do grupo.

VIII. INCORPORAÇÃO DA NORMA COLETIVA

A teoria da incorporação preconiza a integração aos contratos individuais das normas acordadas, mesmo após a perda de vigência do instrumento coletivo, pois já teriam aderido de forma automática e irreversível.

Muitos são os autores que rejeitam essa teoria, considerando-a um fator de rigidez e empobrecimento da negociação coletiva e do papel dos sindicatos.

Gino Giugni diz que a cláusula coletiva não tem sua natureza alterada pelo fato de incidir sobre as relações individuais, ou seja, continua a ser expressão da autonomia coletiva e não da vontade individual. A dinâmica negocial seria prejudicada se recusasse ao sindicato a possibilidade de concessões, considerando o interesse coletivo, que constitui o substrato da ação sindical[4].

Entre os críticos merece destaque *Michel Despax*, para quem há apenas a recepção provisória das normas coletivas pelo contrato individual, restrita ao período de vigência negociado coletivamente. A incorporação retira do sindicato a possibilidade de negociar no interesse da coletividade, pois suas mãos estarão permanentemente atadas. Torna-se, em poucas palavras, refém de interesses individuais, em prejuízo do bem jurídico de maior realce, que é o interesse coletivo. No mesmo sentido *Mario Deveali*, para quem a convenção coletiva deve ser analisada em seu conjunto, não só quanto ao efeito das cláusulas sobre cada trabalhador, mas também quanto aos interesses do grupo, que devem predominar sobre os interesses individuais[5].

Para *Adrian Goldín*, não há desequilíbrio negocial no plano das relações coletivas e, por outro lado, o acordo coletivo deve ser ágil, adequando seus conteúdos às circunstâncias cambiantes e à conjuntura econômica ou social.

Na verdade, defender a incorporação é restringir o âmbito da negociação coletiva e debilitar o sindicato, que se veria impotente para responder a situações adversas que afetam a empresa e os trabalhadores. A liberdade de negociar, para melhor mas também para pior, é prerrogativa que enriquece a ação sindical[6].

Na doutrina espanhola, o direito adquirido deriva sempre de condições mais benéficas negociadas individualmente pelas partes, não se podendo adotar o mesmo

---

(4) *Apud* RODRIGUEZ, Plá. *Op. cit.*, p. 166.
(5) RODRIGUEZ, Plá. *Op. cit.*, p. 170.
(6) Autonomía colectiva, autonomía individual e irrenunciabilidad de derechos. *Cuadernos de Investigación del Instituto de Investigaciones Jurídicas y Sociales de la Facultad de Derecho de la Universidad de Buenos Aires*, n. 22, 1991. p. 14.

critério quando se trata de projeção de normas coletivas em contratos individuais, sob pena de se congelar a ordem pública.

Santiago Pérez del Castillo, eminente jurista uruguaio, faz analogia com a revogação da lei, a qual, a partir desse momento, não mais incide sobre a relação jurídica[7].

Para *Montoya Melgar*, a manutenção de condições mais benéficas contidas em normas coletivas, como se direitos adquiridos fossem, bloqueia a regulação, convencional e até mesmo estatal, das condições de trabalho. Ademais, cria dois tipos de trabalhadores, com regimes distintos, inviabilizando o planejamento empresarial[8].

Se a própria lei não se incorpora ao contrato individual de trabalho, o mesmo se dá com a norma coletiva. Somente condições individualmente negociadas é que não podem mais ser retiradas ou alteradas para pior, segundo *Krotoschin*[9].

A norma coletiva, por pertencer à classe das normas jurídicas autônomas, ao lado das heterônomas, não se confunde com a cláusula contratual e, assim, tem validade restrita ao período de vigência. Somente as cláusulas contratuais ajustadas individualmente aderem de forma absoluta à relação jurídica individual[10].

Como diz *Arion Sayão Romita*,

> as fontes formais do Direito do Trabalho não se inserem nos contratos individuais. A ninguém acudiria a ideia de que os dispositivos da Constituição que tratam de temas trabalhistas se incorporam aos contratos de trabalho, ou que os dispositivos da Consolidação das Leis do Trabalho ou da Lei do FGTS ou da Lei de Greve etc. passam a fazer parte do contrato individual de trabalho. Se a convenção coletiva de trabalho é fonte de direito, os efeitos que suas cláusulas irradiam sobre o contrato individual são os mesmos produzidos pela Constituição e pelas leis infraconstitucionais[11].

É certo que em alguns casos a atitude do sindicato continua sendo defensiva, tratando de manter direitos adquiridos e buscando a aplicação da nova norma coletiva apenas aos futuros empregados. Entretanto, adotar essa postura significa admitir que as normas anteriores só atendem a situações passadas, não mais se adequando às exigências do presente ou do futuro.

Ademais, gera uma incongruência terrível. O empregado, na assembleia sindical, pode votar pela alteração da norma coletiva para pior, eis que, com a incorporação, não será por ela atingido, mas apenas os contratados na vigência da nova regra. Não há nada mais injusto e discriminatório.

Na Espanha, é comum incluir nos acordos cláusula prevendo a possibilidade de descumprimento de certas normas em face de fatos econômicos futuros que as tornem

---

(7) *Estudos sobre as fontes do direito do trabalho*. São Paulo: LTr, 1998. p. 59.
(8) CASTILLO, Perez del. *Op. cit.*, p. 59.
(9) *Apud* CASTILLO, Perez del. *Op. cit.*, p. 59.
(10) DELGADO, Mauricio Godinho. *Introdução ao direito do trabalho*. São Paulo: LTr, 1995. p. 201-202.
(11) Efeitos da cessação de vigência da convenção coletiva de trabalho. *T&D* 23, dez. 1999. p. 64-74.

inviáveis[12]. É uma forma de aplicação da velha regra *rebus sic stantibus*, que a doutrina civilista desenvolveu como teoria da imprevisão.

Na Itália, o art. 2.074 do Código Civil admite a ultravigência ou ultratividade da norma coletiva, após o período de validade, até que sobrevenha outro contrato coletivo. Não se aplica, entretanto, aos chamados contratos coletivos de direito comum, que predominam no direito italiano[13].

No direito francês, lembra *Renato Rua de Almeida* que não há a incorporação definitiva da norma coletiva ao contrato individual, salvo, excepcionalmente, em se tratando de vantagem adquirida pelo empregado na esfera individual, não dependente de evento futuro e incerto. Assim, por exemplo, se o empregado, na vigência da norma que assegura estabilidade em face de acidente do trabalho, vem a sofrer o infortúnio, a terá automaticamente incorporada ao seu patrimônio individual, mesmo após a expiração do prazo da convenção coletiva[14].

O mesmo não se dá com outras vantagens, que dependem da prática de atos jurídicos futuros, como, por exemplo, períodos de férias mais longos, adicionais de hora extraordinário maiores, prêmios ou gratificações condicionados à produtividade. Tais condições, por se condicionar a eventos futuros e incertos, não resistem ao final da vigência da norma coletiva, sendo reguladas pelas normas temporalmente em vigor.

Basicamente, pois, assim se podem alinhar os argumentos contra a teoria da incorporação:

a) as convenções coletivas têm vigência temporária;

b) os direitos provenientes de negociação coletiva subordinam-se à vontade coletiva e não à individual; se esta inexiste, desaparecem aqueles;[15]

c) a negociação deve ser flexível e adaptável à realidade;

d) o sindicato vê enfraquecido seu papel de defesa do grupo quando é impedido de negociar livremente e ajustar novas condições de trabalho;

e) cria diferentes tipos de trabalhador, inviabilizando o planejamento empresarial e ensejando discriminação;

f) até mesmo a norma legal só se aplica aos contratos individuais durante seu período de vigência;

g) somente as normas negociadas individualmente é que podem aderir definitivamente ao contrato, com o *status* de direito adquirido;

h) adquiridos são os direitos cujo implemento de condição se dá na vigência da norma coletiva, os quais efetivamente se incorporam ao patrimônio do trabalhador.

---

(12) RODRIGUES-PIÑERO. *Op. cit.*, p. 159.
(13) GIUGNI, Gino, *Direito sindical*. São Paulo: LTr, 1991. p. 146-147.
(14) Das cláusulas normativas das convenções coletivas de trabalho: conceito, eficácia e incorporação nos contratos individuais de trabalho. *Revista LTr* 60-12/1604, dez. 1996.
(15) *Vide* opinião de Paul Durand, citada por RODRIGUEZ, Plá. *Op. cit.*, p. 167.

i) a negociação coletiva cria normas jurídicas e não cláusulas contratuais;

j) a incorporação da norma coletiva deve também ficar condicionada à vontade expressa das partes, no instrumento respectivo.

IX. GREVE

Não mais existe o dissídio coletivo de greve. As ações individuais correlatas ou decorrentes do exercício do direito de greve, que nem sempre cabiam à Justiça do Trabalho, agora estão incluídas em sua competência material.

Exemplos:

a) Atos antissindicais

b) Responsabilidade civil do sindicato ou da empresa

c) Autorização para contratar trabalhadores

d) Possessórias

X. AÇÕES DE DIREITO SINDICAL

Qualquer ação que tenha como base a relação do sindicato, federação, confederação ou central, com seus associados ou representados, é de competência da Justiça do Trabalho. A expressão representação sindical tem sentido amplo, quase equivalente a direito sindical.

Eis alguns exemplos:

— Eleições sindicais, registro de candidaturas etc.

— Responsabilidade civil dos gestores dos sindicatos

— Estabilidade de dirigentes sindicais

XI. CONCLUSÕES

A EC n. 45 alargou enormemente a competência da Justiça do Trabalho no campo dos dissídios individuais e praticamente a extinguiu nos conflitos coletivos econômicos.

O projeto de reforma sindical do Fórum Nacional do Trabalho cria um sistema sindical altamente verticalizado, eis que os sindicatos só podem ser criados por ramo de atividade ou setor econômico.

A cúpula sindical, representada pelo Conselho Nacional de Relações de Trabalho, terá poderes excessivos, embora de composição tripartite. As Centrais Sindicais e as Confederações Patronais é que indicarão, cada qual, cinco representantes, cabendo ao Governo os outros cinco.

Algumas características se chocam com a CV n. 87: a) impossibilidade de criação de sindicatos por empresa; b) rigidez nos critérios de constituição de sindicatos; c) proibição de outros sindicatos participarem da negociação coletiva; d) legitimidade apenas dos sindicatos reconhecidos para o ajuizamento de ações coletivas.

Foi extinto o poder normativo da Justiça do Trabalho, substituído pela arbitragem particular ou pública.

PARTE VI

DIREITO PROCESSUAL

EXECUÇÃO DE BENS DE SÓCIOS

Luiz Carlos Amorim Robortella

I. RESPONSABILIDADE SOLIDÁRIA DO SÓCIO

O novo Código Civil prevê várias formas de responsabilidade do sócio, a depender do tipo de arranjo societário:

a) conforme a sociedade, é solidária ou subsidiária;

b) sujeita-se a limites temporais; ultrapassados estes, ela se extingue.

c) o novo sócio assume as dívidas sociais anteriores à sua entrada.

Nas sociedades de fato ou não personificadas, na linguagem do novo CC (comum e em conta de participação), os sócios respondem solidariamente, com algumas exceções pontuais, que não interessam neste momento.

Em linhas gerais, o novo CC adota, nesses tipos de sociedade, a responsabilidade ilimitada e solidária dos sócios, perante ela e também terceiros, embora lhes seja dado o benefício de ordem, com exceção do sócio que contratou a obrigação (arts. 990 e 1.024 do CC)

Diz o art. 990 do CC:

> Todos os sócios respondem solidária e ilimitadamente pelas obrigações sociais, excluído do benefício de ordem, previsto no art. 1.024, aquele que contratou pela sociedade.

Portanto, há solidariedade passiva dos sócios pelas obrigações sociais, tornando irrelevante a desconsideração da pessoa jurídica para fins de execução.

As sociedades personificadas, no novo CC, são:

— sociedade simples (arts. 996 — 1.037)

— sociedade em nome coletivo (arts. 1.038 — 1.043)

— sociedade em comandita simples (arts. 1.044 — 1.050)

— sociedade limitada (arts. 1.051 — 1.086)

— sociedade anônima (arts. 1.087 e Lei n. 6.404/76)

— sociedade em comandita por ações (arts. 1.089 — 1.091)

— cooperativa (arts. 1.092 — 1.095).

Na sociedade limitada, tipo mais frequente, a responsabilidade do sócio é restrita ao valor de sua cota social, mas todos respondem solidariamente pela integralização do capital social.

Ainda que o sócio tenha pago sua cota, permanece responsável pela integralização de todo o capital social.

Quanto ao prazo de vigência da responsabilidade, o art. 1.144 dispõe que somente valerá a alienação, usufruto ou arrendamento do estabelecimento perante terceiros, "depois de averbado à margem da inscrição do empresário, ou da sociedade empresária, no Registro Público de Empresas Mercantis, e de publicado na imprensa oficial".

Em seguida, dispõe que o sucessor responde pelos débitos do sucedido, continuando o alienante do estabelecimento solidariamente obrigado pelos créditos vencidos no prazo de 1 (um) ano a contar da publicação na imprensa oficial da alienação. Quanto aos débitos vincendos com origem anterior à alienação, o prazo de 1 (um) ano é contado a partir do partir do vencimento destas obrigações.

O art. 1.003 prevê ser de dois anos depois de averbada a modificação do contrato a responsabilidade solidária do cedente da cota social com o cessionário, perante a sociedade e terceiros, pelas obrigações que tinha como sócio.

O art. 1.032 estabelece que "a retirada, exclusão ou morte do sócio, não o exime, ou a seus herdeiros, da responsabilidade pelas obrigações sociais anteriores, até dois anos após averbada a resolução da sociedade".

Desses preceitos se extrai que é de dois 2 (dois) anos a e responsabilidade ultrativa do sócio que aliena cotas de sociedades simples, e de 1 (um) ano nas alienações ou cessões de estabelecimentos de sociedades empresariais.

Para o administrador, a responsabilidade permanece por 3 anos, conforme o art. 206, § 3º, VII do CC.

II. DESCONSIDERAÇÃO DA PERSONALIDADE JURÍDICA

No CC de 1916, o art. 20 dispunha que "as pessoas jurídicas têm existência distinta da dos seus membros".

Essa rígida separação foi desfeita pela doutrina e jurisprudência, com reflexos em diversos diplomas legais, acabando por triunfar uma espécie de responsabilidade subsidiária dos sócios de sociedades limitadas e, nas anônimas, dos controladores e, mais recentemente, dos administradores.

O art. 596 do Código de Processo Civil admite, nos casos previstos em lei, a responsabilidade subsidiária do sócio.

O art. 135 do Código Tributário Nacional declara a responsabilidade tributária dos sócios, diretores, gerentes e representantes das sociedades.

O art. 28 do Código de Proteção e Defesa do Consumidor autoriza expressamente a desconsideração da pessoa jurídica quando for obstáculo ao ressarcimento dos prejuízos causados aos consumidores.

É a teoria do *disregard of legal entity*, ou seja, desconsideração da personalidade da pessoa jurídica, para chegar à responsabilidade dos sócios, em face de fraudes e abusos de direito através da sociedade.

A personalidade jurídica da sociedade, portanto, deixou de ser um direito absoluto pois a ele se contrapõe a presunção do proveito econômico dos sócios em relação aos frutos da atividade empresarial, que gera responsabilidades.

O CC/02 evoluiu para admitir pela primeira vez, expressamente, a execução sobre bens particulares dos administradores e sócios da pessoa jurídica.

É o que se lê no art. 50 do CC de 2002:

> Art. 50. Em caso de abuso da personalidade jurídica, caracterizado pelo desvio de finalidade, ou pela confusão patrimonial, pode o juiz decidir, a requerimento da parte, ou do Ministério Público quando lhe couber intervir no processo, que os efeitos de certas e determinadas relações de obrigações sejam estendidos aos bens particulares dos administradores ou sócios da pessoa jurídica.

Deste modo, obrigações da sociedade devem ser suportadas pelos sócios, como verdadeira responsabilidade objetiva.

Os administradores, por sua vez, se não agirem com o cuidado e diligência que todo homem ativo e probo costuma empregar na administração dos seus próprios negócios (art. 1.011/CC, que reproduz o art. 153 da Lei das S/A), têm responsabilidade subjetiva.

A teor do art. 1.016, o administrador responde solidariamente, perante a sociedade e terceiros prejudicados, se apurada sua culpa no exercício das funções.

No caso do sócio, a responsabilidade é de segundo grau. Conforme o art. 1.024, seus bens particulares não podem ser executados por dívidas da sociedade senão depois de executados os bens sociais.

Poder-se-ia acrescentar que, em algumas hipóteses, também depois de executados os administradores, desde que haja sentença declarando a responsabilidade solidária destes.

Assim, no moderno direito de empresa, os sócios capitalistas e os administradores submetem-se a grande risco pelo fato de exercerem o poder econômico e de gestão junto à sociedade empresarial.

De qualquer maneira, a teoria da desconsideração deveria ser aplicada com maior moderação, ou seja, em casos de fraude ou abuso de direito consumados sob o escudo da personalidade jurídica.

Meras dificuldades financeiras que levam à dissolução regular da empresa não representam ato ilícito, como decidiu o 1º Tribunal de Alçada Civil de São Paulo, através de sua 3ª Câmara, na Apelação n. 507.880-6:

> Percalços econômicos-financeiros da empresa, tão comuns na atualidade, mesmo que decorrentes da incapacidade administrativa de seus dirigentes, não se consubstanciam, por si sós, em comportamento ilícito e desvio de finalidade da entidade jurídica. Do contrário, seria banir completamente o instituto da pessoa jurídica. (*Campinho*, p. 66.)

A desconsideração transformou-se em panaceia, embora, nos textos legais (arts. 28 e § 5º do CDC, 18 da Lei Antitruste, 4º da Lei do Meio Ambiente e 50 do CC/02), seja reservada para situações específicas.

É necessário proteger os institutos da pessoa jurídica e da empresa, por essenciais ao desenvolvimento econômico e social.

Destaque-se aresto do Tribunal de Alçada do Paraná, 2ª Câmara Cível, Apelação n. 529/90:

> De tudo o que foi exposto, podemos concluir que a *disregard doctrine* representa uma salvaguarda dos interesses de terceiros contra fraudes e ilícitos praticados por via da utilização indevida da autonomia da personalidade da sociedade em relação à de seus sócios. Entretanto, sua aplicação exige do magistrado imprescindível zelo e parcimônia, de modo a não vulgarizar sua utilização nos casos concretos que se apresentem, sob pena de impor a destruição do instituto da pessoa jurídica, de construção secular e de reconhecida importância para o desenvolvimento econômico das nações. Somente se verificando a prova cabal e incontroversa da fraude ou do abuso de direito, perpetrado pelo desvio de finalidade da pessoa jurídica é que se admite a sua aplicação, como forma de reprimir o uso indevido e abusivo da entidade jurídica. Simples indícios e presunções de atos abusivos ou fraudulentos, ou ainda, a simples incapacidade econômica da pessoa jurídica, por si sós, não autorizam a aplicação do instituto. (*Campinho*, p. 68-70)

III. RESPONSABILIDADES NA SOCIEDADE LIMITADA E NA S/A

Na Justiça do Trabalho, está consagrada a possibilidade de execução do sócio por dívidas da sociedade limitada ou anônima a partir de diplomas esparsos tais como os arts. 592 e 596 do CPC; 134, 135 e 186 do CTN; art. 10 do Decreto n. 3.708/19; 121 do Decreto-Lei n. 2.627/40; 117, 154, 155, 156, 158 e 245 da Lei n. 6.404/76; 292 e 339 do C. Comercial; 4º e 29 da Lei n. 6.830/80, 889 da CLT.

No entanto, alguns limites e pressupostos são exigidos na doutrina e na jurisprudência.

a) Inexistência de grupo econômico, hipótese em que há solidariedade passiva de todas as componentes (art. 2º, § 2º, CLT);

b) Ausência de culpa do administrador, que responde solidariamente pelos prejuízos decorrentes de culpa;

c) A responsabilidade do sócio é subsidiária, ou seja, condicionada à falta de bens da empresa ou do grupo, conforme este exemplar aresto:

...o sujeito passivo da execução é a executada, reconhecida como tal no título executivo (art. 568, inciso I, do CPC), e não os sócios da empresa. A responsabilidade dos sócios somente se verifica depois de apurada a insuficiência ou a inexistência de haveres sociais. O credor não pode, sem executar o devedor, acionar de imediato os sócios como se eles tivessem contraído pessoalmente o débito. A posição do sócio não é a de codevedor. Quem se obrigou imediatamente foi a sociedade, os bens particulares dos sócios não poderão ser executados por dívidas da sociedade, senão depois de executados todos os bens sociais. A responsabilidade dos sócios pelas dívidas é meramente subsidiária. Estes têm o direito de exigir que sejam primeiro excutidos os bens da sociedade sitos na mesma jurisdição, livres e desembargados, quantos bastem para pagar o débito. O Enunciado n. 205 do Egrégio TST não se aplica aos casos de responsabilidade dos sócios pelas dívidas sociais, porquanto a insuficiência dos bens sociais ou insolvência somente podem ser apuradas em execução. Verificada uma ou outra, os bens dos sócios, conforme disposição expressa do art. 592, inciso II, do CPC, ficam sujeitos à execução (TRT — 4ª Reg., 1ª T. Processo n. 4.867/86, jul. 14.8.1987).

Este outro segue a mesma orientação:

Esgotado o patrimônio da sociedade, o sócio que, devido a sua ingerência nos negócios sociais, perde o privilégio da responsabilidade limitada, responde com seus bens particulares para com os credores trabalhistas, pois tal situação resulta em presunção de fraude, decorrente do excesso de mandato (TRT 9ª Reg., 1ª T., Proc. AP 299/87, Rel. Juiz Indalécio Gomes Neto, BJ n. 11/87).

d) A responsabilidade do sócio persiste até dois anos após sua retirada da sociedade; a do administrador é de 3 anos.

e) A decisão do juiz deve ser fundamentada, com a integração do sócio ou do administrador ao processo como devedor, ou seja, parte passiva na execução.

f) O administrador responde solidariamente perante terceiros pelos atos de gestão, quando apurada culpa.

g) Caso seja a execução dirigida contra sócio ou administrador, são cabíveis embargos à execução.

h) O sócio deve ser citado como condição de legalidade do processo, a fim de que possa nomear bens da sociedade ou de sua propriedade.

i) Sendo sociedade anônima, só respondem os administradores, os acionistas membros da diretoria e do Conselho de Administração.

IV. ALIENAÇÃO DE BENS DE SÓCIO E FRAUDE À EXECUÇÃO

Tema de grande realce é a alienação de bens do sócio terceiros, antes de a execução voltar-se contra seu patrimônio pessoal.

Segundo se observa em algumas decisões judiciais, o risco do adquirente de boa-fé é imenso, mesmo que se valha de todas as certidões oficiais e de informações sobre o vendedor. Afinal, estas só trazem dados e indicações de responsabilidades pessoais do sócio, nada informando, é claro, a respeito de dívidas e ações pertinentes à sociedade.

O terceiro pensa estar praticando um ato jurídico perfeito, quando na verdade pode sujeitar-se às consequências da insolvência da sociedade e correlata responsabilidade do sócio pelas dívidas desta, que acaba pondo em risco o negócio.

A Justiça do Trabalho, em determinados casos, declara a fraude à execução e desconstitui o ato, tornando sem efeito a alienação imobiliária.

O art. 593, II do Código de Processo Civil dá os contornos da fraude à execução:

a) bem alienado de propriedade do próprio devedor;

b) ação proposta contra o devedor, já existente ao tempo da alienação, apta a reduzi-lo à insolvência.

Na lição de *Sérgio Bermudes*, a fraude de execução se configura quando

> ao tempo da alienação, ou oneração, corria contra o devedor demanda judicial suscetível de reduzi-lo à insolvência. O reconhecimento da fraude, sob esse fundamento, depende, portanto, da existência, na oportunidade da alienação, ou do gravame, de relação processual a que o devedor esteja integrado por força de citação válida, da qual possa advir sentença cuja execução seja capaz de reduzi-lo à insolvência (*Direito processual civil* — estudos e pareceres. São Paulo: Saraiva, 1983. p. 67).

Para *Orlando Soares*, o instituto da fraude à execução "consiste na prática de qualquer ato lesivo, pelo devedor, na iminência da penhora, ou seja, em face de processo judicial iniciado, vale dizer, ajuizado contra aquele" (*Comentários ao CPC*. Rio de Janeiro: Forense, 1993. v. II, p. 211).

A jurisprudência dos tribunais do trabalho acompanha esse entendimento, como se vê do seguinte aresto proferido pelo Tribunal Superior do Trabalho em ação rescisória:

> AÇÃO RESCISÓRIA — FRAUDE À EXECUÇÃO — 1. O art. 593, inciso II, do CPC, considera em fraude de execução a alienação de bens quando ao tempo desta correr contra o devedor demanda capaz de reduzi-lo à insolvência. Ora, ao tempo da alienação que o acórdão regional entendeu fraudulenta, não havia qualquer demanda contra os sócios da empresa, podendo os mesmos dispor livremente de seus bens, levando-se em consideração que a pessoa jurídica é distinta da figura de seus sócios, sendo aquela a única sobre quem incidia o óbice para o desfazimento de seu patrimônio. 2. "Para que se considere a alienação em fraude à execução, não basta o ajuizamento da ação, sendo necessária a citação válida do executado em ação capaz de reduzi-lo à insolvência... Necessidade de tutela à boa-fé, que em tal caso, presume-se com maior evidência" (TST — RO-AR 66.877/92.2 — Ac. SDI 4.413/94, DJU. 2.12.1994).

Eis outro aresto:

1. Não constitui fraude à execução a alienação pelo sócio gerente de bem particular arrestado em ação de execução movida unicamente contra a pessoa jurídica. 2. O redirecionamento posterior da execução contra o sócio gerente não tem efeito retroativo de modo a tornar ineficaz, por fraude à execução, a alienação que realizara depois do ajuizamento da execução (TARS — AC 197.025.661 — 9ª C.Cív. — Rela. Juíza Maria Isabel de Azevedo Souza — J. 22.4.1997).

V. CITAÇÃO DO DEVEDOR

Uma providência indispensável, lógica e ontologicamente prévia à declaração de fraude à execução, deve ser a citação do vendedor, sócio da sociedade e parte passiva no processo executório, para oferecer bens à penhora ou depositar o valor.

Ao juiz, antes do exame da legalidade do contrato de compra e venda, cabe determinar a citação do sócio, para que, tomando ciência da execução, tenha a oportunidade de oferecer as necessárias garantias. É o que se contém no art. 880 da CLT:

O juiz ou presidente do Tribunal, requerida a execução, mandará expedir mandado de citação ao executado, a fim de que cumpra a decisão ou o acordo no prazo, pelo modo e sob as cominações estabelecidas, ou, em se tratando de pagamento em dinheiro, para que pague em 48 horas, ou garanta a execução, sob pena de penhora.

Esse procedimento é acatado pela jurisprudência mais autorizada:

É lícito que a constrição judicial do processo executivo fiscal recaia sobre os bens particulares de sócios de sociedade irregularmente dissolvida, posto que sua responsabilidade deriva de previsão legal expressa. Contudo, para que tal responsabilidade subsidiária seja admitida é necessário que o sócio seja regularmente citado para ação de execução, que não pode se desencadear contra quem não é parte. Portanto, inexistente a citação do responsável, nula é a penhora incidente sobre seus bens (Ap. 123.687-2 — TJSP — 9ª C. — j. 19.11.1987 — Rel. Des. Camargo Viana, in *RT* 628/122).

A falta de citação do devedor produz outra importante consequência, no que toca ao negócio jurídico. Como se sabe, o fato de haver ação executória contra o devedor é insuficiente para configurar fraude à execução, se a venda é realizada antes da citação, a teor de remansosa doutrina e jurisprudência.

A jurisprudência do Supremo Tribunal Federal a respeito é muito firme, merecendo destaque aresto relatado pelo Ministro Francisco Rezek:

Para que ocorra a fraude à execução, na hipótese prevista no inc. II do art. 593 do CPC, mister se faz que, antes da alienação, já corresse contra o devedor demanda capaz de reduzi-lo à insolvência. Ora, para a demanda correr não basta o ajuizamento da ação; é mister a citação válida, pois a partir de então é que há a litispendência, ou seja, a pendência da lide da demanda (Ac. unân. da 2ª T. do STF de 20.8.1985, no RE n. 105.846-SP, RTJ 116/356).

Outro acórdão do STF diz:

Se o ato de disposição do bem, ou, ao menos, de promessa de alienação, ... ocorreu antes de citados os promitentes vendedores, como executados, não se caracteriza hipótese de fraude à execução (*RTJ* 130/786).

No Superior Tribunal de Justiça, as decisões se orientam no mesmo sentido:

FRAUDE DE EXECUÇÃO. Indispensabilidade de que tenha havido a citação. Não necessaria-mente, entretanto, para o processo de execução. Basta que se tenha verificado em processo de conhecimento, de que possa resultar condenação (STJ — 3ª Turma, REsp 74.222-RS, Rel. Min. Eduardo Ribeiro, j. 14.5.1996, *v. u.*, DJU 10.6.1996. p. 20.323).

I. A caracterização da fraude de execução prevista no inciso II do art. 593, CPC, ressalvadas as hipóteses de constrição legal, reclama a concorrência de dois pressupostos, a saber, uma ação em curso (seja executiva, seja condenatória), com citação válida, e o estado de insolvência a que, em virtude da alienação ou oneração, conduzido o devedor.

II. Não evidenciado qualquer desses requisitos, descabe cogitar do reconhecimento dessa referida modalidade de fraude.

III. A demonstração do pressuposto da insolvência é dispensável para a caracterização de outras hipóteses de fraude de execução, a saber, a contemplada no inciso I do mesmo dispositivo e as de oneração ou alienação do bem sob constrição judicial (STJ-4ª Turma, REsp 20.778-6-SP, Rel. Min. Sálvio de Figueiredo, j. 26.9.1994, *v. u.*, DJU 31.10.1994. p. 29.500).

Para que se considere a alienação em fraude à execução, não basta o ajuizamento da ação, sendo necessária a citação válida do executado em ação capaz de reduzi-lo à insolvência (STJ, 4ª T., REsp 9789, j. 9.6.1992, Rel. Ministro Athos Gusmão Carneiro: DJU 3.8.1992. p. 11.321).

Nos tribunais estaduais se colhem os seguintes arestos:

FRAUDE À EXECUÇÃO — Descaracterização — Alienação de bens pelo executado antes da citação — Inteligência do art. 593, II, do CPC. Não se considera realizada em fraude de execução a alienação ocorrida antes da citação do executado alienante (Ap. 417.779-00/8 — 2ª TACivSP — 1ª C. — J. 29.8.1994 — Rel. Juiz Renato Sartorelli, in *RT* 715/216).

FRAUDE À EXECUÇÃO — Descaracterização — Alienação do bem pelo executado antes da citação — Litispendência inexistente — Inteligência dos arts. 219, 263, 592, V e 593, III, do CPC.

Não caracteriza fraude à execução se a alienação do bem pelo executado se deu antes de sua citação, sem a qual não há litispendência (Ap. 438.871-8 — 1º TACivSP — 3ª C. — j. 14.5.1991 — Rel. Juiz Ferraz Nogueira, in *RT* 673/98).

FRAUDE À EXECUÇÃO. Disponibilidade de bens pelo executado antes da citação. Inocorrência de fraude por inexistir litispendência. Improvido. Para a caracterização da fraude à execução, na hipótese mencionada no art. 593, II, do CPC, não basta o simples ajuizamento da ação. É necessário que esteja instaurada a listispendência, que ocorre com a citação válida do réu (art. 263, segunda parte, do CPC) (AI 1.421/87 — TAMG — T. Cível — j. 9.6.1987 — Rel. Des. Rêmolo Letteriello, in *RT* 620/193-194).

FRAUDE À EXECUÇÃO. Alienação do bem antes da citação. Não caracterização. Recurso desprovido. Para a caracterização da fraude à execução faz-se mister que a insolvência do devedor esteja perfectibilizada após o ato citatório válido, não bastando que a execucional já tenha sido proposta. Desta feita, não pode o credor, nesse caso, pretender a anulação da alienação de bens do devedor (AI 6.467 — TJSC — 3ª C. — j. 17.9.1991 — Rel. Des. Cid Pedroso, in *RT* 679/163).

VI. A TUTELA DA BOA-FÉ

A boa-fé, como princípio de natureza moral, se espraia por todo o ordenamento, sendo fator determinante da validade ou invalidade dos atos jurídicos.

Se o comprador, agindo de boa-fé, adotou todas as cautelas necessárias, pedindo as certidões e informações sobre o vendedor, não se lhe pode imputar a pecha de falta de prudência ou razoabilidade.

Diante desses documentos, sentiu-se apto a formalizar a transação, confiante na segurança jurídica proporcionada por esses documentos. Não se lhe pode imputar a pecha de não ter procedido com a necessária prudência e razoabilidade.

A propósito, vale transcrever o seguinte aresto, do TRT da 2ª Região:

FRAUDE — ALIENAÇÃO DE BENS — APLICAÇÃO DO ART. 593, II — Ao adquirente cumpre tomar cautela mínima ao adquirir bens, certificando-se quanto à pendência de ação, pois ainda que tenha agido com boa-fé, o acervo patrimonial adquirido responde pelas obrigações trabalhistas. (TRT 2ª R. — Ac. 1ª T. 02970000703 — Rela. Juíza Maria Alexandra Kowalski Motta — DOESP 9.1.1997)

Vale aqui citar, como referência analógica, o art. 1.201 do Código Civil Brasileiro, que protege expressamente a posse de boa-fé, nos seguintes termos:

É de boa-fé a posse, se o possuidor ignora o vício, ou o obstáculo que lhe impede a aquisição da coisa.

Vicente Ráo trata do tema em sua obra clássica:

Não seria possível indicar, máxime no estudo do problema do conflito entre os elementos volitivos e a declaração, todos os casos de proteção da boa-fé de terceiros, mesmo porque semelhante proteção possui a força de princípio geral, cuja aplicação depende das circunstâncias peculiares das diversas espécies de fato. De muitos modos age e atua esse princípio geral, pois ora atenua, ora exclui responsabilidades, ora protege e ampara interesses legítimos, ou direitos, dos terceiros (*Ato jurídico*. São Paulo: RT, 1994. p. 195).

Sob uma perspectiva psicossocial, as relações jurídicas se baseiam na confiança legítima de cada qual na normalidade ou regularidade do direito, condição necessária para sua eficácia e validade (RÁO. *Op. cit.*, p. 199).

A jurisprudência protege o adquirente de boa-fé, mesmo que se trate de imóvel penhorado anteriormente à aquisição, mas sem a devida inscrição no registro imobiliário, como se vê destes arestos:

> O princípio de que o terceiro de boa-fé não deve ser atingido pela ação pauliana continua incólume em nosso Direito Positivo, tanto que a Lei de Falências, que é rigorosa no combate à fraude contra credores, estabelece, no art. 53, que só são revogáveis os atos praticados com a intenção de prejudicar credores provando-se a fraude do devedor e do terceiro que com ele contratar. Quem, sendo terceiro, não concorreu para a fraude, no nosso Direito, não pode responder pelas consequências dela, ainda que haja prejuízo aos credores (Ap. 110.154-1 — TJSP — 4ª C. — j. 27.4.1989 — Rel. Des. Freitas Camargo, in *RT* 644/71).

> FRAUDE DE EXECUÇÃO — ALIENAÇÃO DO IMÓVEL — INSCRIÇÃO DA PENHORA NO REGISTRO DE IMÓVEIS — TERCEIRO DE BOA-FÉ — Havendo transferência do imóvel a terceiro antes do início da execução e outra alienação no decorrer da ação, se não há inscrição de penhora no registro de imóveis presume-se que o adquirente não tomou conhecimento do ato constritivo, não restando caracterizada, portanto, à ausência de prova contrária, a fraude de execução (TAMG — AC 28.188 — Rel. Juiz Cláudio Costa) (*RJM* 31/107).

> Alienação do bem penhorado, não estando registrada a penhora. No caso da alienação do bem já por um terceiro, impõe-se resguardar a boa-fé, estando comprovada, do adquirente, por não ter adquirido o bem do devedor. Procedência dos embargos de terceiro (STJ — AgRg no AG 9.500 — SP — 3ª T. — Rel. Min. Nilson Naves — DJU 17.6.1991).

Ora, se até em tal situação se resguarda o direito do terceiro, com muito maior razão haverá de se fazer quando a aquisição, de boa-fé, fez-se junto a vendedor que, à época, não era réu da reclamatória nem estava oprimido por execução.

Por fim, destaque-se acórdão unânime do TRT da 2ª Região, do qual se colhe o seguinte trecho:

> ...tal transação não pode ser considerada nula por fraude à execução. Primeiro porque celebraram o contrato com um sócio da reclamada, pessoa física, sendo que a ação é contra a empresa da qual este era sócio. Por mais cuidados que poderiam ter tomado na aquisição do bem, não poderiam saber da existência da ação, vez que em nome da empresa e não do sócio.

Depois de ressaltar a boa-fé do adquirente, o v. acórdão determinou que execução "deverá ser contra a empresa executada e, na ausência de bens desta, contra os seus sócios".

A opinião de *Biasi Ruggiero*, reputado especialista em direito imobiliário, merece aqui ser transcrita:

> "É evidente que a fraude deve ser combatida e é saudável o instituto da desconsideração da pessoa jurídica. No entanto, se é lícito e admirável não premiar a fraude, não será menos lícito nem menos admirável proteger-se também o adquirente" (...) ... é um absurdo exigir que o comprador disponha de poderes sobrenaturais para obter segurança

jurídica, que é dever do Estado possibilitar ... Tive conhecimento de recente julgamento da E. Justiça do Trabalho, que considerou fraudatória venda feita por empresa que, na qualidade de sócia, integrava o capital, já realizado de outra, esta, sim, respondendo a reclamação trabalhista. Na Justiça do Trabalho a desconsideração é moda. Na execução, a penhora incidiu no imóvel que fora vendido pela sócia ... Antigamente, nos ensinavam que a boa-fé se presumia e a má-fé se provava. Hoje, ser consultado sobre documentação imobiliária é equiparável a fazer predições de Cassandra, as quais sempre a tornavam odiosa (RUGGIERO, Biasi. Insegurança no negócio imobiliário. *Tribuna do Direito,* ago. 1999. p. 2).

Estas considerações são feitas porque é necessário proteger os direitos e interesses de terceiros de boa-fé e também a coerência do sistema jurídico.

A fraude à execução deve ser declarada com razoabilidade, não podendo servir de instrumento para instalar o caos e insegurança jurídica em operações de compra e venda de bens, móveis ou imóveis. Não se pode castigar o adquirente de boa-fé e, ademais, comprometer gravemente a atividade econômica.

VII. PRINCÍPIOS DA EXECUÇÃO

No processo de execução, busca-se a satisfação integral do credor, vitorioso no processo de conhecimento, através de vários princípios.

A coisa julgada, ao estabelecer uma situação jurídica nova, confere imensos poderes ao juiz e, ao mesmo tempo, grandes responsabilidades, pois se trata de administrar uma execução forçada que, no limite, permite a expropriação do patrimônio do devedor.

Esse extraordinário poder há de ser exercido sem arbitrariedade, sem truculência, com a observância dos princípios regentes do processo executivo e, principalmente, sem perder de vista o interesse da coletividade (ZANGRANDO, Carlos Henrique da Silva. A penhora *on line* e o sigilo bancário. *Revista LTr,* 66-09/1083, 2002. p. 1.084).

A penhora de bens do devedor sujeita-se a limitações diversas. Segundo *Amauri Mascaro Nascimento,*

> algumas normas são estabelecidas pela lei, no sentido de ordenar a melhor prática desse ato, pertinentes ao seu objeto, isto é, aos bens sobre os quais a penhora pode recair. Nem todos os bens são penhoráveis, regra instituída em função do princípio de que os efeitos da penhora devem gravar o executado o mínimo possível e se limitam à satisfação da necessidade da execução. Por outro lado, uma ordem de bens penhoráveis é fixada pela lei que faz essa gradação, nem sempre observada, no suposto de que os bens enumerados o estão segundo uma ordem preferencial mais adequada aos interesses da execução (NASCIMENTO, Amauri Mascaro. In: DALLEGRAVE NETO, José Affonso; FREITAS, Ney José de. *Execução trabalhista* — estudos em homenagem ao min. João Oreste Dalazen. São Paulo: LTr, 2002. p. 40).

Para *Carnelutti*, evoluiu a ciência processual ao consentir na instalação do contraditório também no processo de execução, pois se trata de garantir permanentemente a participação equilibrada das partes como fator de imparcialidade do juiz. É necessário manter sob controle a "agressão patrimonial por via da execução forçada; e essa é a justificativa jamais desmentida da presença do contraditório *in executivis*. Nem se conceberia, neste estágio da civilização, um Estado parcial a favor do exequente, no sentido de atuar a lei a todo custo e satisfazer sua pretensão sem medir consequências" (*Dinamarco, op. cit.*, p. 170).

Para a efetividade do procedimento executório, há preceitos que lhe garantem eficácia, celeridade e economia, em benefício do devedor.

De outro lado, há normas de contenção, para prevenir ilegalidades e excessos na execução, nitidamente para proteger o devedor, tais como a observância rigorosa dos limites da coisa julgada, a prévia liquidação mediante contraditório, a nomeação de bens à penhora, os embargos e outras.

Um princípio que ilumina a aplicação de todas essas regras e institutos é o da execução pelo meio menos gravoso para o executado, proclamado no art. 620 do Código de Processo Civil.

VIII. EXECUÇÃO PELO MEIO MENOS GRAVOSO

No processo de conhecimento, deve-se partir do fato e chegar ao direito declarado pelo juiz na sentença. Na execução, ao contrário, parte-se do direito declarado pelo juiz com vistas a transformá-lo em fato.

Essa transformação em fato muitas vezes enfrenta forte resistência do devedor, que se recusa a cumprir a obrigação espontaneamente, dando ensejo à execução forçada, nos estritos limites da lei.

A posição de superioridade do credor por título judicial, em face do devedor, se acha espraiada pelo ordenamento processual, para assegurar efetividade ao comando concreto da sentença. Afinal, uma sentença sem o poder constritivo da execução equivale a *campana sine pistilo* ou *tronitur sine pluvia*.

Todavia, há limites ao poder do juiz na execução, inclusive para que o devedor não sofra desfalque patrimonial superior ao necessário, como lembra *Manoel Antonio Teixeira Filho*:

> O estado de sujeição, em que o devedor se encontra ontologicamente lançado pelas normas legais, não deve constituir razão para que o credor sobre ele tripudie. Sensível a isso, estabelece o art. 620 do CPC que, quando o credor puder, por diversos meios, promover a execução, o juiz determinará que se faça pelo modo menos gravoso para o devedor. (TEIXEIRA FILHO, Manoel Antonio. *Execução no processo do trabalho*. 7. ed. São Paulo: LTr, 2001. p. 117/118).

Deve-se impor ao executado o menor sacrifício possível, quando várias alternativas houver para o cumprimento da obrigação. Essa responsabilidade é do juiz ao conduzir o processo executivo, para que se cumpra a vontade concreta da lei sem danos desnecessários.

Lopes da Costa, a respeito do art. 620 do CPC, que consagra o meio menos gravoso para o devedor, ensina:

> Conjuga-se tal princípio com outros, como o da "utilidade", o da "limitação" e o da "dignidade humana", de modo que toda execução tem por finalidade apenas a satisfação do direito do credor, não devendo atingir senão uma parcela do patrimônio do devedor, ou seja, apenas o indispensável para a realização do crédito exequendo. Só se admite, outrossim, a execução que seja "útil ao credor", não sendo tolerável o seu emprego para "simples castigo ou sacrifício do devedor". E, ainda, não se tolera que o direito de executar possa ser manejado de tal maneira a levar o executado "a uma situação incompatível com a dignidade humana" (*apud* THEODORO JUNIOR, Humberto. A impossibilidade da penhora do capital de giro. Pesquisa *Internet Jus Navegandi*, n. 56, 2002).

Alcides de Mendonça Lima, depois de reconhecer que há interesse social no cumprimento da sentença e na satisfação do credor, afirma:

> Mas nem assim o credor tem o direito de agravar a situação do devedor, no curso da execução, escolhendo meio mais oneroso do que outro que possa alcançar o mesmo alvo, quer por ignorância como, geralmente, por má-fé, com a intenção preconcebida de lesar o devedor. (*apud* THEODORO JR. *Op. cit.*).

O art. 620 do CPC, portanto, tem um conteúdo ético e social que não pode ser desprezado: diante de várias formas de cumprimento da sentença, deve o juiz escolher a menos onerosa para o devedor.

Está-se aqui, induvidosamente, diante de uma norma de proteção ao executado, para que a obrigação contida na sentença seja cumprida com o menor sacrifício possível.

E não se trata de uma faculdade, mas sim de um comando ao juiz, Não tem ele qualquer liberdade de agir contrariamente a essa norma, que vale, ademais, como critério de interpretação de outros dispositivos.

É um dever legal, como se extrai da lição de *José Frederico Marques:*

> Em suma: o processamento da execução pelo meio menos gravoso, no ordenamento jurídico brasileiro, não entra no campo das faculdades do juiz. Diante do caráter imperativo da regra contida no art. 620, cabe ao devedor o "direito de pretender que seja o processo conduzido nesse sentido", isto é, no sentido da menor onerosidade possível para o executado. (*Manual de direito processual civil.* São Paulo: Saraiva, 1976. v. IV, p. 87).

> É no procedimento de penhora, que agride o patrimônio do devedor, que se pode efetivamente imprimir conteúdo ao seu direito subjetivo à execução pelo meio menos gravoso (*ibidem*, p. 88).

Em suma, o meio menos oneroso para o devedor é um dos princípios relevantes do processo de execução e deflui de norma legal expressa, à qual não pode fugir o juiz.

IX. HIERARQUIA DOS BENS PENHORÁVEIS

Muito se discute, ao tratar da penhora, a respeito da imperatividade da gradação do art. 655 do CPC. Para muitos, não é uma ordem preferencial inflexível, imperativa, imposta ao devedor na nomeação de bens e muito menos ao juiz, ao ordenar a penhora.

Segundo esse preceito, o dinheiro ocupa a primeira posição na lista de bens nomeáveis à penhora pelo devedor, como se vê no inciso I.

Sucede que a interpretação rigorosa do texto, sem o indispensável temperamento, corre o risco de se incompatibilizar com o princípio da execução menos gravosa para o devedor, inscrito no art. 620 do CPC. Isto levou *Theodoro Jr.* a sugerir flexibilização na interpretação da norma, abrindo a possibilidade de a ordem de nomeação do art. 655 "ser alterada por força de circunstâncias e atendidas as peculiaridades de cada caso concreto, bem como o interesse das partes litigantes" (THEODORO JR. *Op. cit.*).

No mesmo sentido *Vicente Greco Filho*, para quem a

"ordem de nomeação de bens à penhora não é absoluta, pois, mesmo quando infringida pelo devedor, o credor para discordar da escolha e, assim, obter a decretação de sua ineficácia, terá de demonstrar "que a violação da ordem legal" causou algum prejuízo ou veio a "dificultar em especial a execução". É que, "se o credor não tiver prejuízo com a nomeação, é preciso, também, atender-se à comodidade do devedor, segundo o princípio já várias vezes repetido de que a execução, quando possível, deve ser feita da maneira menos onerosa para este último" (*apud* THEODORO JR. *Op. cit.*).

O Superior Tribunal de Justiça já decidiu que a gradação dos bens sujeitos à penhora é "norma que há de ser interpretada em consonância com o princípio geral que se acha consagrado no art. 620 do CPC" (STJ, RMS n. 28-SP, 2ª T., Rel. Min. Ilmar Galvão, DJU 25.6.1990).

O 2º Tribunal de Alçada Civil de São Paulo recusou a penhora de percentagem da receita de uma empresa sob o argumento de que "incumbe ao magistrado aferir as circunstâncias de cada caso concreto, e decidir com cautela e reflexão, mormente porque as normas instrumentais não possuem caráter absoluto, a ponto de afetarem a sobrevivência de uma firma ou o normal desenvolvimento produtivo do patrimônio do devedor" (AI n. 438.283, 1ª Câm., Rel. Juiz Renato Sartorelli, ac. 18.9.1995, in *JUIS*-Saraiva, n. 5, 3º trimestre/96) (*apud* THEODORO JR. *Op. cit.*).

No direito processual do trabalho, muitos sustentam que o juiz do trabalho não está atrelado à ordem de nomeação prevista no art. 655 do CPC.

Segundo *Bento Herculano Duarte Neto*, "a ordem estabelecida no art. 655 do CPC não é peremptória, ou seja, decisiva a ponto de impossibilitar qualquer possibilidade de inversão. Seria o caso de se falar, inclusive, não em suplantação da norma, mas de sua relativização" (Poderes do juiz na execução trabalhista. In: CASTRO, Maria do Perpétuo Socorro Wanderley de (coord.). *Processo de execução* — homenagem ao ministro Francisco Fausto. São Paulo: LTr, 2002. p. 54/55).

Manoel Mendes de Freitas não destoa:

> Como ordem de preferência, a relação de bens estabelecida no art. 655 do CPC deve ser interpretada, a partir da conjuntura econômica, como enumeração marcada pelo princípio da relatividade, cabendo ao juiz haver-se, a cada caso, com prudente arbítrio, de modo que a decisão seja fruto da aplicação da lógica do razoável recomendada pelo bom-senso (Penhoras de contas bancárias — penhora de faturamento (ou renda) — considerações a propósito do denominado capital de giro — interpretação do art. 655 do CPC. *Revista LTr*, São Paulo, 64-06, 2000).

Não se pode considerar, em suma, como absoluta e imutável a ordem preferencial de nomeação de bens à penhora do art. 655 do CPC; cabe avaliar a situação concreta do devedor e a eficácia da garantia por ele oferecida.

X. DIREITO DE NOMEAÇÃO DO DEVEDOR

Nomeado o bem pelo devedor, sua recusa só pode ser acolhida diante de impugnação fundamentada do credor, com alegação de insuficiência ou inidoneidade do bem indicado para os fins pretendidos.

Esta afirmação é feita em face das peculiaridades da execução trabalhista, que não exige expressamente o contraditório no processo de liquidação. Assim, a ampla abertura, sem cautelas, da penhora em dinheiro, com desprezo pela nomeação de bens feita pelo devedor, quando suficiente e idônea para garantir o crédito, pode gerar danos irreparáveis, ainda maiores que na execução do processo civil.

Realmente, no processo trabalhista sempre ocorre verdadeiro debate na liquidação, eis que muitas vezes é deixado para depois de garantida a execução, como lembra *Duarte Neto*:

> ... a Lei n. 8.432, de 11 de junho de 1992, transformou o parágrafo único do referido art. 879 em § 1º, acrescentando um § 2º, com a seguinte redação: "Elaborada a conta e tornada líquida, o juiz *poderá* abrir às partes prazo sucessivo de dez dias para a impugnação fundamentada com a indicação dos itens e valores objeto de discordância, sob pena de preclusão". (*Op. cit.*, p. 51)

Trata-se, portanto, de mera faculdade do juiz o amplo contraditório na liquidação. É uma peculiaridade processual trabalhista, que dá ao juiz da execução formidável poder, inclusive para admitir a impugnação da conta de liquidação depois da penhora.

Isto abre a perspectiva de que contas falsas, equivocadas, de boa ou má-fé, gerem execução sobre o patrimônio do devedor como um raio destruidor, devassando suas contas bancárias. O infeliz só poderá se insurgir contra a liquidação depois de ter seus saldos bancários apreendidos ou bloqueado seu capital de giro, com resultados imprevisíveis e, às vezes, irreversíveis.

Sem se falar, é claro, que uma liquidação exagerada, abusiva, artificialmente criada, permitindo execução imediata sobre dinheiro, propicia verdadeira chantagem contra o devedor.

Por esta razão, a nomeação pelo devedor de bens à penhora só pode ser recusada pelo exequente quando devidamente fundamentada, não bastando a simples oposição.

É a opinião dominante, assim retratada por *Alessandra Brandão*:

> Ofende-se, assim, frontalmente, o princípio da legalidade, ao inibir que o empresariado exercite essas garantias constitucionais, já que o credor-reclamante, ao peticionar recusando (via de regra sem nem mesmo justificar) o bem oferecido à penhora que não seja dinheiro, é de pronto determinado pelo Juízo que proceda-se à penhora da conta corrente da empresa, agora celeremente via *on line*, de valor que muitas vezes sequer reflete o efetivo débito. Com isso, há, também, violação à garantia da isonomia, atingindo, ainda, garantias constitucionais outras, como a preservação dos direitos patrimoniais, da livre-iniciativa e da função social da empresa, como geradora de emprego e, pois, da própria economia nacional.
>
> Nada há, portanto, de ilegal na "penhora *on line*", desde quando — e somente quando — respeite-se, efetivamente, o contraditório, intimando-se a empresa para que possa manifestar-se sobre a recusa do credor — que há de ser motivada — sobre o bem por ela oferecido, sem o que a penhora, seja *on line* ou não, não estará legitimada, mas absolutamente eivada de vício de nulidade (A tormentosa penhora *on line*. Associação Comercial da Bahia, internet, Salvador, 2002).

José Augusto Rodrigues Pinto, apesar de suas reservas quanto à aplicabilidade do art. 620 do CPC ao processo trabalhista, admite-a quando

> a constrição se fizer sobre o numerário destinado a atender a folha de pagamento dos demais empregados (caso em que o crédito alimentar da comunidade se sobrepõe ao crédito executivo de seus integrantes), ou quando a quantia que for apreendida para garantir o cumprimento de sentença ainda sujeita a acertamento imobilizar capital de giro cuja falta poderá comprometer a solvabilidade do empreendimento, havendo bens idôneos de outra natureza, capazes de atender à garantia (*Execução trabalhista*. São Paulo: LTr, 2002. p. 162/164).

Deve ter o executado oportunidade de, por meios idôneos e confiáveis, garantir a execução, evitando-se prejuízos à continuidade do negócio. Tal providência se coaduna com o art. 880 da CLT, que determina seja o devedor intimado para que "pague em quarenta e oito horas, ou garanta a execução, sob pena de penhora". O legislador atribuiu ao devedor, preferencialmente, o direito de garantir a execução, o que pode ser feito mediante nomeação de bens; apenas inexistindo esta é que se procede à penhora dos bens que forem encontrados[1].

Esse entendimento é acolhido no TST:

MANDADO DE SEGURANÇA — PENHORA. A penhora de crédito em conta-corrente do hospital impetrante não só prejudica a sua sobrevivência como impede o pagamento dos salários dos empregados, pelo que merece ser cassada via Mandado de Segurança como meio de desbloqueio dos recursos financeiros do impetrante e de manter em funcionamento os serviços de utilidade pública, especialmente se oferecidos outros bens garantidores de dita penhora, sendo eles livres e desembaraçados. Presente o direito líquido e certo do impetrante, evidenciado pelo perigo na demora no atendimento da medida. Mantida a decisão regional (SBDI-2 TST — RXOF 106443/94 — Rel. Min. Vantuil Abdala, DJ 30.6.1995).

O art. 655 do CPC deve ser observado atendendo-se às características de cada caso, sem excessivo rigor. Se já ofertado bem à penhora que garanta a execução, não há porque determinar o bloqueio da conta-corrente, fato este que causará prejuízos irreparáveis à impetrante, inclusive podendo prejudicar o pagamento de salário de outros trabalhadores da empresa. Remessa *ex officio* conhecida e improvida (SBDI-2 TST — RXOF 115442/94 — Rel. Min. Regina Fátima Abrantes Rezende Ezequiel, DJ 30.8.1996).

Estas são algumas observações que se afiguram pertinentes a respeito desse tema tão dramático, que tem afetado a vida e o patrimônio de muitas famílias.

---

(1) Merece destaque interessante estudo de Fernando Noal Dorfmann e Renato Noal Dorfmann: "A propósito, inobstante a ausência de previsão estipulando gradação legal para efetivação da penhora, segundo o art. 880 da CLT 'o juiz ou presidente do Tribunal, requerido a execução, mandará expedir mandado de citação ao executado, a fim de que cumpra a decisão ou o acordo no prazo, pelo modo e sob as cominações estabelecidas, ou, em se tratando de pagamento em dinheiro, incluídas as contribuições sociais devidas ao INSS, para que pague em 48 horas, ou garanta a execução, sob pena de penhora'. Consequentemente, permanece inalterada a faculdade outorgada ao executado, permitindo-lhe administrar a execução no prazo de 48 horas seguintes ao ato citatório, podendo, assim, exercitar seu direito de escolha: pagar, nomear bens à penhora ou ter bens penhorados. Portanto, para que o Convênio de cooperação não se torne medida draconiana e ditatorial, imprescindível sua utilização de forma parcimoniosa, lançando-se mão deste expediente extremo em último caso, ou seja, após esgotados todos os meios suasórios empreendidos pelo exequente e, mesmo assim, quando não localizados bens na esfera patrimonial do executado suscetíveis de afetação pela providência da penhora. Augura-se que somente a partir deste momento processual deva o magistrado lançar mão da medida radical, bloqueando contas bancárias e aplicações financeiras do executado, evitando-se, sempre que possível, a utilização deste expediente em outras fases processuais ou mesmo em processo cautelar ou cognitivo" (Penhora *on line*, Justiça do Trabalho. *Revista de Jurisprudência Trabalhista*, Porto Alegre: HS, 2002. p. 69-70).

EXTINÇÃO SEM JULGAMENTO DE MÉRITO. EFEITOS DA SENTENÇA. BREVES APONTAMENTOS SOBRE OS LIMITES ÉTICOS E OBJETIVOS PARA NOVO AJUIZAMENTO[*]

Antonio Galvão Peres

I. INTRODUÇÃO

A redação do art. 268 do CPC, norma que admite novo ajuizamento da demanda extinta sem julgamento do mérito, tem dado espaço a interpretações que negam qualquer efeito à sentença anterior.

Não raro, nessas hipóteses, há novo ajuizamento sem que seja sanado o óbice apontado pela sentença pregressa, como, por exemplo, a ilegitimidade de parte, falta de condição da ação ou mesmo inépcia da inicial.

É verdade que uma primeira leitura do preceito poderia assegurar tal atitude, mas há que conciliá-lo com o sistema que integra.

Este estudo, em poucas linhas, pretende apresentar o problema com suas nuances práticas e apontar as soluções encontradas na jurisprudência e nas recentes alterações da legislação processual.

II. ART. 268 DO CPC. EFEITOS DA SENTENÇA

As consequências da extinção de um processo sem julgamento do mérito são objeto de acirrado debate, inclusive em face das recentes reformas do Código de Processo Civil.

A matéria, como já enfatizado, não pode ser analisada somente à luz do art. 268 do CPC. Há que conjugar este preceito com as inovações legislativas e, mais que isto, interpretá-lo de forma a não ferir a ética judiciária.

Veja-se o art. 268, *caput*, do CPC:

(*) Publicado originalmente na *Revista de Direito do Trabalho*, n. 128, São Paulo: RT, out./dez. 2007. p. 11-18.

Art. 268. Salvo o disposto no art. 267, V, a extinção do processo não obsta a que o autor intente de novo a ação. A petição inicial, todavia, não será despachada sem a prova do pagamento ou do depósito das custas e dos honorários de advogado.

A interpretação literal deste preceito, isolando-o do sistema que integra, poderia levar à conclusão de que sempre seria possível novo ajuizamento de ação extinta sem julgamento do mérito. Há, entretanto, que conciliá-lo com outras disposições do mesmo diploma processual.

A interpretação mais razoável é a que admite o novo ajuizamento da ação, mas desde que distribuída ao mesmo juiz e sanados os vícios que, originalmente, levaram à extinção sem julgamento do mérito.

Com efeito, não se pode aceitar a livre reapreciação da mesma tese que havia levado à extinção por juiz diverso.

Imagine-se, por exemplo, extinção sem julgamento do mérito com base em ilegitimidade ativa do autor. Livre fosse o ajuizamento de nova ação, teria o autor a prerrogativa de recorrer ou permitir o trânsito em julgado para, incontinenti, promovê-la novamente.

Tal conduta, se admitida, subverteria a ordem do sistema, comprometendo a segurança jurídica.

Em nossa opinião, aplica-se ao caso a regra geral do art. 471 do CPC, no sentido de que "nenhum juiz decidirá novamente as questões já decididas, relativas à mesma lide".

Na rotina forense trabalhista, este entendimento tem relevantes repercussões práticas. A desconsideração dos efeitos da sentença que extingue o feito sem julgamento do mérito tem ocorrido com certa frequência, especialmente quando diante de matérias de maior polêmica.

Uma situação usual é a da sentença que exige a tentativa de conciliação prévia prevista no art. 625-D da CLT[1], entendendo tratar-se de condição para a reclamação (entendimento majoritário no TST[2] e minoritário no TRT/SP[3]). Nesse caso, eventual

---

(1) Este o *caput* do artigo:
"Art. 625-D. Qualquer demanda de natureza trabalhista será submetida à Comissão de Conciliação Prévia se, na localidade da prestação de serviços, houver sido instituída a Comissão no âmbito da empresa ou do sindicato da categoria."
(2) Do TST são exemplo os seguintes acórdãos: TST — E-ED-RR 1070/2002-004-02-00.0 — SBDI-1 — Rel. Min. Carlos Alberto Reis de Paula — DJU 7.12.2006; TST — RR 2.059/2003-462-02-00.1 — 5ª T. — Red. p/o Ac. Min. Gelson de Azevedo — DJU 2.3.2007; TST — RR 1320/2005-060-19-00.0 — 6ª T. — Rel. Min. Aloysio Corrêa da Veiga — DJU 9.3.2007; TST — RR 2.855/2000-431-02-00.3 — 4ª T. — Rel. Min. Ives Gandra Martins Filho — DJU 9.3.2007; TST — RR 1.093/2004-005-17-00.0 — 3ª T. — Rela. Min. Maria Cristina Irigoyen Peduzzi — DJU 2.2.2007; TST — RR 383/2005-008-05-00.2 — 5ª T. — Rel. Min. João Batista Brito Pereira — DJU 2.2.2007.
Esse entendimento também prevalece no direito italiano, em que o art. 410 do CPC prevede, appunto, l'obbligatorietà del tentativo di conciliazione quale condizione di procedibilità della domanda nelle controversie di lavoro cui all'art. 409 CPC, stabilendo altresì che la comunicazione della richiesta del tentativo di conciliazione interrompe la prescrizione e sospende, per tuta la durata del medesimo e per i venti giorni succesivi alla sua conclusione, il decorso di qualsiasi termine di decadenza.
Il tentativo di conciliazione può avvenire in sede tanto sindacale che amministrativa (...)" (GHERA, Edoardo. *Diritto del lavoro* — Il rapporto di lavoro. Bari: Cacucci, 2000. p. 438).
(3) Veja-se a Súmula n. 2 do E. TRT:
"COMISSÃO DE CONCILIAÇÃO PRÉVIA. EXTINÇÃO DE PROCESSO

discordância do autor deve ser objeto de recurso ordinário. Não poderá simplesmente ajuizar nova ação sem que tenha sido sanado o óbice.

É sabido que em hipóteses como esta, em que o argumento prevalecente na sentença é objeto de controvérsia na doutrina e jurisprudência, não raro o novo juiz, por discordar de tal posição, pode se sentir tentado a superar a barreira criada por seu colega, adentrando o mérito da demanda.

Se o magistrado assim agir, malgrado sua decisão lhe pareça a mais justa, subverteria todo o sistema recursal. Sua atitude tornaria letra morta a decisão anterior, proferida por órgão de igual ou superior hierarquia.

A despeito desse tipo de postura, encontram-se na jurisprudência exemplos emblemáticos de aplicação do art. 471 do CPC em hipóteses de extinção sem julgamento do mérito. Privilegia-se, assim, a interpretação sistemática do art. 268 do CPC.

O seguinte acórdão do E. Tribunal Regional da 24ª Região[4] aplicou o entendimento ora sustentado em hipótese de extinção decorrente de ilegitimidade ativa:

COISA JULGADA FORMAL — REPROPOSITURA DA AÇÃO — DIREITO CONDICIONADO — ILEGITIMIDADE DE PARTE — IMPOSSIBILIDADE. Uma vez extinto o processo sem julgamento do mérito, a repropositura da ação ficará condicionada ao saneamento do defeito de que se ressentia a demanda originária e, exatamente por tal motivo, é que a jurisprudência vem reconhecendo que as hipóteses do art. 268, do CPC não esgotam as situações em que não é possível a repropositura da ação extinta sem apreciação do mérito. Existindo pronunciamento judicial transitado em julgado, em que se declara a ilegitimidade ativa do demandante, torna-se juridicamente inadmissível que, por ocasião da repetição literal e imodificada da ação, seja possibilitada a reanálise de suas condições. O autor não deixa de ser carecedor do direito de ação simplesmente porque ajuizou

---

O comparecimento perante a Comissão de Conciliação Prévia é uma faculdade assegurada ao obreiro, objetivando a obtenção de um título executivo extrajudicial, conforme previsto pelo art. 625-E, parágrafo único da CLT, mas não constitui condição da ação, nem tampouco pressuposto processual na reclamatória trabalhista, diante do comando emergente do art. 5º, XXXV, da Constituição Federal."

(4) Do voto prevalecente merece referência a seguinte passagem:

"É princípio processual comezinho que a extinção do processo sem julgamento do mérito não conduz à coisa julgada material, entretanto, isso não significa que a parte interessada possa simplesmente 'repetir' a ação anteriormente extinta. Disso já nos dá mostra o próprio art. 268, ao estabelecer que o processo extinto sem apreciação do mérito, com fulcro no inciso V do art. 267 (peremppção, litispendência ou coisa julgada), obsta a repetição da demanda. (...). Existem situações em que, apesar da extinção do processo sem apreciação do mérito, a repropositura da demanda ficará condicionada ao saneamento do defeito de que se ressentia a demanda originária. É o caso típico da demanda extinta por inépcia, mas, também, nas hipóteses em que se declara a ausência de uma das condições da ação. Assim, transitando em julgado a sentença que declara o pedido juridicamente impossível, somente poderá ser a ação novamente intentada se for removido o óbice legal existente para a apreciação do pedido. O mesmo raciocínio se aplica à ação extinta sem julgamento do mérito por falta de interesse de agir, que somente poderá ser reproposta se houver a superveniência da necessidade, da utilidade, ou se manejado instrumento processual adequado à tutela da pretensão. (...). A interpretação simplesmente gramatical do art. 268 do CPC, no sentido de que somente a extinção do processo com base no inciso V do art. 267 do CPC impediria a repropositura da ação, levaria ao entendimento de que seria lícito ao autor repetir a mesma ação quantas vezes quisesse, até encontrar um juízo que viesse a admitir a viabilidade do remédio judicial eleito, o que, convenhamos, além de ferir o princípio do juiz natural, ofende os princípios que norteiam a própria atividade jurisdicional, pois seria inconcebível entender que a atividade jurisdicional, que conclui pela extinção do processo sem julgamento do mérito, é absolutamente inócua e sem utilidade, podendo o interessado (ou desinteressado) simplesmente renovar a demanda quantas vezes desejasse, como se nenhuma decisão tivesse sido tomada a respeito. Mesmo que a decisão anterior não tenha atingido o mérito da pretensão, sem dúvidas feriu as condições da ação e, portanto, neste campo tem valor jurídico, não podendo ser simplesmente desprezada pela repetição de idêntica demanda, sem que esteja sanada a irregularidade que originou a extinção da demanda anterior".

nova demanda, mormente quando não ocorrida qualquer alteração da situação fática ou jurídica que norteou a sentença proferida anteriormente, sendo certo, também, que a propositura de nova e idêntica ação não poderá servir de instrumento revisional da sentença que, irrecorrida, transitou em julgado no feito anterior. Precedentes do STJ (...) (TRT 24ª Região, Pleno, Proc. AP 97/2001, Ac. 1.837, Rel. Desig. Juiz Amaury Rodrigues Pinto Júnior, 21.6.2001, DJ-MS 25.7.2001, n. 55567, p. 51).

A aplicação do art. 471 do CPC em hipótese de extinção por incompetência *ratione materiae* foi defendida neste acórdão do Tribunal Regional do Trabalho da 3ª Região:

INCOMPETÊNCIA ABSOLUTA. EXTINÇÃO DO PROCESSO, SEM EXAME DO MÉRITO. COISA JULGADA. CONFIGURAÇÃO. De regra, a extinção processual, sem exame do mérito, não impede que o autor intente de novo a ação. Essa regra, todavia, vem sendo mitigada pela doutrina e jurisprudência, na medida em que já não mais se admite a repetição da ação no caso de ser declarada, na primeira, a ilegitimidade ativa *ad causam* ou falta de interesse processual do autor. Nesses casos, os efeitos da coisa julgada formal são mais amplos de modo a inibir a repropositura da mesma demanda, porquanto sempre se chegará à mesma conclusão da anterior. No caso examinado, se um órgão da Justiça do Trabalho já pronunciou a incompetência absoluta para examinar a matéria deduzida em juízo, e se essa decisão transitou em julgado, não é razoável admitir-se, sob o prisma literal do art. 268, do CPC, o reexame da mesma controvérsia pelo mesmo órgão julgador, pena de afronta ao princípio preclusivo preconizado no *caput* do art. 471/CLT e ao princípio do duplo grau de jurisdição (TRT 3ª Região, Proc. 00927-2003-086-03-00-0, RO 00927/2003, Rel. Juiz Ricardo Marcelo Silva, J. 27.10.2003, DOESP 6.11.2003. p. 16).

Veja-se também, *a contrario sensu*, a conclusão do seguinte acórdão do E. Tribunal Regional do Trabalho da 5ª Região:

COISA JULGADA FORMAL X MATERIAL — Se não há coisa julgada material, mas apenas formal, pela extinção do processo sem julgamento do mérito, é possível a propositura de nova ação. Assim, se são dois os reclamados e um deles é afastado da lide anterior face ao reconhecimento de sua ilegitimidade para a causa, não há falar-se em coisa julgada em relação a ele quando acionado em posterior reclamação trabalhista cujo pedido é distinto e somente a ele pertinente (TRT 5ª R. — RO 00174-2003-013-05-00-2 — (23.846/03) — 2ª T. — Rel. Juiz Horácio Pires — J. 16.12.2003, In: *Juris Síntese IOB*, maio/jun. 2007).

Este último acórdão, como se depreende de sua conclusão, admitiu o novo ajuizamento, mas pelo fato de haver pedido distinto e que efetivamente diz respeito à parte reclamada, sanando-se, assim, o óbice apontado na decisão anterior.

III. ART. 253 DO CPC. NOVAS HIPÓTESES DE PREVENÇÃO

Recentes alterações do Código de Processo Civil, ao criar novas hipóteses de prevenção, reforçam este nosso entendimento.

Preocupam-se com a regra do art. 268 do CPC, cuja interpretação literal permitiria relevantes hipóteses de fraude processual.

Além das situações tratadas acima, permitiria também que o autor, constatando a distribuição da ação a um juiz contrário à sua tese, dela desistisse (ou simplesmente deixasse ser *arquivada*, nos termos do art. 844 da CLT[5]) e, homologada a desistência, ajuizasse a mesma ação para tentar um novo juiz.

Essas condutas temerárias e antiéticas são o alvo das duas alterações empreendidas no art. 253 do Código de Processo Civil:

Art. 253. Distribuir-se-ão por dependência as causas de qualquer natureza:

I — quando se relacionarem, por conexão ou continência, com outra já ajuizada;

II — quando, tendo sido extinto o processo, sem julgamento de mérito, for reiterado o pedido, ainda que em litisconsórcio com outros autores ou que sejam parcialmente alterados os réus da demanda e

III — quando houver ajuizamento de ações idênticas, ao juízo prevento.

Parágrafo único. Havendo reconvenção ou intervenção de terceiro, o juiz, de ofício, mandará proceder à respectiva anotação pelo distribuidor.

Esta última alteração decorreu da Lei n. 11.280/06. A redação anterior do inciso II, inserida em 2001, já previa a hipótese de prevenção "quando, tendo havido desistência, o pedido for reiterado, mesmo que em litisconsórcio com outros autores".

A respeito desta primeira alteração, ensina *Cândido Rangel Dinamarco*[6] que

a prevenção de que cuidava o art. 253 era somente aquela relativa a outras causas, desde que conexas à primeira, e não à própria primeira causa, quando reproposta. Ainda assim, certos setores da jurisprudência evoluíram no sentido de considerar prevento o juízo da primeira propositura não somente para o processo que lhe foi distribuído e para as causas conexas, mas também para a própria causa primeira, quando o demandante desistisse e depois voltasse a propô-la. (...) Essa tendência foi assimilada pelo direito positivo (...).

O processualista adverte, nesse estudo, que a "a desistência e ulterior repropositura da demanda é um expediente (abusivo e inescrupuloso — *José Rogério Cruz e Tucci*) de que às vezes lançam mão os demandantes, em busca de melhor sorte"[7].

Atualmente, a hipótese de prevenção não se restringe apenas ao caso de desistência, abrangendo também os demais incisos do art. 267 do CPC, que disciplinam a extinção sem julgamento do mérito. Evitam-se, assim, os artifícios para burlar o princípio do juiz natural[8] e o sistema recursal.

---

(5) "Art. 844. O não comparecimento do reclamante à audiência importa o arquivamento da reclamação, e o não comparecimento do reclamado importa revelia, além de confissão, quanto à matéria de fato.
Parágrafo único. Ocorrendo, entretanto, motivo relevante, poderá o presidente suspender o julgamento, designando nova audiência."
(6) DINAMARCO, Cândido Rangel. *A reforma da reforma*. São Paulo: Malheiros, 2002. p. 73-74.
(7) *Op. cit.*, p. 74.
(8) Merece referência, a propósito da violação do princípio do juiz natural, o seguinte acórdão do TRF da 2ª Região:
"PROCESSO CIVIL — CONFLITO NEGATIVO DE COMPETÊNCIA — ART. 44 DO PROVIMENTO N. 1/01 DA CORREGEDORIA — PRESCINDÍVEL APLICAÇÃO — EXTINÇÃO DO PROCESSO SEM RESOLUÇÃO DO MÉRITO — DISTRIBUIÇÃO POR DEPENDÊNCIA

Veja-se o seguinte acórdão em conflito de competência:

CONFLITO DE COMPETÊNCIA — PROCESSUAL CIVIL — DISTRIBUIÇÃO POR DEPENDÊNCIA — LEI N. 11.280/06 — 1. Ajuizada nova demanda quando já vigorava a redação do inciso II do art. 253 do CPC, dada pela Lei n. 11.280/06, e tendo havido extinção do anterior processo — No qual se veiculara pedido idêntico — Sem julgamento do mérito, a nova ação deve ser distribuída por dependência ao processo extinto. 2. Competência do juízo suscitado (TRF 4ª R. — CC 2006.04.00.031481-1 — 1ª S. — Rel. Des. Fed. Dirceu de Almeida Soares — DJU 7.3.2007).

Merece também referência a seguinte decisão do Tribunal Regional do Trabalho da 2ª Região[9]:

CONFLITO NEGATIVO DE COMPETÊNCIA — ARQUIVAMENTO POR DESISTÊNCIA — REPRODUÇÃO DE AÇÃO IDÊNTICA — PREVENÇÃO — Arts. 253, II, e 87, do CPC. Prevenção saneadora implícita. Reprodução de causas. Desistência que acarretaria a redução do novo inciso II do art. 253 do CPC à completa ineficácia, tornando inútil o objetivo precípuo da alteração feita pela Lei n. 10.358/01, que é o de impedir a escolha do juiz pelas partes e coibir a ciranda da distribuição de feitos idênticos. Incidência, ademais, do art. 87 do CPC. Conflito negativo de competência improcedente (TRT 2ª R. — CC 10994-2005-000-02-00 — (2006021077) — SDI — Rela. Juíza Wilma Nogueira de Araujo Vaz da Silva — DOESP 9.1.2007).

No mesmo sentido, acórdão do Tribunal Regional do Trabalho da 24ª Região:

CONFLITO DE COMPETÊNCIA — EXTINÇÃO DO PROCESSO SEM JULGAMENTO DO MÉRITO — CRITÉRIO: REPROPOSITURA DA AÇÃO — INTELIGÊNCIA DO ART. 253, II, DO CPC — Em caso de extinção do processo, sem julgamento do mérito, a repropositura de ação é critério determinante para a fixação da competência do juízo para o qual foi distribuída a ação extinta. Conflito de competência conhecido e provido para determinar a competência do juízo suscitante para o julgamento da causa trabalhista (TRT 24ª R. — CC 02004/2005-001-24-00-0 — Rel. Juiz Marcio Vasques Thibau de Almeida — DOMS 13.9.2006).

— PRINCÍPIO DO JUIZ NATURAL — Trata-se de conflito negativo de competência suscitado pelo Juízo da 19ª Vara Federal do Rio de Janeiro em face do Juízo da 30ª Vara Federal desta mesma Seção Judiciária que declinou de ofício de sua competência ante o entendimento de inexistir prevenção em relação ao processo n. 2006.51.01.003450-0 o qual fora julgado extinto sem Resolução do mérito, na forma do art. 267, I c/c art. 295, V, ambos do Código de Processo Civil. Com efeito, da leitura do art. 44 do Provimento n. 1, da Corregedoria-Geral desta Corte fica evidente que a extinção do processo, sem análise de mérito, torna prevento o juízo prolator da referida decisão. O ato normativo em tela representa a concretização do princípio do juiz natural, impedindo que a parte escolha o julgador de sua demanda. Precedentes desta Corte citados. Conflito conhecido para declarar competente o juízo suscitado" (TRF 2ª R. — CC 2006.02.01.005121-0 — RJ — Rela. Juíza Vera Lúcia Lima — DJU 4.10.2006 — p. 130).

(9) Da fundamentação deste acórdão, colhe-se esta passagem:
"Além do mais, a se prescindir da prevenção, na inovação criada pela alteração legal, estar-se-á caracterizando o efeito sem causa, até mesmo porque a ação extinta por desistência existiu apenas e tão somente no juízo que a extinguiu e em nenhum outro. Logo, não poderia justificar a etiologia com uma ação subsequente que, distribuída a juízo diverso, reiterasse o pedido da ação extinta, só que no formato de uma (nova) primeira exibição. Essa facilidade, como é sabido, produziu um grande caldo de cultura para os insatisfeitos com a distribuição de seus processos a determinados juízes dos quais receavam, por antecipação, receber tratamento rigoroso ou até mesmo a previsão de insucesso na causa.
Enfim, negar a imanência da prevenção em uma dependência tão claramente definida em lei acarretaria a redução do novo inciso II do art. 253 do CPC à completa ineficácia, pois tornaria inócuo o objetivo precípuo da alteração feita pela citada Lei n. 10.358/01, que é o de impedir a escolha do juiz pelas partes e coibir a ciranda da distribuição de feitos idênticos."

Não só a jurisprudência, mas também a doutrina especializada, têm aceitado a aplicação destas inovações ao processo do trabalho. Pondera *Estêvão Mallet*[10], a propósito, que "as novas hipóteses de prevenção, em caso de reiteração do pedido ou de identidade de ações, procuram impedir a escolha, pelo autor, do órgão judiciário de sua conveniência (...). A preocupação não é exclusividade do processo civil. (...) Assim, é aplicável, também no processo do trabalho, o art. 253, do CPC, como já concluía a doutrina, antes da reforma legislativa".

IV. CONCLUSÕES

O art. 268 do CPC deve ser interpretado à luz da regra geral do art. 471, *caput*, do mesmo diploma.

A possibilidade de novo ajuizamento de ação anteriormente extinta sem julgamento do mérito não significa negar qualquer efeito àquela decisão. Há que comprovar, necessariamente, a superação do óbice apontado.

Havendo extinção sem julgamento do mérito, o órgão originário torna-se prevento para a mesma ação, se reiterada, nos termos do art. 253 do CPC.

---

(10) MALLET, Estêvão. O processo do trabalho e as recentes modificações do código de processo civil. *Revista de Processo*, n. 139, São Paulo, set. 2006. p. 117.

AÇÃO REVISIONAL E MEIO AMBIENTE DO TRABALHO: A COISA JULGADA EM FACE DAS ALTERAÇÕES DE FATO OU DE DIREITO[*]

Luiz Carlos Amorim Robortella
Antonio Galvão Peres

I. INTRODUÇÃO

Mudam-se os tempos, mudam-se as vontades,
Muda-se o ser, muda-se a confiança:
Todo o mundo é composto de mudança,
Tomando sempre novas qualidades.
Camões

A higiene e segurança do ambiente de trabalho geram muitas ações envolvendo prestações periódicas como os adicionais de insalubridade e periculosidade.

Nas relações de trato sucessivo, a sentença condenatória ao pagamento desses adicionais naturalmente está sujeita a modificações futuras, decorrentes de alterações no estado de fato ou de direito na vigência do contrato de trabalho.

O assunto adquire ainda maior relevo quando se sabe que o Tribunal Superior do Trabalho há muito firmou, na Orientação Jurisprudencial n. 172 de sua Subseção I de Dissídios Individuais[1], o entendimento de ser lícita a determinação, por sentença, de inclusão dos adicionais de insalubridade e periculosidade à folha de pagamento, para garantia das prestações sucessivas vincendas.

Contudo, por ser a relação de emprego uma relação continuativa, os efeitos das sentenças estão sempre sujeitos à manutenção das condições de fato e de direito, em articulação com os arts. 192, 193 e 194 da CLT.

---

[*] Publicado originalmente no livro: BOUCINHAS FILHO, Jorge Cavalcanti; PEREIRA, José Luciano de Castilho; FAVA, Marcos Neves (orgs.). *O direito material e processual do trabalho nos novos tempos:* estudos em homenagem ao professor Estêvão Mallet. São Paulo: LTr, 2009. p. 38-49.

[1] "172. Adicional de Insalubridade ou Periculosidade. Condenação. Inserção em Folha de Pagamento. Condenada ao pagamento do adicional de insalubridade ou periculosidade, a empresa deverá inserir, mês a mês e enquanto o trabalho for executado sob essas condições, o valor correspondente em folha de pagamento."

A relativização do caso julgado interfere tanto na esfera jurídica do devedor (empregador) e do credor (empregado); ambos podem postular a revisão da sentença condenatória ou de improcedência, com suporte no mesmo argumento, ou seja, a alteração no estado de fato ou de direito.

II. PECULIARIDADES DA AÇÃO REVISIONAL

A concessão dos adicionais de insalubridade e periculosidade submete-se à cláusula *rebus sic stantibus*.

Sendo pacto de trato sucessivo, em que a obrigação se renova mês a mês, a modificação ou extinção são inerentes à sua natureza jurídica, a depender de fatos e normas supervenientes e, pois, imponderáveis.

Por se tratar de sentença ou acordo homologado, a alteração obrigatoriamente submete-se ao crivo judicial[2].

É o que dispõe o art. 471 do CPC:

Art. 471. Nenhum juiz decidirá novamente as questões já decididas, relativas à mesma lide, salvo:

I — se, tratando-se de relação jurídica continuativa, sobreveio modificação no estado de fato ou de direito; caso em que poderá a parte pedir a revisão do que foi estatuído na sentença;

II — nos demais casos prescritos em lei.

Esse preceito carrega um princípio invocado com frequência no direito administrativo, o do *paralelismo das formas jurídicas*[3].

O tipo de sentença que estamos a examinar produz coisa julgada, mas com diferente eficácia no que toca à projeção no tempo. Seus efeitos continuados permitem,

---

(2) Em sentido contrário, o seguinte julgado:
"ADICIONAL DE INSALUBRIDADE — INCLUSÃO EM FOLHA DE PAGAMENTO — Uma vez que a empresa foi condenada a pagar o adicional de insalubridade, deve inseri-lo mês a mês na folha de pagamento do empregado enquanto o trabalho for executado em condições insalubres. Ressalte-se que, nos termos do art. 471, inc. I, do CPC, aplicado subsidiariamente ao processo do trabalho, a inclusão do referido adicional na folha de pagamento do empregado não significa sua perpetuação, eis que, comprovada judicialmente a extinção ou neutralização da insalubridade, tal determinação pode ser alterada. DA NECESSIDADE DE NOVA MANIFESTAÇÃO JUDICIAL PARA EXCLUSÃO DA INSALUBRIDADE — É desnecessária a interposição de ação revisional específica para a supressão do adicional de insalubridade incluído em folha de pagamento, desde que cessada a causa. Revista parcialmente conhecida e parcialmente provida" (TST — RR 245584/1996 — 1ª T. — Rel. p/o Ac. Min. João Mathias de Souza Filho — DJU 22.10.1999 — p. 54).
(3) Veja-se, de outra seara, a seguinte decisão:
"2. O ato de concessão do benefício previdenciário é precedido de rígido procedimento administrativo, possuindo presunção de legitimidade e de veracidade. Logo, não se pode admitir que a suspensão ou cancelamento seja feito de plano, sem que antes tenha sido oferecido, à parte contrária, o direito ao contraditório e à ampla defesa, em face do chamado paralelismo das formas. 3. Remessa Oficial improvida" (TRF 5ª R. — REOAC 2005.05.00.012211-7 — 2ª T. — CE — Rel. Des. Fed. Napoleão Nunes Maia Filho — DJU 7.11.2005 — p. 464).

como ensina *Carnelutti*, seja "modificada se as circunstâncias se modificarem, em vista do que o juiz havia decidido"[4].

Na doutrina de *Pontes de Miranda*[5] é denominada "ação de modificação", em vez da consagrada "ação revisional":

Quando, em caso de condenação a prestações periódicas futuras, as circunstâncias se modificarem de tal maneira, que não mais se justifiquem as prestações, no todo ou em parte, ou a própria condenação, ou a duração delas, — cabe à parte reclamar pela chamada *ação de modificação*. (...)

A ação de modificação supõe que a sentença mesma, que formalmente transitou em julgado, pode ser alterada no que dispusera para o futuro: a eficácia no futuro é que está sujeita, devido à natureza da sentença, a mudança, se o juízo a reconhecer.

José Frederico Marques cuida da matéria em seu clássico *Manual de Direito Processual Civil*. Emprega a nomenclatura "decisões instáveis" ou "sentenças *rebus sic stantibus*", sujeitas a ação revisional[6] de que trata o art. 471 do CPC.

Ante o disposto no art. 769 da CLT[7], o cabimento da medida no processo do trabalho é inquestionável, como registra *Isis de Almeida*[8]:

Uma ressalva aos efeitos da coisa julgada é oposta no inciso do art. 471 do CPC, quando diz que, em se tratando de relação jurídica continuativa, sobrevindo modificação no estado de fato ou de direito, a parte poderá pedir a revisão do que fora estatuído na sentença transitada em julgado.

É o ajustamento, pela regra *rebus sic stantibus*, ínsita em tais decisões, de uma situação não definitiva do ponto de vista da lei ou da própria sentença, a realidade nova, surgida com o implemento de uma condição, em cuja ausência se decidiu uma questão que dela viria a depender.

---

(4) *Apud* BATALHA, Wilson de Souza Campos. *Tratado de direito judiciário do trabalho*. São Paulo: LTr, 1995. v. II, p. 515.
(5) *Comentários ao código de processo civil*. Rio de Janeiro: Forense, 1997. t. V, p. 148-149.
(6) Veja-se a seguinte página:
"A sentença foi dada (por haver relação jurídica continuativa), tendo em vista circunstâncias existentes *hic et nunc*, com base em relação jurídica que é acertada e declarada com efeitos imutáveis. Mas a decisão se refere ao momento em que foi proferida, e não impede, assim, que essa relação de direito, em seu desenrolar ulterior, sofra modificações que provêm da própria natureza dos direitos e obrigações nela existentes, uma vez que se trata de relação continuativa ou de trato sucessivo. Registrando-se a mudança superveniente, pode o julgado ser adaptado a essa mudança.
Daí porque vem escrito, no mesmo texto legal que, sobrevindo modificação posterior, 'poderá a parte pedir a revisão do que foi estatuído na sentença' (art. 471, n. I).
A alteração do julgado é pedida em ação constitutiva, com fundamento na mudança superveniente, e com o objetivo de adaptar-se a sentença às alterações ocorridas. A sentença, portanto, é submetida a verdadeiro processo de integração, tendo em vista a natureza continuativa da relação jurídica que decidiu" (MARQUES, José Frederico. *Manual de direito processual civil*. São Paulo: Saraiva, 1985. v. 3, p. 251, § 695).
(7) Art. 769. Nos casos omissos, o direito processual comum será fonte subsidiária do direito processual do trabalho, exceto naquilo em que for incompatível com as normas deste Título.
(8) ALMEIDA, Isis de. *Manual de processo do trabalho*. São Paulo: LTr, 1997. p. 272.

Wagner Giglio[9], no *Direito Processual do Trabalho*, confirma que as ações revisionais são comuns quando cessam as condições perigosas ou insalubres que justificaram a condenação nos respectivos adicionais salariais.

Em estudo recente, diz *Tércio Sampaio Ferraz Junior*[10]:

A modificação pode ocorrer, portanto, em face de uma alteração normal e previsível (não extraordinária) no estado do fato (caso, por exemplo, da cessação das condições de insalubridade) ou no direito e, pois, em sentenças que nada têm de discricionariedade. Tratando-se de relação jurídica continuada, o importante é que a modificação altere, num momento futuro, o sentido eficacial (seu sentido de dever ser) da sentença prolatada no passado. Se modificação houve no estado de fato ou de direito no qual se fundamentou a decisão, a eficácia desta, ao longo do tempo, por ser continuada a relação, tem de ser restabelecida: preserva-se a coisa julgada material e, em se tratando de sentença preclusa que fez coisa julgada formal, atua-se por meio de uma nova ação (pois, havendo preclusão, não cabe mais recurso.

A jurisprudência trabalhista não destoa desse entendimento, como se vê nestes acórdãos:

MANDADO DE SEGURANÇA — ADICIONAL DE PERICULOSIDADE — ELIMINAÇÃO DO RISCO À INTEGRIDADE FÍSICA — AÇÃO REVISIONAL — Dispõe o art. 194 da CLT que o direito ao adicional de periculosidade cessará com a eliminação do risco à integridade física, isto é, ele deixa de ser exigível quando norma expedida pelo Ministério do Trabalho revogar disposição anteriormente decretada como condição perigosa ou, ainda, quando a condição de trabalho modificar-se. A condenação foi imposta por decisão judicial, mediante prova técnica elaborada em fase cognitiva, devidamente observados e respeitados os princípios da ampla defesa e do contraditório. Por consequência, somente uma nova perícia, realizada por perito judicial, concluindo pela cessação dos riscos à vida do trabalhador, é que teria o condão de fazer cessar o pagamento do adicional em questão. Para que haja modificação da coisa julgada é preciso a apresentação de ação revisional objetivando a declaração da cessação dos riscos, com a realização de perícia técnica, nos termos do inciso I do art. 461 do CPC. Portanto, somente por meio de ação autônoma revisional poderá a empresa pedir a revisão do que restou estatuído na sentença, não sendo admissível, por conseguinte, que nos autos de execução se reabra a fase de conhecimento (TRT 2ª R. — MS 12532-2005-000-02-00 — (2006005101) — SDI — Rel. p/o Ac. Juiz Marcelo Freire Gonçalves — DOESP 30.5.2006).

ADICIONAL DE PERICULOSIDADE FIXADO EM SENTENÇA TRÂNSITA EM JULGADO — PARCELAS VINCENDAS — CESSAÇÃO DAS CONDIÇÕES DE RISCO — NECESSIDADE DE AÇÃO REVISIONAL AUTÔNOMA — Consoante se extrai dos arts. 193 e 194 da Consolidação das Leis do Trabalho, e Orientação Jurisprudencial n. 172 da SDI-1 do C. TST o próprio ordenamento consolidado, sistematicamente interpretado, versa no sentido de que o adicional deixará de ser exigível quando norma expedida pelo Ministério do

---

(9) GIGLIO, Wagner. *Direito processual do trabalho*. São Paulo: LTr, 1995. p. 310.
(10) FERRAZ JUNIOR, Tércio Sampaio. Aplicação da ação revisional no processo do trabalhista. *Revista da pós-graduação da Faculdade de Direito da USP*. Porto Alegre: Síntese, n. 5, 2002. p. 101-102.

Trabalho revogar disposição que antes havia decretado como sendo de condição perigosa, e ainda, vigente a norma mas mantido o risco, a condição se modificar mediante nova análise em prova pericial. Se a condenação foi imposta pelo Juiz do Trabalho, mediante prova técnica elaborada em fase de processo cognitiva onde se respeitaram os princípios da ampla defesa e do contraditório, necessariamente somente uma nova perícia, assegurando ao empregado o mesmo contraditório, é que teria o condão de fazer cessar o pagamento do adicional, ainda assim, observando o perito de confiança do juízo que restaram cessados os riscos à vida do trabalhador. O art. 471 do CPC autoriza ajuizamento de ação revisional autônoma, por se tratar de um novo feito de cunho cognitivo declaratório, cuja obrigação da executada em pagar adicional de periculosidade somente cessará com a distribuição da reclamação trabalhista revisional, consoante se extrai, e se adapta, dos termos do art. 219 do CPC. Eventual prejuízo com a demora do processo cognitivo revisional ensejará a faculdade de uso cumulado do procedimento especial consignatório. Agravo de Petição a que se dá provimento, para determinar o prosseguimento da execução pelas parcelas cujos pagamentos foram suspensos pela reclamada, e determinar nova reinclusão em folha de pagamento de parcelas vincendas, devidas multas diárias já estipuladas no V. Aresto Regional. (TRT 2ª R. — AP 00787-1998-041-02-00 — (20050648629) — 10ª T. — Rel. p/o Ac. Juiz Celso Ricardo Peel Furtado de Oliveira — DOESP 25.10.2005).

AÇÃO REVISIONAL — ART. 471, I, DO CPC — MUDANÇA DE FATO E DE DIREITO E FATO — A mudança de estado de fato e de direito prevista no art. 471, I, do CPC somente tem o condão de embasar ação revisional caso tenha ocorrido posteriormente à prolação da decisão de mérito. Na hipótese dos autos, com o advento da Lei n. 8.112/90, ocorreu a transmudação de regime jurídico, pretensa mudança de estado de fato e direito invocada pela recorrente, contudo, esta somente se efetivou após a sentença. Recurso a que se nega provimento (TRT 14ª R. — RO 00449.2005.003.14.00-3 — Rela. Juíza Maria Cesarineide de Souza Lima — DOJT 4.11.2005).

ADICIONAL DE PERICULOSIDADE — SUPRESSÃO DO BENEFÍCIO — A supressão do adicional de periculosidade, concedido por decisão transitada em julgado, só é possível mediante ajuizamento de ação revisional (art. 471, I, do CPC), caso constatada a eliminação dos fatores de risco nas atividades do obreiro através de perícia. Agravo de petição provido (TRT 22ª R. — AP 067-1994-003-22-00-2 — (1964/2002) — Rel. Juiz Francisco Meton Marques de Lima — J. 6.11.2002).

Portanto, está assentado na lei, com apoio na doutrina e jurisprudência, que a modificação no estado de fato ou de direito enseja a flexibilização da coisa julgada.

III. LIMITES DA REVISÃO

São frequentes na Justiça do Trabalho as ações revisionais em matéria de insalubridade ou periculosidade.

Em regra, alega-se que os agentes nocivos ou perigosos não mais persistem ou, no caso de pedido julgado improcedente, que houve alterações no meio ambiente de trabalho a justificar a renovação do pedido.

A alteração de fato pode também estar relacionada à utilização de equipamentos de proteção individual, que afastaram, segundo a sentença, o direito ao adicional, a teor do art. 191, II, da CLT e das Súmulas ns. 80[11] e 289[12] do TST.

Na revisional, pode o autor apresentar, como causa de pedir, a interrupção ou deficiência no fornecimento desses equipamentos, fazendo renascer seu direito ao adicional.

Mas, como já dito, o campo de incidência da ação revisional é muito amplo porque também pode se arrimar em alteração do "estado de direito".

Se a condenação decorreu da aplicação de norma posteriormente revogada, como ocorre, por exemplo, com a exclusão do agente nocivo ou perigoso do rol fixado pelas autoridades administrativas, é cabível a ação revisional para fazer cessar o pagamento do adicional.

O mesmo ocorre quanto ao valor do adicional. Se a norma superveniente reduz o grau de insalubridade, cabe ação revisional para compatibilização com os novos níveis, em harmonia com o art. 192 da CLT.

Situação mais delicada diz respeito aos acordos judiciais homologados com adicional inferior ao previsto em lei. Tal procedimento, aplicável a situações duvidosas ou limítrofes, é utilizado com certa frequência, principalmente em ações de sindicato como substituto processual dos empregados.

O Tribunal Superior do Trabalho admite adicionais inferiores por negociação coletiva[13]. Se assim é, afigura-se aceitável a mesma solução mediante acordo para extinção da reclamatória trabalhista, com a devida homologação judicial.

Nesses casos não é possível ação revisional para discutir os valores ajustados, salvo se houver uma alteração nas condições de fato ou de direito que levaram as partes ao acordo.

Por fim, um tema difícil e melindroso é a impossibilidade de o juiz revisional manifestar-se sobre a justiça ou injustiça da sentença revisanda.

Efetivamente, ao julgar a ação revisional, o magistrado não deve se imiscuir nas correntes doutrinárias e jurisprudenciais escolhidas pela sentença revisanda, ainda que lhe pareçam inadequadas no caso concreto.

Seu papel não é *reformar* a sentença, até porque pode advir de instâncias superiores, como, por exemplo, no caso de revisional de acórdão proferido pelo Tribunal Superior do Trabalho que reconhece ou afasta o adicional.

---

(11) "N. 80 — INSALUBRIDADE
A eliminação da insalubridade mediante fornecimento de aparelhos protetores aprovados pelo órgão competente do Poder Executivo exclui a percepção do respectivo adicional."
(12) "N. 289 — INSALUBRIDADE. ADICIONAL. FORNECIMENTO DO APARELHO DE PROTEÇÃO. EFEITO
O simples fornecimento do aparelho de proteção pelo empregador não o exime do pagamento do adicional de insalubridade. Cabe-lhe tomar as medidas que conduzam à diminuição ou eliminação da nocividade, entre as quais as relativas ao uso efetivo do equipamento pelo empregado."
(13) Veja-se a Súmula n. 364, II, do TST:
"II — A fixação do adicional de periculosidade, em percentual inferior ao legal e proporcional ao tempo de exposição ao risco, deve ser respeitada, desde que pactuada em acordos ou convenções coletivos."

Cabe ao juiz revisional apenas constatar se houve — ou não — alteração no estado de fato ou de direito. Inexistente tal pressuposto, não se lhe dá a faculdade de alteração da sentença, sob pena de afronta ao princípio constitucional de proteção à coisa julgada (art. 5º, XXXVI).

A questão não é tão simples. Conter as convicções pessoais é tarefa árdua, especialmente para um magistrado, acostumado ao exercício do princípio da persuasão racional (art. 131 do CPC) e livre convencimento.

Os *conceitos jurídicos indeterminados*, como a *eventualidade* prevista na Súmula n. 364, I, do C. TST, servem de exemplo:

> I — Faz jus ao adicional de periculosidade o empregado exposto permanentemente ou que, de forma intermitente, sujeita-se a condições de risco. Indevido, apenas, quando o contato dá-se de forma eventual, assim considerado o fortuito, ou o que, sendo habitual, dá-se por tempo extremamente reduzido.

Dúvida existe na aplicação desse preceito em casos como o de motorista carreteiro que, em determinados momentos, deve abastecer o veículo em postos. A jurisprudência majoritária sustenta estar-se aqui em face de contato meramente *eventual*, para os fins da Súmula n. 364, I, do TST[14].

Se a sentença revisanda acompanhar essa orientação, o juiz, ao julgar a ação revisional diante da mesma realidade, não pode alterar a conclusão, ainda que novo laudo pericial ou suas convicções pessoais apontem caminho oposto.

Outro exemplo diz respeito a opções dadas ao julgador diante de *lacuna normativa*.

A NR-16, para reconhecer a periculosidade em *transporte* de inflamáveis, exige um patamar mínimo de 200 litros. Não há, entretanto, semelhante critério objetivo quando se cuida de *armazenamento* de inflamáveis.

Essa lacuna põe o magistrado diante de dois caminhos: (a) presumir que qualquer quantidade de armazenamento justifica a concessão do adicional de periculosidade,

---

(14) Eis alguns acórdãos:
"ADICIONAL DE PERICULOSIDADE — MOTORISTA DE ÔNIBUS — EXPOSIÇÃO EVENTUAL — JURISPRUDÊNCIA DOMINANTE DO TST — 1. Na hipótese, a decisão turmária considerou que motorista de ônibus que permanece no veículo durante o abastecimento expõe-se apenas de forma eventual ao risco, razão pela qual excluiu o adicional de periculosidade da condenação, com fulcro na Súmula n. 39 do TST e na Orientação Jurisprudencial n. 5 da SBDI-1. 2. A teor da jurisprudência dominante do TST, o contato eventual com o agente perigoso não dá direito ao empregado a perceber o adicional respectivo. 3. Embargos não conhecidos" (TST — ERR 635192 — SBDI 1 — Rel. Min. Conv. Georgenor de Sousa Franco Filho — DJU 13.12.2002).
"MOTORISTA/MANOBRISTA — ADICIONAL DE PERICULOSIDADE — As atividades normais do motorista/manobrista ocorrem fora da área de risco, ao contrário dos frentistas de postos de gasolina ou empregados que lidam ininterruptamente com o mister de abastecimento de veículos. A mera condução de veículo para o abastecimento não caracteriza o desempenho de função de caráter periculoso e não rende ensejo ao adicional de periculosidade, uma vez que inexiste contato permanente com inflamáveis, nos termos do art. 193/CLT, em especial, quando não há prova de determinação do empregador para que o motorista/manobrista permaneça no veículo ou no local de abastecimento deste" (TRT 3ª R. — RO 4537/02 — 6ª T. — Rel. Juiz Hegel de Brito Boson — DJMG 13.6.2002 — p. 16).
"ADICIONAL DE PERICULOSIDADE MOTORISTA — ABASTECIMENTO DE COMBUSTÍVEL — A permanência eventual do motorista no interior do veículo, aguardando o abastecimento de combustível, não configura atividade perigosa, por falta de previsão da Norma Regulamentadora, hipótese restrita ao frentista que opera a bomba e desempenha outras tarefas, durante toda a jornada, permanecendo constantemente na área de risco. O líquido inflamável contido no reservatório do veículo não configura área de risco, por expressa previsão regulamentar" (TRT 3ª R. — RO 16099/01 — 5ª T. — Rel. Juiz Jales Valadão Cardoso — DJMG 9.3.2002 — p. 20).

ou (b) ponderar que a hipótese de armazenamento é menos arriscada (inflamável estático) que a de transporte (inflamável em movimento), fixando patamar que entenda razoável[15].

Na hipótese de a sentença revisanda escolher um dos dois caminhos, não cabe ao juiz revisional alterar suas conclusões.

Em suma, a ação revisional impõe ao magistrado um exercício de humildade e respeito à coisa julgada, primando, acima de tudo, pela segurança jurídica. Seu âmbito de cognição limita-se à alteração do estado de fato e de direito e às respectivas consequências. Não lhe cabe avaliar o acerto — ou desacerto — da sentença revisanda. Para tanto se prestam os recursos e, após o trânsito em julgado, excepcionalmente a ação rescisória. Como adverte nosso homenageado, "constitui a segurança uma das finalidades mais relevantes — senão a mais relevante — de qualquer sistema jurídico, em todos os tempos e nos mais diferentes povos"[16].

IV. ALTERAÇÃO DA JURISPRUDÊNCIA

A alteração da jurisprudência pode, excepcionalmente, caracterizar a alteração do "estado de direito" a que se refere o art. 471 do CPC sem caracterizar *reforma* da sentença revisanda.

Tercio Sampaio Ferraz Junior[17] exige, para tanto, uma "mudança *firme* na interpretação jurisprudencial". É o que esclarece na seguinte passagem:

Numa relação continuativa, a modificação no estado de direito pode ocorrer (...) porque uma mudança *firme* na interpretação jurisprudencial provoca uma modificação nas consequências jurídicas, o que implica que o estado de direito deixa de ser o mesmo (por exemplo, a interpretação de uma norma constitucional pela jurisprudência acarreta a inconstitucionalidade de um dispositivo legal; depois esta jurisprudência se altera e o dispositivo, antes julgado inconstitucional, passa a ser reiteradamente e em instância mais alta considerado constitucional) (...). Não se trata de efeito vinculante (o que, de certo modo, equipararia uma súmula nova à alteração legislativa), mas de uma alteração nas proposições de base de uma interpretação, tornada firme numa direção antes impossível ou incerta.

---

(15) Veja-se, a propósito, acórdão da lavra do Juiz Pedro Carlos Sampaio Garcia:
"(...) Para que o enquadramento se justificasse, impunha-se ao Sr. Perito que esclarecesse se havia armazenagem de inflamáveis na cabine de pintura em quantidade superior a 200 litros, pois abaixo desse limite não se considera a armazenagem de inflamáveis perigosa, diante do disposto no item 16-6, da mencionada norma administrativa, item que cuida do transporte de inflamáveis mas que oferece um padrão de referência no tocante a sua armazenagem.
O Sr. Perito não fez esse esclarecimento (v. fls. 116/117), mesmo depois de questionamento específico da reclamada sobre o tema, mas a testemunha que depôs à fl. 112 supriu tal omissão, ao informar que na cabine de pintura permaneciam apenas alguns recipientes contendo thinner, em quantidade bem inferior a 200 litros, sendo toda a tinta utilizada no trabalho do autor transportada por dutos, não ficando armazenadas no local. (...)" (TRT 2ª R., Proc. 32122200290202000, Ac. 20030365443, DOESP 5.8.2003).
(16) MALLET, Estêvão. Ação rescisória; coisa julgada e seus fundamentos; reexame de fatos e provas em ação rescisória; relação de emprego e reexame de fatos e provas; suspensão de execução de sentença e ação rescisória. In: MALLET, Estêvão. *Prática de direito do trabalho*. São Paulo: LTr, 2008. p. 204.
(17) *Op. cit.*, p. 102.

Essa possibilidade exige uma sintonia fina do julgador: não pode se sentir habilitado a reformar a sentença, pois não se lhe dá tal prerrogativa.

A alteração do ordenamento jurídico deve ser firme, flagrante e francamente contrária ao substrato da sentença. Se a sentença revisanda alinhou-se a determinada corrente jurisprudencial, o simples fato de, futuramente, se tornar minoritária não assegura o cabimento da ação revisional.

Por outro lado, se a sentença condenatória invoca súmula da jurisprudência do TST posteriormente alterada, surge aqui a modificação no estado de direito.

No entanto, se a sentença revisanda expressamente adotou entendimento contrário à posição majoritária, tendo assim transitado em julgado, é inviável, para fins do art. 471 do CPC, a reiteração do argumento na revisional; haveria ofensa à coisa julgada.

Há uma exceção — antevista por *Tercio Sampaio Ferraz* no estudo acima citado — consistente na edição superveniente de Súmula Vinculante pelo Supremo Tribunal Federal. A característica que a distingue das demais súmulas permite a equiparação ao texto de lei, justificando a *alteração do estado* de direito após sua edição.

Essas questões não são meramente cerebrinas. Basta lembrar que recente alteração na jurisprudência poderá, em curto prazo, estimular o ajuizamento de ações revisionais: a Súmula Vinculante n. 4 do Supremo Tribunal Federal, que disciplina a base de cálculo do adicional de insalubridade.

V. COMPETÊNCIA E PROCEDIMENTO

A competência para julgamento da ação revisional é necessariamente do Juízo que julgou a ação originária[18]. É uma *ação acessória*[19], que remete ao art. 108 do Código de Processo Civil:

Art. 108. A ação acessória será proposta perante o juiz competente para a ação principal.

A petição inicial deve expressamente indicar a alteração do estado de fato ou de direito que justifica seu cabimento.

Trata-se de condição da ação. Dito de outro modo, a ação revisional não pode significar mera reproposição da ação anterior ou insistência nos argumentos da antiga contestação. É indispensável a expressa indicação da alteração do estado de fato ou de direito. Aliás, quando fundada em alteração do estado de fato, é recomendável venha a inicial acompanhada de parecer técnico que a demonstre.

---

(18) Ressalva-se, evidentemente, a hipótese de ações de competência originária dos Tribunais.
(19) Merecem referência as seguintes páginas de Pontes de Miranda:
"Ações acessórias — *Is enim de acessorio cognoscere debet qui cognoscit de principale*. A acessoriedade apenas constitui espécie de conexão por título ou por objeto, ou dependência, pela qual alguma ação se coordena ou se secundariza a outra. Num e noutro caso, essa pressupõe aquela. Se não é necessária a pressuposição de uma por outra, não cabe invocar-se o art. 108" (MIRANDA, Pontes de. *Comentários ao código de processo civil*. Rio de Janeiro: Forense, 1995. t. II, p. 308-309).
"Se a ação é oriunda de outra ou acessória de outra, ainda, que já julgada (= trânsita em julgado a sentença), a competência é do juiz da causa-fonte ou da causa principal" (*Op. cit.*, p. 311).

A mesma preocupação deve ter o juiz no curso da instrução processual. Ao determinar a realização de prova técnica, nos termos do art. 195 da CLT, deve exigir do perito o confronto da realidade atual com a descrita na sentença revisanda ou no laudo que a embasou. É uma providência necessária para evitar o risco de *reforma* da sentença, em vez de *revisão*.

Se julgada procedente a ação revisional, há apenas efeitos *ex nunc*, ou seja, a partir da data de ajuizamento da ação, ainda que a alteração tenha ocorrido em momento anterior. Dessa forma são preservados, o mais possível, os efeitos da coisa julgada e a segurança jurídica.

Destacam-se, nesse sentido, os seguintes acórdãos:

AÇÃO REVISIONAL — EFEITO *EX NUNC* — Na relação jurídica continuada, a parte poderá pedir revisão da sentença prolatada, quando fato superveniente modificar o estado de fato e de direito. No entanto, na hipótese concreta, admitir a pretensão da Agravante em retroagir os efeitos da ação acarretaria uma colisão com a sentença em vigor, em flagrante infringência ao instituto da coisa julgada. Apelo não provido (TST — AIRR 760459/2001.1 — 2ª T. — Rel. Min. José Simpliciano Fontes de F. Fernandes — DJU 11.11.2005).

ADICIONAL DE PERICULOSIDADE — RELAÇÃO JURÍDICA CONTINUATIVA — AÇÃO REVISIONAL — EFEITOS — A ação de modificação, ou revisional, tem sempre lugar naqueles casos em que já existe uma condenação perfeitamente válida a prestações periódicas, futuras e circunstanciais, vale dizer, sujeita a determinadas variáveis existentes à época do comando sentencial condenatório e que não mais perduram à época do ajuizamento da ação revisional. Não mais existente a condição que deu lugar à condenação, deve ela ser revista ante os termos da cláusula implícita *rebus sic stantibus*. A sentença que julga procedente a ação revisional da condenação em adicional de periculosidade é de natureza constitutiva, vez que modifica a relação jurídica vigente entre as partes. Sendo constitutiva, a sentença opera seus efeitos de forma não retroativa, ou seja, *ex nunc*, vez que sua eficácia é criando, extinguindo, ou modificando uma relação jurídica (*Isis de Almeida*). Assim, como "nenhum efeito retroativo tem o segundo julgado (leia-se sentença revisional); a eficácia é *ex nunc*, de modo que a construção com a noção de retroatividade destoaria de toda a metodologia da interpretação das leis e de todas as regras de investigação científica construtiva. (...) A eficácia da ação de modificação somente começa *ex nunc*, isto é, desde que se propõe. (...) A parte que sofreu a eficácia além do previsto como justo não pode pedir indenização, saldo a partir da propositura da ação de modificação, cuja sentença tem efeito desde esse momento" (*Pontes de Miranda*). Recurso conhecido e desprovido (TRT 10ª R. — RO 0037/99 — 2ª T. — Rel. Juiz Ricardo Alencar Machado — DJU 16.4.1999).

Trata-se de uma orientação justa e razoável, em homenagem à segurança jurídica e econômica dos contratos.